金融服务法评论

Financial Services Law Review

主　编： 郭 锋

副主编： 甘培忠 曾筱清

执行主编： 邢会强

11

中国法制出版社
CHINA LEGAL PUBLISHING HOUSE

第十一卷

目 录

证券法研究

金融科技与大数据法制研究

金融法研究

域外金融法中译本

学科盘点

证券法研究

证券虚假陈述案件中审计准则的法律地位

邢会强[*]

内容提要：在证券虚假陈述案件中，审计准则是否可以作为判断注册会计师是否勤勉尽责的依据，理论中存在不同的认识。否定说认为，审计准则不能作为衡量注册会计师勤勉尽责的标准或唯一标准。肯定说认为，审计准则是衡量注册会计师勤勉尽责的唯一标准。应该认识到，我国的审计准则的性质与法律地位与国外不同，我国法院能力和审理机制也与国外不同。国外的经验、判例，不能直接照搬到我国。我国的审计准则实际上已经融合了职业审慎的要求，并不存在独立于审计准则之外的所谓职业审慎。审计准则比抽象的所谓职业审慎标准更具体，更具可操作性，更利于裁判者作出注册会计师是否尽职尽责的判断。在实践中，我国执法者和司法者也主要依据审计准则来判定注册会计师是否勤勉尽责。

关键词：审计准则　会计执业准则　勤勉尽责　注册会计师　民事责任

截至 2021 年 7 月，会计师事务所共被证监会处罚了 31 家次。与此同时，证券公司被证监会处罚了 10 家次，律师事务所被处罚了 11 家次。[①] 可以说，在三

---

* 邢会强，中央财经大学法学院教授。

① 邢会强：《信息披露违法违规行为责任主体界定与责任程度区分的实证与比较研究》，上证研究计划 2020 年课题。

大中介机构中，会计师事务所被处罚的次数是最高的、风险是最高的。

会计师之所以被处罚，主要是因为其未能做到“勤勉尽责”。如何判断“勤勉尽责”呢？这就涉及审计准则的法律地位问题，即审计准则是否可以作为判断会计师是否勤勉尽责的依据。[①] 对此，理论中存在不同的认识。本文拟从实证的角度，在证券虚假陈述领域，提出了自己的看法。

一、关于审计准则法律地位的理论分歧

对于审计准则是否可以作为判断会计师是否勤勉尽责的依据问题，理论界存在否定说和肯定说两种不同的意见。

否定说认为，审计准则作为注册会计师行业协会制定的专业标准，是审计质量控制的手段，而非审计目的本身，其性质应定性为内部自律性规则，不能调整注册会计师与利害关系人之间的法律关系，因而其规定的注意义务的履行与否不能作为注册会计师虚假证明文件民事赔偿责任的抗辩依据，注册会计师的注意义务不限于行业协会的审计准则，必须接受司法审判与公众期望的审查与推动，才能实现其制度价值。[②] 从国外司法实践来看，审计准则一般也不能作为会计师过错的判定标准。美国注册会计师协会曾主张以 GAAP 与 GAAS 准则作为判定会计师行为的唯一评价标准，但在实际判例中，符合 GAAP 与 GAAS 的要求并不能保证会计师可以不承担法律责任。在 Herzfeld v. Laventhol, Krentein, Horwath & Horwath 案中，法院就曾作出这样的表述：“在那些运用一般会计准则就能够完整而公正地披露（信息）的案件中，会计师不需要承担更多义务。但是如果运用会计准则不足以充分地告知投资者，会计师就要将投资者准确判断财务陈述所需要的全部事实加以公开”。在 1969 年的 Simon 案中，会计师知道或应知道但并未充分披露一项有关贷款的关联交易，根据其他会计专家

① 关于注册会计师“执业准则”与“审计准则”的关系，在《最高人民法院关于审理涉及会计师事务所在审计业务活动中民事侵权赔偿案件的若干规定》中，主要使用了二者的“执业准则”这一词汇。在此语境中，“审计准则”与“执业准则”的含义是相同的。但严格地讲，由于注册会计师的执业，除审计外，还有其他服务，如审阅服务、咨询服务等。财政部制定了一系列中国注册会计师执业准则，分为“基本准则”“审计准则”“审阅准则”“其他鉴证业务准则”“相关服务准则”“质量控制准则”。因此，“审计准则”其实是“执业准则”的下位概念。由于本文中所讨论的是注册会计师审计业务所负的法律责任问题，因此，在本文中，谈到“执业准则”，实际上也就指向了“审计准则”。

② 刘正峰：《独立审计准则的法律地位研究》，载《中国法学》2002 年第 4 期。

证词，按照公认审计准则会计师的披露方式没有问题，但是这一信息却与投资者利益密切相关，因而法院最终判决会计师承担法律责任。在另一起案例中，法官认为，“符合 GAAS 并不能自动隔绝责任，还应当看这一专家行为是否构成合理的谨慎”。2004 年我国台湾地区的“顺大裕案”正式认可了“会计师形式上遵守一般公认审计准则，并不能说明会计师已尽善良管理人之注意义务，而应就个别案例事实定之”的原则。[①]

持否定说的彭真明教授认为，会计师事务所过错认定的标准为“职业谨慎”。所谓职业谨慎，亦可称为职业关注。一般认为，职业谨慎在以下三个方面对执业者提出了要求：其一，在执业能力方面，执业者应该具备与其提供的服务相匹配的业务水平；其二，在执业方式方面，执业者在运用其技能开展业务时应该小心谨慎；其三，在执业态度方面，执业者应当恪守忠诚和公正的原则。职业谨慎的判定标准通常是以专业团体中一个处于平均水平的执业者所应有的注意义务为基点。因此，在判断会计师执业过错时，法官需要假设一个具有“平均业务水平”的注册会计师在执行同样业务时，是否能够发现并披露相关问题。如果答案是肯定的，而案件中的注册会计师没有做到，就是没有达到职业谨慎的要求，可以判定案中的注册会计师对出具不实报告负有过错。与注册会计师的审计准则相比，职业谨慎是一个更加具有包容性的规则体系。从内容上看，审计准则整体上侧重于对注册会计师的具体业务提出技术性要求，职业谨慎是对注册会计师的业务能力、执业规范性、忠诚与公正性等多方面表现提出的综合性要求。从严格性来看，审计准则是注册会计师执业活动的基础性要求，职业谨慎的标准是按照平均能力的从业者所能够具有的谨慎水平来确定，所以职业谨慎对注册会计师提出的要求是等同于或者严格于会计执业准则的。我国现行司法解释中业已正式认可了职业谨慎的地位。《最高人民法院关于审理涉及会计师事务所在审计业务活动中民事侵权赔偿案件的若干规定》第六条规定，负责审计的注册会计师以低于行业一般成员应具备的专业水准执业即可认定为过失。第七条规定，已经遵守执业准则、规则确定的工作程序并保持必要的职业谨慎，但仍未能发现被审计的会计资料错误，注册会计师不承担民事赔偿

① 周恺：《台湾地区会计师民事责任的最新发展及启示》，载《审计研究》2013 年第 3 期。

责任。①

肯定说认为，尽管国外的独立审计准则是由职业会计师协会制订的行业标准，是一种民间组织所规定的规则，但在中国，独立审计准则是由行政规章所规定的，必须报国务院财政部门审批后才能执行，受到上级机关的审核和限制。② 其法规的地位业已在《注册会计师法》第三十五条得到明确，应当作为判定注册会计师是否存在过错的法定标准。③《注册会计师法》第二十一条规定，注册会计师执行审计业务，必须按照执业准则、规则确定的工作程序出具报告……对委托人有前款所列行为，注册会计师按照执业准则、规则应当知道的，适用前款规定；第四十二条规定，会计师事务所违反本法规定，给委托人、其他利害关系人造成损失的，应当依法承担赔偿责任。从这些条文中不难看出，《注册会计师法》对注册会计师及会计师事务所的民事法律责任作出了规定，同时将这种行为分为“故意”和“过失”两种情况。可见，《注册会计师法》中已经明确了对注册会计师及事务所在何种情况下承担何种相应的法律责任作出了明确界定，判定会计师事务所过错还是过失的依据就是独立审计准则。④

二、审计准则是判断会计师勤勉尽责的标准的理由

本文支持肯定说，理由如下：

第一，我国的审计准则的性质与法律地位与国外不同，我国法院审理机制也与国外不同。国外的经验、判例，不能直接照搬到我国。尤其是我国的审计准则虽然是由中国注册会计师协会起草的，但却由财政部予以监管、审查和公布。准则的制定机关是财政部而不是中国注册会计师协会。财政部也是监管者，是公共利益的代表者，从而不能认为我国的审计准则只代表了行业利益。

第二，尽管否定说也举出《最高人民法院关于审理证券市场因虚假陈述引发的民事赔偿案件的若干规定》的相关条文中的“并保持职业审慎”等字样以证明审计准则不是判断注册会计师勤勉尽责方面的唯一标准，但实际上，我国

---

① 彭真明：《论会计师事务所不实财务报告的民事责任——兼评上海大智慧公司与曹建荣等证券虚假陈述责任纠纷案》，载《法学评论》2020 年第 1 期。

② 王涛：《试析独立审计准则的法律地位》，载《中国审计报》2010 年 4 月 14 日，第 7 版。

③ 颜延：《从注册会计师的注意义务看独立审计准则的法律地位》，载《会计研究》2003 年第 6 期。

④ 王涛：《试析独立审计准则的法律地位》，载《中国审计报》2010 年 4 月 14 日，第 7 版。

的审计准则实际上已经融合了职业审慎的要求，并不存在独立于审计准则之外的所谓职业审慎。

第三，审计准则比抽象的所谓职业审慎标准更具体，更具可操作性，更利于裁判者作出注册会计师是否尽职尽责的判断。在我国证券法上，“勤勉尽责”是一个具有高度不确定性的法律概念，几乎没有人能说出其准确的含义，不少人反而习惯以“事后诸葛亮”的方式作出如下推理：因为你没有发现财务造假，因此你未勤勉尽责；由于你未勤勉尽责，所以你未发现财务造假。一个人无论多么努力，事后总是可以找出可以挑剔的地方。[①] “勤勉尽责”反而成了让注册会计师承担责任的一种说辞。“职业审慎”的概念亦是如此。尽管我国的审计准则也充满了诸多不确定性法律概念，但还是有不少明线规则。审计准则总比抽象的所谓职业审慎标准更具体，更具可操作性，更有利于克服“勤勉尽责”这一法律概念的不确定性。

第四，这是我国目前的官方共识。“对于注册会计师，对法律要求的‘合理的注意义务’的违反程度是判断注册会计师主观过失的客观标准，落实到可执行的层面，这一判断标准应是‘独立审计准则’。”[②] 注册会计师在提供专业服务的过程中，如果遵循了独立审计准则，出具了审计报告，一般就应当认定为给予了应有的职业关注，或者说是尽了注意义务。如果注册会计师遵循了执业准则规定的工作程序，则视同其已尽法定注意义务，不存在过错，不应承担侵权责任。最高人民法院民二庭庭长编写的《最高人民法院关于审理涉及会计师事务所在审计业务活动中民事侵权赔偿案件的若干规定理解与适用》中明确指出，本司法解释将执业准则等行政规章纳入司法解释，作为人民法院审理会计师事务所民事侵权纠纷案件的法律适用依据。[③]

三、我国判断会计师勤勉尽责的实践证明了审计准则的法律地位

在我国证监会对会计师信息披露违法行为进行处罚的实践中，以及证券虚

---

① 耿利航：《美国证券虚假陈述的“协助、教唆”民事责任及其借鉴———以美国联邦最高法院的判例为分析对象》，载《法商研究》2011 年第 5 期。

② 白岱恩：《注册会计师执业过失的判断》，载《政法论丛》2004 年第 6 期。

③ 最高人民法院民二庭庭长编著：《最高人民法院关于审理涉及会计师事务所在审计业务活动中民事侵权赔偿案件的若干规定理解与适用》，人民法院出版社 2015 年版，第 101 页。

假陈述民事诉讼赔偿诉讼的实践中，执法者和司法者也是依据审计准则来判定注册会计师是否勤勉尽责。

2005 年《证券法》实施至今，在中国证监会对注册会计师的处罚中，除早期的一些案例未具体指明受罚的会计师违反的审计准则的具体条文外（但也指出了不符合审计准则），近年来的行政处罚均明确指出了受罚的会计师违反的审计准则的具体条文（见下表）。由于法院在证券虚假陈述民事审判中往往依赖和直接引用行政处罚决定书，不审查行政处罚决定书的内容，因此，可以得出“违反审计准则，注册会计师即存在过错”的结论。

案例名称与案号	处罚决定书指出的违反的审计准则
中国证监会行政处罚决定书（某会计师事务所、刘某等 4 名责任主体）〔2021〕21 号	1. 不符合《中国注册会计师审计准则第 1101 号——注册会计师的总体目标和审计工作的基本要求》第二十八条，《中国注册会计师审计准则第 1301 号—审计证据》第三条、第十条、第十一条，《中国注册会计师审计准则第 1314 号——审计抽样》第十五条、第十六条规定。 2. 不符合《中国注册会计师审计准则第 1312 号—函证》第五条、第十七条及第二十三条的相关规定。
中国证监会行政处罚决定书（会计师事务所、杨某蔚、张某璃、刘某、苏某升）〔2021〕11 号	1. 不符合《中国注册会计师职业道德守则第 1 号——职业道德基本原则》第七条 2. 不符合《中国注册会计师审计准则第 1312 号——函证》第十四条、第十七条的规定。 3. 不符合《中国注册会计师审计准则第 1101 号——注册会计师的总体目标和审计工作的基本要求》第二十八条。 4. 不符合《中国注册会计师审计准则第 1101 号——注册会计师的总体目标和审计工作的基本要求》第二十七条的规定。 5. 不符合《中国注册会计师审计准则第 1312 号——函证》第十九条的规定。 6. 不符合《中国注册会计师审计准则第 1231 号——针对评估的重大错报风险采取的应对措施》第七条。
中国证监会行政处罚决定书（某会计师事务所、肖某娟、李某）〔2020〕85 号	违反了《中国注册会计师审计准则第 1101 号——注册会计师的总体目标和审计工作的基本要求》第三十条的规定。

续表

中国证监会行政处罚决定书（会计师事务所、孙某伟、许某磊）〔2020〕20 号	1. 违反了《中国注册会计师审计准则第 1312 号——函证》第十二条的规定。 2. 违反了《中国注册会计师审计准则第 1312 号——函证》第二十一条的规定。 3. 违反了《中国注册会计师鉴证业务基本准则》第二十八条。 4. 违反了《中国注册会计师审计准则第 1312 号——函证》第十四条的规定。 5. 违反了《中国注册会计师审计准则第 1153 号——前任注册会计师与后任注册会计师的沟通》第七条和第十八条的规定。
中国证监会行政处罚决定书（会计师事务所、宜某民、刘某）〔2019〕135 号	1. 不符合《中国注册会计师鉴证业务基本准则》第二十八条、《中国注册会计师职业道德守则第 1 号一职业道德基本原则》第十七条的规定。 2. 不符合《中国注册会计师审计准则第 1312 号——函证》第十四条和第十七条的规定。 3. 不符合《中国注册会计师审计准则第 1312 号——函证》第十七条的相关规定。
中国证监会行政处罚决定书（某会计师事务所、孙某、戴某宏）〔2019〕110 号	1. 违反了《中国注册会计师职业道德守则第 1 号——职业道德基本原则》第十七条的规定。 2. 违反了《审计准则第 1101 号——注册会计师的总体目标和审计工作的基本要求》第二十八条的规定。 3. 违反了《审计准则第 1101 号——注册会计师的总体目标和审计工作的基本要求》第二十八条的规定。
中国证监会行政处罚决定书（某会计师事务所、孙某、顾某）〔2019〕37 号	1. 违反了《中国注册会计师审计准则第 1101 号——注册会计师的总体目标和审计工作的基本要求》第二十八条的规定。 2. 违反了《中国注册会计师审计准则问题解答第 3 号——存货监盘》中"除存货的存在和状况外，注册会计师还可能在存货监盘中获取有关存货所有权的部分审计证据"和《〈中国注册会计师审计准则第 1311 号——对存货、诉讼和索赔、分部信息等特定项目获取审计证据的具体考虑〉应用指南》中"存货监盘本身并不足以供注册会计师确定存货的所有权，注册会计师可能需要执行其他实质性审计程序以应对所有权认定的相关风险"的规定。 3. 违反了《中国注册会计师审计准则第 1313 号——分析程序》第七条的规定。

续表

	4. 违反了《中国注册会计师其他鉴证业务准则第 3101 号——历史财务信息审计或审阅以外的鉴证业务》第十三条、第三十四条的规定。
中国证监会行政处罚决定书（某会计师事务所、钟某和、孙某伟）〔2019〕6 号	违反了《中国注册会计师鉴证业务基本准则》（2006 年）第二十八条第一款的规定。
中国证监会行政处罚决定书（某会计师事务所、王某江、刘某锋、张某平）〔2018〕126 号	1. 不符合《中国注册会计师审计准则第 1101 号—注册会计师的总体目标和审计工作的基本要求》第二十二条的规定。 2. 不符合《中国注册会计师审计准则第 1312 号—函证》第十七条、第十八条的规定。
中国证监会行政处罚决定书（某会计师事务所、周某文、陶某）〔2018〕119 号	1. 违反了《中国注册会计师审计准则第 1101 号——注册会计师的总体目标和审计工作的基本要求》第二十八条、第三十条和《中国注册会计师审计准则第 1323 号——关联方》第十六条的规定。 2. 违反了《中国注册会计师审计准则第 1313 号——分析程序》第五条的规定。
中国证监会行政处罚决定书（某会计师事务所、朱某崴、李某阳）〔2018〕115 号	1. 不符合《中国注册会计师审计准则第 1101 号——注册会计师的总体目标和审计工作的基本要求》第二十八条的规定。 2. 未严格按照《中国注册会计师审计准则第 1314 号——审计抽样》第二十一条的规定执业。 3. 不符合《中国注册会计师审计准则第 1312 号——函证》第十四条的规定。 4. 不符合《中国注册会计师鉴证业务基本准则》第三十条和第三十四条的规定。 5. 不符合《中国注册会计师审计准则第 1131 号——审计工作底稿》第十条的规定。
中国证监会行政处罚决定书（某会计师事务所、邹某梅、程某）〔2018〕78 号	1. 违反了《中国注册会计师审计准则第 1312 号——函证》第十四条的规定。 2. 违反了《中国注册会计师审计准则第 1312 号——函证》第十九条关于在未回函的情况下，注册会计师应当实施替代程序以获取相关、可靠的审计证据的规定。

续表

中国证监会行政处罚决定书（某会计师事务所、张某义、高某惠、谭某）〔2018〕70号	1. 违反了《审计准则第1313号——分析程序》第五条、第七条。 2. 违反了《审计准则第1321号——审计会计估计（包括公允价值会计估计）和相关披露》第十七条、第二十八条的规定。
中国证监会行政处罚决定书（某会计师事务所、郭某龙、夏某）〔2017〕101号	1. 违反了《中国注册会计师审计准则第1312号——函证》第十九条、第二十一条和《中国注册会计师审计准则问题解答第2号——函证》第四条第（一）款第5项中的规定。 2. 违反了《中国注册会计师审计准则第1101号——注册会计师的总体目标和审计工作的基本要求》第二十八条的规定。 3. 违反了《中国注册会计师审计准则第1323号——关联方》第十六条的规定。
中国证监会行政处罚决定书（某会计师事务所、蒋某霞、李某）〔2017〕85号	1. 违反《中国注册会计师审计准则第1312号——函证》第十二条、第十九条、第二十条的规定。 2. 违反了《中国注册会计师审计准则第1312号——函证》第十四条、第十七条、第十八条的规定。
中国证监会行政处罚决定书（某会计师事务所、聂某慧、张某锋等4名责任人员）〔2017〕84号	1. 违反了《中国注册会计师审计准则第1101号——注册会计师的总体目标和审计工作的基本要求》第二十八条“在计划和实施审计工作时，注册会计师应当保持职业怀疑，认识到可能存在导致财务报表发生重大错报的情形”的要求。 2. 违反了《中国注册会计师审计准则第1131号——审计工作底稿》第十条“注册会计师编制的审计工作底稿，应当使得未曾接触该项审计工作的有经验的专业人士清楚了解……（二）实施审计程序的结果和获取的审计证据；（三）审计中遇到的重大事项和得出的结论，以及在得出结论时作出的重大职业判断”的要求。 3. 违反了《中国注册会计师审计准则第1312号——函证》第十二条“注册会计师应当对银行存款（包括零余额账户和在本期内注销的账户）、借款及与金融机构往来的其他重要信息实施函证程序，除非有充分证据表明某一银行存款、借款及与金融机构往来的其他重要信息对财务报表不重要且与之相关的重大错报风险很低。如果不对这些项目实施函证程序，注册会计师应当在审计工作底稿中说明理由”的要求。

续表

	4. 违反了《中国注册会计师审计准则第 1312 号——函证》第十四条“当实施函证程序时，注册会计师应当对询证函保持控制”的要求。 5. 违反了《中国注册会计师审计准则第 1312 号——函证》第十一条“注册会计师应当确定是否有必要实施函证程序以获取认定层次的相关、可靠的审计证据。在作出决策时，注册会计师应当考虑评估的认定层次重大错报风险，以及通过实施其他审计程序获取的审计证据如何将检查风险降至可接受的水平”的规定，同时违反了《中国注册会计师第 1101 号——注册会计师的总体目标和审计工作的基本要求》第三十条“为了获取合理保证，注册会计师应当获取充分、适当的审计证据，以将审计风险降至可接受的低水平，使其能够得出合理的结论，作为形成审计意见的基础”的规定。
中国证监会行政处罚决定书（某会计师事务所、王某成、肖某和）〔2017〕55 号	1. 未遵守《中国注册会计师职业道德守则第 1 号—职业道德基本原则》规定的诚信、客观原则和《中国注册会计师审计准则 1312 号—函证》第十四条的规定。 2. 违反了《中国注册会计师审计准则 1153 号—前任注册会计师和后任注册会计师的沟通》第七条的规定。
中国证监会行政处罚决定书（某会计师事务所、侯某勋、肖某）〔2017〕22 号	违反了《中国注册会计师鉴证业务基本准则》第二十八条、《中国注册会计师审计准则第 1312 号——函证》第十四条的规定。
中国证监会行政处罚决定书（某会计师事务所、温某水、秦某）〔2017〕1 号	1. 违反了《中国注册会计师审计准则第 1101 号——注册会计师的总体目标和审计工作的基本要求》第二十八条的规定。 2. 违反了《中国注册会计师职业道德守则第 1 号——职业道德基本原则》第七条、第十条的规定。
中国证监会行政处罚决定书（某会计师事务所、王某、田某珑）〔2016〕105 号	1. 不符合《中国注册会计师审计准则 1153 号——前任注册会计师与后任注册会计师的沟通》第七条和第十八条的相关规定。 2. 不符合《中国注册会计师审计准则 1312 号——函证》第十二条的相关规定。

续表

中国证监会行政处罚决定书（某会计师事务所、王某洲、杨某辉等4名责任人员）〔2016〕92号	1. 违反了《中国注册会计师鉴证业务基本准则》第二十八条，《中国注册会计师审计准则第1101号——注册会计师的总体目标和审计工作的基本要求》第二十二条、第二十八条的规定。 2. 违反了《中国注册会计师审计准则第1312号—函证》第十九条的规定。 3. 违反了《中国注册会计师审计准则第1312号—函证》第十二条。
中国证监会行政处罚决定书（某会计师事务所、姜某杰、葛某）〔2016〕89号	不符合《中国注册会计师审计准则第1314号——审计抽样》第二十一条"注册会计师应当调查识别出的所有偏差或错报的性质和原因，并评价其对审计的其他方面可能产生的影响"、《中国注册会计师审计准则第1131号——审计工作底稿》等准则的要求。
中国证监会行政处罚决定书（某会计师事务所、汪某华、雷某涛）〔2016〕20号	1. 据《中国注册会计师审计准则第1421号——利用专家的工作》第十三条、第十四条的规定，某会计师事务所在审计过程中应考虑上述事项对财务报表影响并做出审计调整；同时，利安达应当恰当利用专家工作，在资产评估咨询报告不足以实现审计目的的情况下，执行必要的审计程序，以获取充分、适当的审计证据。某会计师事务所未恰当执行上述审计程序，致使其未发现赛迪传媒资产和业绩的重大错报，为赛迪公司2012年度财务报表出具了无保留意见的审计报告，发表了不恰当的审计意见。利安达的上述行为，违反了《证券法》第一百七十三条的规定，构成《证券法》第二百二十三条所述证券服务机构未勤勉尽责，出具的文件有虚假记载的情形。 2. 不符合《中国注册会计师审计准则1101号——注册会计师的总体目标和审计工作的基本要求》第二十八条、第三十条关于注册会计师应当保持职业怀疑，获取充分、适当的审计证据，以将审计风险降至可接受的低水平的规定。
中国证监会行政处罚决定书（其会计师事务所、温某辉、王某）〔2015〕67号	某会计师事务所未委派温某辉作为华锐风电审计项目的项目合伙人，涉案审计报告的签字签发未得到某会计师事务所授权，不符合相关法律法规及审计准则的要求和规定。

续表

中国证监会行政处罚决定书（某会计师事务所、齐某华、李某等 5 名责任人）〔2014〕70 号	某所对宝硕股份 2004 年度财务报告审计的有关行为，违反了《股票发行与交易管理暂行条例》第三十五条“为上市公司出具文件的注册会计师及其所在事务所、专业评估人员及其所在机构、律师及其所在事务所，在履行职责时，应当按照本行业公认的业务标准和道德规范，对其出具文件内容的真实性、准确性、完整性进行核查和验证”的规定。
中国证监会行政处罚决定书某会计师事务所、秦某胜、赵某等 4 名责任人）〔2014〕52 号	某会计师事务所在 2007 年、2008 年审计莲花味精政府补助是否到位的审计程序上确实存在不足：一是没有向政府求证补助的相关细节；二是对其他应收款、应付款项没有获得天安科技函证；三是在没有得到银行相关到账回函的情况下做出补助到位的会计确认。
中国证监会行政处罚决定书（某会计师事务所、黄某、温某辉等 4 名责任人）〔2014〕21 号	1. 违反《审计准则第 1312 号——函证》第十四条、第十九条、第二十三条。 2. 违反《审计准则第 1312 号——函证》第十二条的规定。 3. 违反《审计准则第 1323 号——关联方》第十四条、第十五条和第十六条的规定
中国证监会行政处罚决定书（某会计师事务所、王某滨、刘某奎）〔2013〕54 号	不符合《中国注册会计师审计准则（2006 年）第 1313 号——分析程序》《中国注册会计师审计准则（2010 年）第 1313 号——分析程序》等相关规定。
中国证监会行政处罚决定书（某会计师事务所、胡某黑、吴某民）〔2013〕45 号	根据《中国注册会计师执业准则》的要求，会计师应当就舞弊导致的会计差错主动向监管机构报告。在我会发现天能科技存在舞弊嫌疑并要求当事人核查的前提下，当事人应当对核查工作给予特别关注和高度注意，但当事人未履行基本的审慎注意义务。

在实践中，中国注册会计师协会还制定了一系列关于中国注册会计师执业准则的“应用指南”和“问题解答”，虽然提出了很多细化的甚至额外的要求，但也可以解释为是对中国注册会计师执业准则的解释。违反这些“应用指南”和“问题解答”，也可以说是违反了执业准则。

此外，中国证监会作为证券监管机构，针对 IPO 审计，也发布了一系列规范性文件，对审计、核查提出了远超出财政部审计准则规定的详细要求。这些规范性文件虽然名称上没有被称为“执业准则”或“审计准则”，但本质上是审计准则。注册会计师违反证监会的这些要求，将导致无法通过 IPO 审核或注册，甚至招致行政处罚。但在行政处罚时，证监会也能够在原则化的中国注册会计师审计准则中找到对应的规范依据。

2020 年 9 月，北京市第一中级人民法院在某会计师事务所诉证监会案判决中指出，注册会计师的法律责任并不单纯以最终的审计结论来判断，而是要审查其审计行为，即审查其是否遵循了相应的审计准则，以及在审计过程中是否运用了合理的职业判断以及保持了合理的职业怀疑，并据此设计和实施了与之相适应的审计程序来降低审计风险，以此来判断注册会计师在审计过程中是否勤勉尽责。[①] 由于“合理的职业判断以及保持了合理的职业怀疑”实际上也是审计准则的要求，这从一个侧面印证了法院认可、尊重证监会依据审计准则来判断注册会计师在审计过程中是否勤勉尽责的做法。

我国证券虚假陈述民事赔偿诉讼以前坚持行政处罚或刑事判决前置程序，一般不再审查行政处罚决定书的妥当性。在证券虚假陈述民事诉讼的行政处罚或刑事判决前置程序取消后，在会计师未受处罚的情况下，法院判决会计师承担民事责任目前只有一个案例，即在上述案例中，被告之一某会计师事务所未受行政处罚，但上海市高级人民法院判决其承担 15% 的连带责任，法院认为，案涉重大资产重组交易中，瑞华事务所未能举证证明其按照审计业务准则尽到勤勉尽责义务，导致其出具的审计报告中部分内容存在虚假陈述。对由此导致的投资者损失，瑞华事务所应当依法承担连带赔偿责任。[②]

总之，从既有案例看，我国法院也没有绕开审计准则，而直接以职业审慎标准认定注册会计师过错的。

四、结语

综上，在我国，判断注册会计师审计业务是否勤勉尽责的依据是审计准则。由于审计准则的内容除明线规则外，还有原则。因此，仅凭审计准则，即可对注册会计师是否勤勉尽责作出判断。依据审计准则，判断注册会计师是否勤勉

① 参见北京市第一中级人民法院（2019）京 01 行初 809 号民事判决书。

② 参见上海市高级人民法院（2020）沪民终（666）号民事判决书。

尽责，首先看明线规则，没有明线规则时，再看原则，符合法律适用先适用规则后适用原则的基本方法。不存在超越审计准则所规定的明线规则和原则之外的所谓的职业审慎标准。

论我国证券特别代表人诉讼制度的启动机制

张永忠[*]　谢煌凯[**]

内容提要：特别代表人诉讼制度是我国金融证券领域的创举。启动机制作为特别代表人诉讼制度的核心环节，决定程序机制运作的未来走向。投资者保护机构为制度的启动机关，通过“默示加入，明示退出”的运作机制，衔接了普通代表人诉讼制度。现阶段启动机制存在代表人权利性质不明、选案标准模糊、缺乏合规体系以及与普通代表人诉讼衔接障碍等突出问题。亟需在实践中明晰代表人权利性质，规范案件的选取标准，确立合规体系以及增强普通代表人诉讼与特别代表人诉讼的有效衔接。在启动机制上提升制度的科学性和威慑力，有利于实现保护投资者利益，维护我国证券资本市场健康发展的立法目的。

关键词：证券纠纷　特别代表人诉讼制度　启动机制　机制衔接

一、问题的提出

证券市场群体性纠纷的司法解决机制是维护广大投资者利益的重要制度。我国针对是否应实施证券市场集团诉讼经历了长期的探索，特别代表人诉讼制

* 张永忠，华南师范大学法学院教授、院长。

** 谢煌凯，华南师范大学法学院2020级经济法学硕士研究生。

度的发展过程可谓曲折[①]。《证券法》第九十五条第三款[②]一锤定音，使特别代表人诉讼制度在证券资本市场得以确立。司法实践中，“康美药业案”成为首例适用特别代表人诉讼制度的案件，投服中心于2021年3月26日接受康美药业虚假陈述民事赔偿案投资者的委托，并于2021年7月27日以原告代表人的身份参与一审开庭，[③] 该案目前仍在法庭审理中。由于立法比较原则，特别代表人诉讼怎样发挥起保护投资者利益，威慑证券资本市场的违规违法行为的作用，仍需通过实践地进一步总结经验，完善规则。

诚然，我国特别代表人诉讼制度借鉴了域外的经验，并根据中国证券资本市场的实际进行设计，体现了“中国特色”。在制度的具体构造上，效仿了美国“退出制”集团诉讼模式和德国团体诉讼制度的内核，在具体的启动机构上，借鉴了台湾地区“财团法人证券投资人及期货交易人保护中心”[④] 的经验，由具有公益性质的投保机构参与诉讼过程，克服了美国“退出制”集团诉讼模式由律师发起所导致的扰诉和滥诉的缺点，且比德国的消极防御型的团体诉讼制度更具积极主动性。在具体的制度运作上，特别代表人诉讼制度和普通代表人诉讼存在转化机制，有利于实现对证券资本市场投资者权利的多层次救济。

在特别代表人诉讼制度中，启动机制是关键环节。启动机制决定了某项制度在源头能否发动。唯有解决了制度启动的合法性与合理性，才有可能讨论制度的运作成效和价值追求。目前关于特别代表人诉讼制度启动机制的规范仍过

---

① 最高人民法院2001年发布的《关于涉证券民事赔偿案件暂不予受理的通知》，否认了民事赔偿案件的可受理性。最高人民法院2002年发布的《关于受理证券市场因虚假陈述引发的民事侵权纠纷案件有关问题的通知》，2003年发布的《最高人民法院关于审理证券市场因虚假陈述引发的民事赔偿案件的若干规定》，虽有代表人诉讼之规定，但并未有具体的实施。2016年最高人民法院与中国证券监督管理委员会提出在群体性证券纠纷中推行示范判决与支持诉讼的机制。2019年最高人民法院发布的《全国法院民商事审判工作会议纪要》提出了投资者保护机构可参与案件的诉讼过程，为特别代表人诉讼制度的建立奠定了基础。

② 《证券法》第九十五条第三款规定，投资者保护机构受五十名以上投资者委托，可以作为代表人参加诉讼，并为经证券登记结算机构确认的权利人依照前款规定向人民法院登记，但投资者明确表示不愿意参加该诉讼的除外。

③ 《投服中心关于首单特别代表人诉讼开庭审理的公告》，载中证中小投资者服务中心网站，http：//www.isc.com.cn/html/kmyya/20210728/3899.html，2021年8月11日访问。

④ 吕成龙：《投保机构在证券民事诉讼中的角色地位》，载《北方法学》2017年第6期。

于粗放。[①] 在明确特别代表人诉讼制度特色的前提下，有必要对特别代表人诉讼启动机制的权力性质与权力来源进行深入分析；考究投保机构如何在案件选取上发挥启动机制的最大效能；讨论是否应当将市场竞争机制运用至启动机构的委托进程中；思考如何促进普通代表人诉讼与特别代表人诉讼制度的有效衔接转化，从而推动特别代表人诉讼制度启动机制的不断完善。

二、特色：证券特别代表人诉讼制度启动机制的创新亮点

我国证券特别代表人诉讼制度融合了德国团体诉讼制度等方面的制度元素。[②] 在启动机制层面，创新亮点体现在启动机构、运行模式与转化形式三个方面，有利于规范我国金融领域资本市场的运作，遏制金融领域的违法犯罪行为，提升金融证券市场的活力，为投资者提供多样化的司法救济手段。

（一）启动机构：投保机构担任特别代表人诉讼的代表人

证券欺诈特别适合通过集团诉讼方式解决，主要体现于证券纠纷具有重资产性、易统计性以及便于个别通知的显著特征。[③] 目前我国的特别代表人诉讼制度规定了启动机构为投保机构，投保机构包括中证中小投资者服务中心（以下简称“投服中心”）和中国证券投资者保护基金有限公司（以下简称“投保基金”）。投保机构的本质为公益组织，参与诉讼的目的在于惩戒违规违法行为，保护投资者的利益，促进社会福利的最大化。投保机构的实力更加雄厚，投资者可以委托投保机构参与诉讼，从而降低维护合法权益的诉讼成本。

从《证券法》第九十五条第三款的文义解释出发，唯有投保机构才有资格发起特别代表人诉讼，这也从另一方面排除了证券行业协会和律师作为集团诉讼的代表人。[④] 此规定具有合理性。行业协会与律师因利益冲突或缺乏公益属

---

① 目前的规范性文件有《最高人民法院关于证券纠纷代表人诉讼若干问题规定》（2020 年）（以下简称《规定》）、《中证中小投资者服务中心特别代表人诉讼业务规则（试行）》（2020 年）（以下简称《业务规则》）与《中国证监会关于做好投资者保护机构参加证券纠纷特别代表人诉讼相关工作的通知》（2020 年）（以下简称《通知》）。

② 汤维建：《中国特色的证券代表人诉讼》，载《人民司法》2020 年第 28 期。

③ 梁庆：《证券代表人诉讼构造之革新——兼评〈证券法〉第 95 条之完善》，载《社会科学战线》2021 年第 5 期。

④ 黄江东、施蕾：《中国版证券集团诉讼制度研究》，载《财经法学》2020 年第 3 期。

性，难以在特别代表人诉讼中为投资者利益的保护提供强有力的保障。投保机构具有权威性和专业性，更能坚定投资者的维权意愿。此外，在特别代表人诉讼制度建立之前，投保机构就以持股行权与支持诉讼的方式保护投资者利益，并在实践中积累了较为丰富的经验，从而为其参与特别代表人诉讼奠定了基础。

（二）运行模式："默示加入，明式退出"

与传统的"加入制"的普通代表人诉讼制度不同，特别代表人诉讼采取的模式是"退出制"。所谓"默示加入，明示退出"是指在证券纠纷中，由投保机构代替投资者参与诉讼进程，诉讼产生的法律效力及于所有未声明退出程序的投资者。退出制和加入制的选择是集团诉讼设计中最为关键、最具争议的问题。[①] 集团诉讼能够更好地提升效率和改善司法经济，因为它允许司法机关同时处理相同或类似的诉讼案件。[②] 在 1993 ~ 2003 年期间，美国证券集团诉讼案件中仅有 0.7% 的集团成员行使了退出权。[③]"退出制"的特别代表人诉讼制度在我国的证券资本市场也具有较强的适用性，目前我国 A 股市场中小投资者众多，凝聚力不强，维权意识也不高。[④]"退出制"克服了"加入制"中投资者囿于过高的诉讼成本不愿意提起诉讼的困境，集中了众多投资者的利益诉求，使得索赔金额较大，具有规模效应，有利于摊平投资者的成本。[⑤]

"默示加入，明示退出"在实际运行中，投保机构可向证券登记结算机构确认适格投资者名单，并向法院办理登记，这一步骤使得投保机构的保护更为精准高效，克服了"加入制"逐个确认投资者资格的成本，使诉讼保护的效率更高。应当说，特别代表人诉讼"退出制"的确立，为我国证券群体性纠纷的解决提供了一种新思路。

---

① See Deborah R. Hensler, Nicholas M. Pace, Bonnie Dombey - Moore, Elizabeth Giddens, Jennifer Gross, Erik Moller, Class Action Dilemmas: Pursing Public Goals for Private Gain, RAND Corporation, 2000, p. 477.

② 章武生：《论群体性纠纷的解决机制——美国集团诉讼的分析和借鉴》，载《中国法学》2007 年第 3 期。

③ 章武生：《我国证券集团诉讼的模式选择与制度重构》，载《中国法学》2017 年第 2 期。

④ 易楚钧、吴学斌：《我国证券纠纷代表人诉讼制度的滥觞与完善》，载《南方金融》2020 年第 6 期。

⑤ 邢会强：《中国版证券集团诉讼制度的特色、优势与运作》，载《证券时报》2020 年 3 月 14 日第 A07 版。

（三）转化形式：以普通代表人诉讼为前提

关于普通代表人诉讼与特别代表人诉讼之间的关系，《规定》在起草过程中形成了两种意见，第一种意见是“递进说”，第二种意见是“并行说”，最终采纳了“递进说”。① 即在特别代表人诉讼制度启动前，须满足法院决定采用普通代表人诉讼制度，发布权利登记公告后，投保机构受50名以上投资者的委托，才可参与诉讼进程。

从普通代表人诉讼转化至特别代表人诉讼采取“递进”模式主要有三方面的优势。首先，凸显特别代表人诉讼之“特”，即特别代表人诉讼制度是普通代表人诉讼制度在证券市场领域的衍生，内涵与外延应被广义的普通代表人诉讼制度所囊括，特殊的启动要件应建立于普通代表人诉讼制度启动要件的基础上，并比普通要件更为严格（例如，启动机构为投保机构；需要50名以上投资者的授权），从而提升制度的逻辑自洽。其次，“递进说”增设了启动门槛，过滤掉不需要提起特别代表人诉讼的案件。倘若采取“并列说”的程序范式，特别代表人诉讼与普通代表人诉讼处于同一适用位阶，投资者基于权利实现可能性和诉讼成本节约之目的，可能导致大量虚假程序、内幕交易、操纵市场等证券纠纷案件直接涌入特别代表人诉讼，增加了投保机构选取案件的成本和负担，浪费公共资源。最后，“递进说”的模式有利于防止程序的倒流，提升特别代表人诉讼制度的稳定性。在普通转特别的诉讼程序中，法院发布权利登记公告，并通知投资者在一定期间内向法院登记，先前的程序对于权利人的委托形成约束，保障委托的正当性和有效性。普通与特殊并列的诉讼模式则无法发挥这一优势，投保机构直接受投资者委托，如若投资者不适格将影响后续诉讼程序，导致制度之间的冲突障碍。“递进说”较为契合我国证券资本市场的司法实际，有利于真正发挥制度的功能与效用。

三、困境：证券特别代表人诉讼制度启动机制的突出问题

特别代表人诉讼制度的启动机制极具“中国特色”，然而在制度的具体适用

① 李伟：《〈最高人民法院关于证券纠纷代表人诉讼若干问题的规定〉的价值导向及几个重要问题》，载《投资者》2020年第4期。

中存在一系列的问题。主要体现于启动机制的权利属性尚未明确，案件选取标准过于严格，单一的诉讼启动机构缺乏激励与约束机制，普通代表人诉讼与特别代表人诉讼制度难以衔接四个层面，限制了特别代表人诉讼制度效用的真正发挥。

（一）主体：特别代表人参与诉讼的权利属性不明

投保机构作为特别代表人参与到民事诉讼程序中，需要明确其诉讼资格的合法性问题。一般认为，特别代表人诉讼是普通代表人诉讼制度在证券市场领域的特殊表现形式。但特别代表人诉讼与普通代表人诉讼具有较大的区别，主要表现于投保机构并非证券欺诈法律关系的主体，与争议诉讼标的没有联系，欠缺实体法上的损害赔偿请求权。[①]“持股行权”的特殊职能[②]仅仅解释了股东派生诉讼的权力来源，并未为投服中心提起特别代表人诉讼提供正当化的理论依据。投保机构参与特别代表人诉讼颠覆民事诉讼法中“代表人必须是当事人”的传统思维。回归法律文本，投保机构取得特别代表人诉讼资格是因为有超过50名权利人的委托，在这种委托模式下，具有公益性质的投保机构突破了传统代表人诉讼制度的桎梏，从而以“特别”代表人形式参与诉讼程序。但仍需明确两个本源性问题：其一，特别代表人诉讼制度的法律性质如何界定，其二，权利人的委托与撤销委托会对投保机构产生何种影响。唯有解决上述两个问题，才能真正为特别代表人诉讼制度的启动扫清源头上的障碍。

（二）选案：案件选取的标准过于严格

特别代表人诉讼制度赋予了投保机构案件选取的权力。《业务规则》规定案件的选取应当满足前置要件（案件已作出行政处罚或刑事裁判）、重大性要件（案件典型重大、社会影响恶劣、具有示范意义）、经济要件（被告具有一定偿

---

① 苏伟康：《证券集体诉讼中的原告适格论——以2020年新修〈证券法〉第95条第3款为中心》，载《证券法苑》2020年第2期。

② 投服中心在沪深两市每家上市公司均购入一手（100股）股票，成为这些公司的最小股东（之一），以股东身份参加行使质询权、表决权、建议权、查询权等股东权利。投服中心提起股东派生之诉时，不受持股比例和期限的限制。参见郭雳：《作为积极股东的投资者保护机构——以投服中心为例的分析》，载《法学》2019年第8期。

付能力），并应当对案件进行预研，必要时可启动重大案件评估机制。在案件的选取上，投保机构所遵循的是“预研实质要件——案件重大评估机制”的双层递进模式，表面上具有严谨性，实则现实操作过程中存在难度。首先，前置要件是否应当设置存在争议，目前《规定》《通知》和《业务规则》对前置程序持肯定态度，而《关于当前商事审判工作中的若干具体问题的意见》《全国法院审理债券纠纷案件座谈会纪要》则对前置程序持否定态度。有学者甚至认为，为了公平保障投资者的合法权益，发挥投保机构的职能，不应该进行案件的选取。①

事实上，投保机构选案具有一定合理性，可以防止大量的案件涌入特别代表人诉讼制度的射程范围，导致投保机构分身乏术，无法充分发挥制度本身的引领和示范作用。但在具体的标准设定上却不能过于严苛。在前置要件上，是否只有经行政处罚或刑事裁判的案件才可以纳入特别代表人诉讼的范围。在重大性要件上，对于即将超过诉讼时效的案件，为了保护投资者的利益，是否也应当进行合理的救济？另外，案件选定强调被告具有一定偿付能力。由于证券资本市场的多元化主体（包括上市公司、控股股东、证券公司与证券服务机构等），法律关系错综复杂，难以事先评估何者具有较强的偿付能力。即使投保机构在预研和重大性评估中可以有效预估被告经济实力，但预研和评估耗时较长，案件有诉讼时效的限制，过长的预研与评估可能导致投资者索赔无门。

（三）约束：启动机制缺乏合规安排

特别代表人诉讼制度规定了启动机构为投保机构。我国的投保机构为投服中心与投保基金，而现阶段承担特别代表人诉讼职责的机关为投服中心，投保基金仅仅承担后台服务工作。特别代表人诉讼制度明确了启动机构为投保机构，目的是保障投资者利益，威慑市场违规违法的行为，但仅有两家投保机构，且只有一家承担具体的诉讼职责容易导致启动机制的僵化，难以激活以满足诉讼需求。例如，投保机构可能为了满足工作评估指标，专门挑选胜诉机会大，或者法律关系较为简单的案件启动诉讼。在偌大的金融证券资本市场，单一的诉

① 彭冰：《关于证券特别代表人诉讼发动机制的三个问题》，北京大学金融法研究中心 2021 年 11 月 25 日推文，https：//mp. weixin. qq. com/s/ScqFvJE0wq5 – FC4dq8e – iQ，2021 年 8 月 11 日访问。

讼启动机构无法满足市场的现实需求，而且投保机构还可能会出现合规风险，推卸或懈怠履行职责，影响投资者合法权益的实现。

现阶段由于制度设计的制约，启动机制倘若完全市场化，在利益的驱使下，极有可能导致扰诉与滥诉的相关问题，从而导致司法资源的浪费。单一化的启动机构却易形成寡头垄断，在垄断机制下，投保机构的公益属性可能会发生偏移，“屠龙者终成恶龙”，导致其从保护中小投资者的角色转换为侵害投资者利益的一方。

而且，投保机构在是否启动特别代表人诉讼制度上具有较大的裁量权，《证券法》第九十五条第三款规定基于投资者的委托，投保机构“可以”提起诉讼。这便说明投保机构也可以不提起诉讼，在投保机构不启动特别代表人诉讼制度或在诉讼中有损害投资者利益的行为时，是否存在相应的权利救济程序，目前的相关规定尚未明确。

（四）衔接：普通代表人诉讼与特别代表人诉讼制度难以有效协调

特别代表人诉讼制度的启动以普通代表人诉讼为前置程序。简而言之，在特别代表人诉讼制度启动前，普通代表人诉讼已完成了权利范围的确定及权利登记公告的发布。[①] 这种递进式的诉讼制度转化，在一定程度上克服了特别代表人诉讼启动的随意性，防止诉讼程序的倒流，体现了立法的严谨科学。

目前，普通代表人诉讼制度递进至特别代表人诉讼制度存在难度。首先，多元主体的利益存在矛盾与冲突。在启动证券普通代表人诉讼时，投资者需推选拟任代表人参与案件，进而由代表人聘请律师。若普通代表人诉讼转化为特别代表人诉讼，投保机构将聘任新的诉讼代理人，参与普通代表人诉讼的律师仅能获得前期的律师费用。在利益驱动的机制下，律师甚至不愿再参与证券领域的普通代表人诉讼程序，以防程序转化导致自身无法得到符合预期的报酬。倘若长期缺乏良性的激励机制，特别代表人诉讼制度将受影响难以启动。其次，普通代表人诉讼存在先行审理的问题，如在虚假陈述的普通代表人诉讼程序中，法院需要根据案件的实际情况确定虚假陈述的实施日、揭露日和更正日，并进

① 郭文旭：《新〈证券法〉实施下特别代表人诉讼的启动程序——规则解读、制度构思和完善建议》，载《南方金融》2021年第6期。

一步确定权利人范围，在确认权利人范围时便构成对案件的实质审理。倘若特别代表人诉讼与普通代表人诉讼的权利登记范围不一致，应当如何解决？目前缺乏统一的认定标准。

四、进路：我国证券特别代表人诉讼制度启动机制的优化方案

启动机制科学与否需要通过法治实践的检验，而在制度的大范围推广适用时，可针对目前的困境与障碍构建系统的优化方案。首先，应通过明确启动主体的权利性质，为启动机制在源头上提供合法性与正当性的支撑。其次，通过采用宽松的选案标准，规范启动机制的选案范围，以实现保护投资者，震慑证券市场违规违法行为之目的。再次，通过确立合规体系，提升制度的活力与规范性。最后，通过协调普通代表人诉讼制度与特别代表人诉讼制度，实现两种制度在不同模式下的规范运作。

（一）明确启动机制的权利性质

在特别代表人诉讼制度中，投保机构基于投资者委托而取得特别代表人的资格，从而得以参与到诉讼程序之中。在群体扩散型利益纠纷中，赋予于诉提起之前为纠纷解决而实施一定行为的人以当事人适格，之所以认为该行为人的当事人适格，是因为其具有所谓的“纠纷管辖权”。[①] 从权力性质而言，应当考察投保机构取得原告资格是基于意定的诉讼担当抑或是法定的诉讼担当[②]。根投保机构在取得投资者委托后，后续诉讼程序即使有投资者选择退出，导致人数不符合要求，投保机构仍可参与特别代表人诉讼程序。因而启动程序在赋权层面属于“意定与法定相结合”的范式，即一方面基于投资者委托取得诉讼参与权，另一方面基于法律规范取得程序推进权。从权力类型而言，普通代表人诉讼制度与普通代表人诉讼制度的构造原理存在明显差异，“退出制”与“第三方介入”的特性使得特别代表人诉讼制度更像是“代表人诉讼制度”与“集团诉讼制度”结合的生产物。

---

① ［日］伊藤真：《民事诉讼法》（第4版补订版），曹云吉译，北京大学出版社2019年版，第135页。

② 意定的诉讼担当，是指实体权利主体将诉讼实施权授予第三人，第三人基于该授权具备当事人适格，法定的诉讼担当是指法律基于不同的理由认可第三人可针对他人的权利义务关系行使诉讼实施权。

（二）规范启动机制的选案范围

法律制度的构建彰显了立法者的价值判断与价值选择。《规定》明确了特别代表人诉讼制度设立的初衷在于保护投资者合法权益，惩治资本市场违规违法的行为，维护资本市场健康稳定发展。也就是说，立法目的至少包含了三个层次：第一层次是保护价值，强调保护投资者合法权益；第二层次是威慑价值，注重惩治违规违法行为；第三层次是福利价值，促进资本市场的健康稳定发展。在绝大多数证券纠纷的案件中，三种价值具有协调性和一致性。但在部分情况下价值存在冲突，需要进行取舍与平衡。有学者认为，相较于赔偿投资者损失，退出制证券集团诉讼对未来违法行为的规制与制止价值更为显著。① 在特别代表人诉讼制度的探索阶段，赋予投保机构案件选定的权利具有合理性。投保机构可以通过案件的选定有效缓解公共资源稀缺的压力，过滤原本无须提起特别代表人诉讼的案件，从而有效发挥特别代表人诉讼制度的震慑作用，抑制扰诉与滥诉的发生，实现保护中小投资者利益的目的。但现有的选案标准无疑过于严苛。

首先，前置条件设置为“有关机关作出行政处罚或刑事裁判等”，应当放宽至“有初步的证据证明遭受证券侵权事实”，这种初步证据的证明程度无须达到盖然性的标准。《业务规则》可以细化规定的范围，如被告自认材料、纪律处分决定或者采用自律管理措施等证明有侵权行为即可，从而实现与普通代表人诉讼前置程序的衔接。其次，在重大性标准上，目前的规定仅仅针对典型重大，社会影响恶劣，具有示范意义的案件进行选择，但从投资者的角度而言，优先处理那些快要超过诉讼时效期限的案件，更能体现对投资者保护的公平原则。② 所以应当在重大性标准上加入时间衡量要素，从而更为完满地保护投资者的权利。在经济要件上，需要满足被告具有一定偿付能力，这需要投保机关具有较强的案件研判与评估能力，但证券市场瞬息万变，因而在偿付能力的标准上，应当从宽认定，甚至在特定情况下简单评估，从而提升特别代表人诉讼的适用和效率。

---

① See John C. Coffee, Reforming the Securities Class Action: An Essay on Deterrence and Its Implementation, 293 Columbia Law and Economics Working Paper, 1534 - 1545 (2006).

② 彭冰：《中国版证券集体诉讼的发动》，北京大学金融法研究中心2020年8月1日推文，https://mp.weixin.qq.com/s/fQTLaXPIhZZubxgWgl1fuQ，2021年8月11日访问。

（三）构建启动机制的合规体系

首先，合规体系的构建必须要遵循或实现我国证券特别代表人诉讼制度的目的。如上文所述，我国特别代表人诉讼制度已确立了保护价值、威慑价值、福利价值三项立法目的。但对于一项初创的制度，要实现上述立法目的，必须规范其运作，使其确立起合法合规的规则去实现上述保护、威慑和福利价值。从价值的作用关系来看，规范证券特别代表人诉讼行为及其运作过程是实现其他价值的基础和前提，该规范价值是一切制度设计的出发点。因此，构建启动机制的合规体系，要完善我国证券特别代表人诉讼制度的立法目的，增补规范运作的价值标准。

其次，构建启动机制的合规体系，要对特别代表人的裁量权从价值选择、过程控制、因素考量等方面加以合理的控制，避免特别代表人权力的恣意，避免违背特别代表人诉讼制度确立的初衷。对于启动环节中选案、诉讼请求（包括金额）、是否起诉等重点问题要有必要的行为规范。例如，对于投保机构不予启动特别代表人诉讼的案件，投资者可以进行二次申请，二次申请投保机构仍然决定不启动的，应当对投资者说明理由。

再次，构建启动机制的合规体系，要有公平竞争的合规思维。竞争是机制保持活力和秩序的关键。特别代表人诉讼制度的启动机构缺乏竞争机制的激励与约束，亟需构建启动机制的竞争体系。特别代表人诉讼制度尚处于探索阶段，若允许律师等非公益性主体介入，进行完全市场化不切实际，应当构建系统的解决方案。可通过设立多个投保机构，清除特别代表人诉讼制度实施的障碍。目前我国的投保机构为位于上海的投服中心和位于北京的投保基金，从数量上而言太少，难以落实制度的威力。特别代表人诉讼制度不应是“运动式”的突击举措，而应当成为悬在证券违规违法行为上方的一把“达摩克利斯之剑”，落实在常态化的工作程序中，形成长期的威慑和制约。因而可在证券市场较为发达的地区设立多个投保机构，如广州、深圳、杭州、成都等地区。

最后，竞争机制确立后可以激活法律实施的动力，但也会出现多个特别代表人的选择问题。如若不同的投资者委托不同的投保机构，法院则应该根据股权份额大小为主，时间先后为辅的机制进行投保机构的选择。因为受委托投资者股权份额的大小在一定程度上反映了损失的大小，持更多股权的投资者可能考虑投保机构的诉讼效果、诉讼效率，对投保机构进行较为全面的考察，选择更具科学性。倘若不同的投保机构受投资者委托的股权份额相差无几，或者持较多股权份额的机构怠于行使特别代表人诉讼的权力，则在时间上最先接受中小投资者委托的投保机构可以提前诉讼，从而保障诉讼的效率，提升制度的震慑力。

（四）探索启动机制的协调运作模式

特别代表人诉讼与普通代表人诉讼采取“递进说”，在实践中易出现适用的障碍，因而应从二者协调的角度作出回应。首先，关于普通代表人诉讼中代表人与律师积极性不高的问题。一方面，可以积极探索投保机构主动征集发起投资者，邀请投资者对其进行委托的方式，从而解决特别代表人诉讼难以满足启动要件的问题。另一方面，投保机构应当根据案件的实际情况，让先前参与普通代表人诉讼的律师继续参与至特别代表人诉讼程序中，从而激发律师承接证券市场普通代表人诉讼案件的积极性，保障普通代表人诉讼转化至特别代表人诉讼的途径畅通。

其次，解决案件先行的实体审理问题可以从放宽权利登记认定与确立新的权利登记范围实现。一方面，对于权利登记范围应当从宽认定，法院在普通代表人诉讼发布权利登记公告时，应当根据实际情况从宽认定。例如在虚假陈述案件中，有多个揭露日可以进行选择，则应该选择最后一个作为权利人登记范围为确立标准，先将有可能的受害者纳入诉讼程序，从而保障投资者合法权益的实现。另一方面，特别代表人诉讼受理的法院可以根据案件的实际情况重新确定权利人范围，重新发布权利登记公告。若普通代表人诉讼的权利登记公告与特别代表人诉讼的权利登记公告相冲突时，应当以在后启动的特别代表人诉讼发布的权利公告为准，从而保障诉讼进程的有序推进。

五、结语

特别代表人诉讼制度作为证券市场领域保护投资者利益，震慑违规违法行为的特色制度，有助于促进我国证券资本市场的健康发展。首先，启动机制是特别代表人诉讼制度的核心环节，投保机构在发挥“默示加入，明示退出”运行机制的优势时，应当充分明确启动机制的权利性质，从源头上为制度的推进提供合法性和合理性的依据。其次，在案件选取时应放宽选案的标准，以提升制度的适用率。再次，相关部门应当积极确立启动机制的合规体系，防止制度不规范影响其价值的实现。最后，应当出台普通代表人诉讼与特别代表人诉讼制度的衔接措施，推动特别代表人诉讼制度的长效发展。

先行赔付专项基金运作的模式选择及规则设计*

赵 吟** 姬彤文***

内容提要：证券市场先行赔付通过设立专项基金救济受损投资者。赔付基金的运作现状存在一定的问题，不利于先行赔付的规范化、常态化，有必要选择恰当的基金运作模式。与委托代理模式、基金会模式相比，信托模式在资金安全、设立灵活性、运作成本等方面的优势凸显。同时，赔付基金的特点与信托原理相契合，使得信托模式应用于赔付基金的运作成为可能，当然需要在委托人、受托人以及受益人三个层面进行具体的规则设计，以明确各方的权责利。

关键词：先行赔付　专项基金　信托模式　规则设计

2019年12月28日，新一轮《证券法》修订获第十三届全国人大常委会第十五次会议表决通过，这标志着资本市场又朝着市场化、法治化道路迈出坚实

---

* 本文为国家法治与法学理论研究中青年课题《证券市场先行赔付制度构建研究》（18SFB3026）的阶段性成果。

** 赵吟，法学博士，西南政法大学民商法学院副教授，人工智能法律研究院金融科技法律研究中心主任。

*** 姬彤文，西南政法大学民商法学硕士生。

的一步，同时推动证券行业的健康发展。① 《证券法》（2019 年修订）增设了投资者保护专章，其中对先行赔付作出原则性规定。② 虽然该规定为先行赔付提供了明确的法律依据，有利于实践的推进和规则的发展，但过于笼统，仍需细化。在先行赔付制度的构建中，资金的管理运作关涉投资者保护的最终效果，需要给予格外的关注。现有先行赔付实践中，责任或有主体通过出资设立先行赔付专项基金完成投资者赔付工作。尽管该种模式在一定程度上得到市场与投资者的认可，但其运作过程中仍有问题亟待解决，存在优化的空间。从功能的角度来讲，赔付基金规范化运作致力于解决实际管理中的问题并形成可复制的推广模式，有助于高效便捷及时完成投资者赔付，维护证券市场的稳定。而达至这一目的之基础则有赖于选择合适的运作模式，需要通过比较现有的和可能的资金运转方式，探索优良且契合证券市场先行赔付基金特点的操作路径。

一、先行赔付专项基金的运作现状考察

证券市场先行赔付是证券市场主体在经济实践中探索出的创新纠纷解决机制。2012 年，创业板上市公司万福生科因欺诈发行被证监会立案稽查，在证监会《行政处罚决定书》公布之前，平安证券作为保荐机构及主承销商，出资 3 亿元设立投资者利益补偿专项基金。③ 2013 年，创业板上市公司海联讯因财务造假被证监会立案调查，在调查期间，海联讯四位主要股东出资 2 亿元，设立投资者利益补偿专项基金。④ 2015 年，证监会立案调查创业板上市公司欣泰电气欺诈发行、信息披露规范违规情况，该公司保荐人和主承销商在证监会宣布处罚

---

① 田宇、李小健：《新修订的证券法出炉：为资本市场健康发展提供法律保障》，载《中国人大》2020 年第 1 期。

② 《证券法》（2019 年修订）第九十三条规定，发行人因欺诈发行、虚假陈述或者其他重大违法行为给投资者造成损失的，发行人的控股股东、实际控制人、相关的证券公司可以委托投资者保护机构，就赔偿事宜与受到损失的投资者达成协议，予以先行赔付。先行赔付后，可以依法向发行人以及其他连带责任人追偿。

③ 倪铭娅：《万福生科试水先行赔付 投资者主动维权》，载《中国证券报》2015 年 9 月 15 日，第 A02 版。

④ 朱宝琛：《证监会正在调查海联讯涉嫌违法违规行为》，载《证券日报》2014 年 7 月 19 日，第 A01 版。

后，出资5.5亿元设立先行赔付专项基金。[①] 上述三个实例是证券市场目前仅有的适用先行赔付的案例，具有典型性，可基于已有实例对赔付基金运作状况予以分析。

第一，资金来源。万福生科案与欣泰电气案中，均由保荐机构出资设立专项基金，海联讯案中专项基金则由四位主要股东出资设立。在证券市场欺诈发行等案件中，对于遭受损失的投资者，责任或有主体通过出资设立专项基金模式进行赔付，是创新的纠纷解决路径。不过，证券市场中虚假陈述、欺诈发行等违法行为通常导致人数众多的投资者利益受损。尽管单个投资者所需的赔付金额可能很少，但是同时赔付大量投资者，所需的资金数量巨大。而当前或由保荐机构，或由主要股东出资，这种拥有雄厚资金实力并能自己承担赔付基金出资的责任或有主体十分有限，赔付基金的资金来源过于单一，不易形成大规模赔付资金，不利于赔付基金的发展。

第二，资金管理。先行赔付最终效果的实现离不开赔付基金的良好管理。实践中，责任或有主体均将赔付基金交由中国证券投资者保护基金有限责任公司（以下简称投保基金公司）管理运作，并由第三方银行介入进行专户管理。不可忽视的是，投保基金公司在管理专项基金过程中，其履行情况存在差异。在万福生科案中，投保基金公司聘请了法律、财经界专家组成专家委员会，旨在针对重大问题提供咨询意见。海联讯案中虽有投保基金公司担任管理人，但是基金出资人委托了平安证券担任专项基金的顾问，提供全程技术支持与协助。欣泰电气案则由投保基金公司完全负责专项基金的管理与运作，并没有专家委员会与基金顾问的参与。简言之，是否聘请专家委员会或顾问及由谁聘请，三个实例皆有不同。专家委员会或顾问的聘请属于相关主体的权责范畴，实践情况反映了基金管理人与基金出资人的权责分配并不清晰。然而，推动赔付基金的常态化，基金管理人、基金出资人等主体在基金管理过程中权责是否明确是重要因素，权责不明将阻碍赔付基金形成可复制的推广模式。

第三，资金分配。赔付基金之资金分配中最重要的是赔付方案的确定。赔付对象基于怎样的标准予以划定是赔付方案的首要内容。现有实例在判断赔付

---

① 官平：《兴业证券公布欣泰电气先行赔付方案》，载《中国证券报》2017年6月10日，第A02版。

对象时，总体上以买卖股票的时间段为标准，重要时间点分别为虚假陈述的实施日、揭露日以及更正日。具体确定赔付对象时，三个案例又有所不同。万福生科案与海联讯案皆确定四个关键的时间点，即虚假陈述实施日、揭露日、第一次更正日、第二次更正日。万福生科案自虚假陈述实施日起始，分别至揭露日、第一次更正日、第二次更正日，划定相互之间层层包含的三类股票买卖持有情况。① 海联讯案则于四个关键时间点之间确定了没有重合、前后衔接的三段情况，明确赔付对象。② 欣泰电气案中则以一级市场适格投资者、二级市场适格投资者的方式划分投资者的范围，赔付对象的具体确定方式依然是选取关键时间点并区分时间段，分为前后相互衔接的三类适格情形。③ 赔付设立的目的是及时赔付因证券市场主体实施虚假陈述、欺诈发行等违法行为而遭受损失的投资者，确定适格投资者的范围即赔付对象范围，是资金分配的关键。赔付对象标准总体类似，但具体细节上的不同对投资者而言十分重要，关系其切身利益。

---

① 根据《平安证券有限责任公司关于设立某虚假陈述事件投资者利益补偿专项基金的公告》，投资者对某股票的交易具备如下情形之一的，属于基金的补偿范围：（一）自 2011 年 9 月 14 日起，至 2012 年 9 月 15 日之前买入某股票，且在 2012 年 9 月 15 日之后因卖出或持续持有某股票而产生亏损的；（二）自 2011 年 9 月 14 日起，至 2012 年 10 月 26 日之前买入某股票，且在 2012 年 10 月 26 日之后因卖出或持续持有某股票而产生亏损的；（三）自 2011 年 9 月 14 日起，至 2013 年 3 月 2 日之前买入某股票，且在 2013 年 3 月 2 日之后因卖出或持续持有某股票而产生亏损的。参见人民网 http：//finance. people. com. cn/stock/stock/n/2013/0511/c67815 - 21447034. html，2021 年 5 月 11 日访问。

② 根据《深圳海联讯科技股份有限公司股东章某、孔某、邢某飚、杨某广关于设立某虚假陈述事件投资者利益补偿专项基金的公告》，投资者对某股票的交易具备如下情形之一的，属于专项补偿基金的补偿范围：（一）自 2011 年 11 月 11 日起，至 2013 年 3 月 22 日之前买入某股票，且在 2013 年 3 月 22 日及以后因卖出或持续持有某股票而产生亏损的；（二）自 2013 年 3 月 22 日起，至 2013 年 4 月 27 日之前买入某股票，且在 2013 年 4 月 27 日及以后因卖出或持续持有某股票而产生亏损的；（三）自 2013 年 4 月 27 日起，至 2014 年 4 月 30 日之前买入某股票，且在 2014 年 4 月 30 日及以后因卖出或持续持有某股票而产生亏损的。参见深圳证券交易所官网，http：//www. szse. cn/disclosure/listed/bulletinDetail/index. html?7e5f3e12 - 1b8a - 4f57 - b1bc - 672e0ba77bb8，2021 年 7 月 18 日访问。

③ 根据《兴业证券股份有限公司关于设立某电气欺诈发行先行赔付专项基金的公告》，专项基金的赔付范围为：（一）在某电气首次公开发行股票时申购新股，在股票上市后卖出或仍持有而存在亏损的投资者 为一级市场新股投资损失赔付的适格投资者。（二）某电气股票上市后，投资者对某电气股票的交易具备如下情形之一的，为二级市场损失赔付的适格投资者：其一，自某电气股票上市之日起至 2015 年 11 月 26 日期间买入，且在 2015 年 11 月 27 日及以后因卖出或者因持续持有某电气股票至退市，扣减市场风险因素所致损失后仍存在投资差额损失的；其二，自 2015 年 11 月 27 日起至 2015 年 12 月 10 日期间买入股票，且在 2015 年 12 月 11 日及以后因卖出或者因持续持有某电气股票至退市，扣减市场风险因素所致损失后仍存在投资差额损失的。参见兴业证券股份有限公司官网，https：//www. xyzq. com. cn/xysec/info/article/23204253，2021 年 6 月 9 日访问。

实践中由先行赔付人单方面提供具体赔付方案、决定赔付对象的做法，对投资者而言并不公平，不利于充分保障投资者的利益。资金分配最终追求投资者的充分救济，不仅体现于投资者受到补偿，还体现于投资者在赔付方案制定过程中的话语权。因此，在明确赔付的运作模式时，赔付方案的形成要保证各方参加并平衡各方利益，以推动证券市场主体与投资者对先行赔付的积极性。

现有先行赔付实践以及《证券法》（2019 年修订）关于先行赔付的规定，都为推动先行赔付制度作为创新纠纷解决机制的发展提供支撑。但是，相关法律规定过于笼统，并没有对先行赔付的具体操作进行细化指引，究竟以何种方式委托投资者保护机构、怎样与受损的投资者达成协议等内容法律均未予明确。鉴于先行赔付是通过在行政处罚或正式诉讼之前与投资者达成和解，以弥补投资者损失，其功能的实现离不开赔付基金的科学合理运作。而赔付基金若要发挥及时、充分、公正救济投资者的功能，运作模式的选择则是关键。运作模式直接影响先行赔付资金的来龙去脉，决定着参与各方的权利义务内容，进而延伸至赔付效果的评估，亦即制度功能的实现。

二、先行赔付专项基金的运作模式比较

现有法律框架下，可供赔付基金选择的运作模式有三种，分别为委托代理模式、基金会模式以及信托模式。这三种模式自身的运作机制不同，结合赔付基金及时、充分、公正的功能，并考虑资金的安全性、运作的成本、利益的平衡分析三种模式的优劣，寻找最优解。

（一）委托代理模式

就实践情况而言，委托代理模式是已有案例的模式选择。委托代理模式的优点之一在于设立简单。责任或有主体设立赔付基金时只需与投保基金公司达成委托代理合意，授权投保基金公司代为处理基金运作事务。这种方式保证了赔付基金设立的效率，有助于及时解决纠纷。实践中，赔付基金适用委托代理模式得到了良好效果，值得肯定。委托代理模式的优点之二在于代理人选任合理。由投保基金公司作为代理人，既发挥了其专业优势，又因其无偿管理赔付基金使得责任或有主体无需增加额外的成本。

诚然，委托代理这一现有的模式选择是可行的，但是否沿用委托代理模式，

还须就委托代理本身进行考量。代理制度的功能之一是强化与拓展私法自治原则。[①] 在委托代理关系中，基于授权行为产生代理权，代理人具有一定的行为自由，但其代理行为还要受到被代理人意思表示的限制。通常而言，代理人要依照被代理人的指示进行事务处理。具体到赔付基金运作过程中：首先，代理人有限的行为自由无法保证投保基金公司的独立性与中立性。赔付基金运作过程中，为赔付事项的顺利进行以及各方利益的平衡，投保基金公司要独立选择、管理第三方专业中介机构、托管人等主体，并且在处理相关事务时要做到不偏不倚，保持中立。但是，委托代理关系中代理人的行为因被代理人的指示而受限，从根本上使得投保基金公司不能保有自己的独立性与中立性。其次，代理人遵从被代理人的指示不利于投资者获得公平结果。现行委托代理模式下，责任或有主体对于具体赔付方案拥有主动权，投保基金公司最终按照责任或有主体决定的具体赔付方案进行资金分配。与此同时，投资者对与其合法权益关系密切的具体赔付方案并没有相应的决定权，只能选择接受或拒绝，这对投资者而言并不公平。此外，在委托代理模式下，赔付基金这一资产属于责任或有主体，责任或有主体的债权人对赔付基金可以行使权利。当责任或有主体陷于破产困境时，赔付基金将无可避免地成为破产财产的一部分，受害投资者并没有优先受偿的权利，其最终能否得到救济是未知的，赔付基金的功能丧失。由此可见，委托代理模式并不是赔付基金运作的优良选择。

（二）基金会模式

风险社会中，为应对大规模侵权事件的发生，建立赔偿基金是符合中国国情的救济模式，同时是社会管理思路的创新，此处赔偿基金被定性为具有公益目的之“社会团体法人”，参照《基金会管理条例》进行登记，其实是以基金会模式设立赔偿基金。[②] 大规模侵权可能存在于各个法律领域，可简单理解为损害事实的发生，且该损害事实牵涉众多受害人的权利和法益。[③] 侵权责任主体有限

---

① 耿卓：《民事代理制度的新发展》，载《河北大学学报（哲学社会科学版）》2014 年第 1 期。

② 张新宝、岳业鹏：《大规模侵权损害赔偿基金：基本原理与制度构建》，载《法律科学（西北政法大学学报）》2012 年第 1 期。

③ ［德］克里斯蒂安·冯·巴尔：《大规模侵权损害责任法的改革》，贺栩栩译，中国法制出版社 2010 年版，第 1 页。

多数、侵权责任形态复杂多样、受害人众多、因果关系难以界定是大规模侵权的特点。[①] 证券市场中虚假陈述、欺诈发行等违法行为侵害众多投资者的利益，涉及不同的责任主体且责任形态多样，因果关系不易举证证明，与大规模侵权的特点类似，属于大规模侵权范畴。鉴于此，证券市场先行赔付专项基金同样可以采用基金会模式进行设立。

基金会经过批准登记设立，有自己独特的内部治理结构，在保证财产私有性的基础上实现设立目的。[②] 采用基金会模式建立赔付基金，首先，可以保证财产的独立性与安全性。责任或有主体出资后，财产的所有权转移，赔付基金作为独立法人是财产的所有权人，从而区分于责任或有主体的财产。基于此，责任或有主体的债权人无法对该部分财产行使权利。其次，基金会模式下，在形成内部治理结构时，可选任与先行赔付各方当事人没有利益冲突，且掌握相关专业知识、具备相关工作经验的个人或机构，作出决策并执行事务，助力赔付基金专业、公正运作。

不过，赔付基金针对个案设立，是责任或有主体对其行为所造成后果的责任自负。从该角度进行分析，基金会模式显现不足之处。其一，基金会准入严格。基金会模式的设立条件要求高，除特定的目的以及原始基金的要求外，其设立条件还包括规范的名称、章程、组织机构、固定的住所。[③] 通常情况下设立基金会要经过业务主管机关的批准以及登记机关的设立登记。其二，基金会治理结构复杂。根据《基金会管理条例》的规定，基金会分别设立理事会为决策机构、监事会对理事会进行监督以及秘书长负责运作基金，通过这一内部治理结构的设置实现基金会的目的，开展活动。其三，基金会运作成本高。准入严格以及治理结构复杂随之带来的是基金会运作成本的增加。基金会模式要求有专门的组织机构，聘请专业的人员进行管理，需要支付报酬。责任或有主体设立基金时承担额外运作成本，可能降低出资的积极性。基于基金会模式的准入、

---

① 杨立新：《〈侵权责任法〉应对大规模侵权的举措》，载《法学家》2011 年第 4 期。

② 解锟：《以基金会为主导模式的慈善组织法律架构》，载《华东政法大学学报》2017 年第 6 期。

③ 《基金会管理条例》第八条规定，设立基金会，应当具备下列条件：（1）为特定的公益目的而设立；（2）全国性公募基金会的原始基金不低于 800 万元人民币，地方性公募基金会的原始基金不低于 400 万元人民币，非公募基金会的原始基金不低于 200 万元人民币；原始基金必须为到账货币资金；（3）有规范的名称、章程、组织机构以及与其开展活动相适应的专职工作人员；（4）有固定的住所；（5）能够独立承担民事责任。”

治理结构以及运作成本，该模式更适宜长期的事务处理，并不适合针对个案设立且存续时间并不长的赔付基金。

（三）信托模式

赔付基金运作的模式选择要兼顾公正与效率，信托模式也是值得考虑的一种路径。运用信托模式管理资金已有实践基础，如我国养老基金制度、公共维修基金制度中，都有专业机构受托运营资金，其实质均为利用信托模式管理巨额资金。[①] 证券市场先行赔付中的信托模式是指依照信托原理运作赔付基金，责任或有主体作为委托人，将财产交付给值得信任的受托人，受托人用自己的名义管理或处分该财产，以期达到救济因虚假陈述、欺诈发行等违法行为而利益受损的投资者的目的。赔付基金中选用信托模式是否合理，需与委托代理模式、基金会模式进行对比分析。

信托模式其实非常近似于委托代理模式，二者都是委托他人进行事务处理或是财产管理，委托的基础在于信任。但是，信托模式与委托代理模式之间运转机理的不同使得最终效果的呈现差异。首先，不同于委托代理关系中财产仍属于委托人，信托模式下财产来源于委托人，却具备独立性，独立于委托人、受托人的固有财产，委托人、受托人的债权人不能对信托财产主张权利，有效保障财产的安全性。信托破产隔离功能有助于财产的专款专用，避免市场经济中破产风险干扰投资者的救济。其次，委托代理模式中受托人要服从并遵照委托人的指示处理事务，而信托模式中受托人则拥有充分的自主权，委托人不得随意干预。信托模式中受托人具备重要功能，可以对其职权进行设计，例如由受托人协调责任或有主体与受损投资者共同决定具体赔付方案，以解决赔付基金之资金分配不公的问题。

与基金会的准入严格、治理结构复杂以及运作成本高相比较而言，信托模式的优点在于：第一，信托模式高度灵活。赔付基金信托模式的准入较为宽松，其设立可以通过契约形式，至于基金会模式所需的名称、章程、固定的住所等条件，信托模式之中不必满足。而且，信托模式的设立门槛并不高，委托人具

① 竺效、蒙禹诺：《论生态损害赔偿资金的信托管理模式——以环境公益维护为视角》，载《暨南学报（哲学社会科学版）》2018 年第 5 期。

备设立信托的明确意图、确定的信托财产以及合法的信托目的即可设立信托。第二，信托模式的运作机构简单。信托模式通常由委托人、受托人以及受益人三方构成，其中受托人作为运作机构负责相关事项的处理，无需如基金会一般设置严密的内部治理机构。第三，信托模式运作成本较低。信托模式中，责任或有主体不用另行聘请专业机构或人员，受托人利用自身的组织机构以及资源处理相关事务即可，为责任或有主体节省运作成本。

三、先行赔付专项基金信托模式的可采性分析

信托模式较之委托代理模式、基金会模式，有其优势。然而，信托原理以及信托模式的优势能否与赔付基金运作相契合，对于赔付基金运作模式的构建而言显得十分重要。在论证之前，可以明确的是信托模式依托信托原理构建，而信托原理在我国有着丰富理论与实践的基础，《信托法》等实体法为信托模式的运作提供依据，这为赔付基金的运作增添基础性保障。

（一）赔付基金目的的混合性与目的信托

赔付基金的设立是私益与公益的结合。责任或有主体出资设立赔付基金，更多的是出于自身利益的维护，通过先行赔付投资者达到减轻处罚、挽救商业名誉的目的。对于投资者而言，赔付基金设立最直接的作用是补偿个人因虚假陈述、欺诈发行等违法行为遭受的损失。赔付基金的公益性则体现在不特定多数投资者利益的救济以及高效便捷的投资者利益赔付将维护投资者对证券市场的信心，有利于证券市场的稳健发展。一般而言，信托可分为私益信托和公益信托，且二者分别适用不同的规则。信托类型如何回应赔付基金的混合性，一种路径是采取私益信托模式，毕竟赔付基金设立的首要目的是及时赔付投资者的个人损失，而且私益信托的设立无需管理机构批准。但私益信托无可避免的问题是要求受益人或受益人范围是特定的，[①] 先行赔付中受害的投资者人数众多，设立信托时投资者的范围不能确定。因此，私益信托模式与赔付基金不符。

---

① 《信托法》第十一条规定，有下列情形之一的，信托无效：（1）信托目的违反法律、行政法规或者损害社会公共利益；（2）信托财产不能确定；（3）委托人以非法财产或者本法规定不得设立信托的财产设立信托；（4）专以诉讼或者讨债为目的设立信托；（5）受益人或者受益人范围不能确定；（6）法律、行政法规规定的其他情形。”依据该规定，受益人范围不能确定时信托无效。

另一种路径是公益信托模式，公益信托中受益人为不特定的社会公众，与赔付基金针对不特定多数投资者的特点吻合。然而公益信托之信托目的要完全属于公益目的，不能包含任何非公益目的，① 显然先行赔付专项基金设立目的与之不符。此外，公益信托的设立以及确定受托人要经过管理机构批准，② 不利于赔付基金高效便捷目标的实现。赔付基金的混合性特征需要介于私益与公益中间的信托。尽管我国现行法律规定没有涉及，处于中间状态的信托存在于英美和日本的信托立法中，被称为目的信托，指的是受益人不能确定的信托。③ 信托的设立只要有关于财产管理和处分的目的即可，不要求特定的受益人。至于目的信托的运作规则，目的信托只是信托的一种特殊类型，具有信托的共性，参照已有信托规则即可。鉴于赔付基金要保证效率，目的信托可参照私益信托的规则，不必如公益信托一般经历批准程序。目的信托这一信托类型的存在为赔付基金信托模式的设立提供了理论基础。

（二）赔付基金设立的自愿性与意定信托④

证券市场先行赔付，究其本质是纠纷当事人按照民法之自愿原则，通过正式诉讼之外的自行协商这一自决模式化解纠纷，最终达成诉讼外和解协议。⑤ 责任或有主体通过诉讼外和解协议达到赔付投资者以及解决纠纷之目的，自愿设立赔付基金。基于此，赔付基金信托模式的设立通过意定信托形式完成。具体而言，责任或有主体作为委托人，出于赔付因虚假陈述、欺诈发行等证券违法行为而遭受损失的投资者且解决纠纷的目的，出资设立赔付基金。责任或有主体与受托人达成契约，将资金转移给受托人并由受托人进行管理、处分。受损投资者是受益人，其获得赔付的条件是与责任或有主体达成和解协议。值得注意的是，信托是一种财产制度安排，或者说是信托法律关系，其真正设立包括

---

① 何宝玉：《信托法原理研究》，中国法制出版社 2015 年版，第 484 页。

② 《信托法》第六十二条规定，公益信托的设立和确定其受托人，应当经有关公益事业的管理机构（以下简称公益事业管理机构）批准。未经公益事业管理机构的批准，不得以公益信托的名义进行活动。公益事业管理机构对于公益信托活动应当给予支持。

③ 赵廉慧：《目的信托制度比较研究——以日本〈信托法〉为参考》，载《法学杂志》2011 年第 8 期。

④ 目的信托是与私益信托、公益信托相对应的概念，是依据设立目的以及受益人是否特定对信托作出的分类。意定信托则是与法定信托相对应的概念，是根据信托如何设立对信托所作的分类。

⑤ 陈洁：《证券市场先期赔付制度的引入及适用》，载《法律适用》2015 年第 8 期。

两个阶段，第一阶段是信托合同成立并生效，第二阶段是信托财产转移。① 换言之，信托真正设立是在委托人将信托财产转移给受托人之后。赔付基金设立的自愿性与意定信托相契合，助力厘清赔付基金信托模式的运行逻辑。

（三）赔付基金使用的专项性与信托财产的独立性

赔付基金的设立旨在赔付投资者因证券市场违法行为侵权所致的财产损失，资金应专门用于赔付投资者损失，不能用于其他事务。信托财产的独立性与赔付基金使用的专项性息息相关。信托财产的独立性之一在于赔付基金与委托人的其他财产相分离，脱离委托人的控制。② 这同时也意味着，信托模式将委托人的经营风险与赔付基金相隔离。即使委托人不慎破产，其债权人也不能对赔付基金行使权利，保证赔付基金只能用于赔付投资者的损失。信托财产的独立性之二在于赔付基金与受托人固有财产的分离。③ 具体而言，运用信托模式管理赔付基金时，赔付基金处于特殊的独立地位。受托人取得管理、处分赔付基金的权利后需将固有资产与赔付基金分离，分别记账、分开管理，有利于赔付基金的专款专用。信托模式下信托财产的独立性充分保障赔付基金使用的专项性要求，这为赔付基金的信托模式运作进一步提供可能。

（四）赔付基金管理的专业性与信托弹性以及权益重构功能

赔付基金针对证券市场违法行为造成的投资者损害，证券市场本身对相关主体专业要求较为严格，赔付工作的顺利进行更是有赖于专业机构把关。例如，赔付对象的划定涉及违法行为与损害事实之间因果关系的认定，无关因素的合理排除以及不符合条件的投资者的判断，都需要专业机构、专业人员。信托模

① 伍治良：《论特定目的信托的性质及设立原则——兼评“建元 2005－1 个人住房抵押贷款证券化方案”之缺陷》，载《法商研究》2006 年第 5 期。

② 《信托法》第十五条规定，信托财产与委托人未设立信托的其他财产相区别。设立信托后，委托人死亡或者依法解散、被依法撤销、被宣告破产时，委托人是唯一受益人的，信托终止，信托财产作为其遗产或者清算财产；委托人不是唯一受益人的，信托存续，信托财产不作为其遗产或者清算财产；但作为共同受益人的委托人死亡或者依法解散、被依法撤销、被宣告破产时，其信托受益权作为其遗产或者清算财产。

③ 《信托法》第十六条规定，信托财产与属于受托人所有的财产（以下简称固有财产）相区别，不得归入受托人的固有财产或者成为固有财产的一部分。受托人死亡或者依法解散、被依法撤销、被宣告破产而终止，信托财产不属于其遗产或者清算财产。

式灵活弹性，不拘泥于信托公司，而是选择符合条件的受托人管理基金，如要求受托人有专业的管理团队、证券市场纠纷处理的经验等，实践中投保基金公司就是较好的选择。赔付基金的专业性还体现在，受托管理赔付基金的机构能够不受干扰，公平、公正地管理、处分赔付基金。信托模式之权益重构，即所有权、管理权与受益权的分离，权利主体与利益主体的分离，可有效保障赔付基金运作中的公平正义。① 具体而言，受托人为赔付基金的名义所有权人，基于信义义务自行管理、处分信托基金。信托设立后，受托人有充分的自由，不受委托人与受益人意愿的支配，科学合理运作赔付基金，并不偏袒任何一方。同时，受托人要受到信义义务的限制，忠实、勤勉地管理和处分赔付基金，不能从中为自己谋求利益。信托之灵活性与权益重构保障赔付基金管理的专业性。

四、先行赔付专项基金信托模式的规则设计

证券市场先行赔付基金信托模式的建构，需依托信托法律关系展开。结合信托原理以及赔付基金运作的特点，在委托人层面、受托人层面以及受益人层面进行具体的权利义务设计，分层考量资金来源、管理、分配过程中的风险及其防控，促进实现先行赔付效果的最优化。

（一）委托人层面

依据《证券法》（2019 年修订）的规定，发行人的控股股东、实际控制人、相关的证券公司可以成为委托人。法律条文在表述委托人的范围时，列举了三类主体，并没有加“等”字，委托人是否限于法条规定的主体值得探讨。首先，先行赔付专项基金运作中面临资金来源单一的问题，委托人是出资人，通常委托人范围的扩大有助于扩展资金来源。其次，依照民法意思自治原则，只要委托人的意愿不违背法律法规、公序良俗原则，不会给个人或社会带来危害，就应得到尊重。委托人自愿出资设立赔付基金，其意愿显然合法，符合公序良俗并且有利于投资者利益保护及证券市场良好发展，证券法不应将主动出资的其他主体排除在外。最后，其他个人或机构，如发行人的董事、监事、高级管理人员或是会计师事务所、律师事务所在内的证券服务机构，可能欠缺经济实力，

① 黎建飞主编：《社会保险基金信托法研究》，中国法制出版社 2016 年版，第 171 页。

难以凭一己之力承担巨额赔付资金，但这并不是这些个人或机构无法成为委托人的理由。信托模式下委托人可以是多数，经济实力不足的主体可以与其他主体合作，共同设立赔付基金。故而，委托人的范围不止于证券法列举的主体，其他有意愿、能出资的主体都可以是委托人。

围绕证券市场先行赔付，委托人的权利主要是知情权、参与权以及监督权。其一，知情权是委托人的基本权利。委托人有权查阅基金的相关账目以及记录基金相关事务处理等内容的文件，并可以要求受托人就基金运作情况作出说明。其二，委托人拥有参与权。即使委托人在设立赔付基金后不能干涉受托人处理事务，但是其有权参与具体赔付方案的制定，就涉及自身利益的内容发表意见，维护自己的合法权益。其三，委托人享有监督权，受托人是否在基金运作过程中尽到信义义务、基金管理是否合法合规等，都属于委托人监督的范畴。委托人的义务则主要体现在转移信托财产。信托财产是信托模式必不可少的要素，作为信托设立人的委托人负有将财产转移给受托人的义务。至于普通信托中支付报酬的义务，由于投保基金公司作为受托人无偿处理事务，委托人不再承担支付报酬的义务。

（二）受托人层面

信托制度的核心要义为受托人控制信托财产，[①] 受托人在信托模式中作用突出。依据《证券法》（2019 年修订）中关于先行赔付的规定，受托人为投资者保护机构。已有的三例实践中，投保基金公司受托成为基金管理人，坚持公益性、独立性、中立性原则，成立专门的基金补偿工作组执行投资者补偿工作，履职情况良好。[②] 投保基金公司本身的专业性、自行承担基金运作费用、独立于保荐机构等证券市场主体、客观公正处理赔付事项等突出优势，使其成为受托人自然合理的选择。此外，投资者保护机构还包括中证中小投资者服务中心有限责任公司（以下简称投服中心），其同样拥有专业人员、管理团队以及参与投资者赔付的经验，具备类似于投保基金公司的优势，不过基于其职责定位，在赔付基金信托模式中承担其他角色。

---

① 缪因知：《证券投资信托的法律构造与监管流变》，载《当代法学》2017 年第 2 期。

② 黄子波、王旭：《证券市场投资者保护新机制探索》，载《证券市场导报》2015 年第 3 期。

赔付基金信托模式下，受托人发挥中心枢纽功能，连接委托人和受益人。一方面，受托人有管理信托财产、处理信托事务的权利，这一权利是信托关系本身所固有的，以确保赔付工作顺利进行以及实现信托目的。① 受托人管理信托财产、处理信托事务权利的主要内容有：第一，协调形成具体赔付方案。具体赔付方案内容包括适格投资者的认定标准、损失的计算方法等，涉及责任或有主体以及众多投资者等各方的利益。鉴于受托人具有专业性、独立性、中立性，可以由其初步提供具体赔付方案，供委托人和受益人选择。② 方案制定过程中可通过听证等程序，让各方参与其中，充分保障资金分配的公平公正。第二，聘请咨询顾问。先行赔付过程中涉及很多专业知识，如证券市场系统性风险对损害结果的影响、虚假陈述的实施日与揭露日等日期如何确定等问题往往有争议，难以确定。此时除投保基金公司自身的人员外，需要聘请证券领域的权威专家提供咨询，及时有效解决争议。第三，指定托管人。为保证赔付基金与受托人固有财产的分离以及专款专用，受托人要委托专门的保管机构进行基金资产的保管，可沿袭实践的做法，指定银行作为托管人。第四，选择中介机构。受托人工作过程中，需要中介机构的参与，如受托人要在确定赔付金额计算方法确定后测算基金规模，为确保基金规模的准确性，还需聘请第三方独立审计机构鉴证测算结果。

另一方面，为了防止受托人在管理信托财产、处理信托事务时侵害委托人与受益人的利益，要对受托人科以义务。受托人义务之法理基础是基于约定产生的管理他人事务的法律关系，其本质特征在于存在信义关系，由此衍生出信义义务。③ 我国《信托法》中受托人的信义义务采列举方式规定，涉及一系列的内容。④ 不过，当前较为通行的观点是，现代信义义务包含忠实义务与注意义务。⑤ 就忠实义务而言，主要是指受托人在执行信托事务时，不得实施利益冲突

---

① 陈向聪：《信托法律制度研究》，中国检察出版社 2007 年版，第 223 页。

② 肖宇、黄辉：《证券市场先行赔付：法理辨析与制度构建》，载《法学》2019 年第 8 期。

③ 赵磊：《信托受托人的角色定位及其制度实现》，载《中国法学》2013 年第 4 期。

④ 例如，《信托法》第二十五条规定，受托人应当遵守信托文件的规定，为受益人的最大利益处理信托事务。受托人管理信托财产，必须恪尽职守，履行诚实、信用、谨慎、有效管理的义务。此外，第二十六条规定不得利用信托财产为自己牟利、第二十七条规定不得将信托财产转为其固有财产等均涉及信义义务。

⑤ 王莹莹：《信义义务的传统逻辑与现代建构》，载《法学论坛》2019 年第 6 期。

的行为。其一，受托人管理赔付基金时不能利用赔付基金牟取私利，不能将赔付基金转化为自己的财产。其二，受托人处理赔付事务时，不能利用自身的地位、掌握的信息或机会等获取利益或使第三方获利。尤其在聘请咨询顾问、指定托管人以及选择中介机构时，要做到客观中立，选择专业能力过硬的、没有利益关系的个人或机构。其三，在赔付基金运作过程中获得的投资者个人信息，受托人不得泄露或者利用其谋利。就注意义务而言，指受托人尽职、尽力的要求，是为管理、运用信托财产应尽的义务，主要为积极的行为义务。[①] 具体包括：第一，报告义务。受托人对于赔付基金运作过程中相关情况和信息，要及时、全面地向委托人和受益人报告，不得隐瞒，以便委托人和受益人积极行使权利并保障自己的合法权益。第二，分别管理义务。受托人要将赔付基金与自己的固有财产分开管理，分别记账，这既体现了信托财产的独立性又维护了信托财产的安全性。第三，亲自处理义务。咨询顾问、托管人、中介机构的功能在于辅助受托人，赔付基金中事务的处理，尤其是具体赔付方案的形成，由受托人亲自负责。

（三）受益人层面

委托人采用信托模式设立赔付基金的目的是受益人能够从赔付基金之中获得收益。可以这样认为，信托模式下，证券市场中被侵权人通过受益人之收益实现因证券违法行为侵权所享有损失赔偿请求权。[②] 这里的受益人就是指先行赔付的对象，即利益受损的投资者。证券市场侵权事件中，具体投资者的范围有赖于专业的认定，但是可以确定其基本标准。就机构投资者是否属于受益人而言，机构投资者与个人投资者同样由于信息不对称处于不利地位，其专业判断能力强于个人投资者则是显现在选择股票买卖的时点上，不因其具备更强的专业判断能力和经济实力而将之拒于受益人之外，因而机构投资者可以成为受益人。[③]

---

① 赵廉慧：《信托法解释论》，中国法制出版社 2015 年版，第 316 页。

② 李敏：《赔偿基金在大规模侵权损害救济中的定位与制度构想》，载《西北大学学报（哲学社会科学版）》2012 年第 4 期。

③ 赵吟：《证券市场先行赔付的理论疏解与规则进路》，载《中南大学学报（社会科学版）》2018 年第 3 期。

从赔付基金的目的看，设立基金是为了实现受益人的利益，信托模式中受益人利益的保护与救济需要赋予受益人权利。因信托之有效成立，受益人享有的权利为受益权。这里的受益权是广义的，不仅包括受益人依照具体赔付方案，与责任或有主体达成和解协议后能够取得相应赔付资金的权利，还包括其他的权利内容。首先，受益人有了解赔付基金运作情况的权利。受益人有权掌握赔付基金运作的基本进程以及知晓咨询顾问、托管人、中介机构的选任等与其利益能否实现关系密切的信息。其次，受益人对赔付基金的相关事务有表达自己意见的权利。例如，具体赔付方案的确定中应有受益人的意思表示，对于赔付对象的认定标准、损失的计算方法、基准日的确定等内容，受益人均有权表达自己的意见，并且有最终的决定权。另外，赔付基金的设立是基于公共政策的考量，责任或有主体积极承担社会责任，在政策上对弱势群体予以适当倾斜性保护，达到化解社会矛盾的目的。① 倾斜性保护弱者在受益人之义务设定上体现为受益人承担较少的义务。受益人的义务内容主要是随时关注先行赔付的动态，积极维护自己的权益，配合赔付工作的开展。

同时，赔付基金信托模式中受益人之受益权的实现也极为重要。由于赔付基金涉及的受益人一般规模庞大且较为分散，受益权的实现尤其是受益人意思的表达难度增加，为此有必要建立可以调整众多受益人利益并且有利于多数受益人意思表示形成的机制。股份有限公司中股东大会制度恰好是此种机制，全体股东组成股东大会以体现股东的意志并就经营管理的重大事项作出决定，并且《信托公司集合资金信托计划管理办法》中确立了与股东大会类似的受益人大会制度。② 因此，赔付基金信托模式下可以引入受益人大会。全体受益人组成受益人大会形成意思表示，参与赔付方案的平等协商。受托人通过提前发布公告的方式召集受益人大会，受益人大会的召开则可以采用现场与网络相结合的方式。每个受益人皆有一票表决权，对于具体赔付方案的通过可参照股东大会的设定，规定由参加大会的受益人所持表决权的三分之二以上通过。此外，投服中心的主要职责包括经投资者委托，提供调解等纠纷解决服务，受益人可以寻求投服中心的支持，让投服中心这一投资者保护机构参与到具体赔付方案的

---

① 巩海滨、王旭：《证券市场先行赔付制度研究》，载《财经法学》2018 年第 6 期。

② 《信托公司集合资金信托计划管理办法》第七章规定了受益人大会的相关内容，确定类似于公司法上股东大会的受益人大会制度，这样便利众多受益人的意思形成，有利于受益人行使权利。

制定过程中，保障受益权的实现，维护投资者的利益。

五、结语

证券市场持续快速发展，无疑为广大投资者带来诸多机遇，但也增加了相应的权益侵害风险。当投资者遭遇虚假陈述、欺诈发行等证券违法行为时，传统各自为战的侵权责任民事诉讼并不能保障投资者得到充分、及时的赔偿，需要探索新的纠纷解决机制，先行赔付就是其中之一。尽管2019年修订的《证券法》为先行赔付提供了法律依据，但是原则性的规定使得先行赔付仍有巨大的发展空间。赔付基金的运作关系到资金的来源、管理、分配等重要问题，实则决定着先行赔付制度能否有效发挥作用。对此，信托模式的构建有利于促进赔付基金规范化运作，在降低成本的同时切实提高资金使用效率，扩大先行赔付作为选择性机制的可接受度。基于信托之信托财产独立、灵活弹性、权益重构、受托人独立等特性，采信托模式运作赔付基金合理且恰当，进而在不同层面进行权利、义务、责任的设计，进一步明确赔付基金采信托模式运作的具体规则，加强先行赔付的主动性，以实现立法专设条款之倡导本意。当然，证券市场先行赔付制度的发展离不开证券民事责任基础理论的完善，还须考虑与其他诸如示范性判决、代表人诉讼、行政和解等投资者保护机制的衔接，协调并进，从而形成多层次投资者民事赔偿体系，助力提升投资者合法权益保护的能力与水平，推动市场生态积极向好发展。

投服中心功能定位的嬗变与重塑

汪　玥*

内容提要： 投服中心的功能定位经历了从持股行权的公益股东到提供公共产品的公益机构的变迁。公益股东功能呈现弱化趋势，普通股东的救济性权利和机构投资者的行权手段都未得到充分运用。公益股东具备事前监管效果，其提供的私权利功能不具备可替代性，作为公益机构，投服中心提供的公共产品存在一系列隐忧，可能导致投资者保护的不经济。不完备的法律规范带来了公益股东功能实现的制度性障碍，投资者“不行权只维权”的选择倒逼机构大力提供维权类公共产品，而对公共产品的“搭便车”行为又弱化了投资者的群体力量，增加了投资者保护的难度。投服中心应当弥补市场调节的结构性缺陷，立足市场定位实现事前监管，增强中小投资者对于违法行为的对抗能力。从机构职能调整角度，应当厘清机构功能定位和市场各因素之间的不对应关系，引入机构投资者参与共治减少机构压力、增设中小投资者的市场监督激励制度、实行公共产品提供中的选择性激励手段、强化投资者保护中的机构规则建设。

关键词： 投服中心　公益股东　公共产品　投资者保护

中证中小投资者服务中心有限责任公司（以下简称投服中心）是因应市场

* 汪玥，武汉大学2020级经济法学硕士研究生。

运行和投资者保护需要的一种创新性证券类公益机构。投服中心设立之初，意图基于上市公司最小股东身份行使普通股股东权，以一种公益机构与私权利手段结合的独特方式实现保护投资者为行权目的。但就目前机构运作而言，投服中心的功能定位发生了一定的转移，具体表现为公益股东的身份逐渐被淡化削弱，而从公共机构视角出发，投服中心正面临公共产品效果有限、机构履职压力增大、事前监管缺位的困境。

随着证券市场的高速发展和监管改革，立法对中小投资者保护问题予以特殊关注。新证券法和刑法修正案新增特别代表人诉讼制度、修改罚没款制度，先后强化了证券违法行为中法律责任的补偿和制裁功能，而公司法暂未对投资者保护中的公益股东问题作出回应。作为中国创设的投资者保护机构，投服中心的发展走向能够较精准地映射现阶段中小投资者保护现实问题与困境。因此，对投服中心的功能定位进行阶段性梳理评估对于新制度调整和投资者保护实践都具备深刻的指引意义。本文通过分析投服中心已开展的投资者保护工作是否存在局部的低效率和不经济，厘清投服中心的功能定位嬗变的原因，从应然层面给予职能重塑的建议。

一、投服中心的功能定位嬗变

投服中心作为由证监会设立并直接管理的证券金融类公益机构，最初意图从私权利领域，以公益股东的方式实现证券市场的中小投资者保护。然而在实践中，其功能定位却在一定程度上发生变化。从实现公益股东功能的角度，部分救济性权利未得到充分的行使，其行权手段与普通小股东也缺乏区别。从实现公共机构功能的角度，目前提供的公共产品存在公共产品效果有限、机构履职压力增大、事前监管缺位的担忧。

（一）公益股东视角下私权功能的坍缩

投服中心是中小投资者保护过程中提出兼具特殊性与创新性的“中国方案”，目的是通过投服中心大规模持有上市公司一手股票并行使股东权利的形式，从私权利角度实现投资者保护的公益目的。投服中心通过民事途径实现中小投资者保护，具备多重身份属性，作为监管机关设立并直接管理的证券金融类公益机构，投服中心具备明显的法定性、公益性[①]，作为积极行权的公益股东，投服中心持有上市公司一手股份，预期扮演机构投资者的角色[②]，作为上市公司最小股东身份行使普通股股东权[③]，通过普遍持有实现私权行动的广泛性和任意性，从而为整体市场注入由投资者保护机构带来的不可预见性的威慑效果[④]。

但在实践过程中，具备创新性的私权手段的象征性意味更加明显，以股东权利为起点的功能实现出现了坍缩，具体表现为局限于普通小股东身份，忽视了机构投资者行权手段，选择性搁置了股东诉讼等救济性权利。诚然，投服中心的行权并未脱离共益权与公益范畴，最小股东身份与普通股股东权利仅是机构践行投资者保护目标的形式与手段。但是作为中小投资者利益组织化的载体，投服中心并未满足中小股东对公益股东身份功能的期待。

公益股东视角之下，目前投服中心的职能主要局限于质询权、建议权。面对公司重大事项存疑部分，投服中心履行质询权，并通过公开发声给出支持或反对的呼吁，本质上是一种投票建议。截至2020年底，投服中心持有超过4000家上市公司股票，成功通过行使股东权利敦促105家上市公司修改收购方案、终止重组，占市场主体的2.6%，这一比例难免对上市公司缺乏震慑力。

相比普通股东，投服中心规避了部分涉及自益权的股东权利行使，在涉及公司治理问题的参与中展现出克制[⑤]，将参与股东大会并提出质询作为主要的行权方式。投服中心在救济性权利中弃置了股东诉讼，机构自创设以来目前仅提起一例股东诉讼。对比投服中心以公益组织身份提起的支持诉讼超过40例的数据，依据股东权利而行使以股东诉讼为代表的救济性权利案例匮乏[⑥]。此外，以

① 陈洁：《投服中心公益股东权的配置及制度建构——以“持股行权”为研究框架》，载《投资者》2018年第1期。

② 邓峰：《论投服中心的定位、职能与前景》，载《投资者》2018年第2期。

③ 吴登勇：《新〈证券法〉下投服中心探索保护投资者合法权益的新途径》，载《投资者》2020年第2期。

④ 石超：《持股行权的法理逻辑与制度取向》，载《北大法律评论》2019年第2期。

⑤ 《中证中小投资者服务中心持股行权工作规则（试行）》第五条规定，投服中心开展持股行权工作，除监管部门要求外，原则上不参与下列事项：（一）干预或参与公司日常经营；（二）涉及公司董事、监事、高级管理人员等的重要人事变更事项；（三）涉及公司控制权争夺等利益纠纷的事项。

⑥ 郭雳：《作为积极股东的投资者保护机构——以投服中心为例的分析》，载《法学》2019年第8期。

“支持诉讼为主，股东诉讼为辅”作为明确的机构定位也反映出持股行权中对于股东诉讼功能的漠视。相比机构投资者，投服中心在行权手段上采取过分谨慎态度，未发挥机构投资者特有的影响力手段和行权手段。投服中心作为公司制法人单位，具有浓厚官方色彩的非营利组织，机构的专业行权手段理应与机构投资者行权方式趋同。但是实际行权中，投服中心的行权手段与机构投资者存在较大差别，投服中心仅在2021年6月第一次公开征集股东投票，而征集投票是机构投资者相当普遍的手段。此外，较少的实践阻碍了经验总结，相比纠纷调解的后来居上，投服中心机构内部持股行权规则仅制定了一部，是调解规则数量的五分之一，长此以往，投服中心公益股东视角下的功能实现必然出现萎缩。

（二）公共机构视角下公共产品提供功能的隐忧

基于公益组织身份的“赋权式”诉讼支持行为、纠纷调解、投资者调研与教育都是投服中心向中小投资者提供公共产品的一种形式。

投服中心从公益股东转向偏重公共机构的角色定位，其意图通过提供公共产品实现投资者保护的路径存在一系列隐忧。首先，现有公共产品的提供未能有效强化整体市场上投资者维权积极性，反而加大了投服中心面临的履职压力。投服中心调研发现[①]，一旦有公益机构为中小投资者集体发声，并取得了良好的行权效果后，投资者个体的行权频率呈显著下降趋势，表现出对公益机构较强的依赖性。支持诉讼无法实现真正的引领和示范效应。维权数量虽有增加但主要依赖投服中心率先提起支持诉讼，投资者的跟随行为仅仅是理性人利用制度便利实施的“搭便车”行为。其次，公共产品的提供效果有限，仍然存在制度设置不清晰、机构角色冲突[②]、诉讼委外、效果不彰[③]等问题。例如，投服中心在同一案件中可能面临身份选择的问题，其既可以选择以公益机构身份提起支

① 耿中华、胡家琪：《2019年A股个人投资者知权、行权、维权现状调查报告》，载《投资者》2020年第3期。

② 范卫国：《从支持起诉到公益诉讼：新〈证券法〉实施下投资者权益保障的困境与出路》，载《金融法苑》2020年第2期。

③ 余凡：《论证券投资者保护机构的职能配置与治理角色——以台湾地区为样本》，载《浙江工业大学学报（社会科学版）》2019年第2期

持诉讼，也可以选择作为专家辅助人提供损失鉴定。但目前针对同一案件，投服中心不同角色选择的制度存在空缺，主要依据时间先后确定选择支持诉讼或委托鉴定，若法院委托鉴定在前，则不参加支持诉讼，反之亦然。最后，调解、诉讼等公共产品的提供前提都建立在中小投资者的受损前提之上，投服中心无法实现有效的事前监督功能。政策或行政力量等推动的公权力主导的强监管模式[①]下，唯利的市场私主体缺乏积极性，难以自发形成符合当下市场运行的自我保护机制。

我国市场保护主体的缺失减弱了事前监督的市场化力量，公益股东的特殊存在意义，其独特的效果难以被其他公共产品取代。作为重要的市场监督主体，我国机构投资者角色和成熟市场机构投资者存在一定的差异。我国机构投资者更倾向于“战略合谋者”，而非“有效监督者”,[②] 市场中的事前监督角色仍需投服中心通过公益股东形式予以补充。投服中心弱化公益股东的私权介入功能，转而偏向提供事后扶助的公共产品，并不能够有效增强中小投资者的事前对抗能力，反而削弱了投服中心自身对于公司合规治理等问题上的事前监督能力。

二、现行制度框架下定位嬗变的原因分析

投服中心的功能定位发生变化是多元因素共同导致的结果。公益股东不同于机构投资者和普通小股东，但立法中对公益股东缺乏特殊安排。不同地区的政府规范性文件对投服中心股东权利的支持上没有形成协同效应，在一定程度上制约了公益股东职能的实现。公共产品具备集体激励属性，公共产品和投资者内部不存在明显的竞争与排他关系，投资者普遍的“搭便车”行为带来了集体行动的困境。投资者对行使股东权利保持理性冷漠，对于维权的需求更大，“维权而非行权”的畸形导向也改变了投服中心的定位选择。

---

① 赵万一：《证券市场投资者利益保护法律制度研究》，法律出版社2013年版，第135～136页。

② 李国喜、施盛云：《投资者情绪与企业盈余管理操纵行为选择》，载《财会通讯》2021年第10期。

（一）制度性障碍制约了公益股东职能实现

投服中心最初定位意图通过公益机构行使普通股股东权①，通过独立行使权利、个体投资者权利的让渡②等方式，以实现保护投资者为行权目的。公益股东是一种特殊的股东类别，暂时仍缺乏完整的特别规范，其难免归入机构投资者和普通股东的范畴。但与普通股东相比，公益股东的持股数量固定、范围普遍，且具备长期持有特性；与机构投资者相比，公益股东缺乏大额持股带来的影响力优势。投服中心目前虽然有《证券法》上的豁免条款便宜行事，但公益股东权利并未区别于中小股东，立法并没有为以保护投资者为导向的投保机构的行权设立独立且恰当的空间。

能够给投服中心提供公益股东功能指引的法律规范面临原则性规范较多、数量不充足、法律位阶不高的现状。相关规范主要集中在《证券法》的投资者保护章节之中，而行政法规则涉及《国务院关于进一步提高上市公司质量的意见》《国务院办公厅关于贯彻实施修订后的证券法有关工作的通知》等，涉及的内容性规范条款较少且多为原则性条款。具体条款涉及管辖等程序性规范较多，规定具体权利义务的内容性规范尚存不足。司法解释、会议纪要亦未对涉公益股东的股东诉讼等问题提供梳理和规范。由于无法通过大额持股实现扭转股东大会表决，明晰与特殊规范对于公益股东行权更为关键。公司法尚未从组织法层面承认投服中心的公益股东特殊主体地位，投服中心囿于小股东的身份，行权维权难以发挥制度优势。

不同地区政府对于投服中心的功能定位存在认识上的不一致，客观上增加了公益股东这一功能落实的制度成本。诚然“支持投资者保护机构工作”被广泛纳入各类实施意见及办法之中，但各地区政府对投保机构的功能理解不同，导致投服中心的政府支持存在地域差别。大部分地区更关注投服中心的证券代表人诉讼，而北京、深圳等地则强调了投保机构在公司治理、持股行权中的公益股东作用。例如，河南省在其《河南省人民政府关于进一步提高上市公司质

① 吴登勇：《新〈证券法〉下投服中心探索保护投资者合法权益的新途径》，载《投资者》2020 年第 2 期。

② 陈洁：《投服中心公益股东权的配置及制度建构——以“持股行权”为研究框架》，载《投资者》2018 年第 1 期。

量的实施意见》中只强调了“支持投资者保护机构依法作为代表人参加诉讼”的职能，而北京市则关注投保机构参与公司治理和内部控制问题，深圳市在相关实施意见中还兼顾了投票权征集、股东代位诉讼等基于股东身份的投资者保护职能。不同地区对于公益股东功能的支持力度不一带来了机构功能运行的障碍，增加了投服中心推进持股行权、股东诉讼等职能的制度执行成本[①]。不同地方政府对投资者保护工作的理解不尽相同、标准各异，增加了在持股行权领域形成一般性经验的难度。相比之下，在证券法的支持下，投服中心基于公共机构功能所提供的代表人诉讼、纠纷调解职能得到更广泛认可，地方政府对代表人诉讼、公益诉讼的普遍支持有利于投服中心统一、高效地履行公益诉讼职能，形成一定规模和影响力并积累经验。

（二）集体性激励引发了投资者行动困境

通过削弱公益股东行为、转向公共产品提供，投服中心塑造的“第三部门”路径一定程度上规避了公益股东功能的制度性障碍。但代表人诉讼、支持诉讼、纠纷调解、投资者教育等职能属于为市场提供公共产品，具备集体性激励[②]属性。中小投资者群体不论是否曾经作出贡献，均可以享受投服中心提供的公共产品所带来的利益。

投服中心又进一步通过制度规则强化了公共产品的集体激励属性，公共产品和投资者内部不存在明显的竞争与排他关系。首先，同种公共产品之间不存在竞争关系，投服中心的公益属性决定了成本——收益原则并非机构履职的关键考量，不同案件之间不存在激烈的竞争关系。其次，投资者之间亦不存在非此即彼的排他关系，“默认加入，明示退出”特殊代表人诉讼制度、示范判决制度、损失鉴定软件的适用都较好地从裁判结果上强化了对投资者群体的集体激励。此外，个体行为很难阻止证券市场的其他投资者选择投服中心的公共产品。

鉴于公共产品的集体激励属性，投资者坐享其成的“搭便车”行为普遍存

---

① 张广利、陈丰：《制度成本的研究缘起、内涵及其影响因素》，载《浙江大学学报（人文社会科学版）》2010 年第 2 期。

② 赵鼎新：《集体行动、搭便车理论与形式社会学方法》，载《社会学研究》2006 年第 1 期。

在且无法避免[①]，这为中小投资者群体带来了行动困境。投资者选择等待投服中心先行支持其他原告提起诉讼，而非率先维权或联合其他小股东共同行权[②]。这样的惰性维权群体为投资者保护带来了负面效应，一方面，相当一部分的中小投资者的“搭便车”行为让投服中心无法真实预判投资者保护市场的需求情况，增加了提供有效数量公共产品的障碍，无法实现效率配置[③]。另一方面，普遍的“搭便车”行为和投资者行动困境削弱了中小投资者的集体力量，投服中心通过公共产品路径提供投资者保护面临更大的运行压力。

（三）投资者选择倒逼投服中心转型

在投资者普遍受损[④]的情况下，股东消极主义、股东冷漠主义盛行[⑤]，投资者不愿意单独行使监督权。根据2019年投服中心调查[⑥]，仅少数投资者有过主动行权的想法和经历，但多数投资者表示，投资受损时的第一选择是维权。持股行权、股东诉讼的专业性较强，公益股东行权限于公司内部投资者收益，对市场其他违法行为仅具备威慑效力，难以得到投资者的反馈和加入。中小投资者放弃监督权利，变相导致了事后维权需求的增加。纠纷调解、支持诉讼、代表人诉讼等公益定位下的公共产品不仅对投资者的事后维权关联紧密，也更容易实现“搭便车”，因此得到中小投资者的青睐。

但投服中心提供维权帮助而非行权帮助的行为很难长期满足所有投资者的需求。目前投服中心实际垄断着投保机构在诉讼上的特权，也承担了诉讼上的所有压力。现阶段主要由投服中心负责具体参加代表人诉讼、支持诉讼、证券调解等，投保基金公司则主要着力于数据分析、损失计算、协助分配等工作，在诉讼中只处于配合地位。投服中心借助投保机构资格实现了在投资者保护领

---

① 夏冬林、钱苹：《“搭便车”与公司治理结构中股东行为的分析》，载《经济科学》2000年第4期。

② 耿中华、胡家琪：《2019年A股个人投资者知权、行权、维权现状调查报告》，载《投资者》2020年第3期。

③ ［美］哈维·S. 罗森、特德·盖亚：《财政学》，中国人民大学出版社2015年版

④ 耿中华、胡家琪：《2019年A股个人投资者知权、行权、维权现状调查报告》，载《投资者》2020年第3期。

⑤ 赵万一：《证券市场投资者利益保护法律制度研究》，法律出版社2013年版，第135～136页。

⑥ 参见中国投资者网站，https：//www. investor. org. cn/investor _ interaction/questionnaire/tzzbg/201912/t20191218_ 406344. shtml，2020年8月11日访问。

域的垄断，但实际上也是全盘接受了在持股行权、诉讼、调解上投资者保护的主要压力，在保护泛化与缺乏案件主动选择权的情况下，产出公共产品的种类、数量必然无法满足全市场中小投资者的行为。

三、投服中心功能定位解构

（一）弥补市场调节的结构性缺陷

市场调节是市场经济的基础调解机制，但仍然不可忽视市场障碍、市场机制的唯利性、市场调节的被动性和滞后性[①]等市场缺陷。证券金融的复杂性加剧了“柠檬市场效应”所引发的信息不对称[②]，投资者基于权利义务合约所掌握的信息要远少于产品设计者或证券发行人，更容易引发道德风险，失序竞争与不正当交易行为更加频繁。中国的证券市场投资者保护不仅需要正视普遍存在的市场缺陷，还需要跨越市场结构特殊性带来的特殊障碍。国内证券市场本身存在结构性缺陷，区别于欧美证券市场机构投资者主导局面，我国资本市场主要参与主体为中小投资者，截至 2021 年 2 月底，中国全市场投资者数量突破 1.8 亿，其中自然人数量占比 99.77%[③]。股东积极行为具有强烈的公益性[④]，但我国机构投资者的“战略合谋者”倾向[⑤]进一步弱化了机构投资者在防范风险向小股东的不平等转嫁[⑥]中的积极监督角色。

服务型政府需要介入市场的市场化机构手段，相较于机构投资者具备私利考量的行权，投服中心的行权目标为中小投资者保护，在面对市场缺陷时能够更有效地纳入多元化公益效果考量因素，从而有效缓解市场失灵的情况，弥补机构投资者在市场上的缺位。公益股东通过积极参与公司内部治理、股东诉讼的方式，能够在特定公司股群体内部实现公共产品效果，从而能够较好地实现

① 漆多俊、冯果：《经济法学》（第三版），武汉大学出版社 2011 年版，第 35～38 页。

② John C. Coffee Jr, Market Failure and the Economic Case for a Mandatory Disclosure System, Virginia Law Review, 70 VA. L. REV. 717（1984）.

③ 参见中国证券投资者保护基金有限责任公司网站，http：//www. sipf. com. cn/sy/ttzyxw/2019/03/11993 shtml，2020 年 8 月 11 日访问。

④ 邵庆平：《投保中心代表诉讼的公益性：检视、强化与反省》，载《台大法学论丛》2015 年第 1 期。

⑤ 李国喜、施盛云：《投资者情绪与企业盈余管理操纵行为选择》，载《财会通讯》2021 年第 10 期。

⑥ 廖大颖：《论证券投资人保护机构之股东代表诉讼新制》，载《月旦民商法杂志》2011 年第 32 期。

公司内部投资者保护效果。成为政府借助独立组织基于市场提供公共产品的一种方式。

（二）增强中小投资者对抗能力

公司信息透明度很大程度上反映了大股东与中小股东之间的代理问题[①]，不同于机构投资者或大股东的资金优势、专业性优势、信息优势和影响力优势，缺乏实质性控制权或影响力的中小投资者的抗风险能力和自我保护能力都处于绝对弱势。较低的持股水平投资者难以撼动表决结果，因此选择不参与公司治理，而理性冷漠的代价则是缺乏监管导致权益侵害[②]。

投服中心作为公司制法人单位，具有浓厚官方色彩的非营利组织[③]，中小投资者单打独斗的公司治理与维权行为不受重视，借由投服中心之手行使对于普通股东具有持股比例限制的权利，中小投资者能够增加风险对抗能力和监管效果，实现按照市场要求的产品供给与环境净化。成本问题是导致弱势群体放弃救济权利的关键[④]，投资者个体受损金额不高，不愿意不计代价地行使股东权利或提起诉讼。投服中心通过联合、扶助投资者，缓解散户单独行动的不经济。

（三）提供证券违法行为的事前监管

事前、事中、事后监管共同组成了市场监管，基于有限的行政资源的优化配置，市场监管逐渐出现“事前监管转向事中事后监管”的变革趋势[⑤]。事前监管主要面向市场失灵中的不完全竞争、信息不对称、负外部性与公共物品短缺问题[⑥]，投服中心需要参与市场共治，填补市场私主体事前监管的空缺。

监管成本和监管收益是市场私权利主体的重要考量因素，相比市场其他主体，投服中心在事前监管上具备制度和身份的优势。首先，投服中心便于吸纳广泛的投资者参与共治，通过来访、来电、来函、提交申请、投资者互动平台

---

① 黎文靖、孔东民：《信息透明度、公司治理与中小股东参与》，载《会计研究》2013 年第 1 期。

② 孔东民、刘莎莎、黎文靖、邢精平：《冷漠是理性的吗？中小股东参与、公司治理与投资者保护》，载《经济学（季刊）》2013 年第 1 期。

③ 石超：《持股行权的法理逻辑与制度取向》，载《北大法律评论》2019 年第 2 期。

④ 章武生：《我国证券集团诉讼的模式选择与制度重构》，载《中国法学》2017 年第 2 期。

⑤ 董淳锷：《市场事前监管向事中事后监管转变的经济法阐释》，载《当代法学》2021 年第 2 期。

⑥ 席涛：《市场监管的理论基础、内在逻辑和整体思路》，载《政法论坛》2021 年第 4 期。

等方式，扩充关注事项和收集线索来源。其次，广泛持股确立了公益股东的行权范围，是形成对市场违法行为的普遍威慑力的前提。最后，投服中心向监管部门的诉求反映职能确立了畅通的反映渠道，保障监管的效果。

四、投服中心的重塑与建议

（一）引入机构投资者参与共治

投资者保护的重点在于防范证券金融领域中风险的不道德转移，市场的风险分担需要建立在公平基础上，即让真正有责任的、有承担能力的主体承担相应的责任。在规范市场的风险分担之中，证券法为投保机构提供了具有垄断意味的特殊诉讼地位，但投服中心的有限体量很难给予所有市场投资者及时且全面的保护。

机构投资者虽然并非公益性，但具备专业性和影响力，应当成为履行事前监督的重要组成部分。机构投资者的入场能够一定程度上缓解投服中心面临的“搭便车”诉讼压力。机构投资者的引入也能够激活投服中心在投资者保护领域的竞争力，通过为中小投资者提供更多选择主体，让市场自行决定合理的资源配置比例与方式。不可否认，机构投资者不具备天然的投资者保护义务，可以通过法律规范给予机构投资者一定的限制，如公布适格的机构投资者名单、诉讼期间给予投资动向密切关注等，从而防止机构投资者以投资者保护名义实施市场操纵、内幕交易等违法行为。

（二）设置对投资者市场监督行为的激励机制

投资者的关注对上市公司能够产生积极的监督作用[①]，中小投资者作为中国证券市场中最广泛的主体，其重拾股东权利对增强市场监督力量有重要意义。借由持股行权，投服中心意图通过积极的公司治理行为形成积极股东的示范效应，从而引导更多的中小投资者参与市场监督，最终实现增加中小投资者群体的威慑力、强化市场主体依法合规的目标。但由于中小投资者的行权成本收益

① 王英允、彭正银、高敬忠：《投资者注意力与管理层业绩预告择机——积极监督抑或过度压力》，载《经济管理》2019 年第 2 期。

存在不经济，投服中心示范股东的效果不尽如人意，大部分的中小投资者不愿意参与到对公司的监督中来。

投服中心可以设置一系列市场监督的激励机制，予以积极并有效参与市场监督的中小投资者物质奖励，设置对长期有效参与市场监督的特定投资者的意见采纳制度和荣誉奖励。针对有效、及时的情况反映，投服中心可以给予反馈者适当的奖金激励。若相关事项最终引发诉讼，投服中心可视情况为反馈者减免代表人诉讼的必要费用，鼓励其积极的监督行为。中小投资者群体中不乏一些长期参与投资且具备专业知识的优质投资者，投服中心可以将其吸纳为舆情反映、行权维权的意见参考团队。投服中心可以赋予该团队对投资者意见反映的审核权利，当普通投资者出于私利请求投服中心的持股行权或诉讼支持的行为未获得同意时，普通投资者可以向投服中心申请由该团队进行二次审核，若团队中的优质投资者一致认为投服中心有必要受理该事项，则投服中心重新启动对普通投资者的申请行为的受理程序并予以必要的帮助。

（三）利用选择性激励化解集体困境

公共物品的提供具备集体性激励属性，容易导致投资者的跟随行为。选择性激励①能够从根源上消除过度平等带来的集体困境，通过对前置程序进行设置，遴选出最需要提供支持资源的证券纠纷，有选择地提供不同程度的公共产品帮助。目前特别代表人诉讼存在案件选择权，《中证中小投资者服务中心特别代表人诉讼业务规则（试行）》第16条设置了特别代表人诉讼的前置程序标准。但“案件典型重大、社会影响恶劣”等描述过于宽泛，给维权公共产品投放带来极大不确定性。支持诉讼虽然作为一种公共产品提供，但也需要做到精准投放。投服中心需要公布相关案件选择标准，从细化遴选标准、扩大产品提供社会效益两方面考虑，结合证券纠纷的社会影响力、标的额、原告数量综合考虑调解、支持诉讼、代表人诉讼等纠纷处理服务。

案件选择权的细化标准应当从机构是否参与、以何种方式参与、案件之间的优先顺序三个维度进行规定，结合机构成本、投资者具体情况、案情、社会影响力综合考虑。在考虑案件是否应当纳入投服中心处理对象时，不仅要从侵

① 赵鼎新：《集体行动、搭便车理论与形式社会学方法》，载《社会学研究》2006年第1期。

权行为等案件事实入手，确立具体案件的遴选标准，也需要从投资者角度入手，确认相关投资者是否属于急需公共机构提供“搭便车”行为的群体。不同的纠纷解决职能应当对应不同的案件选择标准，虽然纠纷调解、支持诉讼、特别代表人诉讼等纠纷解决方式在一定程度上可以相互转化，但仍应当明确具体公共产品提供的标准。以纠纷调解作为公共产品提供时，应当优先考虑涉案人数较少、行为人或公司具有较强偿付能力的案件，以防止拒不履行调解协议之后仍需提起诉讼。鉴于存在大量依赖支持诉讼后适用示范判决的投资者，支持诉讼不仅需要确认征集人数和诉讼金额，还需要将事后可能依据示范判决起诉的潜在原告和涉案金额纳入考量。特殊代表人诉讼具有涉众性且大量的庭前程序容易让投资者形成过强的期待，投服中心谨慎开启的同时也需要增强成功案件的经验总结和宣传效果，以辅助普通代表人诉讼的发展。

（四）搭建全方位的机构业务规则

法律责任具有制裁、补偿和预防功能，通过合理的制度设计能够增加中小投资者在违法行为中的防御能力。根据“司法解释 + 监管规定 + 投保机构业务规则”的特别代表人诉讼制度规范体系①的构建经验，投服中心的业务规则是投资者保护制度建设的重要组成部分。对外，投服中心可以通过设立统一的投资者保护制度建议指引等方式统一地区投资者保护建设方面的评判标准，以供政府在落实投资者保护工作时作为参考标准。对内，投服中心应当充分利用投保机构业务规则的制定权利，尝试投资者保护机构的创新制度。在公益股东制度创新上，投服中心可以尝试积极行使股东诉讼、投票权征集等权利，并将实践经验总结为业务规则，通过制定各类股东权利的行权预算来提高股东诉讼等救济性权利的使用频率。同时还可以尝试和投资者保护基金共同设置公益股东行权资金，并纳入投资者保护基金管理，用以确保投服中心的救济性权利和特殊行权手段具备稳定的资金流支持。

五、结语

中小投资者保护的问题在于大股东的股份带来了天然的影响力优势，个体

① 参见中国证券投资者保护基金有限责任公司网站，http：//www. sipf. com. cn/dcpj/tbzkpj/2021/05/13478. shtml，2020 年 8 月 11 日访问。

投资者的弱势地位很难得到真正的扭转。解决这一问题的最好做法莫过于由投服中心作为联系投资者的纽带，以“代言人”的身份扫除制度障碍，联合投资者共同行权维权。股东权复兴伴随着股东参与公司治理的意识与话语权增加①，想要唤醒中小投资者的公司治理意识，首先需要扫除投资者行权维权中的制度障碍、成本障碍、能力障碍。虽然目前投服中心公益股东身份遇到一系列障碍，公共机构的公共产品提供成为主要的保护路径。但随着投资者行权意识的觉醒，公益股东功能回归实属必然态势。

① 范海峰、胡玉明、石水平：《机构投资者异质性、公司治理与公司价值——来自中国证券市场的实证证据》，载《证券市场导报》2009 年第 10 期。

预定交易计划作为内幕交易抗辩事由的法律问题研究

尹一水*

内容提要：内幕交易抗辩事由是指可以豁免内幕交易法律责任的特定事由，预定交易计划作为内幕交易积极抗辩事由的一种，最早来源于美国证监会于2000年制定的10b5－1规则，然而10b5－1规则在最初虽发挥了保护内部人士正当交易的作用，但其中的法律漏洞却也逐渐暴露并引起诸多隐患。我国在内幕交易抗辩事由方面本就立法不足，预定交易计划抗辩规则也制定得不够完善，因此本文建议如下：首先，事前要求披露或公证预定交易计划；其次，预定交易计划抗辩规则在适用时须具备主观状态下的“善意＋不知悉”以及有以书面形式固定下来的预定交易计划作为前提条件，预定交易计划在制定时须载明制定日期、交易日期、存续期、等待期、证券交易的数量及价格、计划执行者个人信息，预定交易计划在修改和终止时须严加限制；最后，除严格规定预定交易计划本身的制定、适用、修改和终止，更要提防计划外的特殊操作，如故意操纵内部信息公开时间点或故意制造虚假信息来配合预定交易计划以获利、制定多个重叠或连续的交易计划来择机选择最有利的计划进行交易、创造计划外交易来阻碍交易计划的执行，这些隐蔽性的情形要通过明确列举的形式排除在预定交易计划抗辩规则之外。

关键词：内幕交易　抗辩事由　预定交易计划免责　10b5－1规则

* 尹一水，北京市朝阳区劳动人事争议仲裁院干部、法学硕士。

内幕交易是证券市场中典型的欺诈违法行为，对内幕交易的规制不仅可以保护投资者的利益和其对证券市场的信心，也有助于保障整个证券市场的公平。然而随着世界范围内对内幕交易的从严打击，将合法行为误判为内幕交易的风险越来越大。为精准打击内幕交易，正确区分内幕交易行为和合法行为的界限，有必要设置科学合理的内幕交易抗辩事由，对于那些外观上符合内幕交易构成要件的行为，如果行为人能够证明其交易行为符合法律规定的抗辩事由，那么他就可以据此免予承担内幕交易的法律责任。

《最高人民法院、最高人民检察院关于办理内幕交易、泄露内幕信息刑事案件具体应用法律若干问题的解释》第四条设置了内幕交易豁免条款，其中的预定交易计划抗辩事由虽借鉴了美国10b5－1条款，但该项规则设计得过于简单，既无法为正当的交易行为提供抗辩依据，其中的法律漏洞也会被内部人士加以滥用。因此，本文主要围绕内幕交易抗辩事由中的预定交易计划抗辩规则进行研究。首先介绍内幕交易抗辩的基础理论，指出我国预定交易计划抗辩事由的法律规定现状以及在实务应用中的困惑；其次梳理美国预定交易计划规则也即10b5－1条款的制定背景、具体法律规定、实务应用以及滥用风险；最后在避免美国10b5－1条款的法律漏洞基础上，提出完善我国预定交易计划抗辩规则的相关建议。

一、内幕交易抗辩的理论基础

（一）内幕交易的构成要件

内幕交易是指，内幕信息知情人或非法获得内幕信息的人利用重大未公开的内幕信息进行证券交易，牟取非法利益的行为。全球证券法领域内已普遍确立了证券内幕交易行为的四项构成要件，四项构成要件虽已确立，但不同地区和国家对构成要件的具体规定存在差异。第一，存在重大未公开的内幕信息，是构成内幕交易的对象要件。内幕信息是内幕交易行为存在的基础，信息的重大性和未公开性是公认的证明内幕信息成立的两大构成要素。第二，存在内幕人，是构成内幕交易的主体要件。关于内幕交易主体的分歧主要体现在特殊主体和一般主体的划分上，特殊主体进路认为内幕交易主体应具有特殊身份，主体需与内幕信息或上市公司间存在特殊的联系；一般主体进路则认为内幕人可以是任何身份的普通人，只要拥有内幕信息即可，不问其是如何获得内幕信息的。第三，内幕人借助内幕信息实施了内幕交易行为，即客观要件。内幕交易行为的准确界定非常重要，既应全面包含各种违法行为避免存在规制漏洞，又不能误伤合法的证券交易行为。为平衡打击内幕交易和保护合法交易的关系，维持证券市场的公平正义，大多数国家在立法上从正反两方面界定了内幕交易行为的范围，一方面界定需被禁止的内幕交易的行为样态，另一方面明确规定不属于内幕交易行为的法定豁免事由，意在避免出现打击范围过于宽泛导致误伤合法交易行为的情况。[①] 第四，存在认知和动机因素，即主观构成要件。内幕交易的主观状态认定标准有“持有”标准（possess/know）与“利用”标准（use）之分，各法域对“持有”标准作为必备的主观构成要件已无异议，但是对“利用”标准，不同国家在不同时期的选择不一。“持有”标准是指，只要行为人在做出交易决定时持有或知道内幕信息，就可构成内幕交易。“利用”标准是指，不仅需要证明当事人持有内幕信息，还需要证明当事人确实使用了其知晓的内幕信息，也即利用内幕信息与交易行为需具有因果关系。

（二）抗辩事由的基础理论

1. “内幕交易抗辩事由”的含义

英美法系与抗辩有关的说法主要有以下三类。[②] Objection（异议）是指当事人对诉讼程序中的某一做法或者行为提出反对意见并要求法官做出裁判，是一种程序法上的抗辩。Demurrer 是指一种特殊的程序抗辩。Defense（抗辩）主要是一种实体上的抗辩，指被告对原告请求或主张的答辩或反驳。其中，negative defense（否定性抗辩）指被告否认原告的主张，但不提出新的事实和理由；affirmative defense（肯定性抗辩/积极抗辩）则不然，被告虽不否认原告主张的真实性，却通过提出其他理由来证明自己不应该承担责任，以此使原告的请求无法成立。美国的刑事辩护律师可采用的辩护策略之一就是提出肯定性抗辩（affirmative defense），肯定性抗辩又称免责抗辩事由，是基于被告有正当理由或免除责任事由而提出的主张，独立于犯罪本体要件之外。[③] 肯定性抗辩要求被告承担证明自己主张成立的责任，是一种典型的法律意义上的辩护，这种抗辩的提

① 曹理：《证券内幕交易构成要件比较研究》，吉林大学 2013 年博士学位论文，第 183 页。

② ［美］阿瑟·库恩：《英美法原理》，陈朝璧译，法律出版社 2002 年版，第 53 页。

③ 张晓园：《论美国刑事诉讼中的积极抗辩》，载《东方法学》2008 年第 3 期。

出必须以法定事由的明确规定为前提。

英美法系的侵权责任法领域和刑法领域的侵权或犯罪构成要件包括：侵权或犯罪表面成立（第一层次要件，也称初步侵权“prima facie tort”）和不存在抗辩事由（第二层次要件）这两层要求，也称“双层次要件理论”。在存在抗辩事由的情况下，即使原告证明了侵权表面成立的初步构成要素，也不意味着必然会胜诉。判断某一行为是否应当承担法律责任需要同时证明侵权或犯罪表面成立和不存在抗辩事由。[①]

本文所讨论的“预定交易计划作为内幕交易的抗辩事由”最早来自美国10b5－1条款的规定，内幕交易抗辩事由是指对于那些即使外观上符合内幕交易构成要件的行为，由于出现法定的特殊事由，最终该行为豁免内幕交易责任。10b5－1条款中关于“免责抗辩事由”的原文说法就是“affirmative defense”，因此本文讨论的“抗辩事由”更贴近于英美法系中的“肯定性抗辩”的含义。且内幕交易作为一种侵权行为，可以适用侵权责任法领域的构成要件理论，内幕交易抗辩事由就是第二层次要件，被告只有证明其行为符合抗辩事由才可推翻原告的指控。

2. 设置内幕交易抗辩事由的必要性

设置内幕交易抗辩事由是世界内幕交易监管发展的必然结果，合理的抗辩事由可以妥善保障各方主体的利益需求。

设置内幕交易抗辩事由，有利于准确认定并精准打击内幕交易。从世界范围来看，各国立法和监管机构都呈现出对内幕交易从严打击的趋势。严厉打击内幕交易的初衷虽好，但如果内幕交易的打击范围过大，则存在将合法行为误判为内幕交易的风险。内幕交易行为本身具有隐蔽性和复杂性的特点，在司法实践中，监管机构常常难以证明和认定内幕交易行为的存在，所以各国在立法和实践操作中都倾向于减轻监管机构或被侵害人的证明责任而逐渐加大被告的举证责任，设置内幕交易抗辩事由可以正确地划分内幕交易行为和合法行为的界限，既可提高执法和司法的效率，达到精准打击内幕交易的效果，同时也可以节约执法和司法资源。

设置内幕交易抗辩事由，有利于保护权利和实现公平正义。通过设置抗辩

---

① 冯珏：《论侵权法中的抗辩事由》，载《西北政法大学学报》2011年第4期。

事由来平衡被告严苛的举证责任，是法律平等保护双方当事人的重要体现。内幕交易行为人不能逃脱法律的惩罚，但对于那些恰好符合内幕交易外观的合法行为，法律也应当承担保护权利和维护公平正义的责任。打击内幕交易行为的本意是保障证券市场的公平性，如果反而束缚了其他投资者的正当交易行为，也就制约了证券交易的流动性和经济的发展，损害了投资者对证券市场的信任和投资积极性，造成寒蝉效应（chilling effect）。

抗辩事由的设置不仅可以避免误伤内幕交易外观下的合法交易人，设置合理的内幕交易抗辩事由对整个证券市场发展也有重大意义。证券市场的良性发展不仅需要对证券违法行为的遏制，合法的交易行为同样值得保护。在打击内幕信息不当利用的同时，保护正当利用信息的行为，可以保障证券信息的有效传递，实现整个社会资源的合理配置。

二、我国预定交易计划抗辩事由的制度现状与问题

（一）我国预定交易计划抗辩事由的法律规定现状

自20世纪90年代上海、深圳证券交易所设立以来，我国紧随国际证券监管的趋势，也逐渐加大对内幕交易的打击力度，法律法规以及司法解释对内幕交易的规制呈现出“易入罪，难抗辩”的倾向。2011年，最高人民法院在《关于审理证券行政处罚案件证据若干问题的座谈会纪要》中便确立了内幕交易主观要件的推定原则。根据第一条的规定，为解决内幕交易行政案件在证据认定上的困难，考虑到监管机构的举证负担，最高法决定合理分配举证责任，在坚持“利用”标准的基础上采取推定方式，也即“持有”加“交易”推定为“利用”的模式。[①] 证监会只要证明内幕信息知情人“持有”内幕信息后从事了相关的证券交易行为，就可以推定其买卖行为“利用”了内幕信息，除非有证据排除这种推断。被处罚人不能举证排除其利用内幕信息与证券交易之间存在因果关系的，则推定被处罚人的内幕交易行为成立。内幕交易人员复杂且交易的操作手

① 《关于审理证券行政处罚案件证据若干问题的座谈会纪要》第一条规定，人民法院在审理证券行政处罚案件时，也应当考虑到部分类型的证券违法行为特殊性，由监管机构承担主要违法事实的证明责任，通过推定的方式适当向原告、第三人转移部分特定事实的证明责任。

法多样、隐蔽性强，造成对内幕交易行为的证明过程艰难，这项规定减轻了监管机构在打击内幕交易时的举证责任，便于对复杂内幕交易行为的认定和打击，提高了执法效率。但同时也令随时可接触到公司内部信息的高管们面临极大的法律风险，在实务中，只要行为人被证明持有内幕信息并存在交易行为，就极易被认定为内幕交易。

2012 年，《最高人民法院、最高人民检察院关于办理内幕交易、泄露内幕信息刑事案件具体应用法律若干问题的解释》第四条采用列举加兜底的方式规定了四项内幕交易的阻却事由。① 其中第一项援引了《证券法》第五十三条的规定，第二项借鉴了美国 10b5 -1（c）对预定交易计划的规定，将按照事先订立的书面计划从事证券期货交易的行为视为具备正当理由的交易行为，意图设置我国的内幕交易豁免制度。

虽然我国预定交易计划豁免条款的制定是为了在打击内幕交易与保护公司高管的正当行为之间维持平衡，但此项规定仅停留在原则层面，语义模糊不清，可操作性差，既与司法解释的宗旨和初衷相悖，也无法满足实践中的执法需要。首先，现有的规定无法为正当行为提供指引。该条款设计得过于简单，只是规定按照预定交易计划实施的交易行为是不属于内幕交易的正当事由，而并没有细化预定交易计划规则的认定标准。预定交易计划的具体内容、适用条件未作详细规定；是否可以修改或终止计划根本没有提及；也缺少说明计划制定时如果知道内幕信息是否会影响该条款的豁免效力。规定的模糊性导致其不能为实施合法证券交易行为的投资者提供法律保护，无法为投资者的行为提供指引。其次，规定中大量的法律漏洞甚至会加重内幕交易等证券违法行为的发生。尤其是目前诸多上市公司采用员工持股计划等公司股权激励计划，使很多高管也根据计划持有了公司股票，公司股权激励计划作为预定交易计划的一种，会诱使高管们利用预定交易计划抗辩事由的法律漏洞，以预定交易计划为借口掩盖

---

① 《最高人民法院、最高人民检察院关于办理内幕交易、泄露内幕信息刑事案件具体应用法律若干问题的解释》第四条规定，具有下列情形之一的，不属于刑法第一百八十条第一款规定的从事与内幕信息有关的证券、期货交易：（1）持有或者通过协议、其他安排与他人共同持有上市公司百分之五以上股份的自然人、法人或者其他组织收购该上市公司股份的；（2）按照事先订立的书面合同、指令、计划从事相关证券、期货交易的；（3）依据已被他人披露的信息而交易的；（4）交易具有其他正当理由或者正当信息来源的。

内幕交易的真实意图。我国证券市场功能仍不健全，证券市场中的不规范不合法行为多发，内幕交易豁免情形的法律漏洞会更加滋生违法行为。

（二）我国预定交易计划抗辩事由在实务应用中的困惑

立法上关于内幕交易抗辩事由的规定模糊不清，直接让我国实务上的判断存在困惑。曾有被告以预定交易计划为由提出对内幕交易的抗辩，但没有一个成功抗辩的案例。

在 2011 年岳某斌内幕交易案中，岳某斌就曾以预定交易计划为由来抗辩证监会对其内幕交易的指控。他表示其购买三爱富股票的行为有预先制定的交易计划为依据，但是证监会认为岳某斌关于执行预定交易计划的辩解缺乏证据支持，最终认定其行为构成内幕交易。[①] 证监会在 2011 年作出这一行政处罚时，《最高人民法院、最高人民检察院关于办理内幕交易、泄露内幕信息刑事案件具体应用法律若干问题的解释》还并未出台，我国当时没有关于预定交易计划豁免的法律规定，岳某斌以预定交易计划抗辩没有任何法律依据的支持。

2013 年 11 月 1 日，中国证监会在行政处罚决定书中认定光大证券于 2013 年 8 月 16 日上午的错单交易属于技术性错误，但是当天下午进行的卖出 ETF 对冲风险和股指期货合约行为涉嫌内幕交易。证监会因此对某证券内幕交易的相关责任人员杨某波予以警告和罚款，然而杨某波不服该处罚决定，向北京市第一中级人民法院提起行政诉讼。杨某波表示，某证券案发当日下午的对冲交易是根据预先制定的投资计划所作出的交易行为，自己不具有利用内幕信息的故意，符合《最高人民法院、最高人民检察院关于办理内幕交易、泄露内幕信息刑事案件具体应用法律若干问题的解释》第四条中规定的预定交易计划抗辩事由。然而该法院认为某证券 2013 年 8 月 16 日下午的交易行为不属于能够作为内幕交易抗辩事由的预定交易计划。该法院表示预定交易计划需具备以下适用条件：交易计划的制定应发生在内幕信息形成之前；交易计划中应明确规定具体交易内容，比如交易时间和交易数量；在执行交易计划时不得对计划进行修改和变更。然而光大证券对冲交易所依据的既定策略中缺少对交易内容的具体规定，所谓的既定策略根本不属于预定交易计划，当日下午的对冲交易也不是执

① 参见中国证监会（2011）57 号行政处罚决定书（岳某斌）。

行预先交易计划，而是直接根据内幕信息而进行的交易，因此推定光大证券构成内幕交易。①

但是，问题在于2012年《最高人民法院、最高人民检察院关于办理内幕交易、泄露内幕信息刑事案件具体应用法律若干问题的解释》第四条对“事先订立的书面合同”也就是预定交易计划的含义、具体适用条件、适用范围并没有作出细化的规定，很难依照现行规定对本案进行是否属于“预定交易计划”的判断。此案中的法院对预定交易计划抗辩事由的认定是严格的，明显参考了美国10b5－1条款的规定，然而我国现行规定的缺失却无法为法院的裁判理由提供有力的支持。法院在此处并没有讨论预定交易计划是否属于法定的内幕交易豁免事由，也回避了现行司法解释中缺失的对预定交易计划的具体适用条件的规定。因为当事人持有内幕信息并从事了证券交易行为，法院便据此推定其具有利用内幕信息的故意，构成内幕交易。

越来越多的上市公司发布了公司股权激励计划，在这种计划下公司高管也因此持有本公司股票。2019年，中国证监会深圳证监局以“2017年公司员工持股计划涉嫌内幕交易”为由对某上市公司的相关负责人进行立案调查。该公司相关负责人抗辩认为，此次买入股票的依据是执行2017年5月就已确定的员工持股计划，此次买入股票完全是按照员工持股计划的要求，在既定的数量和期限范围内进行操作的。基于对公司未来几年经营业绩将会持续高速增长的预期，公司设立员工持股计划，预期高速增长有充分依据。员工持股计划属于预定交易计划的一种，除非有新出台的规定，证监执法机构判断当事人制定的预定交易计划是否构成抗辩理由依然需依据《最高人民法院、最高人民检察院关于办理内幕交易、泄露内幕信息刑事案件具体应用法律若干问题的解释》第四条。然而即使预定交易计划完全符合《最高人民法院、最高人民检察院关于办理内幕交易、泄露内幕信息刑事案件具体应用法律若干问题的解释》第四条第二项的规定。

① 参见北京市第一中级人民法院（2014）一中行初字第2438号行政判决书。

三、美国预定交易计划规则的理论与实践借鉴

（一）预定交易计划抗辩规则的制定背景

在10b5－1规则制定之前，美国法院和监管机构主要依赖于1934年联邦《证券交易法》第10b条和1942年以第10b条为基础制定的10b－5规则来打击内幕交易，然而这两个条款都只是针对证券欺诈行为的综合性条款，由于没有明确规定禁止内幕交易的具体规则，法院和监管机构仍对判断内幕交易的主观要件感到困惑。多年来，美国法对内幕人进行内幕交易时的主观心理状态主要有“持有”标准与“利用”标准的分歧，相应的，内部人掌握内幕信息与其内幕交易行为间是否应具有因果关系一直没有统一定论。[①]“持有”标准是指，只要行为人在做出交易决定时持有内幕信息，并存在证券交易的事实，就构成内幕交易。“利用”标准是指，不仅需要当事人持有内幕信息，还要求当事人确实利用了其知晓的内幕信息，也即持有内幕信息与交易行为需具有因果关系。

“持有”标准和“利用”标准通过内幕交易的主观构成要件，影响着原告对内幕交易行为的举证难易以及内幕交易最终是否会成立。在举证责任难易方面，“持有”标准下原告或监管机关只须证明行为人持有知道内幕信息即可，举证责任较轻。“利用”标准则加重了起诉方在追究行为人内幕交易责任时的举证负担，不仅要证明行为人知道内幕信息，也要证明其实际利用了内幕信息，而如何证明行为人有意识地利用其持有的内幕信息完成交易并非易事。作为主观构成要件，在“持有”标准下，行为人只要知道其持有的内幕信息就构成了内幕交易的主观要件；在“利用”标准下，行为人知道内幕信息与交易行为间须存在因果关系，只有既持有内幕信息，持有内幕信息与交易行为还具有因果关系情形下，才符合内幕交易的主观要件。[②]

各法院对采用“持有”标准和“利用”标准的分歧表现突出，不同的法院通过判例的形式表达了自己的看法和主张。在1993年United States v. Teicher案

---

① See Maureen Whalen, “Insider Waiting: The New Loophole under Rule 10b5－1”, 3 Corporate Governance Law Review, 413－415 (2007).

② 傅穹、曹理：《内幕交易规制的立法体系进路：域外比较与中国选择》，载《环球法律评论》2011年第5期。

中，美国第二巡回法院采用的是“持有”标准（knowing possession），法院表示“与一件可以随时待命但未使用的武器不同，内幕信息不会闲置在人脑中而不去使用，拥有内幕信息的个人在之后的交易中会不可避免地受到内幕信息带来的微妙影响”，因此证监会无需证明证券交易行为与持有内幕信息有因果关系。另外，法院认为“持有”标准在实务操作中非常简单，可以减少证监会证明利用行为的困难。① 在1998年的SEC v. Adler案中，第十一巡回法院坚持“基于拥有推定利用”标准（presumption upon proof of possession），只有实际使用（actually use）了内幕信息才构成内幕交易。理由如下，“利用”标准符合10b和10b－5规则对欺诈故意行为的规制目的，“持有”标准会扩大打击的范围。行为人如果仅持有而未利用内幕信息，就不会具备信息优势和不公平的交易地位。法院虽拒绝采纳“持有”标准，但考虑到原告的证明困难，允许采用推定方式认定内幕交易，即当行为人持有内幕信息时，就可以推断出其在交易中利用了内幕信息；但是被告可以通过证明自己没有实际利用内幕信息来免除责任。② 在United States v. Smith案中，第九巡回法院继续坚持“利用”标准（use），因为此案是刑事诉讼案件，法庭放弃采用“推定利用”的归责方式，控方仍应该对被告实际利用内幕信息承担证明责任。因为法庭认为，如果当事人没有利用内幕信息，就没有享有不公平的信息优势，同时未违反公平原则。③

为保障司法实践中法官可以弹性适用主观要件认定标准，美国立法机构长期以来对采取何种标准并未明确表态，美国证监会和法院也没有统一的标准。为了解决“持有”标准和“利用”标准的分歧，美国证监会于2000年制定了10b5－1规则作为对10b－5条款的补充规范。10b5－1规则的“知悉标准（awareness standard）”解决了长久以来的分歧，规定如果作出证券买卖决定的行为人在交易时已经知悉（aware of）内幕信息，那么就能证明行为人是“依据”（on the basis of）内幕信息进行的交易，行为人就应当承担内幕交易的责任。而且在此标准下，也并不要求证监会证明拥有内幕信息和买卖证券之间的因果关系。

---

① United States v. Teicher. 987 F. 2d 112 (2d Cir. 1993).

② SEC v. Adler. 137 F. 3d 1325 (11th Cir. 1998).

③ United States v. Smith. 155 F. 3d 1051 (9th Cir. 1998).

（二）预定交易计划抗辩规则的法律规定

预定交易计划抗辩规则的法律规定来源于10b5－1条款，该条包括三项内容：10b5－1（a）首次提供了内幕交易的定义。10b5－1（b）解释了所谓的“依据重大未公开信息”交易的含义，就是指当行为人在做出交易决定时已“知悉”该内幕信息时，行为人就应当承担内幕交易的责任。SEC虽宣布采用“知悉标准”，但同时也承认知悉标准在某些情况下过于严格，会剥夺内部人保持股票流动性和多样性的机会。因此为了平衡知悉标准的弊端，SEC在10b5－1（c）中规定了预定交易计划作为内幕交易的积极抗辩事由（affirmative defense）。10b5－1（c）分为两款，分别规定自然人和非自然人的免责抗辩事由。10b5－1（c）（1）作为第一款，是一般性免责抗辩事由的规定，包括三个部分：具体的抗辩事由、善意原则和对相关术语的解释。由此，SEC确立了内幕交易主观要件的新标准，即“知悉＋法定免责事由”模式。

1. 10b5－1规则的具体内容

10b5－1（a）是一般性的禁止性条款，规定《证券交易法》第10b条及第10b－5规则所禁止的操纵和欺诈行为，是指依据有关证券或证券发行人的重大未公开信息，包括违反对证券发行人、股东或任何内幕信息来源人的直接、间接或衍生的信赖义务，而进行的有价证券的买卖。（a）款首次对第10b条及10b－5条禁止的内幕交易做出定义，表明构成内幕交易需具备“依据内幕信息”的要件。

10b5－1（b）解释了“依据内幕信息”进行交易的含义，建立了“知悉标准。根据此标准，如果做出证券买卖决定的行为人在交易时已经知悉内幕信息，那么就说明行为人是“依据内幕信息”进行的交易，行为人就应当承担内幕交易的责任。只要控方或者原告能够证明被告在交易时已知悉此类内幕信息，就可在表面上（prima facie）证明该人从事了第10b条及第10b－5条所禁止的内幕交易行为，但是被诉方可以利用法定的积极抗辩事由举证推翻表面证明。“知悉标准”是美国证监会在追究内幕交易责任时，为自己降低举证难度，提高执法效率所采取的行动。在此标准下，原告或控方在追究被告内幕交易的法律责任时，只需证明被告在实施证券交易时知悉内幕信息，而无需证明当事人在做出交易决定时实际利用了信息。曾有评论者表示10b5－1条款未对“知悉”界定含义，并质疑“知悉”是一个表述不清的词汇。SEC 对此表示，“知悉”是一个“常用的且定义明确的”英语单词，具体意思是指“知道、意识到、已认知”。相较于判例法中没有界定含义的“持有标准”，“知悉标准”有更明确的含义。相较于“利用标准”，“知悉标准”可以更有效地服务于内幕交易法的根本目标——保护投资者对证券市场的信心。“知悉标准”反映出一种常识性观点：在做交易决策时“知悉”内幕信息的交易者将会不可避免地利用这些信息。此外，一个清晰的知悉标准将比“利用推定”的方式提供更大的清晰度和确定性（clarity and certainty）。[①] 与“利用”标准相比，这种“知悉标准”对内幕交易采取了更为严厉的立场，为了避免对公司内部人员的正当交易行为造成潜在的危险，平衡控辩双方的举证责任，SEC 在规则 10b5－1（c）中加入了积极抗辩事由，以供行为人据此推翻对其内幕交易的指控。

10b5－1（c）中包含两款，10b5－1（c）（1）作为第一款，是一般性的免责抗辩事由的规定。10b5－1（c）（1）第一款包括三个部分：（c）（1）（i）规定了具体的可主张的抗辩理由。如果交易行为人能够证明以下情形，那么其购买或出售的交易行为就不是“依据”重大未公开信息（内幕信息）进行的：第一，在知悉内幕信息之前，行为人已经签订了有约束力的证券交易合同；指示他人为自己进行证券交易；制定了书面证券交易计划。第二，以上所述的合同、指令或书面计划必须：明确所交易证券的数量、价格及日期，包括用于确定证券交易的数量、价格及日期的书面公式、算法或计算机程序；不允许交易行为人对如何、何时或是否进行交易施加任何后续的影响；此外，其他任何人在对合同、指示或书面计划施加影响时必须处于还未知悉内部信息的情况。第三，证券交易必须根据合同、指示或书面计划进行，不得通过更改证券交易数量、价格或日期对原交易合同、指示或书面计划进行更改或偏离，更不得进行套利交易。（c）（1）（ii）规定了第一部分中具体的抗辩事由在适用时必须遵循的基本原则，也即，上述规定仅在证券交易的合同、指示或书面计划是基于善意原则而非出于规避内幕交易的目的订立时，方为有效。（c）（1）（iii）是对本条中若干术语的解释：“数量”是指特定数目的股份或其他有价证券，或有价证券的特

① Final Rule: Selective Disclosure and Insider Trading, Release Nos. 33－7881, 34－43154, IC－24599, 65 Fed. Reg. 51, 716 (2000).

定市值。“价格”是指特定日期的市场价格、特定限价或具有特定市值的价格。“日期”是指在市场交易的情况下，执行该交易的具体日期；限价交易时的限价交易计划生效日期。10b5－1（c）（2）作为第二款为非自然人提供了证明其证券交易不是基于内幕信息的法律依据，非自然人可以通过证明以下情形，免除对其内幕交易的指控：（i）为非自然人做出投资决定的行为人未知悉内幕信息；（ii）该非自然人已实施了合理的政策和程序，以防止为之作出投资决策的行为人违反内幕交易的规定。这些政策和程序包括限制知悉内幕信息的人参与预定交易计划或从事交易行为，或防止作出投资决定的行为人知悉内幕信息。

2. 10b5－1规则的适用条件

当事人援引预定交易计划作为内幕交易抗辩事由需要满足一个原则和三项条件：总原则要求制定书面交易计划时当事人是基于善意原则，而非意欲规避内幕交易责任。三个条件分别是：第一，当事人在制定书面交易计划时并不知悉内幕信息；第二，书面交易计划中必须明确规定证券交易的数量、价格及日期；第三，当事人不得在交易计划生效后对计划施加诸如是否交易、何时交易、如何交易的后续影响；确需施加影响时，要求施加影响的人不得知悉内幕信息。善意原则的规定提供了个案判断的原则性支撑，第一项条件被视为适用预定交易计划抗辩的首要前提条件，第二项条件旨在对规则中的相关术语进行严格定义以防止引起歧义，第三项条件意在防止预定交易计划制定之后，制定者知悉与计划交易相关的证券内幕信息，并通过某种途径影响交易计划的执行，利用内幕信息牟取利益。

对于预定交易计划的更改和终止，根据10b5－1规则，证券交易必须根据合同、指示或书面计划进行，不得通过更改证券交易数量、价格或日期对原交易合同、指示或书面计划进行更改或偏离，当事人不能对如何、何时或是否进行交易施加任何后续的影响。但是在证监会对10b5－1的解释中表示：当事人在知悉重大未公开的内幕信息之前，可以对原交易计划进行修改，修改后的计划被认为是一项新的预定交易计划，而原计划不再享有内幕交易豁免保护。如果当事人在知悉内幕信息后修改或终止了原计划，不久之后又制定了新计划，此时的新计划由于是在知悉内幕信息后制定的，因此不能享有抗辩事由的豁免保护。

3. 10b5－1规则的有效性

由以上规定可知，预定交易计划可以作为内幕交易抗辩事由的原因在于，内部人士是在知悉内幕信息之前做出的交易计划，该交易决定的做出与内幕信息无关，也意味着，无论当事人是否知悉内幕信息，其都会按照计划进行同样的交易行为，这就证明其交易行为与内幕信息无关。此种预定交易计划的表现形式可以有：上市公司为回购自己公司股份而指定的回购计划（repurchase program），上市公司为其雇员制定的行使股票期权及出售标的股票的计划（a plan for exercising stock options and selling the underlying shares），员工持股计划（employee stock purchase plan）。①

10b5-1 规则表明，如果行为人的交易是为了执行事前已订立好的交易计划或协议、指示、合同，而没有利用知悉的内幕信息，那么行为人的交易就不存在优势地位，而是与其他证券市场上的投资者处于平等地位。10b5-1（c）规则提供了预定交易计划抗辩事由的法律依据，意指当行为人只是知悉内幕信息而并没有利用内幕信息时，知悉内幕信息的一方并没有侵害一般投资者的公平利益，也没有违反对上市公司的信义义务。而对预先订立好的交易计划的严格执行，就可以证明没有利用内幕信息，前提条件是制定计划时并不知悉内幕信息。

有评论者曾表示 10b5-1 规则提供的免责事由过于狭窄，会将一些普遍发生的合法交易情况排除在抗辩事由的保护范围之外。建议 SEC 将肯定性抗辩事由重新设置为一个非排他性的安全港（non-exclusive safe harbors），或者增设一个概括性的免责事由（catch-all defense）允许被告证明自己未使用内幕信息来抗辩。对此 SEC 则表示，无论是非排他性的安全港还是概括性的免责事由都会阻碍 10b5-1 规则所欲实现的明确性和确定性规范目标。“知悉标准+积极抗辩事由”的模式可以实现立法目标，也就是说，只有行为人提出的理由完全符合 10b5-1（c）的几项规定才能阻却内幕交易责任的成立，根据其他任何未规定的理由都不能得到豁免。因此，10b5-1（c）规则采用明确列举的方式指定内幕交易抗辩事由，属于“排他性的（exclusive）”法定抗辩事由。②

10b5-1 规则的颁布增加了法律的确定性，该项规则的规定内容详细，可操

① Final Rule: Selective Disclosure and Insider Trading, Release Nos. 33-7881, 34-43154, IC-24599, 65 Fed. Reg. 51, 716 (2000).

② Final Rule: Selective Disclosure and Insider Trading, Release Nos. 33-7881, 34-43154, IC-24599, 65 Fed. Reg. 51, 716 (2000).

作性强，在制定之初得到不少赞许。规则 10b5 - 1（c）为公司内部人士提供了一个在不违反内幕交易禁令的情况下构建交易计划的机会。一个善意合理的交易计划保障了内部人士交易的多样化和流动性，提供了面对内幕交易指控时的抗辩事由。证监会认为，内部人士在严格遵守 10b5 - 1 条款时，将不必担负对其滥用内幕信息的指控。① 大大减少了内部人员在交易时被监管机构“事后猜测’的风险，根据此类计划进行的交易还会减少内部人员面临私人证券集体诉讼的风险。

10b5 - 1 条款颁布之后，大部分公司和内部人士都很快接受了新规则。宣布公司高管采纳预定交易计划的新闻稿数量激增，许多上市公司意图通过采用预定交易计划的方式来提振投资者的信心。虽然采用预定交易计划抗辩事由不能完全让内部人士避免卷入诉讼之争，但是这一抗辩事由的存在至少提醒了“原告们”，对内部人士提起诉讼并胜诉并非易事。② 美国的司法实践中也逐渐出现利用预定交易计划作为抗辩理由的判例，且根据相关学者的分析，若被告提出预定交易计划抗辩事由，美国法院的判决大多对被告有利。③

（三）预定交易计划规则的滥用风险

10b5 - 1 规则的出台一方面使内部人士的正当交易行为免于受到频繁的怀疑，保障了他们正常交易的灵活性。然而另一方面，内部人士也正在最大限度地利用这种灵活性，甚至寻找法律规定的漏洞来牟取利润或规避损失。制定一个合适的预定交易计划不仅可以帮助内部人士阻却内幕交易的怀疑，预定交易计划抗辩事由的法律漏洞也在引诱着内部人士加以非法利用。很多学者都发现，在 10b5 - 1 规则掩护下从事内幕交易的当事人获得了异常的高回报。而且，由于法律并不要求预定交易计划披露给公众，监管机构也面临监管的困难，如无法核实内部人士是否真正遵守了自己的具体计划规则，难以判断内部人士是否

① See Mavruk Taylan & H. Nejat Seyhun, “Do SEC's 10B5 - 1 Safe Harbor Rules Need to Be Rewritten”, 1 Columbia Business Law Review, 138 (2016).

② See Jane Trueper, “10B5 - 1 Plans: Further Obscuring the Smoking Gun and Proposals for Change”, 16 University of Pennsylvania Journal of Business Law, 955 (2014).

③ See Stanley Veliotis, “Rule 10b5 - 1 Trading Plans and Insiders' Incentive to Misrepresent”, 47 American Business Law Journal, 332 - 341 (2010).

根据知悉的内幕信息修改过交易计划。

斯坦福大学研究生院的教授 Alan D. Jagolinzer 在 2009 年首次对利用10b5 -1 规则的内幕交易行为进行了实证研究，对 1241 家公司的 3426 名高管，在按照预定交易计划进行的约 117000 笔交易进行了研究，并发现了一些有趣的事实。他发现，采用预定交易计划下的证券交易显示出异常的盈利能力，在六个月内交易计划下所获利润比市场平均回报率高出 6%。相比之下，同一家公司的高管在没有交易计划的情况下进行的证券交易，只比市场平均回报率高出 1.9%。而且，证券销售总是发生在系统性价格上升之后，证券买入又总发生在系统性价格上涨之前。采用预定交易计划的交易与异常交易回报率之间存在紧密关系，大部分交易倾向于跟随价格上涨而来先于价格下跌而结束，交易总体产生了显著的前瞻性异常回报。还有证据表明，预定交易计划的启动与随后的负面新闻披露有关，而提前终止销售计划与公司的积极业绩有关。①

学者 Taylan Mavruk 和 H. Nejat Seyhun 表示采用预定交易计划会为公司带来很高的盈利能力，而且随着时间的推移，预定交易计划越来越受上市公司欢迎，2003 年至 2013 年，制定了至少一个预定交易计划的公司比例从 6% 上升至 24%。但是隐藏在预定交易计划背后的是内部人士利用信息优势，以逃避对其知情交易的处罚。因此为了防止此类滥用，有必要重新修改 10b5 -1 计划的具体条款。②

《华尔街日报》上的一系列文章也提出了这样一种担忧：企业高管利用预定交易计划中的模糊性漏洞，在市场上获得了不公平的优势。③ 投资者、监管机构和学术界得出这样一种结论，10b5 -1 规则的实施与证监会制定这一规则的初衷背道而驰，他们将 10b5 -1 规则比喻为“给内部人士的巨大礼物”，内部人士将这些交易计划作为“工具”和“保护伞”，在利用内幕信息交易的同时避免承担

① See Alan D. Jagolinzer, “SEC Rule 10b5 -1 and Insiders Strategic Trade”, 55 Management Science, 227 (2009).

② See Mavruk Taylan & H. Nejat Seyhun, “Do SEC's 10B5 -1 Safe Harbor Rules Need to Be Rewritten”, 1 Columbia Business Law Review, 154 (2016).

③ See Rob Barry et al., Big Sales by Big Lots Brass - Executives'Stock Moves Netted $23 Million Ahead of Bad News in April, WALL ST. J., http://www.wsj.com/articles/SB10001424127887324339204578173680170444970, archived at http://perma.cc/FK3L - AND5.

内幕交易责任。[①] 一些人认为，预定交易计划充满漏洞，其实是在为“不合法的行为”提供了“安全港”。[②]

总体而言，10b5－1 规则的法律漏洞大致分为以下五种：

1. 操纵公司内幕信息的公开时间

这一漏洞是指在预定交易计划制定之后，内部人士通过加速或者延迟内幕信息的公开时间，来配合不能更改的交易计划，以获取最大收益。

制定交易计划的当事人大多都是易获得内幕信息的董监高成员，他们有机会在制定交易计划后执行交易计划之前知悉内幕信息，并有能力操纵内幕信息的公开时间，以此来控制公开内幕信息后的市场反应时间。当重大未公开信息属于利多信息时，当事人可以施加影响加速利多信息的披露，使披露时间提前到预定交易计划的执行日之前，促使公司股价上涨并给预定交易计划的执行带来利益；当重大未公开信息属于利空信息时，当事人会延迟利空信息的披露，暂时隐瞒该负面信息，将披露时间一直推迟到预定交易计划的执行日之后，以避免股价下跌对交易计划造成不利影响。

出现这一漏洞的原因在于，证监会限制对预定交易计划的更改是为了防止当事人用计划配合内幕信息来牟取非法利益，但是并未考虑到反方向的操作手段，即不改变预定交易计划的时间，而是根据利益需要调整内幕信息的公开时间，来配合制定好了的交易计划。如果交易行为人在未知悉内幕信息时即已制定预定交易计划，其之后的交易行为也是依照预定交易计划执行的，即使操纵了内幕信息的公开时间，仍可依据预定交易计划进行抗辩而不必承担内幕交易责任。

那么，对内幕信息的公开时间施加影响的行为是否违反了 10b－5 规则？10b－5 规则中的“操纵”一词是指故意通过控制或人为影响证券价格来欺骗或误导投资者，如洗售、对敲、锁定价格等行为。“操纵”并不包括对公司信义义务的违反，因此，即使违反了对公司的义务，对公司披露时间的控制也不是规

---

① See Anderson, John P, “Anticipating a Sea Change for Insider Trading Law: From Trading Plan Crisis to Rational Reform”, 2 Utah Law Review, 340 (2015).

② See Susan Pulliam & Rob Barry, Executives´Good Luck in Trading Own Stock, WALL ST. J. (Nov. 27, 2012, 11: 17 PM), http: //www. wsj. com/articles/SB10000872396390444100404577641463717344178, a-chieved at http: //perma. cc/QE56－AH8Y [hereinafter Pulliam & Barry, Executives´Good Luck].

则 10b－5 所包含的“操纵”类型，对本公司披露时间的控制权并不是所谓的“操纵”。10b－5 规则中“欺骗”的实质是“制造一个虚假的表象”或隐瞒真正的事实。“欺骗”的方式有遗漏（omission）、半真半假（half－truth）、虚假陈述（misrepresentation）或应履行陈述披露义务而不履行，“欺骗”行为注重的是欺骗的效果，而内幕信息本身是真实存在的，加速或延迟内幕信息的披露并不会导致证券市场的投资者受到欺骗。[①]

根据 10b－5 一般反欺诈条款规定，只有在有披露义务却不履行披露的作为义务时，才会违反 10b－5 规则。因此，根据美国证券法，没有义务立即或在某一特定日期披露重大信息，除非（1）证监会的特定规则要求在某一特定时间或之前披露；（2）已经说了半真半假的信息，要求披露必要的额外信息，以使所作的陈述不具误导性；（3）披露是为更新不再准确的先前肯定性陈述，或纠正不真实的陈述。无论信息是否有利，上市公司及其高管都没有义务仅仅因为某一信息是重大的就披露该信息。实务中的原告大部分的论据都是这样的：公司有绝对的义务，一旦有重大信息，就应立即向市场披露所有信息材料。然而，这并不是证券法的运作方式。相反，公司有权保持沉默（无论对好消息还是坏消息），除非有法律要求的披露义务。[②]

总之，内部人士因没有对预定交易计划施加后续影响，可以根据 10b5－1 主张免责。而美国证监会并没有要求必须披露预定交易计划，上市公司在没有规定要求下，有权决定是否披露或何时披露与公司业务相关的信息。操纵公司内部信息的公开时间既不属于操纵市场也不符合欺骗的含义，只要没有违反积极的披露义务，对内部信息保持沉默并不违反 10b－5 条款的规定。

然而 10b5－1（c）中有一项规定，要求当事人是基于善意原则而订立预定交易计划，而非出于规避内幕交易的目的，在这种情况下预定交易计划才可以作为内幕交易的抗辩事由。如果当事人出于自己利益最大化的考虑，对内幕信息的公开时间施加了影响，那他可能面临对其交易计划制定初衷的质疑，即质疑当事人在制定交易计划时是否带有恶意。但因为内部人士不被要求披露他们

① See Allan Horwich，“The Origin，Application，Validity，and Potential Misuse of Rule 10b5－1”，62 The Business Lawyer，952（2007）.

② See Allan Horwich，“The Legality of Opportunistically Timing Public Company Disclosures in the Context of SEC Rule 10b5－1”，71 The Business Lawyer，1120（2016）.

的预定交易计划，很难证明操纵内幕信息的披露时间是否迎合了预定交易计划的时间，现实中也很少有公司主动提前披露公司预定交易计划的时间表，“违反善意原则”并不容易证明。

综上所述，这种控制内幕信息披露时间的表面“合法性”对公司高管来说无疑是一种诱惑，即使高管们在制定交易计划时不知悉内幕信息或无心利用内幕信息获利，在获知内幕信息并同时拥有“合法”控制内幕信息公开时间自由的时候，难免不会考虑利用有漏洞的豁免条款，间接实施内幕交易行为。

2. 选择性终止预定交易计划的实施

选择性终止预定交易计划的实施是指内部人士虽在不知悉内幕信息的情况下制定了预先交易计划，但在制定计划后执行计划之前，内部人士知悉了内幕信息，并根据自己的实际情况，选择终止计划的实施，以使自己的收益最大化。学者 Alexander P. Robbins 注意到了 10b5 -1 规则中选择性终止预定交易计划的法律漏洞，并通过实证研究检验了这一法律漏洞的市场效应，通过对 2004 年到 2006 年纳斯达克 81 家上市公司的每日收盘价、成交量等数据，得出结论表示内部人利用 10b5 -1 规则的这一终止计划的漏洞获得了高于市场的利润。[①]

这种情况之所以被视为规则的漏洞，是因为选择性终止预定交易计划为内部人士提供了一般投资者没有的信息优势，为公司内部人提供了利用内幕信息的机会。内部人士在不知悉重大未公开信息的情况下，可以简单地制定预先交易计划，一旦获得内幕信息，在分析未来是否会产生收益后，他们可以选择保留或者放弃交易计划。当获取的内幕信息对之后的交易有利时，当事人就会将预先制定的交易计划执行下去；若内幕信息会让即将执行的交易遭受损失，当事人就可选择终止执行交易计划避免未来的损失。终止预定交易计划还可以通过另一种方式操作，因为规则 10b5 -1 并未明确禁止当事人同时制定多项交易计划，当事人实际上可以同时制定不同目标和战略的多种计划，并根据之后获得的内部信息和自己的利益需要，选择是否执行以及如何执行多个交易计划，如选择终止其中的一个计划。从经济角度看，内部人士根据内幕信息获取了机会利益；从金融角度看，10b5 -1 条款为他们提供了根据内幕信息进行交易的选

---

① See Alexander P. Robbins, “The rule 10b5 -1 loophole: an empirical study”, 34 Springer Science Business Media, 109 (2010).

择权。[①] 10b5 -1 条款的这一漏洞让内部人士终止执行不利计划以规避自身损失，或继续执行交易计划确保获取利润。换言之，预定交易计划有效地为内部人士提供了“基于内部信息进行交易的选择”。

这一漏洞既为内部人士提供了不公平的优势，又使其免受内幕交易的指控。规则 10b5 -1 禁止内幕人士在获得重大非公开信息后，执行“已改变或偏离预先计划”的交易，却并没有禁止预定交易计划的撤销或终止执行。换言之，计划制定者可以在知悉内幕信息后选择性终止执行预定交易计划，而这一行为并不违反 10b5 -1 的规定也并不构成内幕交易。因为美国证监会认为 10b5 -1 规则适用的前提是“证券的购买或出售”，内幕交易责任必须以证券交易的存在为前提，终止预定交易计划后就不存在交易行为，也就不必考虑内幕交易的问题。

这种选择性终止预定交易计划的行为虽没有明显违反 10b5 -1 的规定，但会引发对该计划制定者是否秉持善意的怀疑，一旦证实预定交易计划是出于规避内幕交易法律责任的目的而订立，那么后续的交易行为就无法进行免责抗辩。然而实际上，要想证明当事人违背善意原则是非常困难的。

实务中仅有个别法院曾涉及选择性终止预定交易计划的合法性判断，法院是否会认可当事人终止预定交易计划的行为取决于多种因素，当事人终止计划时是否知悉内幕信息，以及当事人是否根据预定交易计划严格执行交易，交易表现是否异常都是法院考察的主要方面。在 Backe v. Novatel Wireless, Inc[②] 案中，法院认为，一方面被告终止预定交易计划时已经知悉内幕信息，另一方面被告的股票销售模式不符合按照预定交易计划在确定时间和确定价格进行类似销售行为的要求，故不符合 10b5 -1 抗辩规则的适用条件。在 Elam v. Neidorff[③] 案中，法院支持被告的预定交易计划抗辩事由，表示被告停止销售完全是因为没有达到交易计划规定的金额要求，且结合被告既未对交易计划施加影响，交易计划的制定时间与执行时间间隔较长，交易量占比也较少，因此也不存在交易异常的情况，总之被告的销售行为和停止销售行为都是按照 10b5 -1 条款的规定来执行的。

---

① See Alexander P. Robbins, “The rule 10b5 -1 loophole: an empirical study”, 34 Springer Science Business Media, 205 (2010).

② Backe v. Novatel Wireless, 642 F. Supp. 2d 1169 (2009).

③ Elam v. Neidorff, 544F. 3d 921 (2008).

3. 知悉内幕信息后，利用预定交易计划抗辩

因为公司制定的预定交易计划是不被要求披露的，所以监管机构便无法获知上市公司预定交易计划的制定时间。加之内幕交易操作的隐蔽性和复杂性，内幕人士知悉内幕信息的时间也不易查证，导致实践中当事人在知悉内幕信息之后为了逃避内幕交易的处罚，利用预定交易计划抗辩事由意图主张免责。

实务中经常出现上市公司在知悉内幕信息后制定交易计划的情况，意图在抗辩事由的外衣下实施内幕交易的不法行为。Securities and Exchange Commission v. Mozilo[①]案和 United States v. Nacchio[②]案都是因为被告在知悉内幕信息时制定了预定交易计划，具有明知和故意的心理，因此不能豁免其内幕交易的责任。且在 Nacchio 案中，被告不仅在知悉重大未公开信息时制定预定交易计划并销售，还在原计划存续期间异常短的情况下对原预定交易计划进行了修改，违反了 10b5 -1 条款中不允许高管对如何、何时或是否进行购买或销售行使任何后续影响的规定，故不得以预定交易计划为抗辩事由来免责。而在 In re Miva, Inc. , Securities Litigation [③]案中，因为符合了在不知悉内幕信息情况下制定交易计划的前提条件，法院支持了被告的预定交易计划抗辩理由。

4. 故意发布虚假信息

在“操纵公司内部信息公开时间”漏洞中，内部人通过加速或延迟内幕信息的披露时间来非法获利，此处的内幕信息是真实存在的。当不存在可披露的内幕信息时，当事人会在制定交易计划后执行计划前故意制造虚假信息影响股价。这种操作行为利用了 10b5 -1 规则的漏洞，根据 10b5 -1 规则，当事人可以在不知悉内幕信息时制定预定交易计划，即使之后知道了内幕信息，只要严格按照交易计划进行交易就可以免责。

重大内部信息的公开随时影响着证券价格的涨跌，当事人在交易计划开始之前故意编造并发布虚假信息抬高股价，与之后的交易计划相配合卖出股票获利。公司财务报表相关的新闻报道与股价之间的关联性非常紧密，当事人在利益驱使下会放弃采取保守的会计和财务做法，转而借助公司内部的盈余操纵来夸大公司利润以抬高公司股价，并以高价出售其所持有股票而最大化其个人收

---

① Securities and Exchange Commission v. Mozilo, October 15, 2010.

② United States v. Nacchio, February. 555 F. 3d 1234 (2009) .

③ In re Miva, Inc, 544 F. Supp. 2d 1310 (2008) .

益。除上述手段之外，内部人士也可通过不当影响股票分析师的决定，使其调整对公司股票的分析预期（Analyst Expectation），并据此影响投资者对公司股价的评价，与预定交易计划的执行交易时间相配合，达到公司内部人的获利最大化。①

5. 事后篡改预定交易计划的制定时间

此种漏洞是指当事人在事后通过篡改预定交易计划的制定时间以便符合抗辩事由的适用条件。即如果当事人在知悉内幕信息之后仍意图制定预定交易计划，为逃避内幕交易的法律责任并同时利用抗辩事由的免责效果，在事后故意将预定交易计划的制定日期篡改至其知悉内幕信息之前。篡改后的制定日期在表面上就能证明当事人制定预定交易计划时不知悉内幕信息，也就是说按照预定交易计划执行的交易行为也并未依据内幕信息，因此不属于内幕交易。这种行为其实是利用了10b5－1条款中不要求信息披露的漏洞，预定交易计划的具体内容不被强制要求披露给公众，一般投资者和监管机构没有机会了解预定交易计划的具体制定时间，为当事人篡改制定日期提供了便利条件。

（四）制度特色与启示

美国对预定交易计划抗辩事由规定了较为复杂的条件，有值得参考的地方如：明确要求了“善意＋不知悉”的主观要件，确定了交易计划需要载明的内容，同时规定了禁止施加对交易计划的后续影响。然而美国预定交易计划规则的自由操纵空间大，公司内部人士可以任意启动、修改、终止、重启该项计划，甚至不限制同时进行多个交易计划，这种本意保护内部人士的武器却被别有用心地滥用，诸如内部人士通过操纵公司内幕信息的公开时间来配合交易计划牟取利益；在知悉内幕信息后选择性终止计划的实施；知悉内幕信息后仍制定预定交易计划意图主张免责；执行交易计划前故意发布虚假信息影响股价，使交易计划利益最大。10b5－1规则反而给了内部人士充分的机会，使他们不仅可以从事内幕交易，还可以躲在法律认可的盾牌后面。

出现这些漏洞的原因在于10b5－1条款的规定仍不完善，引诱着本就“唯

① See Karl T. Muth, “With Avarice Aforethought: Insider Trading and 10b5－1 Plans”, 10 Davis Business Law Journal, 70 (2009).

利是图”的公司高管披着抗辩事由的外衣行内幕交易之实。其一，10b5 - 1 条款虽注意到主观要件的限制，但仍未给出善意原则的明确含义，也没有列举出违反善意原则的示范情形，使实务中难以判断和证明恶意利用交易计划获利的情况。其二，10b5 - 1 条款虽限制了对交易计划的事后影响和修改，但却没有禁止对预定交易计划的选择性终止。其三，预定交易计划不被强制要求披露给公众，部分公司会选择披露预定交易计划的存在以减少公众对公司内幕交易的负面看法和怀疑。但进行此类披露的公司通常只会披露计划的存在，而不会披露计划中的具体细节。因此缺少对当事人在预定交易计划下实施交易的外部持续性监管，预定交易计划在制定后不被要求披露给公众会导致一般投资者和监管机构一直处于信息劣势的地位，他们无法对交易计划的制定、修改、终止到新计划的制定进行持续性的监管。其四，规定的预定交易计划中应载明的内容不够翔实，如缺少对交易计划存续期间的规定，也没有提及是否需要设置计划执行前的等待期。其五，10b5 - 1 条款也缺少对抗辩事由除外情形的规定，当该条款被利用为躲避法律追究的工具时，应该明确列举不能适用抗辩事由豁免责任的情形。

四、预定交易计划作为我国证券法上内幕交易抗辩事由的完善

我国在完善预定交易计划免责事由时，首先应注意弥补现行规定的不足，其次在借鉴美国 10b5 - 1 规则的有益经验的同时，也应注意汲取教训，避免 10b5 - 1 中已经暴露出的法律漏洞。为保障相关部门准确判断并打击内幕交易行为，本文建议如下：

（一）增加预定交易计划的披露或公证要求

为保障预定交易计划抗辩事由正确发挥效用，首先应强制要求发行人披露预定交易计划，增加预定交易计划的透明度和公开性，以信息披露实现市场监督纠正的作用。SEC 曾意识到隐藏在预定交易计划下的内幕交易行为，但 10b5 - 1规则中仍没有强制披露的要求。法律规定不强制要求交易计划的披露和公开，加之大多数公司不会自愿披露交易计划，外部的监管机构和投资者就很难有机会发现滥用计划的情况。

对此，建议完善《上市公司信息披露管理办法》，将“交易计划的制定、变

更、终止、重新制定”作为临时报告要求上市公司披露，随着交易计划的变动及时修改信息披露文件的内容并且补充会计报告等相关数据。[①] 对于预定交易计划的制定，应披露制定日期、证券交易的数量、价格及交易日期；对于交易计划的执行，应披露每一笔依据计划进行交易的具体细节，计划制订者和计划执行者不是同一人的，应将计划执行者也即受委任执行证券交易者的个人信息进行披露；对于预定交易计划的变更或终止，应披露变更或终止的原因，并要求当事人承诺其在变更或终止时不知悉内幕信息，否则将直接导致承担虚假陈述的责任。对于未能达到上述披露要求的当事人，取消对其内幕交易责任的豁免。[②]

要求发行人披露预定交易计划是发现滥用计划的第一步，有利于加强市场和其他投资者对计划制定和执行的监督，减少监管机构查证取证的困难。其一，帮助发现预定交易计划的设立目的是否在于利用内幕信息；其二，监管机构和投资者可以自行核实内部人士是否遵守了自己的规则，有助于发现内部人士为牟取不当利益而隐瞒的信息，避免计划制定者为牟取利益篡改计划中的条款或选择性终止计划的执行；其三，对上市公司的实时监督会让公司谨慎行事，为避免公司名誉受损或产生纠纷，内部人士会更加严谨地制定交易计划，从而削弱内部人士利用其信息优势的意图。

SEC 也曾提议要求披露预定交易计划，拟定的规则要求：“为满足 10b5 - 1 条款中的抗辩事由，上市公司需披露每一位高管制定、修改或终止交易计划的行为，对于违反披露义务者，取消其预定交易计划的责任阻却功能。”然而，这项提议并未通过，也没有被正式撤回，自始至终都不具备法律约束力。[③] 虽然增强披露义务有助于遏制证券欺诈行为，但仍不能将全部希望寄托于增强信息披露负担上，绝大多数的公众投资者无法消化吸收披露信息中晦涩难懂的内容，仅依靠信息披露的方法是不切实际的。

因此在披露之余，也应该要求当事人在制定计划后两日内将预定交易计划

① 齐萌：《内幕交易中的预定交易计划抗辩事由研究》，载《财经科学》2016 年第 9 期。

② 楼秋然：《作为内幕交易责任阻却事由的预定交易计划：问题及其补救》，载《证券法苑》2019 年第 26 卷。

③ See Allan Horwich，“The Legality of Opportunistically Timing Public Company Disclosures in the Context of SEC Rule 10b5 - 1”，71 The Business Lawyer，1120（2016）.

副本报送证券交易所或其他证监会认可的机构进行公证，交易标的之有价证券在证券交易所上市买卖的，向证券交易所公证，交易标的之有价证券在证券商营业处所买卖者，申报证券柜台买卖中心进行公证。① 由公证部门见证预定交易计划的内容，当事人若想修改或终止计划还需重新公证，增加了内部人士滥用预定交易计划的困难度。

（二）严格预定交易计划的制定、修改与终止

1. 明确预定交易计划的适用条件和内容

适用预定交易计划进行抗辩的前提条件包括：当事人具备“善意＋不知悉”的主观状态要件；预定交易计划以书面形式制定。

首先，制定计划的当事人需具备“善意＋不知悉”的主观状态要件，不具备主观要件的当事人不能主张内幕交易责任豁免。一方面，当事人在制定交易计划时需秉持善意原则，而不得基于不正当目的。为规避内幕交易法律责任而制定交易计划的不得适用该抗辩条款。另一方面，应规定当事人在制定交易计划时必须不知悉与交易计划有关的内幕信息，并且在预定交易计划中应附有当事人的确不知悉内幕信息的承诺，要求承诺书上有签字盖章和承诺日期。

其次，预定交易计划应采用书面形式制定，口头约定的计划或合同不可用于对内幕交易的抗辩。考虑到我国证券市场仍不健全，规制证券欺诈的法律法规仍不完善，为防止当事人滥用预定交易计划豁免条款，也同时为了监管机构证据的收集，有必要将当事人预先制定的计划、指令或合同规定为书面形式固定下来。

制定的预定交易计划需载明的基本内容包括：制定日期、交易日期、存续期、等待期、证券交易的数量及价格、计划执行者个人信息。

第一，预定交易计划需载明证券交易的数量、价格及交易日期，并限制使用固定公式、算法或计算机程序来确定上述内容，如有客观正当的目的必须采取公示、算法或程序的方式，要求制定者附加说明原因并做出真实陈述的承诺。通过固定公式、算法或计算机程序来确定证券交易的数量、价格及日期，意味着内部人士对预定交易计划中条款的规定和解释的弹性变大，自由裁量权更多，

---

① 参考我国台湾地区“证券交易法”修正草案第十项的规定。

实际增加了内部人士利用内幕信息的机会和可能性。

对于计划中载明的证券交易的数量，应该限制交易计划中内部人士自持公司股票销售比例，限制内部人士在交易中出售超过自持的25%的公司股票。美国的10b5－1规则对当事人根据交易计划出售的股票数量没有任何限制。如果按照10b5－1制定的交易计划进行出售，当事人可以合法出售其持有的任何比例的股份。但是根据法院的实务判例可发现，除审查当事人制定交易计划时是否知悉内幕信息外，法院常常会根据“当事人出售的股份百分比”来判断被告是否有明知和故意的嫌疑。即使是根据预定交易计划出售股份的，但当所出售股份比例过大，也会让法院怀疑当事人是否在利用交易计划以高价抛售大量证券获利。因此，为了避免引起怀疑，应该限制当事人在制定预定交易计划时出售的个人持股比例。

第二，应详细记载交易计划的制定日期和存续期，建议将交易计划的存续期间设置在6个月到12个月的范围内。交易计划的存续期间过长或过短都会存在问题，规定时间过长会让当事人无法及时应对市场的变化，产生修改计划的需求；时间过短则会引发对当事人短期套利的质疑。①

第三，在交易计划制定后首次计划交易执行前，应设置一段等待期，例如可设置为30天，在等待期间不得进行预定交易计划中规定的任何交易。如果在交易计划制定后的短时间内就开始执行交易计划，不免会质疑当事人是在获知内幕信息后制定的交易计划，并企图利用交易计划之名行内幕交易之实。在计划制定后设置一段等待期，将交易延迟在等待期之后，可以通过等待期让市场消化吸收内幕信息，减少内部人利用不对称信息的优势。如果当事人需要对交易计划进行修改，也要遵循等待期的限制，以此降低内部人在获知内幕信息后通过修改交易计划获利的动机。

第四，计划制订者和计划执行者不是同一人的，应将计划执行者也即受委任执行证券交易者的个人信息附加在交易计划中进行说明，受委任的执行者也应承诺自己执行时不知悉内幕信息。在计划制定后实际执行完成之前，原则上不允许制定者与执行者对计划实施问题进行沟通，如确有必要沟通，如出现交易指令过于复杂或模糊的情况，二者的沟通联系需有电子证据或纸质文件以备

---

① 张小妮：《内幕交易特殊抗辩规则研究》，清华大学2015年博士学位论文，第68页。

审查，在这一期间有私下联系且没有证据证明联系有正当理由的视为不能提供抗辩豁免。[①] 如果有对二者传递内幕信息的怀疑，监管机构也可在事后对其联络内容和时间进行查证。执行者在二人沟通后实施的偏离原计划的行为视为对原计划的修改，沟通内容如与内幕信息有关，则视为执行者在知悉内幕信息后修改计划，这时的交易计划不具备抗辩效力。因此，为了避免削弱预定交易计划的抗辩效力，对上市公司而言交易计划不建议设计得过于复杂，以免执行者与制定者进行额外的交流。

2. 限制预定交易计划的修改和终止

为避免出现美国 10b5 - 1 规则中修改或终止交易计划所产生的漏洞，应规定在预定交易计划生效后，原则上禁止当事人对交易计划的内容进行修改或终止计划的实施，也不允许对实施中的计划施加影响使其偏离计划的规定，不得影响受委任执行者的执行方式。如果当事人有正当理由确实需要修改或终止交易计划的，需要经过一套严格的变更或终止程序来避免美国证券法上已经出现的法律漏洞。变更或终止后的交易计划草案在经公司董事会特别多数通过及监事会认可后，需向证券交易所提交材料，说明变更或终止计划的理由，并附加保证在制定新的交易计划时不知悉内幕信息的承诺书。待证券交易所审核通过后，当事人修改或终止交易计划的行为才有效。且对原计划的修改只能做出一次，以此增加当事人修改或终止计划的难度，减少当事人利用漏洞的可能。并且在原计划被修改或终止后新计划制定前，应要求存在最低时间间隔，例如可规定至少间隔半个月，间隔时间过短的可视为违反善意原则，取消其抗辩效力。修改后的交易计划视为一项新的预定交易计划，仍应满足预定交易计划抗辩规则的规定，如制定时不知悉内幕信息、重新起算等待期及有效期、交易计划中的内容具体且明确。

限制对预定交易计划的修改和终止不仅可以减少当事人内幕交易的可能性，也有助于保障预定交易计划作为豁免事由的有效性，因此当事人在设置交易计划时就应避免其日后反复被修改，因为一旦修改就会产生对其善意原则的质疑，削弱预定交易计划作为抗辩事由的有效性。

---

① 郑晖：《内幕交易司法解释中预定交易计划条款探讨》，载《证券市场导报》2014 年第 4 期。

（三）明确预定交易计划抗辩规则的除外情形

不仅需要严格预定交易计划抗辩规则本身的适用条件和内容，增强对交易计划从制定到执行期间的监管，限制交易计划的修改和终止，为了避免预定交易计划沦为规避内幕交易法律责任的工具，也应当规定抗辩规则的除外情形，以明确列举的示范情形供当事人遵守。不得以预定交易计划抗辩事由主张免责的情形如下。

第一，对于操纵公司内部信息披露时间以配合预定交易计划意图获利的行为，应明确排除在抗辩规则的适用范围之外，故意操纵内部信息公开时间点的应以违反“善意原则”为由，将其视为内幕交易行为。

第二，制定交易计划之后执行计划之前的期间内，如果存在与交易计划相关的且有证据证明是内部人故意制造的信息，不允许当事人主张免责抗辩。这一规定是为防止内部人在计划制定后故意制造虚假信息影响股价，监管机构应谨慎审查上市公司在交易计划制定后发布的信息，当事人通过盈余操纵或制作虚假财务报告的方式制造虚假信息的，不得适用免责条款。①

第三，当事人制定两个以上存续期间重叠或连续的交易计划，且未依据计划内容执行证券买卖的，不得主张免责抗辩事由。② 证监会执行部主任 Linda Chatman Thomsen 在 2007 年的一项演讲中表示：最近学术研究指出 10b5－1 规则可能被滥用，学术资料显示利用交易计划的当事人较未使用该等计划的，平均股票投资报酬率高出 6 个百分点。如果当事人在交易计划的掩护下实际利用了内幕信息，这样的预定交易计划不能作为抗辩事由。我们正在关注数个互相重叠（overlapping）的预定交易计划，同时实施多种交易计划是一个危险的信号。③

虽然美国的 10b5－1 规则并没有禁止当事人制定多个交易计划，但是同时启动一项额外的计划会产生对该计划意图的怀疑：这些计划是出于善意订立的还是意图逃避内幕交易责任？如果当事人制定了两个股票销售的计划，当股价下跌时，执行人可以决定取消具有下限订单阈值的计划以避免以更低的价格出

---

① See Stanley Veliotis, “Rule 10b5－1 Trading ‘Plans and Insiders’ Incentive to Misrepresent”, 47 American Business Law Journal, 329－330 (2010).

② 参考我国台湾地区“证券交易法”修正草案第九项的规定。

③ Linda Chatman Thomsen, Opening Remarks Before the 15th Annual NASPP Conference (Oct. 10, 2007) (transcript available at https://www.sec.gov/news/speech/2007/spch101007lct.htm#9).

售，同时保留具有上限订单阈值的计划以确保在股价上涨时以更高的价格出售。这也就意味着，制定多个交易计划为当事人提供了“可进可退”的选择交易机会，使当事人根据自己利益需要选择是否执行以及如何执行多个交易计划。当事人可以同时实施不同目标和战略的多个计划，然后根据之后获得的内部信息，选择继续执行或取消其中的任一计划。即使多个计划存在不同的执行目标，拥有多个重叠的预定交易计划也会增加监管机构对其进行审查的可能性，如果内部人士确实有合理的需要制定两个以上的预定交易计划的，当事人必须严格执行计划的交易内容，对任一计划的修改或终止都会让交易计划丧失抗辩效力。

第四，当事人在计划外进行的证券交易不能与预定交易计划中的内容出现矛盾或重合，或者创造计划外交易来阻碍交易计划的执行，否则不能主张预定交易计划抗辩。根据 10b5 – 1 规则，即使内部人士制定了预定交易计划，他们也可以同时在计划之外自由交易。如果内部人士在预定交易计划之外销售计划范围内的证券，这种行为无疑将被视为对预定交易计划的修改，也就是说，由于此类证券不再由当事人根据 10b5 – 1 计划的条款出售，当事人通过“撤换”此类证券已经达到有效地修改计划的真实目的。这种情况增加了判断某一特定交易是发生在计划范围内、还是在计划之外进行的难度。内部人士既可以利用隐藏计划条款的能力，也可以利用在计划之外进行交易的能力。内部人士可以实施一个计划，同时在计划之外进行交易，然后再修改计划的条款，这将为内部人士提供可选择的交易机会，在这种情况下应该考虑限制计划外的交易内容。

五、结语

本文在全面分析 10b5 – 1 规则漏洞的基础上，对我国关于完善预定交易计划抗辩规则的建议包括了对预定交易计划本身从制定、适用再到修改及终止的要求，同时也提到了计划外可能发生的通过配合预定交易计划来使用的特殊手段，完善后的规定更具有可操作性。

本文虽为我国预定交易计划抗辩规则提供了改进的思路，但预定交易计划抗辩只是内幕交易抗辩事由中的一种，我国立法中关于内幕交易抗辩的规定无法涵盖现实中的所有情形，内幕交易抗辩事由的设置及完善仍任重而道远，为在实务中更准确地区分内幕交易与正当性交易，让实务应用更有法可循，对于预定交易计划抗辩事由之外的其他抗辩事由还值得进一步研究。

私募基金管理人谨慎义务的审查标准探析

陈祉璇*

内容提要：私募基金作为我国资本市场的重要部分却频繁暴雷，使得监管机构更加重视信义义务在私募行业的应用。在实践中，谨慎义务的履行程度是判断管理人责任承担的重要标准，但谨慎义务是管理人投资决策“自由裁量”的体现，其审查标准难以明确地界定。私募行业伴随着高风险与高收益，管理人违反谨慎义务的判断不宜以投资结果为主，应注重审查投资整个过程中管理人的勤勉和谨慎程度。谨慎义务的标准宜采用重大过失标准，适当降低对基金管理人的要求，并且允许当事人在此基础之上约定更具体的事项或更严格的标准，使得审查标准更加具体和可行。同时通过行业准则明晰管理人的义务范围与程度，确保审查标准的稳定性，防止当事人频繁的意思自治影响管理人的决策。

关键词：私募基金管理人　信义义务　谨慎义务　审查标准

一、引言

私募股权投资基金（private equity fund，以下简称私募基金）近十年进入高

* 陈祉璇，女，华东政法大学国际金融法律学院2020级硕士研究生。

速发展时期，截至2020年底，在中国证券基金业协会（以下称基金业协会）登记的私募基金管理人有2.46万家，备案私募基金9.68万只，管理基金规模15.97万亿元。[①] 与2014年的私募基金规模1.4945万亿元[②]相比，六年间增长超过10倍。

私募基金的蓬勃发展随之也带来相应的监管问题，自2018年涉及300多亿元的阜兴案爆出[③]，此后两年中小规模的私募基金频繁暴雷，如“天玑财富”“中精国投”等私募机构兑付危机。[④] 根据2019年证监会、中国证券基金业协会、36省市证监局公开的私募处罚信息，共有135家私募机构遭受处罚，未及时更新备案或重大事项信息、未对投资者进行风险评估、未按合同约定信息披露、未对私募基金风险评级是处罚的四大高发雷区。[⑤] 由此可见，管理人在私募投资过程中未忠实、勤勉、尽责地履行义务是欺诈丛生、投资效率低下、引发暴雷的重要因素。有学者指出信义义务是私募基金业发展的“牛鼻子”[⑥]，是法律规则最为合适的框架[⑦]。

信义义务作为利他性义务，分为忠实义务与谨慎义务。在私募实践中，由于忠实义务大多是否定性规则，管理人运用其专业知识可判断和规避，因此履行标准更易界定和确立。谨慎义务是管理人“自由裁量权”的体现，例如管理人投资前充分尽职调查进行风险评估，投资过程中亲自管理、分散投资，较难把握履行程度。在学界，同样是对忠实义务讨论较多，谨慎义务相对较少。但是，对谨慎义务审查标准的探析仍然非常重要。

因为谨慎义务的存在不仅为投资人提供请求权基础，使其在遭受损害时可以管理人违反谨慎义务为由请求赔偿，也可以威慑管理人，并指引其在管理与

---

① 《〈关于加强私募投资基金监管的若干规定〉起草说明》，载中国证券监督管理委员会网站，http：//www.csrc.gov.cn/pub/zjhpublic/zjh/202101/t20210108_390463.htm，2021年11月5日访问。

② 《私募基金行业年度数据》，载中国证券基金业协会网站，https：//www.amac.org.cn/researchstatistics/datastatistics/privategravefundindustrydata，2021年1月23日访问。

③ 张榆、韩祎、朱亮韬：《“阜兴”300亿黑洞》，载《财新周刊》2018年第28期。

④ 吴羽：《天玑财富“暴雷”，面临兑付危机，公司回应很魔幻》，载微信公众号“中国基金报”，2020年6月15日；万佳丽：《中精国投私募违规操作已于6月14日正式被上海经侦立案》，载财联社网，https：//www.cls.cn/detail/362905，2021年10月19日访问。

⑤ 笔者根据中国证监会、中国证券基金业协会、36省市证监局官方网站统计数据得出。

⑥ 王涌：《信义义务是私募股权基金业发展的“牛鼻子”》，载《清华金融评论》2019年第3期。

⑦ 肖宇、许可：《私募基金管理人信义义务研究》，载《现代法学》2015年第6期。

投资活动中恪守自己的谨慎义务。换言之，谨慎义务具备补偿、阻却与威慑、教育和指引的功能，[①] 投资失败时管理人责任与义务是双方当事人博弈的核心问题。

本文旨在讨论以下几个问题：忠实义务与谨慎义务的不同之处，谨慎义务旨在保护什么利益？现行法律体系下私募基金管理人的谨慎义务审查标准还存在哪些不足？以及如何界定谨慎义务的履行标准？本文将从私募基金管理人谨慎义务的特殊性出发，通过区别合同义务与忠实义务，尝试回答谨慎义务审查标准的优化方案，以期为我国私募基金的谨慎义务规则制定与司法适用提供参考。

二、私募基金管理人谨慎义务的特殊性

谨慎义务一般是指受信人管理受托事务时必须具备合理的谨慎。[②] 私募基金管理人在履职时需要尽到其“技能义务”即运用知识、经验、能力；“勤勉义务”即亲自参与各项事务并尽其所能；“谨慎义务”即保持审慎态度认真行事；[③] 寻求投资人财产的“最大利益化”。通过对比与合同法、忠实义务的区别，更能体现出在私募基金语境下谨慎义务的特殊性。

（一）裁量权：与合同法谨慎义务的区别

信义义务中的谨慎义务并非信任关系所特有的，在普通合同法上也有谨慎义务的存在。[④]

私募基金管理人的谨慎义务合同法中的谨慎义务区别在于，管理人对于管理投资行为的“裁量权”。相较于合同义务，双方当事人在合同签订时就可以将其明确、清晰地在合同中确定，但私募基金协议却无法将管理人应当遵守的谨慎义务规定周全。因为在投资管理活动中，有太多的义务的内容无法涵盖和约定，基本上属于抽象的义务，比如在投资时进行风险评估的义务，在管理时的

① 任自力：《公司董事的勤勉义务标准研究》，载《中国法学》2008 年第 6 期。

② 何宝玉：《信托法原理研究》（第二版），中国法制出版社 2015 年版，第 287 页。

③ 罗培新、李剑、赵颖洁：《我国公司高管勤勉义务之司法裁量的实证分析》，载《证券法苑》（2010）第三卷。

④ 赵廉慧：《信托法解释论》，中国法制出版社 2015 年版，第 335 页。

亲自管理义务。这种义务的内涵无法通过当事人约定列举并完全确定，因此要授予受托人以一定的裁量权。①

两者的关系其实是谨慎义务作为法律工具弥补不完备的合同义务，“因存在自由裁量权，会导致难以监控并使委托方面临特殊的脆弱性，法院倾向于施加信义义务。”② 当受托人仅仅是在合同规定的范围内或委托人指示下履行义务，对于其是否履行谨慎义务容易判断。但当受托人具有一定裁量权时，不是在特定指示下作出时，其作出的行为是否不当，是否违反谨慎义务就难以判断。

（二）柔性的谨慎义务：与私募基金管理人忠实义务的区别

首先，刚性的忠实义务与柔性的谨慎义务一同组成信义义务。③ 信义义务中的忠实和谨慎处于不同层级，前者是核心和引领，是管理人道德方面的刚性要求；后者是前者的衍生，是对谨慎程度和专业态度的要求。④ 但两者一同保证信托目的的达成，是利他主义的催化剂。⑤ 在基金管理人违反忠实义务的情况下，基金管理人无论主观方面如何，都要承担责任。但是在基金管理人违反谨慎义务的情况下，承担责任以存在过错为前提。⑥由此可见，忠实义务不允许管理人有道德错误，是信义义务保护投资者原则性的体现；而谨慎义务追责的基础为管理人的主观过错，过错有可责难性的程度之分，较为宽松的判断标准，体现了一定的柔性。

其次，由于私募基金的市场调节机制和高风险性的特点，私募基金管理人的谨慎义务的柔性主要体现为在激发管理人投资积极性与抑制管理人权利滥用之间不断寻求平衡。

第一，在私募基金中，弱化的市场调节机制无法有效防止管理人道德风险发生，因此管理人需要承担较为严苛的信义义务，这主要体现在忠实义务的范畴。罗曼诺教授认为，受托人信义义务的强度和要求受市场机制的影响，若市

① Gary Watt, Equity and Trusts: Directions, 3rd edition, Oxford University Press, 2012, pp. 249 - 250.

② ［美］安德鲁·S. 戈尔德、保罗·B. 米勒编著：《信义法的法理基础》，林少伟、赵吟译，法律出版社 2020 年版，第 48 页。

③ 肖宇、许可：《私募基金管理人信义义务研究》，载《现代法学》2015 年第 6 期。

④ 徐孟洲：《信托法》，法律出版社 2006 年版，第 100 页。

⑤ 王莹莹：《信义义务的传统逻辑与现代建构》，载《法学论坛》2019 年第 6 期。

⑤ 张国清：《投资基金治理结构之法律分析》，中国政法大学 2003 年博士学位论文，第 37 页。

场的调节不足，则会科以受托人更严格的信义义务。反之，若市场活跃度足够保护受托人和委托人时，对信义义务的要求较低。[①] 这是因为在市场机制发挥正常的市场之中，对受托人或管理人的监督与威慑不是只有单一的司法救济途径，还有来自市场的约束。具体到私募基金行业中，市场机制对管理人的约束远小于公募基金和证券行业。因为公司与公募基金的投资者可以随时以“用脚投票”的行为收回投资。而私募基金往往面对的是5到7年的长期投资，并且在承诺出资期限内不可随意撤回，使投资者无法在短期内有效地修正投资行为。因此，弱化的市场调节机制使得投资者对私募基金管理人的信义义务提出更高要求，以此限制管理人权利乃应有之义。

第二，私募基金具有高风险与高收益的特点，一味以限制管理人权利为目标设定私募基金管理人义务，与私募基金行业增加基金财产的初衷相悖，立法应当激励管理人的投资积极性。投资成功与否与管理人的专业技能和实战经验息息相关。若管理人操作恰当、慧眼识珠，能够获得可观的投资收益，但实践中六成以上的投资结果为失败。因此，国内外的规定都对投资者的风险抵御能力和资产状况、管理者的专业从业资格设立门槛。但是基金管理人专业程度存在客观差异，不是所有管理人都具有统一的高素质和高能力。管理人的主观决策不同，基金投资也会有不同的结果。此外，基金市场和私募领域固有的市场风险也需纳入考量范围。活跃的投资市场无论管理人的谨慎义务如何面面俱到，投资失败都有可能发生。因此，管理人谨慎义务审查标准不能以投资的收益率作为参考，应以其专业能力和敬业态度为主。[②] 谨慎义务审查标准可适当放宽，对管理人投资行为给予一定的容错率。

总之，一方面，由于市场机制调节力度弱，对私募基金管理人信义义务的要求较高，因此忠实义务承担起保护基金财产安全的责任，不可约定也不可豁免；另一方面，从私募基金的高风险高收益以及充分激励管理人积极性的角度来看，放宽谨慎义务的审查标准也同等重要。相应的规则需要适时在激发管理人投资积极性与抑制管理人权利滥用之间寻求适当平衡。

---

① Roberta Romano, Contract and Fiduciary Duty, Journal of Law&Economics, 447 - 449 (1993).

② 肖宇、许可：《私募基金管理人信义义务研究》，载《现代法学》2015年第6期。

（三）私募基金管理人谨慎义务标准适用的特殊性

私募基金因针对性和封闭性使得受托人谨慎义务的一般审查标准不能完全适用于私募基金行业。

其一，私募基金针对性的特点使私募基金的投资不符合信托法中奉行的分散投资理念，谨慎投资标准在私募基金行业需要重新定义。分散投资即用组合投资的方式把风险分摊到投资产品群，只要整个组合投资项目没有违背谨慎原则，单个投资项目有谨慎义务方面的疏忽就不甚追究。私募基金投资对象主要是“非标”的股权产品，其设立多是为一个特定项目募集资金，往往是选定项目后再进行的资金募集活动。不同于其他信托基金的运转方式，私募基金的投资显然缺少组合性和分散性，具有极强的针对性和特定性。再加上私募基金资金规模远小于证券投资，私募基金投资人通过选择多样化产品进行分散投资以此规避风险的意愿并不强烈。因此，谨慎投资标准的典范“分散投资”在客观上难以适用于私募基金管理，私募基金单纯按照信托法理论直接适用谨慎投资标准必将遇到困境。[①]

其二，私募基金封闭性的特点使私募基金投资者缺乏有效获取信息的渠道，管理人需要科以更严格的信息披露义务。不同于公募基金、上市的资产管理公司有严格的信息披露规则，投资者能够较为便捷和直接地查阅基金管理人信息和行为。私募基金投资人属于双重代理情形，即投资者无权代表股权基金，基金管理人是投资者获取项目信息的重要途径，投资者较难直接了解到项目的真实情况。因此，投资者一旦投入资产，自我进行尽职调查与材料搜集是很困难的，对管理人的委托和信赖程度非常高。相较于公募基金行业与上市公司，私募基金的投资者是专业投资者，其事前尽调和预估的能力、事后聘请律师处理纠纷的能力都较强，可以有效地缓解所处的弱势地位，还可以通过薪酬制度设计激励和约束管理人。[②] 但是私募基金大多数的运作信息均为不公开状态，管理人对投资人信息披露程度的明确规制非常缺乏。针对公开上市的证券公司及公募基金公司的信息披露义务标准不能完全适用于私募基金管理人，私募基金管

---

① 许可：《私募基金管理人义务统合论》，载《北方法学》2016 年第 2 期。

② 姜宇：《论资产管理业务法律规制的第三支柱：信义义务规则——兼评〈关于规范金融机构资产管理业务的指导意见〉，载《上海金融》2018 年第 12 期。

理人的信息披露应有更高的标准和要求。

三、谨慎义务审查标准的演变

进入成文法时代，谨慎义务的标准随着现代投资理论的发展发生了转变，从最初的“法定列表”发展到“通常谨慎人规则”最后到“谨慎投资人规则”，其履行标准大体呈现“由低到高”到“柔性增强”的趋势。①

法定列表投资理论起源于英国衡平法，仅要求受托人具有一般的谨慎，行事没有超出信托文书或法定的投资范围，② 即使信托财产遭受损失也由委托人承担。③ 该标准无疑过低，其所负的是一种消极的防止信托财产遭受损失的谨慎义务。

但是，基金治理本质上是对控制权与所有权的分离，投资人将财产委托给管理人，希望在管理人专业能力的帮助下财产可以获得更大的升值。如果仅能在规定项目内投资，显然太过局限。待发展到“谨慎人规则”之标准，1830 年 Harvard College v. Amory 案认为，受托人在管理他人财产时应具有通常谨慎的人处置自身财产时的专业经验和注意程度，④ 考虑资本的安全性和可收益性，不注重短期利益，而强调对信托财产的永久处置。⑤ 若受托人根据现实情况，已经谨慎、诚信地处置财产，便对此后遭受的投资损失免责。该标准比“法定列表”标准高了很多，但相对受托人的专业程度和特殊技能来说该标准较为宽松。

之后，随着现代组合投资理论（Modern Portfolio Theory）的出现以及商业受托人专业化，以普通受托人的谨慎义务标准去要求专业从业人员是有悖常理的，于是催生出“谨慎投资人规则”之标准。该标准要求受托人应尽到在管理别人财产时的谨慎，并且从事专业信托的商事组织所应尽的注意程度要高于普通商人。此外，在运用该标准判断基金管理人行为时应从全局出发，在投资组合中

---

① 文杰：《信托受托人的谨慎投资义务标准研究》，载《财贸研究》2011 年第 2 期。

② 英国《1961 年受托人投资法》第二条。

③ 何宝玉：《英国信托法原理与判例》，法律出版社 2001 年版，第 266 页。

④ 张天民：《失去衡平法的信托——信托观念的扩张与中国〈信托法〉的挑战和机遇》，中国政法大学 2002 年博士学位论文，第 60 ~ 62 页。

⑤ Hilliard, Gray, Little and Wilkins, Harvard College and Massachusetts General v. Francis Amory, Reports of Cases Argued and Determined in the Supreme Judicial Court of Massachusetts, Vol. Ⅸ, 446 – 465 (1830).

来考察单笔投资时管理人是否发挥了专业技能和谨慎，而不是仅依单笔投资可能带来的风险孤立地作出判断，此乃“分散投资（diversification investment）”,[①]为美国《信托法重述（三)》的核心。[②]《统一谨慎投资人法》第二条、第三条和第七条还分别提出了七项具体标准细化谨慎投资者的内涵，分别是投资组合标准、多元化标准、投资环境标准、尽职调查标准、投资标的标准、专业人士标准、成本最小化标准，从七个层面使其更具有可操作性。[③] 谨慎投资人规则更符合现代投资理论和投资实践，在资产管理和基金投资领域，是判断受信人是否谨慎的核心标准。[④]

四、我国私募基金管理人谨慎义务审查标准现状分析

（一）谨慎义务审查标准缺少“谨慎”内涵

谨慎义务的内涵不够完整，“谨慎”这一要求未被明确规定。《关于规范金融机构资产管理业务的指导意见》（银发〔2018〕106号）与《证券投资基金法》《私募投资基金管理暂行条例（征求意见稿)》对谨慎义务的表述不同，将“恪尽职守、谨慎勤勉”浓缩为“勤勉尽责”，遗漏了管理人义务中“谨慎”的内涵。

其一，勤勉与谨慎是谨慎义务表现的两方面，虽然二者追求的都是控制风险和投资收益，但对管理人经营基金财产的活动提出了不同角度的要求。勤勉尽责需要管理人客观投入精力；谨慎包含工作能力与主观态度的结合，更强调客观上管理人所具有的专业能力、技能和经验，以其专业知识实现基金财产的安全与增值。

其二，谨慎的实现往往以勤勉为前提，但勤勉并不必然能有效管理风险。例如，基金管理人在投资某公司股权之前对该公司进行调查，凭着“勤勉尽责”的态度对公司股东、管理层、员工都进行谈话，但非“谨慎”的管理人仍无法

---

① 赵廉慧：《信托法解释论》，中国法制出版社2015年版，第343页；郭锋、陈夏等：《证券投资基金法寻论》，法律出版社2008年版，第185页。

② 张国清：《投资基金治理机构之法律分析》，中国政法大学2003年博士学位论文，第24页。

③ 张国清：《投资基金治理结构之法律分析》，中国政法大学2003年博士学位论文，第43页。

④ 秦子甲：《信义义务中的谨慎义务》，载微信公众号“律商观点”2020年12月3日。

发现谈话透露出的生产过程违规、产品造假等信息，后该公司面临停业整顿并且支付巨额罚款。该基金管理人在形式上履行了相应程序，称得上勤勉尽责，但无法满足“谨慎”的标准。

可见，谨慎投资包含了能力与态度两方面的要求，是勤勉一词所不能涵盖的。虽然我国司法实践中有将“尽责”二字理解为包括“谨慎投资”的要求，[①] 但我国法官没有立法权，目前立法仍仅对管理人要求勤勉，必将出现无能但努力的管理人规避赔偿责任，损害投资者利益的情形。

（二）谨慎义务审查标准不够具体化

谨慎义务标准不够具体化，难以对管理人提供事先行为指引，不足以给投资者提供充分预期，裁判者也无具体的参考依据。[②]

对于管理人，虽然《私募基金管理人登记须知》中对其“技能”作了基本要求，但“审慎”却没有明确表述。在管理基金财产的过程中，管理人的管理与投资行为是非常复杂与全面的。若没有具体和特定的标准，面对不同的情境，管理人就要对每一个行为进行评估，将不必要地耗费管理人精力。例如，在分散投资方面，私募基金没有要求管理人综合考虑投资要素，将资产分散配置，但公募基金对此有明确要求。在风险评估方面，没有对管理人如何进行尽职调查、收集信息、评估信息做出明确要求，仅是《私募投资基金管理人内部控制指引》笼统地提及。[③] 至于转委托环节、事后如何认定基金管理人履行了谨慎义务、“商业判断规则”的运用更是没有相关规定可以为管理人提供指引。

对于投资者，我国目前私募基金行业发展速度较快，法律留白过多，不成熟的投资者无法制定合理的谨慎义务标准，赋予缔约自由反而催生出管理人对信义义务的进一步违背的流弊，投资者的权益可能受到损害。因为谨慎投资人规则在性质上是默认规则（default rule），在合同法下，默认规则可以填补合同中的未规定的事项，除非当事人绕过默认规则，这些规则具有法律约束力。[④] 换言之，勤勉义务的规定具有任意性规定的属性，可以根据信托行为的约定，加

---

① 参见北京市朝阳区法院（2013）朝民初字第1905号民事判决书。

② 王涌：《信义义务是私募股权基金业发展的“牛鼻子”》，载《清华金融评论》2019年第3期。

③ 参见《私募投资基金管理人内部控制指引》第十二条、第十三条。

④ 姚朝兵：《美国信托法中的谨慎投资人规则研究》，法律出版社2016年版，第40页。

重或者减轻注意义务的标准。[①] 由此可见，若当事人约定排除该规则项下的内容，这些规则就无法适用。在私募基金实践中，有学者指出存在排除基金管理人信义义务的英文合同条款。[②] 若允许当事人排除信义义务，即使采取必要措施使得委托人明确理解并认可该条约定的含义及后果，[③] 仍会侵害投资人利益和权利，信义义务本身的兜底目的落空。

对于裁判者，我国立法以简单笼统的概念对管理人的谨慎义务予以兜底规定，这使得商事纠纷裁判中法官缺乏更为具体的评判标准，出现同案不同判的现象。法官不了解私募基金行业中投资管理行业惯例，包括投资方式、决策程序、尽职调查的要求和技巧等。

（三）谨慎义务审查标准缺乏稳定性

综观我国关于谨慎义务的法律条文，管理人或委托人的谨慎义务均是兜底性条款，以"谨慎""勤勉"等词语概括规定。[④] 这种宣示性规定缺乏可执行的检测标准，易导致司法实践中法律实施困难，对于私募基金行业的从业者来说也无法发挥法律预测作用。于是，投资者与管理者选择由合伙协议、公司章程等自治领域的文件细化违反谨慎义务的责任承担机制。而这只能部分缓解而不能彻底解决上述问题，进一步导致谨慎义务审查标准不一，自治标准过多等问题。

对于合伙制基金，因为合伙协议是契约性质。只要不违反法律法规，当事人就可以自由选择普通合伙或者有限合伙。[⑤] 没有程序与内容瑕疵和违法的合伙决议可以作为前期合伙协议的修改，使得协议内容不断变更，审查标准规定不稳定，无法给予私募基金管理人正确的行为预期。对于公司制基金，虽然要通过相对合伙制较为复杂的决议程序，一旦股东会决议符合要求仍可以改变章程规定，也可以对组织章程中没有的规定予以补充。

---

① Gary Watt, Trusts and Equity, 5th ed on, Oxford University Press, 2012, p. 370.

② 秦子甲：《信义义务中的谨慎义务》，载微信公众号"律商观点"2020 年 12 月 3 日，2021 年 5 月 6 日访问。

③ Gary Watt, Equity and Trusts: Directions, 3rd edition, Oxford University Press, 2012, p. 249。

④ 胡光志、杨署东：《信义义务下的美国小股东保护制度及其借鉴》，载《法律科学（西北政法大学学报）》2008 年第 6 期。

⑤ 张卓：《有限合伙制私募过去按基金管理人信义义务研究》，西南政法大学 2016 年硕士学位论文，第 27 页。

总之，私募基金中管理人谨慎义务审查标准的稳定性极大影响着基金管理人的投资与管理活动。对易于改变、固定性弱的审查标准，管理人无法提前预判投资行为是否会触发该机制，私募基金管理人通常会选择更保守的投资方式，导致基金治理效率低下。

五、私募基金管理人谨慎义务审查标准的完善

（一）法定标准与约定标准相结合

我国实体法下，私募基金管理人的谨慎义务标准仍然模糊，为指引并规范管理人行为，给予投资者保护，亟待立法提出适当的法定标准。由于私募基金行业的特殊性，忠实义务承担着防止管理人道德风险的主要作用，而较低的谨慎义务标准则可以鼓励管理人积极投资，促使基金财产收益。因此，笔者认为应在私募基金领域适用重大过失标准，并且在当事人不违反法定标准的情况下，充分尊重当事人的意思自治。

首先，《合同法》和《信托法》从罗马法的“善良家父”标准出发的“轻过失标准”并不完全适用于私募基金。其一，私募基金管理人的谨慎义务标准，也是投资风险的分配标准。我国《信托法》第二十二条让违反谨慎义务管理人承担“填平”的赔偿责任。如果以轻过失为标准，管理人可能因为轻微的过失承担过重的赔偿责任。尤其是在私募基金投资金额较大的情况下，其投资管理活动的积极性势必降低。但私募基金投资人更看重的是充分调动管理人的投资热情，使管理人运用自身的专业能力与知识，让基金财产高效运转。其二，私募基金对投资的风险性更加宽容，此外还受到一系列客观因素的影响，如市场与管理人的专业能力等。因此，不应以投资结果是否收益作为管理人履行谨慎义务的评判标准，其考察重点在于应尽的注意程度与专业知识的运用。法院一贯不得评价商事活动的实质内容，其可能拥有投资风险的识别能力，但肯定没有风险评估能力，因此应尽量尊重私募基金管理人的决策。

因此，笔者倾向于放宽谨慎义务标准，采 1994 年美国《统一合伙法》和特拉华州公司法中的“重大过失”标准。除基金管理人无任何依据和理由作出决策、有完全不计后果或无视投资人的行为、不履行基本职责外，管理人不承担

法定责任。[1] 我国《合伙企业法》同样规定企业管理人主观故意或重大过失造成损失，应承担赔偿责任，可作扩张解释以此类推适用管理人。[2]

其次，法定的重大过失标准为私募基金管理人谨慎义务的最低标准，当事人可以在该标准的基础上约定更为具体或严格的事项。一方面，从保护投资人的角度，应将重大过失标准设定为最低标准。因为私募基金投资人虽有一定专业能力，但该行业的复杂性更需要把控管理人的道德风险，限制管理人的权利。[3] 另一方面，从提高管理人积极性角度，可以允许当事人在公司章程、合伙协议中规定具体条款，使谨慎义务在实践中具有可诉性，弥补法定条文的不足。因为私募基金行业更强调效率提升和迎击风险，其影响范围有限，让成熟投资者自身根据交易中的利益冲突作出取舍和决定，是最恰当和灵活的方式。[4]

（二）形式标准与过程标准相结合

在设定原则性基本标准后，可以立足于基金投资的共性，围绕私募基金的个性，通过颁布行业规范或出台司法解释细化谨慎义务的具体审查标准。以形式标准与过程标准相结合，并且允许投资人与管理人自行约定具体事项，填补法律缝隙，使谨慎义务的审查标准更加具体和可行。

首先，实践中法院很难识别私募基金行业投资失败的结果是由于市场经济的固有风险还是由于管理人的过失导致的，也无法判断管理人是否合理运用其具备的专业技能和知识应对风险。因此，可将谨慎义务的审查标准具体到特定情境，使管理人对其行为有充分预期。正如美国证券交易委员会强调将谨慎义务聚焦在形式要件上：（1）受托人是否使用独立账户控制资金并操作透明；（2）有无独立的基金托管人和风险评估师出具的分析报告；（3）与主要服务提供者之间的关系（如基金托管人、审计师等）；（4）资产状况的确定性；（5）是否按照

---

① Edward P. Welch, Andrew J. Turezyn, Folk on the Delaware General Corporation Law: Fundamentals, New York: Aspen Law & Business, 102 (1998).

② 许可：《私募基金管理人义务统合论》，载《北方法学》2016 年第 2 期。

③ 叶嘉敏：《论金融机构资产管理义务信义义务规范的完善——基于对域外立法与司法案例的考察》，载《南方金融》2019 年第 7 期。

④ 彭涛：《私募基金基本法律问题研究》，西南政法大学 2008 年硕士学位论文，第 33 页。

惯例进场调查；（6）是否进行独立且全面的背景调查。[①]

此处与商事判断原则中“合理地”（reasonably）的判断有异曲同工之妙，其要求董事、高级管理人员充分了解所进行的商业决策，并有合理的依据相信，此种情况下的决策是适当的。[②] 例如，该项会特别要求董事（受信人）采取完备的决策程序，如果董事就特定事项咨询了专家意见，其善意信赖专家意见的行为即可免责。[③] 私募基金视角下，形式要件就是管理人作出“合理地”判断的依据，是管理人作出决策的正当理由。总之，基金管理人应当在了解“所有可以合理获取的重要信息”后投资，可以认定管理人尽到谨慎义务，之后的损失与其管理投资行为没有因果关系。

其次，采过程标准，以“整体性”为审查原则，强调私募基金的募集、投资、管理和退出的整个流程中，管理人尽到勤勉谨慎的义务。其一，如本文第二部分所述，私募基金作为过程导向型基金，“组合投资”标准不适用于私募基金行业，不应当要求投资的“多样性”。私募基金管理人谨慎义务的审查标准应当从强调管理人进行组合投资，转换为管理人勤勉谨慎对待基金投资的所有环节，以行为过程标准作为判断依据。如美国《统一谨慎投资人法》第八条规定，谨慎投资标准要求受托人的决定或行动是根据当时存在的事实和情况确定的，而不是以事后结果来判断。以投资过程中的客观情况进行审查，使这一标准避免“事后诸葛亮”，而具有更强的公信力和可操作性。[④] 其二，相比管理人谨慎对待基金的投资项目，管理人勤勉尽责协助投资者退出基金同样重要。易言之，私募基金行业中的每个过程都需要管理人达到勤勉谨慎。前文已经明确私募基金投资期限长、封锁性高、不易退出的特点，因此，管理人严格遵循一系列规定，履行繁琐的手续，确保投资者能“全身而退”是同等重要的衡量标准。

---

① Office of Compliance Inspections and Examinations, Investment Adviser Due Diligence Processes for Selecting Alternative Investments and Their Respective Managers, OCIE（Mar. 25, 2020）, http://www.sec.gov/about/offices/ocie/adviser - due - diligence - alternative - investments.pdf.

② 蒋昇洋：《董事注意义务的司法认定：美国的经验和中国的再造》，西南财经大学出版社 2019 年版，第 49 页。

③ 蒋昇洋：《董事注意义务的司法认定：美国的经验和中国的再造》，西南财经大学出版社 2019 年版，第 70 页。

④ 黄素萍：《论信托受托人的谨慎投资义务——以〈美国统一谨慎投资人法〉为视角》，载《政治与法律》2008 年第 9 期。

最后，如前文所述，管理人与成熟的投资人可约定判断是否履行谨慎义务的形式要件，举证责任的承担方式，投资范围与权限。通过此种方式，有利于裁判机构对管理人的投资行为有更具体和可行的判断标准，同时使得管理人对行为有更明确的预期，实现私募基金行业让财产“增值”的初衷。

（三）以行业标准为主、自治标准为辅

为确保私募基金管理人谨慎义务标准的稳定性，可以采用规范的行业标准引导当事人订立具体事项，并以严格的修改程序限制标准变动。

当事人的意思自治可以具体化谨慎义务的标准，但其可能出现标准不一、变化频繁等现象。这是因为我国私募基金投资人，在投资过程中随时可以通过股东会决议、合伙决议、委托合同改变管理人谨慎义务的审查标准。若谨慎义务审查标准没有事先固定，可能因事后约定而变动，基金管理人就无法依照标准对投资行为进行合理预估，管理人会因动荡的审查标准“畏首畏尾”，将会有碍基金财产的增值。总之，应当尽力确保稳定性，避免出现多样化的标准。

具体可以通过行业手册、准则将对“谨慎勤勉”的程度要求固定下来，明晰管理人的义务范围与程度，当事人的自治约定在行业手册的指导下进行。这些行业准则包括对特定种类投资标的的决策程序与交易流程的制定，尽可能提供较为清晰的标准，也更易于投资者或监管机构监督。按照美国证券交易委员会的要求，投资顾问事前必须披露和备案的 Form ADV① 的第二部分包括投资决策程序与决策标准，若投资顾问的陈述手册中规定了投资项目应在事前进行尽职调查，却不在实际中履行，不仅可能违反谨慎义务，也会构成虚假陈述。② 如此，通过将违反谨慎义务转变为违反如实告知义务，可以显著降低诉讼门槛和举证责任标准，最大程度保护投资者的利益。

---

① Form ADV 是美国投资顾问在证券交易委员会（SEC）和州证券管理机构注册的统一表格，该表格将被 SEC 披露和备案，投资人可以随时下载查询。该表格由两部分组成：第一部分要求提供有关投资顾问的业务，所有权，客户，雇员，业务惯例，从属关系以及该顾问或其雇员的任何纪律事件的信息；第二部分要求投资顾问以简明英语撰写的叙述性小册子，其中包含诸如所提供的咨询服务的类型，顾问的收费表，学科信息，利益冲突以及管理层和主要咨询人员的教育和商业背景等信息。

② US Securities And Exchange Commission, UNIFORM APPLICATION FOR INVESTMENT ADVISER REGISTRATION PART 2：Uniform Requirements for the Investment Adviser Brochure and Brochure Supplements, U. S. SEC（Mar. 25, 2020）, https：//www. sec. gov/about/forms/formadv – part2. pdf.

投资人与管理人约定的标准只能作为未规定事项的补充，即事后约定不能违反事前已经备案的标准与程序，也不能与行业准则冲突。除此之外，公司制与合伙制的私募基金在公司章程与合伙协议中应当确立谨慎义务标准条款的修改机制。公司制基金或合伙制基金中有任何违背修改机制变更责任或标准的股东会决议或合伙决议，都可以认定为瑕疵或无效决议，从而否认其效力。

六、结语

在概括性“勤勉尽责”语境下，明确管理人的谨慎义务审查标准，才能更好地将具体事实与责任认定挂钩，要求管理人承担起相应的责任并保护投资者。与刚性的忠实义务相比，谨慎义务的标准更难以确立和界定。由于私募基金行业固有的高风险性，基金管理人不是财产保险人，无法保证每一笔投资行为的收益。私募基金投资人作为成熟投资人的风险抵御能力也超乎一般投资者。因此适当降低基金管理人的谨慎义务的标准，采用重大过失标准更符合私募基金行业设立的初衷，使管理人充分发挥其专业知识达到基金财产“增值”的共同目标。

在审查基金管理人是否履行谨慎义务时，运用商业判断规则这一方法论，放眼私募基金投资的所有环节，依据管理人在管理过程中的行为判断其是否尽到有效的“勤勉”“谨慎”，并非简单地根据投资结果判断。

私募基金管理人的谨慎原则是学界探讨较少的领域，虽然其审查标准难以界定，实践中管理人的违规行为往往同时违反忠实义务与谨慎义务，因此导致私募暴雷频出。如何建立具体、明确、完善的谨慎义务审查流程和标准，让投资者的利益得到充分保护，如何将商业判断规则巧妙嵌入中国实体法体系，仍然是下一步需要厘清与研究的重点。

金融科技与大数据法制研究

金融科技巨头的监管模式比较

袁 正[*] 李 熙[**]

内容提要：金融科技巨头发展中衍生出的各类市场与社会问题日益严峻，但我国现行监管制度仍不完善。通过对英美等域外国家监管制度的比较，我国应建立起以规制为主的反垄断监管模式，结合公民个人信息与隐私保护，并综合借鉴美国按“业务属性原则”归口监管的做法进一步厘清各监管权责，进而根据金融科技巨头自身体量巨大以及金融类业务杠杆率高等特点，有针对性地推进新型业务的风险监管，有效防范宏观市场系统性风险。

关键词：金融科技巨头 Big - Tech 监管模式 反垄断 隐私保护

金融科技巨头（Fin Big - Tech）已经成为科技与金融深度融合的新产物，并且对传统金融市场的冲击并由此产生的风险，已经从 AI 识别、信贷、个人数据以及电子支付等基础金融领域，穿透到风险控制、金融资源配置等核心环节。拥有先进科技及流量平台的科技巨头（Big - Tech）依托其庞大的用户群、成熟平台和技术优势，渗透进入并发展金融业务，以强劲的创新力和新颖的商业模

---

* 袁正，清华 - 天普美国法学硕士项目硕士研究生（Tsinghua/Temple Law School LLM program）、中国人民大学民商法学硕士课程进修班。

** 李熙，北京师范大学经济与工商管理学院金融学、法学双学位生。

式，逐渐建立起独树一帜的大型科技金融（Big－Tech in Finance）业务模式和闭环生态体系。目前，金融科技巨头对金融市场和相关金融业务的影响比普通的金融科技企业要深远得多；在许多情况下，巨头们凭借数据流量优势，资本的强力支撑以及低成本的融资方式，能够在金融市场中快速实现经济规模化，并形成传统金融机构无可匹敌的竞争优势。

我国金融科技巨头近年来滋生了以下几方面扰乱金融市场秩序及社会稳定的问题：一是巨头恶性竞争及市场垄断问题；二是公民数据信息和隐私泄露引发的各类侵权问题；三是巨头业务存在大量脱离传统金融行业法律法规监管现象导致的监管权责不清问题；四是新型金融业务可能引发的微观及系统性金融风险。这些因金融科技巨头商业模式新颖、技术迭代速率高等特点而产生的问题都亟待解决。因此，在中国对金融科技巨头监管部分缺失的背景下，借鉴国外对金融科技公司的监管模式，进行本土融合形成适应中国国情的监管模式，做到既鼓励发展又适度地控制其对市场产生的各类风险及危害。

一、金融科技巨头的成因

（一）金融科技巨头的定义

金融科技巨头指的是金融科技行业内的头部企业，且这些头部企业在市场份额中占绝对优势并拥有接近于寡头地位的综合实力。而金融科技是金融服务与底层技术深度融合的交叉产物，特指依靠大数据、人工智能、区块链等前沿科技，对传统金融机构以及金融服务模式和范围产生重大影响的新兴模式。

（二）金融科技巨头在金融领域的发展及现状

金融科技巨头涉及的金融业务经历了从无到有，从爆发式野蛮扩张到精细化发展的过程，这也使金融业务的发展给传统金融机构造成了极大的冲击，同时也对证券、银行、保险和支付等领域的核心功能产生了巨大影响。从电子信息技术（IT）推动程度看，金融科技巨头的发展可以划分为三个阶段。[①]

---

① 陈晓华：《金融科技现状与发展趋势》，载《财经界》2017 年第 5 期。

第一阶段为IT阶段，即科技金融1.0阶段。① 该阶段主要涉及利用IT软硬件将各类基础业务与金融信息电子自动化，以提高效率。该时期IT企业并不直接参与金融业务，只是提供技术支持，如银行中的清算系统、信贷系统构建与维护等。第二阶段为互联网金融阶段，即金融科技2.0阶段。该阶段主要涉及平台经济的发展，利用互联网渠道批量抓取用户信息，并实现金融业务中与2B端、2C端的任意相互连通，实现对传统金融渠道的本质改革，其中出现了第三方支付、P2P网贷、众筹等极具代表性的商业模式和金融服务业务。第三阶段为智能化深度发展阶段，即金融科技3.0阶段。该阶段从2011年发展至今，以金融科技及巨头运用大数据、AI、云计算及区块链等前沿技术进行金融信息采集及批量处理，使得各类金融服务业务以高度自动化为特点，让服务效率在传统金融业中发生质的飞跃，同时其服务涉及范围也得到广泛拓展。

金融科技目前已经进入了以风险管理为核心的智能化深度发展阶段。其业务形态促进了金融市场中的扁平化交易，拓展了金融交易与服务的范围，覆盖了许多以前不被传统金融机构考虑的投融资群体，提升了金融服务普惠性和覆盖范围。从近五年来我国金融科技业的股权投融资频率和累计规模便可窥见端倪。②

---

① 《中国金融科技报告2020》，载恒大研究院网站，http://www.yanjiubaogao.com/，2021年11月2日访问。

② 据不完全统计，2016~2020年全球金融科技股权融资数量整体上逐年增加，由834笔增加至1334笔。而中国的金融科技融资数量和金额在2018年第二季度达到最高峰，随后经历了两次快速回落。2018年第四季度开始，单季融资数量从140多笔下降到60~71笔；公开披露的融资金额也几乎腰斩，从400亿元减少到130~200亿元。2019年第四季度开始，单季融资数量继续下降，加上2020年新冠疫情的影响，融资情绪持续低迷，到了2020年第二季度仅有32笔，融资金额不到40亿元。不过，2020年下半年融资呈现出回暖势态。参见零壹财经：《2020年全球金融科技投融资简报》，载零壹财经网，https://www.01caijing.com/article/273862.htm，2021年10月19日访问。

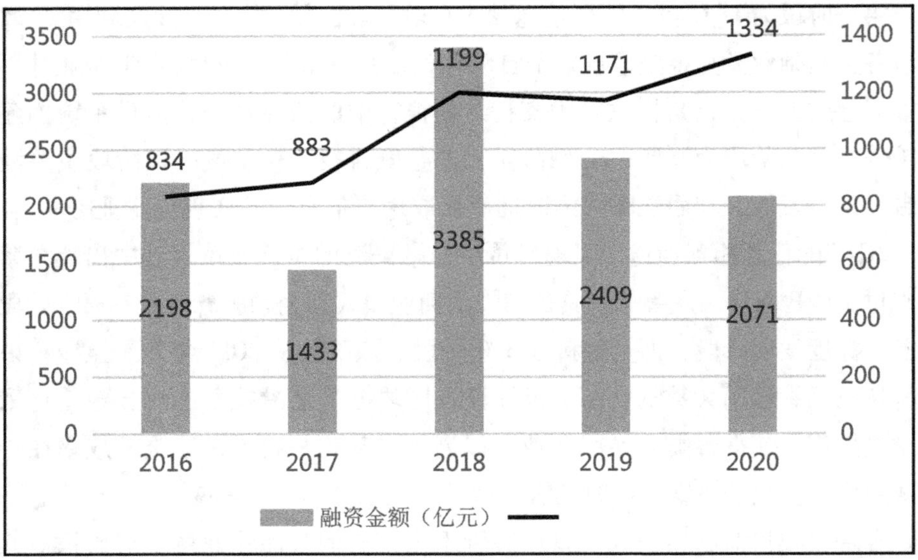

图 1　2016～2020 年全球金融科技股权融资规模

目前我国的电子支付、数字信贷以及线上保险等金融科技业务处于全世界领先地位，但随着国内经济转型升级加快，对金融服务的可获得性和便捷性提出了更高水平和更严苛要求，所以金融科技巨头的创新造血能力仍是未来提升自身竞争力的关键因素。当前金融科技巨头的金融业务主要覆盖理财、小额网贷、支付以及互联网信息服务等领域，且大部分以 B2C 业务为主，少量主打 B2B 业务。此外，数字化信用服务领域百花齐放，其项下业务凭借自身资源优势、规模经济以及差异化战略，极大程度地满足了各相关领域不同类型的融资需求，填补了商业银行劣势造成的市场空白。同时，金融科技巨头不断进行模式创新，推进与传统金融行业的合作与融合，促进融资“降本增效”及追求其他业务的效用最大化，以达到不断造血的目的。

综上，不难判断 2020 年是金融科技行业发展的分水岭，行业上半场角逐可总结为巨头崛起、创新商业模式为王；下半场角逐则可总结为重建规则、靠硬实力取胜。

（三）金融科技巨头对传统金融机构的冲击

进入 21 世纪后，越来越多的金融机构拥抱电子科技从而进行结构升级，如通过设立金融科技子公司、专项基金，抑或是通过网上银行、消费金融公司进行数字化转型；从而达到补足银行自身短板、更大程度满足客户需求以及提升服务效率的目的。

随着人工智能、大数据等金融科技的深度发掘，众多传统金融机构均不断提升对于金融科技的投入力度以及实际应用能力。总的来说，金融科技的发展对传统金融业的冲击主要通过效率代替、交易代替和劣币代替这三个方面体现。

效率替代主要涉及金融服务效率的倍速提升。在金融科技巨头崛起前的市场上，传统金融机构往往凭借规模、资本力量以及“忠诚度高”的海量客户大行其道，而忽视服务效率的提升。而金融科技使业务效率大幅度提升，如通过区块链进行票据风控，各类银行可以将效率提升至原来的十几倍。与之相比，传统金融便相形见绌，这导致了传统金融机构竞争力下降以及业务和客户流失量连年增多。

交易代替主要涉及基金公司等金融机构利用区块链技术及集成算法升级内部托管系统，从而实现脱离银行托管业务的刚需。在区块链技术的驱动下，各类金融交易可与会计、清算功能同步进行。据此，金融科技巨头利用具备自我更新功能的算法以及 AI 进行量化对冲和高频次规模交易时，便可以不受任何规模和技术限制。但与此同时，如果传统金融机构无法与时俱进，该金融科技的运用带来的冲击将是毁灭性的。

劣币代替主要涉及格雷欣法则描述的劣币驱逐良币，以及该法则在金融业务中的体现。首先是字面意义上的劣币驱逐良币，即随着社会科技进步，人类社会早已从金银本位制逐渐转变为信用本位制①；而对于中国市场来说，信用本位制早已经向其变体转化，即转向以电子货币和虚拟货币为主体的非纸币化体系。

而这些以算法为基础的数字货币代替过程中必然伴生着货币职能的更替，此时便可能产生网络环境中数字货币数量不受控制的问题，进而导致恶性通胀或者紧缩；如果传统金融机构没有控制算法抑或是不能及时更新能够同时处理货币通胀与交易需求的算法，则极易引发金融危机。

① 信用本位制又称管理纸币本位，即金银本位制崩溃之后世界各国转用的货币制度。

（四）金融科技巨头进入金融领域的原因分析

1. 金融科技巨头商业模式优势

首先，巨头的管理机制更具灵活性。出于该行业本身市场竞争尤为激烈的特点，巨头更加追求的是运营效率，因此内部审批决策等环节操作更灵活。而银行等传统金融机构及其设立的金融科技子公司虽然是独立运营的法人机构，但其业务在很大程度上会受到母公司银行业机构监管束缚的影响，因而相对缺少灵活性。

其次，巨头依托场景更具多样性和创新性。近年来，我国个人生活场景线上化发展迅猛。金融科技巨头凭借其高创新性，以线上模式多维度满足个人生活需求；在衣食住行和医疗等各个领域均有效填补了传统服务机构的缺位。线上流量为巨头实现快速变现提供了市场机会，它们在线上引流方面处于绝对优势，可依据多方位的线上消费场景开发设计金融服务模式。相比之下，传统金融机构的引流能力弱，且产品同质性较高。

此外，巨头的技术优势更为突出。金融科技巨头擅长将金融消费场景搭建在底层技术应用之上，创造出较为完整的生态服务圈闭环。例如，阿里巴巴以蚂蚁金服作为基础框架，搭建淘宝、淘票票等经济平台实现全方位闭环服务。相比之下，传统金融机构则无法在多领域实现技术叠加功能。

2. 银行等传统金融机构的自身缺陷

银行等传统金融机构不仅严格受较为成熟的法律法规监管和政府政策调控，而且自身业务定位造成了固有缺陷。例如，2019 年末，广义影子银行①在中国的规模达到 85 万亿元人民币，约占银行贷款总额的三分之一。而近年来政府对影子银行业务监管态度的逐渐转变，审慎监管力度的持续加大无形中压缩了银行的业务和降低了银行的市场竞争力。除此之外，银行贷款业务中因自身固有的劣势因素，给金融科技巨头创造了巨大的市场空白。

---

① 广义影子银行包括同业理财、私募、资产证券化、保险资管、小贷公司等；狭义影子银行则包括部分高风险银行理财、委托贷款、信托贷款、P2P 及非股权私募基金。狭义影子银行因风险较高被列为监管重点。

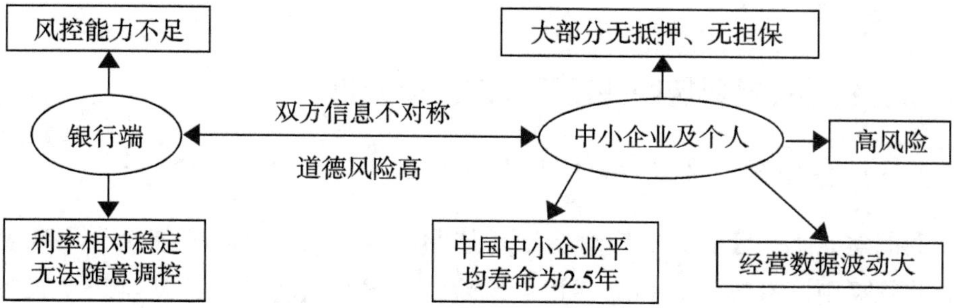

图 2　银行贷款业务劣势原因分析图

利率锚定差异问题也是市场空白的主要驱动因素。如图 3 所示，国企和制造类企业可获得银行给予的低于市场贷款利率的优惠利率，但该利率下服务的客户量有限，供需关系出现缺口。因此，金融科技巨头凭借政策等优势，持牌照名正言顺地填补了该数量空缺。

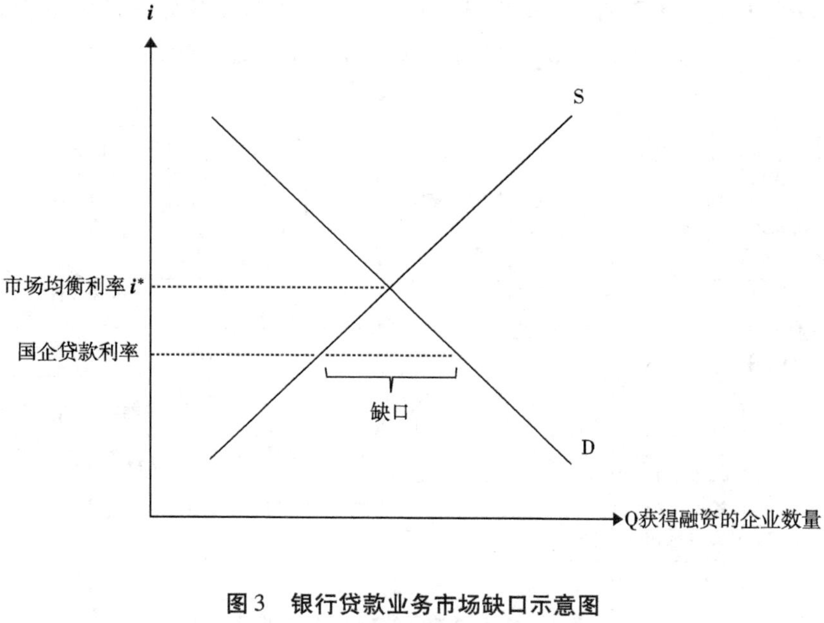

图 3　银行贷款业务市场缺口示意图

由此可知，一方面，为了弥补银行的短板，政府采取了优惠政策扶持金融科技巨头进入该市场。另一方面，金融科技巨头所拥有的客户基础或者称流量，是十分雄厚的；而金融业务又是最接近资本的业务，流量变现最简单的途径便是填补传统金融机构留下的金融市场空白。

二、域外金融科技巨头监管模式比较分析

（一）美国的“业务属性原则”归口监管

美国建立了一套能灵活应对金融科技业发展特点和金融科技巨头迅猛发展时的监管规则，有效牵制和降低相关风险。根据其监管特点，该监管模式被称为按照“业务属性原则”归口管理。其含义是：根据金融科技巨头业务所涉及的业务种类实施归口管理。

以P2P网贷业务为例，网贷机构向其他存款机构提供服务的，由美联储和美国货币监理署（OCC）等联邦机构实行监管；网贷机构涉及出售或发行票据业务的，由SEC依据证券法履行监管职责；网贷机构如违反消费者保护法及相关规定的，则由消费者金融保护局（CFPB）以及联邦贸易委员会（FTC）进行监管。与此同时，为了解决金融科技企业的银行金融业务处于监管灰色地带的问题，美国有关监管部门正探索推行金融科技企业“牌照管理”①。

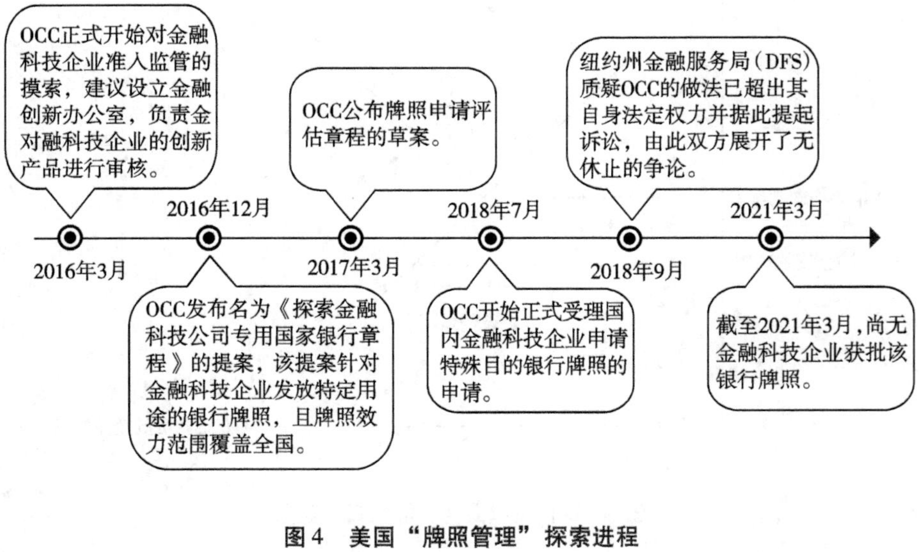

图4　美国“牌照管理”探索进程

双方针对该特殊用途的银行牌照的争议点主要集中在以下三点：第一，根据美国的国家银行法规定，只有接受存款的企业才有资格获得全国性银行牌照，

① 美国货币监理署，https：//www.occ.gov/，2021年6月10日访问。

因此 DFS 认为 OCC 无权向金融科技企业这类非银行机构颁发牌照。第二，由于美国实行联邦制，每个州的监管法律都有差异，发放全国性的银行牌照会导致各州在监管上的法律冲突或者混乱。例如，某些州禁止发薪日贷款①，而取得该特殊牌照的金融科技公司却可以规避此法规，造成监管混乱。第三，实行“牌照管理”准入后对金融科技企业的创新性以及未来发展是否有负面约束效应。虽然实行银行“牌照管理”能消除监管空白，但对于以科技创新和高速更新换代为特点的金融科技服务也势必提出更严格的资金规范准则和监管要求，这很可能产生较大的负面约束效应从而阻碍金融科技业的发展。

（二）英国的“监管沙盒”及推广运用

金融科技领域的“沙盒监管”② 最早由英国政府提出，历经短短十年不断发展完善，其发展和设立过程如图 5 所示。

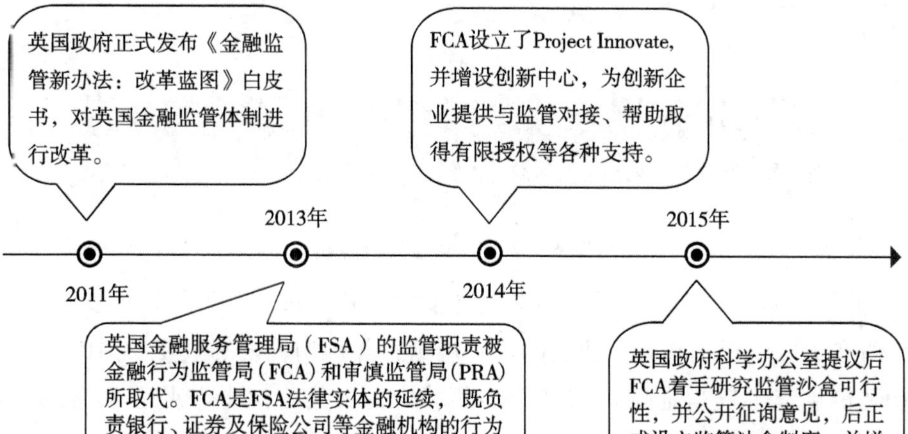

图 5　英国监管沙盒制度发展历程

鉴于金融科技产业对投资和经济增长的重要作用，英国政府专设相关机构支持其发展，并在税收和投资条件方面制定优惠政策。显然，英国金融科技产

---

① 发薪日贷款，是指无须抵押的短期贷款，借款人承诺在下一发薪日后即偿还贷款。

② 监管沙盒，是指金融科技企业在确保消费者权益的前提下，按照 FCA 简化的审批程序，提交申请并取得有限授权后允许金融科技创新机构在适用范围内测试，FCA 会对测试过程进行监控，经过一段时间后评估该项目是否有被授予正式的推广资格的监管模式。

业的迅猛发展催生了“沙盒监管”模式。监管沙盒就相当于新型金融产品的“实验监管区”①，有效促进了金融科技行业的创新。

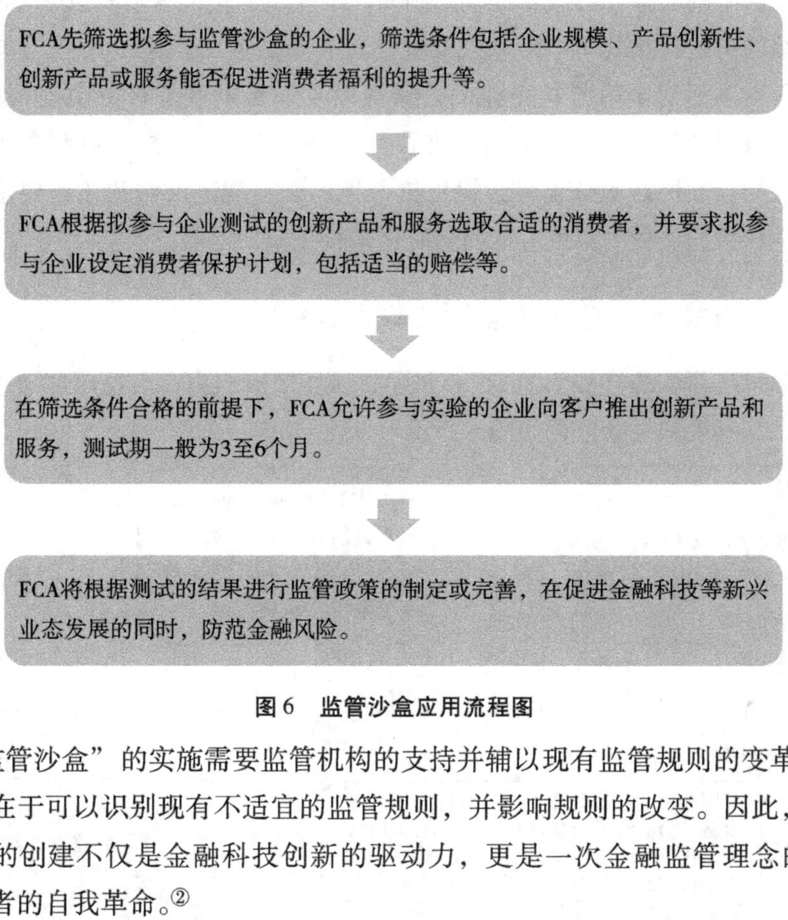

图6　监管沙盒应用流程图

“监管沙盒”的实施需要监管机构的支持并辅以现有监管规则的变革，而它的价值在于可以识别现有不适宜的监管规则，并影响规则的改变。因此，“监管沙盒”的创建不仅是金融科技创新的驱动力，更是一次金融监管理念的革新，是监管者的自我革命。②

累计数据及运行结果表明，“监管沙盒”模式对创新有正向促进作用。欧洲金融监管部门对在欧盟内设立的24个创新中心和5个监管沙箱分析后得出如下结论：“监管沙盒”制度能够为相关监管部门提供更多了解金融科技创新的可能，同时让金融科技企业更加理解在金融科技进步日新月异大背景下的政府监管预期。

---

①　监管沙盒以实验的方式创造一个“安全区域”，能够适当放宽实验中创新型产品和服务的监管约束，在保证鼓励创新的同时有效测试产品的金融风险系数，确认该新型金融产品或服务是否适合在实际市场中落地。

②　袁达松、刘华春、李宁：《论监管沙盒》，载《经济法学评论》2017年第1卷。

（三）印度金融科技业发展受阻的困境

尽管印度在金融科技市场方面潜力巨大且前景广阔，但现状却不尽如人意，从印度部分金融科技巨头的财报中便可窥见端倪。2020 财年，Paytm 的母公司 One97 Communications 仍处于亏损状态且财报显示已经连续 7 年亏损，这对于体量庞大和处于迅速扩张期的电商实体来说并不正常。[①]

当前印度的金融科技服务屡屡受阻，其背后的主要原因不仅与国家政策和监管模式有关，更大程度要归因于印度当前的社会发展现状。首先，印度国内贫富差距极大，多数印度人处于几乎无财富积累和无银行账户的状况；而且人均财富和收入处于较低水平，即金融科技公司服务的客户净值较低。此外，印度作为世界第二的人口大国，但其互联网渗透率较低。有许多业内人士认为这是市场前景广阔的表现，但却忽略了贫富差距因素，即该行业的天花板究竟处在哪一水平。网络渗透率低并不代表未来网络渗透率就能不断提高，这还取决于印度人民的财富水平以及生活方式等其他因素；且就算网络渗透率不断攀升，也并不代表印度人民就愿意使用网络支付、网贷等业务。正如当前莫迪政府希望推进电子化交易并以此增加税收，但大量底层民众仍没有银行账户或者没有使用电子交易的基础，而其他阶层的民众在面对本可以使用现金交易避免 12.5% 的服务税的状况时，自然会想出其他方法回避金融科技服务从而达到减少交税的目的。[②] 所以，基于现阶段印度社会现状可知金融科技业的发展道阻且长。

对于金融科技业风险的监管态度，包括印度储备银行（RBI）在内的监管部门基本持严防死守的严苛态度。但科技领域的新点子、新工具层出不穷、且领先于立法，这就对印度如何平衡金融风险把控力度与促进创新与该行业发展提出挑战。2019 年 8 月之前，印度政府对于金融科技业的监管特点可概括为：严苛、条规繁琐、变化多端。当时特别多的外资希望到印度从事 P2P、互联网金融、消费贷等行业，但印度政府已经了解到这些行业在其他法域曾经出现过野蛮生长而导致许多乱象和不良后果，所以一直持审慎态度。

---

① 印度媒体 inc42：Paytm Sees 28% Lower Losses Despite Drop In Revenue，https：//inc42. com/buzz/paytm - sees - 28 - lower - losses - despite - drop - in - revenue/，2021 年 10 月 19 日访问。

② See John Hill, 2018, Fintech and the Remaking of Financial Institutions. Academic Press, pp. 285 - 314.

在印度政府的严苛监管下，“一刀切”或者朝令夕改的监管政策不胜枚举，这无疑增加了印度科技金融企业的运营成本，在很大程度上限制了金融科技的发展。2019 年 8 月，印度储备银行发布了 Regulatory Sandbox Authorization Framework 文件，由此印度的监管沙盒机制正式落地，这意味着印度金融科技业的监管模式将得到改善。该文件要求申请沙盒资质的实体机构必须有能力证明其产品或服务具有金融创新、弥合现有金融服务差距的潜力。根据上述要求，文件还罗列了部分重点关注的金融创新种类，以确保印度国内金融科技产业的可持续发展。

表 7　《监管沙盒授权框架》重点关注创新种类名单

创新产品/服务	零售支付、汇款服务、市场借贷、数字 KYC、投资咨询服务、财富管理服务、数字认证服务、智能合约、普惠金融产品、网络安全产品等
创新技术	移动技术应用（支付、数字身份等）、数据分析、基于区块链的应用程序接口（API）服务应用、人工智能和机器学习应用等

RBI 表示会根据具体情况放宽对某些申请机构的监管要求，如流动资本要求、董事会组成结构、管理经验、跟踪记录等。但同时重申，对客户隐私与数据安全、支付数据的安全储存与访问、交易安全、KYC/AML 等方面的要求绝对不会放松。

综上所述，印度的金融科技业发展受阻之处与挑战颇多，但同时也在逐步改善。

三、中国金融科技巨头监管的模式选择与现实挑战

（一）金融科技巨头垄断问题与反垄断监管

我国现行《反垄断法》于 2008 年生效，但基本不覆盖或涉及互联网科技企业或者金融科技巨头，因此对金融科技巨头的反垄断监管处于几乎空白的状态，这不仅给现行维护市场经济稳定的监管机构提出了挑战，也给 B 端和 C 端造成了许多困难与巨额损失。近二十年来，关于金融科技巨头以及其他互联网金融企业反垄断投诉和官司越来越多，市场环境越来越严峻。

随着流量不断集中并逐渐沉淀，用户对巨头提供的超级平台链接会产生高度依赖性。此外，巨头利用海量数据进行收集、整理、分析和反馈循环，对同业与跨业进行联合或集中，实现实质性控制。由此，金融科技巨头在横向与纵向市场实施排他性行为并表现为混合经营，从而强化其内部生态系统的市场力量。在该垄断趋势下，巨头可轻易地在成本为零的条件下利用累积资本和科技手段造成竞争损害。

反垄断的市场监管环境问题直到2021年初才开始迎来转机。2021年2月颁布的《国务院反垄断委员会关于平台经济领域的反垄断指南》[①] 对近年来平台商要求商家二选一、大数据杀熟、数据垄断、不公平定价恶性竞争等滥用市场支配地位以及未依法申报经营者集中等问题进行了详细说明和细化规定。从条文内容分析和解释，该指南确保了反垄断执法机关规制金融科技巨头及相关互联网金融企业垄断行为的可操作性，并能提高执法效率。但即使该指南得以贯彻，仍有部分内在缺陷，其中包括处罚细则大都为合规性审查，即针对现有状况及发生问题提出针对整改，但未从整体进行规制。此外，其认定模式的不成熟、忽视金融科技业自身特点以及针对现有问题提出矫枉过正的措施等缺陷都会导致无法从根本上治理这些金融科技巨头的垄断行为。

（二）个人隐私侵权与用户信息安全问题

据不完全统计，2017年我国窃取和贩卖个人隐私数据（包括金融信息）的从业人员超过百万，且造成经济损失高达数千亿元人民币。金融消费者信息泄露和被滥用的问题日益严重，涉案件数和规模成幂函数形式增长，证监会等相关监管部门和司法机关将因此面临重大挑战。专家认为，隐私信息泄露的原因有三：一是个人信息获取、存储和利用的环节众多，其传播又具有隐蔽性和复杂性，为不法分子提供了可乘之机；二是现行的《网络安全法》和《消费者权益保护法》等法律法规虽然对个人金融信息的采集和使用进行了明确规定，但在监管职责、法律责任等方面仍不够具体；三是我国公民个人信息保护意识整

① 《国务院反垄断委员会关于平台经济领域的反垄断指南》，载中华人民共和国中央人民政府网，http：//www. gov. cn/xinwen/2021 -02/07/content_ 5585758. htm，2021年6月11日访问。

体不强，过度甚至违规采集个人信息问题发生后通常很难举证维权。①

笔者认为其主要原因在于信息保护制度多方面欠缺，虽然巨头都建立了内部信息管理制度，但管理能力不足且维护信息数据安全意识不强，加之许多金融科技企业自身就存在违规搜集用户信息的行为，导致金融消费者信息和隐私泄露事件层出不穷。

要解决金融科技巨头发展所带来的隐私泄露及信息安全问题，首先要了解相关的法律概念。在《民法典》第一千零三十二条中，“隐私”的定义是“自然人的私人生活安宁和不愿为他人知晓的私密空间、私密活动、私密信息。”②关于“公民个人信息”的定义，《最高人民法院、最高人民检察院关于办理侵犯公民个人信息刑事案件适用法律若干问题的解释》规定，《刑法》第二百五十三条规定的“公民个人信息”是指以电子或者其他方式记录的能够单独或者与其他信息结合识别特定自然人身份或者反映特定自然人活动情况的各种信息，包括姓名、身份证件号码、通信通讯联系方式、住址、账号密码、财产状况、行踪轨迹等。根据上述概念可知，金融科技巨头获取信息必然涉及隐私和公民个人信息。

根据工信部拟出台的《App 个人信息保护管理暂行规定》可知监管部门已开始针对 APP 侵权乱象开展专项整治。但该规定细则的设置并未超出原有的治理模式和规则框架，没有突发性地提出全新的监管要求，而是将重点放在 APP 个人信息保护中的各类相关主体及其责任的类型化、明确化和制度化上。但从下表可知，金融消费者信息和隐私数据泄露方式不仅能通过 APP 泄露，还存在其他大量的途径，因此金融消费者信息和隐私保护仍有大量监管空白亟待解决。

---

① 金元浦：《大数据时代个人隐私数据泄露的调研与分析报告》，载《清华大学学报（哲学社会科学版）》2021 年第 1 期。

② 《民法典》第一千零三十二条规定，自然人享有隐私权。任何组织或者个人不得以刺探、侵扰、泄露、公开等方式侵害他人的隐私权。隐私是自然人的私人生活安宁和不愿为他人知晓的私密空间、私密活动、私密信息。

表1　个人隐私泄露五大途径

渠道	泄露方式
平台	金融科技巨头搭建的互联网平台用户资料库最为齐全，但平台存在安全漏洞被黑客攻击窃取用户资料，或者内部人为牟取私利窃取等情况都会使个人信息泄露。
APP	大量APP恶意收集个人信息且可能贩卖获利。如以网贷、兼职等五花八门的由头诱导使用者上传自己基本或详尽的个人信息；或者未经使用者同意获取“监听电话定位、读取短彩信、读取联系人、修改系统设置”等各种权限。
数据采集公司	随着大数据发展，更多公司机构需要市场数据。数据采集公司应需而生，他们利用技术手段爬取互联网各类隐私信息并加工整理后进行出售。
第三方服务、运营公司	由于平台体量过大，如电商、外卖平台等通常会接入许多第三方公司（如快递、打单软件、ERP软件、第三方运营企业等）辅助运营，因此这些第三方公司储存了海量用户信息且实时同步更新，他们可利用这类信息资产打包出售进行变现。
智能设备生产商	手机及相关电子设备的内设程序会自动上传使用者各类数据，其中包括个人隐私信息。生产厂商未经使用者同意掌握海量私人数据侵犯了公民隐私权。

2021年11月1日之前，我国关于个人隐私及金融信息的保护条文零散地分布在《证券法》《网络安全法》《商业银行法》等成文法律，以及《征信业管理条例》等规范性文件中，并未出台针对个人隐私信息及金融消费者数据保护的上位法。直到全国人大常委会颁布《个人信息保护法》[1]，我国分业监管导致的法律、规范性文件等多是宣誓性规则且无法协调统一的困境才宣告结束。

但目前个人隐私及金融信息的保护仍缺乏可操作性。这主要体现在隐私及金融信息泄露后的持续性伤害上，这会导致受害人维权时、甚至是维权后仍持续受到隐私信息泄露带来的伤害，造成实质上的维权失败。此外，目前仍有金

[1] 《个人信息保护法》第六十六条第二款规定，有前款规定的违法行为，情节严重的，由省级以上履行个人信息保护职责的部门责令改正，没收违法所得，并处五千万元以下或者上一年度营业额百分之五以下罚款，并可以责令暂停相关业务或者停业整顿、通报有关主管部门吊销相关业务许可或者吊销营业执照；对直接负责的主管人员和其他直接责任人员处十万元以上一百万元以下罚款，并可以决定禁止其在一定期限内担任相关企业的董事、监事、高级管理人员和个人信息保护负责人。

融科技巨头利用市场优势，过度采集、使用公民个人数据，甚至盗卖获利。这些行为既没经过公民授权同意，且严重侵犯个人隐私权。所以仍需要在《个人信息保护法》的基础上构建更完善的保护机制，防止出现个人数据泄露和滥用后的持续伤害现象。

（三）巨头新型业务监管权责不清问题

金融科技巨头业务具有交叉混合、跨度大、涵盖范围广的特点，因此在进行业务定性划分、法律关系确认、监管责任划分时存在模棱两可、含混不清的情况，尤其是涉及网络小贷、保险、理财、信托等业务的巨头。如果对这些灰色地带仅凭企业自律和道德束缚，无异于自欺欺人。因此银保监会认为："应将所有金融业务都依法全面纳入监管，必须持牌经营，禁止违规监管套利行为。"[①] 笔者认为，该总体方针是正确的，但仍无法解决混业经营业务中的金融部分监管归属和进行有效监管的问题。

按照当前状况，应被列入规范对象的金融科技巨头可分为两类，一类属于专注于流量变现的互联网巨头，另一类是在其经营的新型业务上与其他类型企业存在深层合作关系的金融科技巨头 。但由于管辖区域和监管范围有限制，合作机构无法成为直接受监管的对象，所以存在许多监管灰色地带 。因此新的立法应追求细节和实质认定，做到能够有效治理以往"应对式合规改造"等打擦边球的做法。此外，还应完善监管体系网，建立起类似于国际私法领域准据法的冲突规范运用，做到即使出现灰色监管地带的问题和行为时也能通过规范指引由明确的监管部门进行监管。

（四）系统性金融风险问题

金融科技巨头的商业模式和业务更新换代速率高的特点的背后代表着高风险，而当前我国穿透式监管以及针对金融科技巨头的信息披露制度并不健全。这意味着巨头每一步新的市场行为都可能引发系统性风险。因为在金融科技业，单个企业的行为可能造成系统性风险，从而使整个金融市场失效。且此类风险

① 《银保监会回应关注：所有金融活动必须依法全面纳入监管，持牌经营，严厉打击各类"无照驾驶"行为》，载和讯网，http：//bank. hexun. com/2021 －01 －04/202754028. html，2021 年 10 月 19 日访问。

传导给传统金融体系的可能性较高，最终会对整体金融市场的安全和效率产生损害。①

但是，也有业内人士持不同观点，认为诸如《巴塞尔协议》对资本充足率等的严苛要求不适用于金融科技巨头的金融业务。因为金融科技业的核心特点便包括高创新性与风险性，控制新型产品风险为零的创新才是真正的风险。但实际上正是因为《巴塞尔协议》等在中国执行不彻底才会导致刚性兑付等问题出现，让人误以为关于资本充足率、市场约束等要求是在损害创新。在市场经济中，风险与收益相匹配才是符合实际的定律，而且监管和规范金融科技巨头的新型产品和市场行为的最终目的不是消灭所有风险，而只是识别并去除可控风险，旨在促进金融科技业的良性与可持续发展。

但是，传统金融法理念将重点放在金融安全上，重视合规性监管而轻视风险性监管。这不仅会抑制金融自由，造成资源配置效率低下等问题，更无法适应金融科技巨头层出不穷的新型产品和金融服务，造成监管不到位或是监管空白。因此，我国金融监管不能再过分强调金融市场准入及活动的合规性，应当对潜在的安全隐患提前进行风险评估，在危机尚未酝酿成熟时及时地解决，保证金融系统较大的安全性。

此外，我国传统的金融监管大多注重事后监管与结果监管，此种模式属于静态监管。但在金融科技巨头叱咤风云的背景下，金融市场已今非昔比，因此金融监管必须实现动态化与实时化，才可能足以应对金融科技巨头的新型市场行为可能造成的系统性宏观风险。

四、我国金融科技监管模式的完善路向

（一）以规制为主的反垄断监管模式

对于金融科技巨头的反垄断监管，不仅需要考虑市场效率，还要兼顾消费者的效用、中小金融科技企业或者与金融科技巨头存在业务合作的其他企业及商家的生存发展状况、市场经济机制的维护及司法公正等非市场效率的指标。

许多学者提出《反垄断法》不适用金融科技行业的观点，认为金融科技产

① 袁达松、张赛文：《论互联网金融系统性风险监管的法律对策》，载《领导之友》2016年第9期。

品和服务具有天然垄断性，即该行业的竞争核心就在于技术新颖性；因此能凭借该特有优势实现市场快速扩张和占领，占据大部分市场份额是必然趋势，所以属于正常的市场行为。且金融科技产品设计出来后进行再使用的成本极低，换言之，其复制成本几乎为零；所以极易实现规模经济，占据大部分市场份额。因此，只根据其市场结构（份额）判断其垄断地位过于武断，还要综合其他指标进行考量以确定该巨头是否违反《反垄断法》。

此外，目前我国的《反垄断法》并未对违法责任进行细致规定，针对垄断行为的处罚仅限于罚款；考虑到金融科技巨头的资本和体量，此类惩罚措施并不具有威慑力，即对这些巨头罚款如同九牛一毛。有些巨头甚至对罚款不以为然，一而再、再而三地违法。除此之外，现行《反垄断法》认定识别框架注重价格中心模式分析，而忽视金融科技巨头是否掌握市场力量，将干预推迟至市场竞争损害发生之后，弱化了《反垄断法》的实行效果。虽然现行《反垄断法》强调零价市场中的竞争压力来源于质量和创新，但司法实践中仍然侧重市场份额，因为其更明确与容易衡量。在这种情况下，金融科技巨头仍可以通过中心服务将许多平台内经营者与终端消费者联系起来，从而可以利用其优势收集海量数据，从一个业务领域传导到另一个业务领域，从而实现对整个平台生态系统的控制。

针对我国现行《反垄断法》基于份额中心模式的分析框架，对金融科技巨头进行垄断识别与认定的情况，笔者认为应该采取“多元认定模式”进行反垄断监管。多元认定模式是指识别与认定是否存在垄断行为时，不仅对市场结构（份额）进行分析，还要考虑其业务涵盖面广泛、容易实现合纵连横的操控势力的特点。因此，还要评估其掌握的市场力量强弱，包括有无使用市场地位优势打压或封杀同业竞争者的情况。

此外，还要审查巨头行为是否减少消费者效用、是否有损行业良性及高效发展等非份额指标。只有尽快建立较健全的反垄断审查机制才能有效遏制金融科技巨头的垄断行为。

（二）结合公民个人信息与隐私保护

关于公民个人信息与隐私保护，我国《民法典》规定自然人享有隐私权，对侵害隐私权具体表现、处理个人信息应遵循的基本原则都作了详尽规定，确实填补了以往隐私权保护的空白。但《民法典》规定的隐私权定义是狭义的，且民法领域内对于隐私侵权行为的处罚仍停留在“点到即止”的状态。从《民法典》关于第九百九十五条人格请求权、第九百九十六条精神损害赔偿请求权聚合中必须造成严重精神损害却并未给出严重的评估标准以及第九百九十七条人格权行为禁令等条文表述中就能体会到此类“点到即止”的隐私侵权惩罚措施并不具有强大的威慑性，也无益于司法实践有效性的提升；因为隐私侵权和名誉侵权后很大程度上具有不可复原性，而且很容易造成二次或持续性伤害。为了有效应对金融科技巨头发展过程中出现的各种数据泄露和隐私侵权危机，笔者认为可以参考欧盟《通用数据保护条例》[①]（以下简称《条例》），适当延展隐私定义，如将指纹、虹膜等生物识别数据以及宗教信仰等纳入其中；并实行更严格的惩戒制度，区分并查明主观故意或外部因素导致信息泄露，并实施占营业收入固定比例罚金、停业修复处理等措施，从而更全面有效地保护个人隐私与金融信息且威慑侵害他人隐私的不法分子。

此外，值得注意的是该欧盟《条例》对所有在欧境内运营业务的公司都具有约束力，且不论公司业务范围或形式。如此，欧洲便能实现较完善的个人数据保护，并能有效增强公司的数据保护责任。但实施该《条例》可能存在弊端，即可能有助于金融科技巨头形成垄断，因为巨头拥有较强实力，可投入大量资源根据新《条例》进行合规调整，但市场上许多中小型金融科技企业未必有拥有该经济条件进行合规调整，因而无法实现过渡更新。笔者认为在完善个人信息及隐私权保护时需兼顾公平与效率，国家应当给予中小企业适当的法律咨询援助，降低它们的合规成本助力更新过渡；但从长期来看，严格的保护条例有利于市场和社会良性发展。

（三）监管权责的进一步厘清

笔者认为金融科技巨头业务中，无论是独立运营还是合作参与，凡涉及银行业务如贷款、理财、票据和保险等都由银保监会按照《商业银行法》《网络小额贷款业务管理暂行办法（征求意见稿）》等相关法律法规进行监管；凡涉及债

① 参见欧盟《通用数据保护条例》，条例规定企业和机构在收集或使用个人数据前，必须用通俗语言向用户说明用途，并取得用户授权，否则将被视作违法行为。

券、股票交易等业务的都由证监会按照《证券法》等相关法律法规进行监管，由此可以解决混业经营业务中的金融部分监管归属问题以及合作机构或业务隐蔽性高、关联交易监管不到位等问题。

（四）推进新型业务风险监管

根据金融科技巨头自身体量以及金融类业务杠杆率高的特点，新型业务落地过于迅速极易引发宏观市场系统性风险，降低我国金融市场的稳定性。而且金融科技创新体现在协议与金融产品之上，就是产品与协议形式的不断创新，金融法应当对此类创新进行监管调整。

表9　金融科技业头部企业简况①

企业名称	最新市值/估值	企业简介	成立时间	所在地
蚂蚁集团	1500 亿美元	金融科技开放平台	2000 年 10 月	浙江、杭州
陆金所	394 亿美元	平安集团旗下综合理财服务平台	2011 年 9 月	上海
众安保险	275.74 亿美元	中国首家互联网保险公司	2013 年 10 月	上海
京东数科	1330 亿人民币	以 AI 驱动产业数字化的新型科技公司	2012 年 9 月	北京
微众银行	1176 亿人民币	中国首家互联网银行	2014 年 12 月	广东、深圳
捷信集团	85 亿欧元	中东欧以及亚洲领先的消费金融提供商	2010 年 11 月	天津
金融壹账通	80 亿美元	中国平安旗下金融科技解决方案提供商	2015 年 12 月	上海
旷视科技	400 亿人民币	人工智能产品和行业解决方案服务商	2011 年 10 月	北京
商汤科技	60 亿美元	人工智能开放创新平台	2014 年 11 月	北京
度小满金融	240 亿人民币	百度旗下金融科技服务平台	2015 年 1 月	北京

如上表所示，我国金融科技巨头市值巨大，在涉及金融类业务如证券交易、

① 胡润研究院：《2020 胡润中国 10 强金融科技企业》，载胡润百富网，https：//www.hurun.net/zh-CN/Info/Detail？num=29FDEB3C2354，2021 年 10 月 19 日访问。

风险对冲以及小额贷款等业务时又有金融杠杆加持，新型金融业务在运行过程中如果出现偏差失控则会造成权利人的巨额损失，由此冲击宏观经济市场的稳定性，不利于维护金融市场的有序发展。因此，借鉴英国“监管沙盒”模式可以创立缓冲带，降低金融市场系统性风险的发生概率。通过在金融科技业内设立监管沙盒制度，监管机构可在新型业务或产品的实验初期及时发现问题，对此类产品或服务的风险作出有效评估。该模式能有效解决事后监管和滞后监管造成的问题，促进金融科技巨头的良性发展。

此外，通过对大数据、AI等前沿科技在金融市场中应用的深入理解，可以帮助监管部门跟上市场发展的步伐，甚至是实现动态同步监管。这对我国监管机构防范潜在系统性风险具有重要实践意义。

五、结论

在金融科技巨头迅猛发展，试图穿透式地连接金融市场，打造全方位闭环生态链的快速拓张时期，难免出现许多问题。我国的金融科技巨头竞争发展已进入白热化的阶段，但我国的各方面监管却没有同步跟上，留下大量法律问题与纠纷。

本文通过对比境外国家在金融科技监管方面的制度与经验，识别这些监管经验和制度的利弊优劣，并对中国监管现状进行深度分析后，进行“取其精华，去其糟粕；立足本土，革故鼎新”模式地取经。由此，笔者认为目前的监管重点应当是建立起以规制为主的反垄断监管模式，结合公民个人信息与隐私保护，并借鉴按“业务属性原则”的归口监管的做法进一步厘清各监管权责，进而根据金融科技巨头自身体量巨大以及金融类业务杠杆率高等特点，有针对性地推进新型业务的风险监管，有效防范宏观市场系统性风险。但未来的监管趋势应该做到效率、公平与竞争相互平衡的兼顾，以确保创新力的强劲驱动力，更好地助力中国金融科技业的可持续发展。

经济安全视阈下的金融数据规制*

常　磊　袁达松**

内容提要：金融数据是金融机构和金融行业的重要资产和核心战略资源；也是监管机构在履行监管职能时进行分析并采取监管措施的基础。金融数据安全，事关国家金融稳定与安全、经济安全，因而是金融安全、经济安全的重要组成部分。金融数据规制，实质上是国家对金融行业和相关主体进行管理而实施的法律限制，进而以经济法的调整和规制手段进行金融数据安全保障相关法律制度的建构。对金融数据进行规制的缘由在于金融风险具有传导性、金融机构和金融消费者之间存在信息不对称性以及金融业自身的战略重要性。通过“建立和完善法治化的金融数据规制体系；采取审慎包容的差异性规制措施；明确与加强金融数据控制者的安全保障义务；加强金融数据跨境流动规制与国际合作；促进金融业行业自律与金融机构内部合规。”从而实现金融数据规制体系的法治化、规范化和有序化运行。

关键词：金融数据　经济安全　金融安全　数据跨境流动　数据安全法

---

* 本文系2015年度北京师范大学自主科研基金项目“包容性法治研究”（SKZZY2015010）的阶段性成果，受中央高校基本科研业务费专项资金和澳门大学杰出访问学者项目（Distinguished Visiting Scholar Program of the University of Macau）资金资助。

** 常磊，北京师范大学法学院博士研究生，主要从事经济法、金融法研究。袁达松，北京师范大学法学院教授、博士生导师、经济法与金融法研究中心主任，澳门大学杰出访问学者，主要从事经济法、金融法研究。

当前，数据已经成为新型、关键生产要素，日益成为公民个人、企业的重要资产以及国家的关键、核心战略资源。金融行业为典型的数据密集型行业，因而产生、储存、处理、流通的金融数据资源极为丰富，金融业的发展和创新，高度依赖于数据的收集、处理与分析。与此同时，金融数据收集、利用、加工、流通、共享等环节存在种种乱象，给金融业和经济发展带来若干风险，危害经济安全。近年来，国家对金融数据规制的重视程度不断提高，《数据安全法》《网络安全法》《中国人民银行金融消费者权益保护实施办法》《金融数据安全 数据安全分级指南》《银行业金融机构数据治理指引》等各类法律、政策文件、行业标准的制定，初步解决了金融数据收集、利用、流通、共享等环节存在的问题，但实践中仍然存在若干乱象，亟待解决。数字经济环境下金融数据治理面临若干挑战，加强金融数据规制具有紧迫性和必要性，如何以法治化手段保障金融数据安全，具有十分重要的现实意义。

一、金融数据运用带来的风险分析

目前国内外对金融数据（ financial data）尚未有较为明确、统一的定义，2020 年 9 月 23 日中国人民银行发布了《金融数据安全 数据安全分级指南》。其规定，金融数据是指金融业机构开展金融业务、提供金融服务以及日常经营管理所需或产生的各类数据。该定义较为宽泛和笼统，有学者指出："金融数据是指金融机构通过提供金融产品或金融服务或者其他途径收集、加工和存储的个人客户数据和企业客户数据。"[①] 金融数据在带来巨大经济价值的同时，也给金融业和经济发展带来若干风险。

（一）金融数据运用造成"经济发展"与"数据安全"的失衡

各国的数据规制活动力图在寻求数据价值挖掘、数据经济发展与数据安全之间实现动态平衡。与其他数据安全相比，金融数据安全有其特殊性。一方面，由于金融数据包含了大量金融消费者的个人敏感数据，一旦泄露或不当使用，将会侵害金融消费者的数据财产权和数据人格权；另一方面，金融行业为典型

① 黄茂钦、周坤琳：《金融数据治理的激励与规制路径探析》，载《中国应用法学》2020 年第 6 期。

的数据密集型行业，数据优势明显，数据的收集、利用、流通等活动，对于金融产品和金融服务的创新、金融科技的迅速崛起、互联网金融的产生及发展具有重要的推动作用。金融行业的创新和发展离不开海量的数据金融。

与此同时，金融数据的广泛应用带来了一系列的金融数据安全隐患和风险。

以数字金融 APP 为例，随着大数据、人工智能等技术的不断发展和在金融行业的广泛、深度应用，金融机构越来越注重业务线上化的发展，数字金融 APP 的研发和应用即为典型代表，近年来，金融机构加速推进自身的数字化转型进程，消费者在日常生活中使用数字金融 APP 的频率大幅提高。虽然数字金融 APP 给消费者生活带来巨大便利，但其中也蕴藏着相应的安全风险。在中国信息通信研究院安全研究所发布的《2019 金融行业移动 APP 安全观测报告》，选取了 25932 款金融行业 APP 进行扫描观测，针对高危漏洞、恶意程序、使用 SDK 引入风险、缺乏有效安全加固四类主要风险方面进行对比分析，指出数字金融 APP 的安全形势依然严峻，对移动用户的个人信息和财产安全带来了巨大威胁。[①] 金融数据及金融数据安全具有特殊性，此外，金融业对数据的占有、利用、依赖程度不同于其他行业，因而使得金融数据安全面临严峻挑战。

（二）当前我国征信系统不完善难以满足正常市场需求

数据中蕴含着巨大经济价值，金融业中金融产品的设计、研发也越发与数据技术相契合，金融业的创新、发展与数据市场相互作用。一方面，金融数据拓宽了金融业的发展和创新空间；另一方面，金融业的发展和创新又催生了新的数据市场，更加激发了金融业对数据市场的需求。在逐利动机的驱使下，很多金融机构为实现经济利益最大化，尽可能多地获取金融消费者的金融数据，在向金融消费者提供金融产品或者金融服务的过程中，往往以频繁索取权限、过度索取权限、强制索取权限等方式收集金融消费者金融数据。为获取更多金融数据，在金融基础设施尚待完善的情况下，大多数金融机构会选择通过数据企业、科技企业来收集数据，随后进行数据的二次处理，但在此过程中，数据获取、处理的合法性难以保障。在数据收集环节、数据存储环节、数据利用环

① 中国信息通信研究院安全研究所：《数字金融 App 安全观测报告（2020 年）》，载中国信通院网站，http：//www. caict. ac. cn/kxyj/qwfb/ztbg/202010/t20201021_ 360376. htm，2021 年 11 月 2 日访问。

节等存在各种违法行为。上述乱象所带来的负效应必然引发金融监管机构对金融数据活动的强监管。

与此同时，在金融数据活动监管趋严的背景下，金融业的正常市场需求难以得到有效满足。当前，除国家设立的征信机构外，其他任何机构均不得采集个人金融数据。因此，当下我国征信系统不完善，金融数据利用等活动和相关业务发展可能受阻，导致很多数据业务转向地下。征信系统是金融业得以发展的关键基础设施和重要支撑，如何拓宽我国征信系统，增大征信服务覆盖面仍然任重而道远。

（三）不同金融机构数据治理能力存在差异

目前，金融数据规制具有双重目的，即“促进金融行业发展”和“保障金融数据安全”。金融数据能为金融业带来金融产品、销售渠道、服务体系的创新和经济价值的创造，与此同时，金融行业存在大量违规收集、超范围收集、过度分析、违规处理等乱象。大型金融机构具有天然数据、规模优势和技术处理能力，因而，整体上而言，其数据治理能力较强。与之形成对比，中小型金融机构数据治理能力较差、数据治理意识较为薄弱。原因在于，首先，由于自身技术、资金等方面的制约，很多中小型金融机构并未对过去经营过程中积累的数据进行系统梳理与分级分类，更没有建立起合理完善的内部数据治理机制及外部数据治理机制。其次，中小型金融机构出于获取数据的需求，受制于自身数据处理能力、资金成本、技术水平等因素，通常会选择与规模较小、价格较低的数据公司或科技公司进行合作，但这类公司往往数据处理技术较差，甚至还会存在非法收集消费者数据等行为，从而为日后中小型金融机构金融数据安全留下风险与隐患。

虽然中小型金融机构自身数据治理能力差、数据治理意识弱，会增加金融数据的规制难度。但与此同时，数量众多的中小型金融机构为金融消费者提供了多样化的金融产品及金融服务，较好地满足了众多小微企业和消费者个人的融资需求。金融业的安全稳健发展，同样离不开数量众多的中小型金融机构。因而，需要针对中小型金融机构进行具体政策指引和实行差异化的规制措施。

（四）金融消费者相关权益容易受到侵害

为开展日常经营活动，金融机构、数据公司、科技公司等主体均会对金融消费者的数据进行收集、处理等活动。出于逐利动机的驱使或节省成本的考量，个别主体往往会在对数据消费者的数据进行收集、处理等环节，采用一些违法违规手段，极易侵害金融消费者的正当权益。此外，金融消费者自身数据安全意识有待加强，并且往往不能够掌握自身金融数据被收集、利用、流通等环节的具体真实情况，不了解自身金融数据是否处于安全状态，抵御风险能力不强、不明晰或者不愿意使用权利救济手段，以上各种因素加剧了金融消费者的弱势地位，金融消费者的数据人格权和数据财产权极易受到上述主体的侵害。

二、经济安全视阈下规制金融数据的必要性

安全价值是法的首要价值。“如果没有法的安全价值的实现，法的平等、自由、秩序、公正、效率等价值也将很难实现，甚至失去存在的基础。”① 我国相继颁布了以“安全法”命名的十二部法律，包括《国家安全法》《食品安全法》《核安全法》《网络安全法》《数据安全法》等。上述法律以及相关配套的行政法规、地方性法规和部门规章，共同构成了我国法律体系中的安全法体系，维护和保障国家的政治安全、经济安全、核安全、网络安全、数据安全等。

经济安全是国家安全的关键组成部分，是国民经济整体持续、健康、稳定、有序发展的前提。“所谓经济安全是指人们在经济活动中利益或行为的保障程度及遭受损害的可能性。具体来讲，也即指一个国家的经济主权与基本经济秩序以及经济主体在经济活动中的利益或行为的保障程度及其遭受损害的可能性。”② 经济法作为“现代法”及“国民经济安全法”，其宗旨、重要功能之一就是要维护本国经济安全。金融法是经济法的子部门法，金融法的重要宗旨和目标也在于防范、应对、化解金融风险，维护金融安全与稳定。金融安全是经济安全的重要内容，而经济安全是国家安全必不可少的一部分。金融安全是指描述资金融通活动的安全的客观状态。人类进入数字时代后，金融数据也日益成为金融机构的重要资产，被纳入金融法的规制范围。金融数据规制，本质上是国家公权力对金融市场和经济社会生活进行管理而实施的法律限制。③以经济法的调整

---

① 王宇松：《安全价值：经济法中的基础性价值——对我国大规模企业主移民背后的经济法思考》，载《西部法学评论》2012 年第 2 期。

② 单飞跃、刘思萱：《经济法安全理念的解析》，载《现代法学》2003 年第 1 期。

③ 韩龙：《金融法与国际金融法前沿问题》，清华大学出版社 2019 年版，第 15 页。

和规制手段进行金融数据安全保障相关法律制度的建构，对金融数据进行法律规制具有必要性，具体体现在以下几个方面。

（一）为维护国家安全，需要规制金融数据

金融风险与金融危机会严重危及国家安全，因而，为维护国家安全，《国家安全法》明确规定了建立健全金融风险防范、处置机制。① 确保金融数据安全是维护国家安全必不可少的一部分。以金融数据跨境流动规制为例，在国家安全层面上，对金融数据的跨境流动进行限制，目的是维护本国的网络主权、数据主权以及国家安全。网络主权是国家对其所辖领域内的网络设施、相关主体及行为具有的“普遍权力”。② 由于网络空间无法构成国际政治法律中的“全球公域”，③ 金融数据的跨境传输将使得金融数据通过网络传输至他国的网络空间，使该国丧失了对金融数据的控制权和管辖权等一系列权力，由于本国失去对其金融数据的控制和管辖，随之而来的可能是他国对金融数据的恶意处理、网络攻击等行为，给国家安全带来极大的风险与威胁。数据主权，是一个国家独立自主处理对内对外的一切数据事务的最高权力。“数据主权的核心仍离不开国家主权的基本特征，仍表现为对内最高的统治权力与对外独立自主地做出决策的权力。”④ 国家对金融数据跨境流动活动进行规制，体现了一国围绕数据主权对此开展的制度构建，并力图在数字经济发展与博弈中占据优势地位。因此，国家为维护自身网络主权、数据主权以及国家安全，必须及时、强制介入金融数据的跨境流通过程，确保金融数据安全流通。

（二）为维护金融市场的整体安全，需要规制金融数据

维护金融市场的整体安全是维护金融安全的重要内容。金融市场安全具体包括金融市场整体秩序稳定、各金融业态基本功能正常发挥以及金融消费者对

---

① 《国家安全法》第二十条规定，国家健全金融宏观审慎管理和金融风险防范、处置机制，加强金融基础设施和基础能力建设，防范和化解系统性、区域性金融风险，防范和抵御外部金融风险的冲击。

② 张新宝、许可：《网络空间主权的治理模式及其制度构建》，载《中国社会科学》2016 年第 8 期。

③ 杨帆：《国家的“浮现”与“正名”——网络空间主权的层级理论模型释义》，载《国际法研究》2018 年第 4 期。

④ 张建文、贾章范：《法经济学视角下数据主权的解释逻辑与制度构建》，载《重庆邮电大学学报（社会科学版）》2018 年第 6 期。

于金融市场保持良好信心等内容。在维护金融市场的整体安全层面，规制金融数据的原因在于金融风险的传导性以及金融业的战略重要性。首先，近年来由于金融行业的快速发展以及混业经营趋势不断加强，金融机构之间的传导性、交叉性、关联性大增，提高了单点风险引发系统性风险的概率。[①] 金融风险的上述特性表明：当单家金融机构存在风险时，如未及时防控，将会进一步传递至整个金融行业，甚至扩散至国民经济整体。当前，金融机构正在加速推进自身的数字化进程，重大金融数据泄露、被窃取等事件所诱发的风险会给金融机构带来巨大财产损失，甚至引发消费者的信任危机。特别是对于大型跨国金融机构而言，若其收集的金融数据分散存储于全球分支机构的服务器中，该机构一旦倒闭，金融监管部门将不得不向各数据中心所在国申请管辖协助，[②] 可能引发更大范围的风险。因而，一国秉持金融数据本地化存储战略，对于维护金融安全与稳定，防范、化解和应对金融风险是极为必要的。此外，在一国的国民经济构成中，金融行业的战略性非常重要，与实体经济相辅相成，金融稳定和金融安全对国民经济增长和社会稳定和谐具有重要作用，所以全球各国或地区通常对金融数据规制活动制定、实施了一系列较为严苛的法律法规。对金融法而言，没有对自由的追求，金融资本无法正常运行；但忽视安全这一目的则会带来风险，可能演变成金融危机乃至经济、政治危机。[③] 因而，金融数据的应用和流动等活动均不能忽视安全这一目的。

（三）为保护金融消费者合法权益，需要规制金融数据

由于金融行业的信息具有不对称性，因而导致了金融机构与金融消费者两方主体对于金融数据所享有的权益出现了失衡的现象。一方面，金融消费者需要购买金融产品或者需要接受金融服务，而主动同意或者在某些情况下被动同意金融机构获取自己的金融信息。另一方面，在金融机构获取到金融消费者的相关金融数据后，金融消费者却很少有途径能够获取金融机构的相关数据，对自己数据的后续处理工作知之甚少，当知晓金融机构发生泄露数据、不当处理

---

① 黄志凌：《系统性金融风险形成机制中的市场因素研究》，载《金融监管研究》2018 年第 9 期。

② 杨幸幸：《〈美墨加协定〉金融服务规则的新发展——以 GATS 与 CPTPP 为比较视角》，载《经贸法律评论》2019 年第 4 期。

③ 袁达松：《金融稳定法论》，法律出版社 2019 年版，第 320 页。

数据等侵害自身数据权益的行为时，缺少权利救济途径。这种信息不对称极易引发金融机构对金融消费者金融数据的不正当使用，金融消费者个人数据人格权、数据财产权、企业客户的数据财产权等合法权益极易受到相关主体的侵害，总而言之，加强对金融消费者相关数据权益的保护刻不容缓。消费者金融数据合法权益的法律保护机制具体应从明确金融机构行为规范、消费者金融数据保护规则、金融消费金融数据争议解决途径、金融数据监督与管理机制、侵害金融消费者合法权益的法律责任等方面进行具体构建。

（四）金融数据是监管机构进行规制分析并采取规制措施的基础

金融数据对于金融行业的重要性在于，其不仅是金融机构的重要资产和关键竞争力，也是金融监管机构进行规制分析并采取规制措施的基础。国家数据安全工作协调机制及金融监管机构开展数据安全风险信息的获取、分析、研判、预警等一系列工作，其基础在于精准、翔实的金融数据。[①] 如果金融机构提供或者上报的金融数据存在瞒报、漏报、恶意处理等情形，金融监管机构会基于错误的数据做出错误的决策，不能及时准确地发现金融风险点的存在，从而可能造成更大的损失。近年来，金融监管机构对金融机构的相关违法违规行为加大了处罚力度，例如，2021 年 7 月 13 日，中国银行保险监督管理委员会对中国进出口银行的多项违法违规行为做出罚没 7345.6 万元的行政处罚决定，其中的第三项违法违规行为即“监管数据漏报错报”。[②] 基于此，金融监管机构必须对金融数据进行规制，以获得精准、翔实的金融数据，更好地开展金融监管工作。

综上所述，维护国家安全、维护金融稳定与金融安全、保护金融消费者数据权益，是国家进行金融数据规制活动的三个目标，除此之外，数据已成为重要生产要素，金融数据已成为金融机构的重要资产，也是金融机构在金融市场上同其他金融机构进行竞争的核心竞争力，对金融数据进行规制的目的应当是

---

① 《数据安全法》第二十二条规定，国家建立集中统一、高效权威的数据安全风险评估、报告、信息共享、监测预警机制。国家数据安全工作协调机制统筹协调有关部门加强数据安全风险信息的获取、分析、研判、预警工作。

② 中国银行保险监督管理委员会：《银保监罚决字〔2021〕31 号（中国进出口银行）》，载中国银行保险监督管理委员会网站，http：//www. cbirc. gov. cn/cn/view/pages/ItemDetail. html？ docId = 996674&itemId = 4113&generaltype = 9，2021 年 11 月 3 日访问。

防止金融数据滥用，而并非减少金融数据的应用。基于此，金融数据规制应在金融数据安全和经济发展之间作出有效平衡。而一旦思维转变过来，金融数据就能被巧妙地用来激发新产品和新型服务。①

三、金融数据规制体系的建立与完善

（一）建立和完善法治化的金融数据规制体系

建立和完善法治化的金融数据规制体系，有利于金融数据规制的法治化、规范化和有序化运行。《数据安全法》是数据安全领域的基础性法律，对金融数据规制作出了初步原则性的规定。② 建立和完善法治化的金融数据规制体系，是金融数据规制体系的顶层设计。具体而言，应以《国家安全法》《数据安全法》《网络安全法》等有关安全领域的基本法律为基础，同《刑法》等法律法规相配合，再加上金融业中与金融数据安全相关的行业规章，以及《金融数据安全 数据安全分级指南》《银行业金融机构数据治理指引》等具有实践指导意义的国家行业标准，从而协同构建法治化、科学化的金融数据规制体系。对金融数据的法律规制，涉及民法、刑法、行政法、经济法等诸多法律部门，同时关系个人、企业、国家三者之间相关利益冲突的衡平。推进金融数据规制体系的法治化、有序化运行，还应当注重国内治理与国际治理两种不同情形。因此，法治化金融数据规制体系的建立和完善，应当妥善处理众多要素与矛盾之间的冲突。这也就需要国家切实做好顶层设计，实现金融数据法律规制体系的法治化运行。

（二）采用审慎包容的差异性规制措施

在建立和完善法治化的金融数据规制体系后，针对不同类型金融数据及金融基础设施，应采用审慎包容的差异性规制措施。《数据安全法》初步规定了数

① ［英］克托·迈尔－舍恩伯格、肯尼思·库克耶：《大数据时代：生活、工作与思维的大变革》，盛杨燕、周涛译，浙江人民出版社 2013 年版，第 16 页。

② 《数据安全法》第六条规定，各地区、各部门对本地区、本部门工作中收集和产生的数据及数据安全负责。工业、电信、交通、金融、自然资源、卫生健康、教育、科技等主管部门承担本行业、本领域数据安全监管职责。该条规定是金融数据规制体系得以构建的法律依据。

据分级分类保护制度。[①]《金融数据安全 数据安全分级指南》根据金融业数据安全性受到破坏后的影响对象（国家安全、公众权益、个人隐私、企业合法权益等）和所受到的影响程度（严重损害、一般损害、轻微损害、无），将金融数据的安全级别从低到高划分为1级、2级、3级、4级、5级。对金融数据实行分级分类规章制度，能够进一步明确金融数据规制对象，一方面，有利于监管机构按照金融数据的安全级别有侧重地进行监管；另一方面，有利于金融机构节约成本、合理分配金融数据安全保护资源。从而使得金融数据在金融机构之间、金融行业之间实现充分且安全的流动。

金融基础设施的划分、完善是对金融基础设施进行监管的基础，也是区隔国家安全与经济利益的关键所在。金融基础设施在金融市场整体运行中居于核心地位，是金融体系得以安全高效运行的基础，同时也是金融监管机构开展监管工作的关键着力点。通常可将金融基础设施分为一般性基础设施和关键性基础设施。2020年3月5日，人民银行等六部门联合印发了《统筹监管金融基础设施工作方案》[②]，规定我国金融基础设施统筹监管范围包括金融资产登记托管系统、清算结算系统、交易设施、交易报告库、重要支付系统、基础征信系统六类设施及其运营机构。首先，由于金融基础设施产生、储存了海量的金融数据，因而是金融监管机构开展金融数据监管工作的关键部分；其次，金融基础设施能否正常运转关系着金融数据能否得以安全处理、流通。因而，为了更好地保障金融数据安全，需要进一步加强、完善金融基础设施建设。对其中属于关键信息基础设施的金融机构，应采取更高的金融数据监管要求及措施。

负外部性造成市场失灵是采取金融数据规制措施的缘由。金融数据规制体系中的包容审慎规制方式体系的构建，在考量规制手段力度、方式的同时，也

---

① 《数据安全法》第二十一条规定，国家建立数据分类分级保护制度，根据数据在经济社会发展中的重要程度，以及一旦遭到篡改、破坏、泄露或者非法获取、非法利用，对国家安全、公共利益或者个人、组织合法权益造成的危害程度，对数据实行分类分级保护。国家数据安全工作协调机制统筹协调有关部门制定重要数据目录，加强对重要数据的保护。关系国家安全、国民经济命脉、重要民生、重大公共利益等数据属于国家核心数据，实行更加严格的管理制度。各地区、各部门应当按照数据分类分级保护制度，确定本地区、本部门以及相关行业、领域的重要数据具体目录，对列入目录的数据进行重点保护。

② 金融基础设施是指为各类金融活动提供基础性公共服务的系统及制度安排，参见《人民银行、发展改革委等六部门联合印发〈统筹监管金融基础设施工作方案〉》，载中国人民银行网站，http://www.pbc.gov.cn/goutongjiaoliu/113456/113469/3983135/index.html，2021年11月3日访问。

应关注金融发展与金融创新。可通过以下措施构建金融数据规制体系：首先，设立容错试错机制，在划定底线监管的基础上，可借鉴金融监管中的沙盒运行原理，设立“规制沙盒”，由金融监管部门划定范围，允许一部分互联网金融企业在“数据安全空间”内试错、实践，创新数据开发利用方式；其次，融合软法治理、柔性规制的理念，为规制部门留下一定的缓冲空间，防止出现极端规制措施，同时明确规制目标，增强规制手段的科学性，解决规制滞后性问题；[①]再次，无论是从历史沿革上，还是从功能及具体制度的构建上，经济法与风险都密不可分。[②] 规制手段应重视培育金融数据控制者建立完善保障金融数据安全的内生机制，引导金融机构将数据安全、风险应对要求内化为金融机构的内在需求；复次，我国也要完善分类监管制度，在金融领域建立全面审慎的风险监管体系。[③] 具体来讲，应在金融数据分级分类保护的基础上对其实行差异化规制，协调数据监管和金融监管，协调金融各子领域的数据规制规范，防止出现监管真空现象的产生。最后，结合我国金融数据保护与规制现状，建立穿透式金融监管，穿透结构复杂的资产层，促进金融创新、监管有效性和金融安全的平衡与协调。[④]

（三）明确与加强金融数据控制者的安全保障义务

建立和完善法治化的金融数据规制体系，应当明确与加强金融数据控制者[⑤]的安全保障义务。金融数据安全关乎金融消费者数据人格权安全、金融消费者数据财产权安全、金融机构数据财产权安全、金融稳定与金融秩序、金融业整体安全、国家数字经济安全乃至国家整体安全。通过立法设置金融数据控制者

---

① 黄茂钦、周坤琳：《金融数据治理的激励与规制路径探析》，载《中国应用法学》2020 年第 6 期。

② 袁达松：《风险经济学举隅——“风险社会”“世界主义时刻”视角的经济法学》，载《经济法论丛》2017 年第 1 期。

③ 袁达松：《法学原理与案例讲堂——经济法》，北京师范大学出版社 2013 年版，第 199 页。

④ 袁达松、刘华春：《论穿透式金融监管》，载《证券法律评论》2017 年第 4 期。

⑤ 伴随新技术在金融业的应用促使传统金融业态发生革新，金融数据控制者的范围发生了明显扩张，包含了以下三类机构：第一类是由国家金融监管部门监督管理的持牌金融机构，即传统上提供金融服务的银行、保险公司、证券公司等；第二类是持牌的非金融机构，如第三方支付机构、外包服务机构等；第三类则是为持牌金融机构提供基础支持服务而需要处理金融数据的企业，如提供身份验证服务的电信服务商、信息技术提供商、风控服务解决方案提供商、市场营销服务提供商等。参见马兰：《金融数据跨境流动规制的核心问题和中国因应》，载《国际法研究》2020 年第 3 期。

的安全保障义务，确有必要。《数据安全法》第四章规定了数据安全保护义务。该章规定总体上较为原则，具体到金融数据上，需要进一步明确、细化相关主体的安全保障义务，包括一般金融数据控制者、重要金融数据控制者、关键金融信息基础设施的运营者、从事数据交易中介服务的机构等在内的主体。在实践中，相关主体之间的安全保障义务分配不明，法律责任应当由谁承担规定欠缺，诸多问题都需要法律层面予以明确。例如，第三方服务机构提供的数据侵犯金融消费者合法权益时，应该由金融机构承担法律责任，还是由第三方金融服务机构承担法律责任，尚存在监管真空。① 除明确与加强金融数据控制者的安全保障义务外，对于我国是否有必要引入数据控制者的其他义务如信义义务等，学界也进行了积极探讨。②

（四）加强金融数据跨境流动规制与国际合作

《数据安全法》第十一条规定，国家积极开展数据安全治理、数据开发利用等领域的国际交流与合作，参与数据安全相关国际规则和标准的制定，促进数据跨境安全、自由流动。金融数据跨境流动规制不可避免地涉及对其他国家或地区公民、企业、组织甚至是国家的相关数据权利或数据权力的限制，因而，我国金融数据跨境流动规制有关规则的正当性与必要性应当接受其他国家、国际组织、跨国公司等国际主体的共同检验。此外，为打击金融犯罪，在反洗钱、反金融诈骗等领域，单个国家或地区监管难度大，因而国家或地区之间的金融数据监管合作需求非常迫切，全球金融监管呈现紧密合作的趋势，基于以上考虑，金融数据跨境流动规制的相关法律制度构建就不能仅仅基于维护我国数据主权，防御性地应对金融数据流动可能带来的安全风险，由于“从全球共同利益出发，在保证国家安全利益的前提下，数据主权具有相互依赖性和合作性。”③ 因此，还需要主动加强金融数据安全方面的国际交流、协调与合作，提出金融数据治理的中国方案，积极打造开放包容共赢的制度体系，与更多国际主体一起参与到全球数字经济治理，进而实现金融数据经济安全和金融行业发展之间的平衡。

---

① 吴江羽：《金融科技背景下金融数据监管法律框架构建》，载《西南金融》2020年第11期。

② 邢会强：《数据控制者的信义义务理论质疑》，载《法制与社会发展》2021年第4期。

③ 蔡翠红：《云时代数据主权概念及其运用前景》，载《现代国际关系》2013年第12期。

（五）促进金融业行业自律与金融机构内部合规

实践中，加强金融数据安全领域的治理需要多元主体协同参与，而不仅仅依靠金融监管机构进行监管。金融监管机构的监管并不能从根本上管控、消除金融数据市场内生的，威胁总体金融数据安全的复杂因素。因而，除金融监管机构进行监管外，金融机构尤其是系统重要性金融机构也需要建立和完善自身的内部数据风险控制机制，金融行业切实加强行业自律规范，以全面保障总体的金融数据安全。而加强这方面的建设，需要《数据安全法》等相关法律法规对此进行制度设计，并由金融监管机构加强规范和引导，《数据安全法》第十条的规定①为金融业的行业自律提供了原则性的指引，但实践中应进一步细化、加强相关方面的建设。

与此同时，金融机构需要提升内部合规能力。除由监管机构对金融数据进行监管外，金融机构尤其是系统重要性金融机构也需有其自身的内部风险控制机制及行业自律规范，以全面保障总体的金融安全。② 由于金融数据同其他数据相比，具有特殊性与战略重要性，金融机构内部应当高度重视与扎实推进金融数据合规体系构建工作，建立完善内部风险控制机制，提高自身金融数据合规能力。例如，明确金融数据安全责任人或者负责机构，明确其金融数据安全保障责任；建立与完善金融数据安全防护体系，确保数据存储、处理、传输安全等；加强企业员工金融数据安全培训活动，建立举报与投诉机制；建立数据泄露通知制度；制定金融数据安全应急处理方案等。尤其是相关金融机构在他国进行经营时，应加强企业合规建设，降低企业经营风险，提供的金融产品以及金融服务，进行的一系列金融数据采集、存储、加工、处理、流通等行为，均应符合经营所在国或地区的法律法规。

金融数据能够创新金融产品，扩大金融市场，完善金融服务功能，促进金融产业发展；同时，金融业的不断发展又拉动其对金融数据的需求。实现金融数据安全与金融创新发展之间的平衡，需要在遵循金融数据利用规律和金融行业发展规律的基础上，国内金融数据治理机制与金融数据跨境流动规制机制协

---

① 《数据安全法》第十条规定，相关行业组织按照章程，依法制定数据安全行为规范和团体标准，加强行业自律，指导会员加强数据安全保护，提高数据安全保护水平，促进行业健康发展。

② 袁达松、王思聪：《金融安全法学研究刍议》，载《社会经济发展研究》2017 年第 3/4 期。

同发力，各主体发挥金融数据保护的多元力量，以法治保障金融数据安全规制体系的高效运行，实现金融数据安全与有效利用的衡平，最终实现金融行业的稳定、高效运行，在此基础上，促进实体经济的良性发展。

金融信息出境安全评估问题研究

陈兰兰* 段依文** 蔡井海***

内容提要：《个人金融信息保护技术规范》虽引入金融信息出境安全评估制度，但人民银行开展出境安全评估没有法律依据。在符合“业务必需 + 客户授权 + 境外关联机构”三要件规则并符合法律法规和监管部门规定，且不属于禁止跨境传输的例外情形下，《个人金融信息保护技术规范》所罗列的个人金融信息应属于金融信息出境安全评估对象。评估出境金融信息属性时应评估个人金融信息的敏感程度和数量及脱敏处理情况、识别重要数据，评估重要金融信息出境发生安全事件可能性时应评估接收方所在国政府调取重要金融信息的法定权力。在金融信息出境流通工具方面，对金融信息出境安全评估监管与区块链、安全多方计算、密码学技术等创新技术结合做了探讨。

关键词：金融信息　跨境传输　安全评估　区块链　隐私保护

---

* 陈兰兰，北方工业大学文法学院法律系副研究员，河北省区块链联盟数字科学与法律专业委员会副秘书长。

** 段依文，北京市民政教育管理学院科员。

*** 蔡井海，翼帆数字科技（苏州）有限公司技术总监，河北省区块链联盟跨链与数据流通专委会副秘书长。

一、金融信息出境实践和我国金融信息出境安全评估相关立法

实践中通常在下列四种情形下金融信息出境：一是外资银行的分行向总行报告客户金融信息。二是跨国金融集团母国出于审计或税务监管、反洗钱等监管要求以及美国、欧盟、英国等司法、执法部门等调取境外信息。若某一跨国金融机构的母国金融监管机关要求在我国注册的该跨国金融机构分支机构提供金融信息，该跨国金融机构的分支机构虽应向母国监管机关提供金融信息，但会对东道国中国的金融主权产生损害。三是跨境支付（如银行卡跨境支付），若不提供客户金融信息将无法进行结算。四是双边协议有相关规定，如欧盟与美国之间隐私盾协议。①

金融信息出境安全评估是各国金融信息出境监管的一种方式。

我国金融信息出境监管制度包括国家网信部门主导的适用于各行业的个人信息和重要数据出境安全评估制度、金融监管部门主导的金融信息出境行业监管制度。现行金融信息出境安全评估制度体现在《网络安全法》第三十七条和第三十一条以及《个人金融信息保护技术规范》的原则性规定。2019 年 7 月 30 日上海市政府通过的《中国（上海）自由贸易试验区临港新片区管理办法》规定，在集成电路、人工智能、生物医药和总部经济等关键领域试点开展数据出境安全评估，但对金融行业和领域数据出境安全评估未作规定。根据商务部 2020 年 8 月 12 日印发的《全面深化服务贸易创新发展试点总体方案》及附表《全面深化服务贸易创新发展试点任务、具体举措及责任分工》，在北京、上海、海南、雄安新区等试点地区探索跨境数据流动分类监管模式，开展数据跨境传输安全管理试点。目前北京已开展个人信息出境安全评估试点，但试点是否涵盖金融信息出境安全评估并不明确。

在国家网信部门主导的适用于各行业的数据出境安全评估制度方面，《网络安全法》第三十七条和第四十二条确立了关键信息基础设施运营者“业务需要 + 用户授权同意或匿名化处理 + 出境安全评估”的个人信息和重要数据出境管理规则，加之《网络安全法》第三十一条列举了金融行业的关键信息基础设施，

① 刘建：《金融数据跨境的法律合规问题及实践》，2017 年大数据合作与合规峰会，2017 年 12 月 17 日。

因此金融行业关键信息基础设施的运营者应遵循“业务需要+用户授权同意或匿名化处理+出境安全评估”的个人信息和重要数据出境管理规则。

问题是《网络安全法》未规定关键信息基础设施的概念和具体范围，对于金融行业关键信息基础设施的运营者类型和具体范围、是否包括第三方支付机构等非金融机构未予明确。2021年4月27日通过、自2021年9月1日起施行的《关键信息基础设施安全保护条例》将金融行业领域单位运行管理的重要网络设施和信息系统纳入关键信息基础设施保护范围，国家互联网信息办公室于2016年12月27日发布的《国家网络空间安全战略》列举了金融领域的重要信息系统和互联网应用系统属于关键信息基础设施。但《关键信息基础设施安全保护条例》和《国家网络空间安全战略》对其运行管理的网络设施和信息系统应纳入关键信息基础设施保护的金融机构类型和具体范围、是否包括第三方支付机构等非金融机构未予明确。

在金融监管部门主导的金融信息出境行业监管方面，中国人民银行2011年1月发布的《人民银行关于银行业金融机构做好个人金融信息保护工作的通知》原则上禁止银行业金融机构向境外提供其在中华人民共和国境内收集的个人金融信息，例外是法律法规及中国人民银行相关规定允许，但未明确规定例外情形。

中国人民银行2016年12月发布的《中国人民银行金融消费者权益保护实施办法》确立了金融机构（包括银行业金融机构、其他金融机构和非银行支付机构）金融信息出境“业务必需+客户授权+境外关联机构+保密”特别规定。但2016年《中国人民银行金融消费者权益保护实施办法》已于2020年11月1日废止。而中国人民银行2020年9月发布、自2020年11月1日起施行的《中国人民银行金融消费者权益保护实施办法》删除了有关金融机构金融信息出境监管的上述规定。

中国人民银行2020年2月发布的金融行业标准《个人金融信息保护技术规范》引入金融业机构（包括持牌金融机构和涉及个人金融信息处理的相关机构）金融信息出境安全评估制度，并延续规定个人金融信息出境“业务必需+客户授权+境外关联机构+保密”四要件规则。纳入关键信息基础设施保护范围的金融机构金融信息出境还应遵循《网络安全法》所确立的关键信息基础设施运营者“业务需要+用户授权同意或匿名化处理+出境安全评估”出境管理规则。

我国金融信息出境行业监管与数据出境统一监管之间存在制度不协调的问题。例如，纳入关键信息基础设施保护范围的金融机构对金融信息已作匿名化处理能否跨境提供的问题值得研究。

本文着重研究金融信息出境安全评估主体、评估对象、评估内容、金融信息再次跨境传输安全评估、金融信息本地化、金融信息出境流通工具问题。

二、金融信息出境安全评估主体

《个人金融信息保护技术规范》未明确是由金融业机构进行个人金融信息出境安全自评估，还是由行业监管部门人民银行开展出境安全评估，若明确规定金融信息出境安全评估机构是作为金融行业监管部门的中国人民银行，人民银行开展出境安全评估却没有法律依据。

国家互联网信息办公室 2017 年 4 月向社会公开征求意见的《网络安全法》配套规章《个人信息和重要数据出境安全评估办法（征求意见稿）》规定出境数据若包含重要数据或者拟出境个人信息符合法定条件①，应由行业主管监管部门进行出境安全评估，其他数据出境由网络运营者进行出境安全自评估。国家互联网信息办公室 2019 年 5 月 28 日向社会公开征求意见的《数据安全管理办法（征求意见稿）》要求重要数据出境应由网络运营者进行出境安全自评估并报经行业主管监管部门批准。但是依据《个人信息和重要数据出境安全评估办法（征求意见稿）》和《数据安全管理办法（征求意见稿）》，中国人民银行作为金融行业监管部门进行金融信息出境安全评估或者审批重要数据出境，在《行政许可法》中却找不到实施行政许可的合法依据。

实践中金融监管部门对金融机构跨境提供个人金融信息的审批，逐渐形成了跨国银行总行因母国审计或税务监管、反洗钱监管要求等向其在中国设立的分行调取金融信息，或者跨国金融集团总公司向其在中国注册的分支机构调取金融信息，通常采取在电话中向监管部门口头请示、监管部门口头答复的惯例做法，其原因是难以预知金融信息出境后泄露、丢失、滥用、篡改或销毁风险及带来的危害，更重要的是金融监管部门同意金融信息出境属于行政机关的行政审批行为，但在《行政许可法》中没有法律依据。

---

① 参见《个人信息和重要数据出境安全评估办法（征求意见稿）》第九条。

三、金融信息出境安全评估对象

（一）出境安全评估的金融信息

根据《个人金融信息保护技术规范》规定，金融信息是指金融业机构（包括持牌金融机构和涉及个人金融信息处理的相关机构）提供金融产品和服务或者通过其他渠道获取、加工和保存的个人信息。涉及个人金融信息处理的相关机构应包括第三方支付机构。

从个人金融信息的敏感程度角度，《个人金融信息技术保护规范》根据信息未经授权被查看或变更后产生的影响和危害，将个人金融信息分为C3、C2和C1三个类别，信息敏感程度依次从高到低，其中C3类信息主要为用户鉴别信息，C2类信息主要为可识别特定个人金融信息主体身份和金融状况的个人金融信息以及用于金融产品和服务的关键信息，C1类信息主要为金融业机构内部使用的个人金融信息。个人金融信息类别详见表1。

表1 个人金融信息的类别

信息类别	信息用途	信息内容	信息敏感程度	未经授权查看或变更对个人金融信息主体的影响
C3	主要为用户鉴别信息	①银行卡磁道数据（或芯片等效信息）、卡片验证码、卡片有效期、银行卡密码、网络支付交易密码； ②账户（支付账号、证券账户、保险账户等）登录密码、交易密码、查询密码； ③用于用户鉴别的个人生物识别信息； ④与账号结合使用可直接完成用户鉴别的用户鉴别辅助信息	高	对个人金融信息主体的信息安全与财产安全造成严重危害

续表

C2	可识别特定个人金融信息主体身份的个人金融信息	①支付账号及其等效信息（如证件类识别标识和证件信息、手机号码）； ②账户登录的用户名； ③在提供产品和服务过程中收集的个人金融信息主体影像信息； ④用户鉴别辅助信息（如动态口令、短信验证码、密码提示问题答案、动态声纹密码）； ⑤其他能够识别出特定主体的信息	中	对个人金融信息主体的信息安全与财产安全造成一定危害
	可识别特定个人金融信息主体金融状况的个人金融信息	①个人财产信息（包括网络支付账号余额）； ②借贷信息		
	用于金融产品与服务的关键信息	交易信息（如交易指令、交易流水、证券委托、保险理赔）		
C1	主要为金融业机构内部使用的个人金融信息	①账户开立时间、开户机构； ②基于账户信息产生的支付标记信息； ③C2 和 C3 类信息中未包含的其他个人金融信息	低	可能对个人金融信息主体的信息安全与财产安全造成一定影响

课题组认为，在符合《个人金融信息保护技术规范》所规定的个人金融信息出境“业务必需（如跨境支付）+客户授权+境外关联机构+保密”四要件规则，并符合法律法规和监管部门规定的例外情形[①]下，若不属于法律法规和国家标准明文禁止跨境传输的金融信息以及国家网信部门、公安部门、安全部门等有关部门依法认定不能出境的金融信息，《个人金融信息技术保护规范》规定

① 《个人信息和重要数据出境安全评估办法（征求意见稿）》第十一条和《数据出境安全评估指南（草案）》第5.1条。

的金融业机构境内提供金融产品或服务过程中收集和产生的上述个人金融信息应可以出境，属于金融信息出境安全评估对象。

例如，根据《个人金融信息技术保护规范》规定，C3 类别信息以及 C2 类别信息中的用户鉴别辅助信息不应在境内共享和转让，对于 C3 类别信息和 C2 类别信息中的用户鉴别辅助信息也不应允许进行跨境传输，因此不应属于金融信息出境安全评估对象。其中，C3 类别信息中用于用户鉴别的个人生物识别信息、C2 类别信息中用于辅助用户鉴别的动态声纹密码属于个人生物识别信息[①]，根据 2020 年《个人信息安全规范》个人生物识别信息原则上不应在境内共享和转让，因业务需要确需共享和转让应征得个人信息主体明示同意，为保护个人信息主体的生物识别信息应禁止个人生物识别信息跨境传输，因此个人生物识别信息不应属于金融信息出境安全评估对象。

（二）个人金融信息与重要金融信息交叉对出境安全评估的影响

根据《个人金融信息技术保护规范》规定，个人金融信息是个人信息在金融领域围绕账户信息、鉴别信息、金融交易信息、个人身份信息、财产信息、借贷信息等方面的扩展与细化。

根据 2020 年《个人信息安全规范》附录 B 个人敏感信息判定，个人敏感信息示例详见表 2。

表 2　个人敏感信息的示例

个人财产信息	银行账户、鉴别信息（口令）、存款信息（包括资金数量、支付收款记录等）、房产信息、信贷记录、征信信息、交易和消费记录、流水记录等，以及虚拟货币、虚拟交易、游戏类兑换码等虚拟财产信息
个人健康生理信息	个人因生病医治等产生的相关记录，如病症、住院志、医嘱单、检验报告、手术及麻醉记录、护理记录、用药记录、药物食物过敏信息、生育信息、以往病史、诊治情况、家族病史、现病史、传染病史等

① 根据《个人金融信息技术保护规范》的规定，个人生物识别信息包括但不限于指纹、人脸、虹膜、耳纹、掌纹、静脉、声纹、眼纹、步态、笔迹等生物特征样本数据、特征值与模板。

续表

个人生物识别信息	个人基因、指纹、声纹、掌纹、耳廓、虹膜、面部识别特征等
个人身份信息	身份证、军官证、护照、驾驶证、工作证、社保卡、居住证等
其他信息	婚史、宗教信仰、未公开的违法犯罪记录、通信记录和内容、通讯录、好友列表、群组列表、行踪轨迹、网页浏览记录、住宿信息、精准定位信息等

通过比较可以发现，《个人信息安全规范》附录 B 列举的个人敏感信息与《个人金融信息技术保护规范》所界定的敏感程度较高的 C2 类别和 C3 类别个人金融信息，在身份信息（包括身份证信息、个人生物识别信息）、个人财产信息（包括银行账号、鉴别信息、借贷信息等）和交易信息方面存在较高程度的重合，也即敏感程度较高的个人金融信息与个人敏感信息高度重合。

排除不应允许出境的 C3 类别信息（包括鉴别信息，其中包括用于用户鉴别的个人生物识别信息）和 C2 类别信息中的用户鉴别辅助信息（包括用于辅助用户鉴别的动态声纹密码），《个人金融信息技术保护规范》所罗列的个人金融信息中，身份信息（包括身份证信息）、个人财产信息（包括银行账号、借贷信息等）和交易信息等 C2 类别金融信息可作为金融信息出境安全评估对象，又与个人敏感信息高度重合，可按个人敏感信息进行出境安全评估。

对于重要数据，《个人信息和重要数据出境安全评估办法（征求意见稿）》以及全国信息安全标准化技术委员会 2017 年 5 月 27 日公布的《数据出境安全评估指南（草案）》和其附录 A《重要数据识别指南（征求意见稿）》均关注重要数据与国家安全、经济发展以及社会公共利益的密切相关性。《重要数据识别指南（征求意见稿）》规定的中国人民银行提出的金融行业重要数据范围包括但不限于：金融机构安全信息；自然人、法人和其他组织金融信息；中国人民银行、金融监管部门、外汇管理部门工作中产生的不涉及国家秘密的工作秘密，其中自然人、法人和其他组织金融信息示例详见表 3。

表3　自然人、法人和其他组织金融信息的示例

个人财产信息	个人收入状况、拥有的不动产状况、拥有的车辆状况、纳税额、公积金缴存金额
账户信息	银行结算账户和支付账户的信息。主要要素为：账号名称、账号、账户类型、账户开立时间、开户机构、绑定账户信息、账户验证信息（含客户身份外部渠道验证信息）、账户映射的敏感介质信息（如银行卡有效期、验证码、磁道信息等）、账户余额、账户交易情况
个人信用信息	信用卡还款情况、贷款偿还情况以及个人在经济活动中形成的，能够反映其信用状况的其他信息
金融交易信息	银行业金融机构、证券业金融机构、保险业金融机构、交易及结算类金融机构、非银行支付机构等各类金融机构办理业务时获取的自然人、法人和其他组织交易信息
身份信息	个人身份信息包括个人姓名、性别、国籍、民族、身份证种类号码及有效期限、职业、联系方式、婚姻状况、家庭状况、住所或工作单位地址及照片等
衍生信息	个人消费习惯、投资意愿等对原始信息进行处理、分析所形成的反映特定个人某些情况的信息
在与自然人、法人和其他组织建立业务关系过程中获取、保存的其他自然人、法人和组织信息	

《重要数据识别指南（征求意见稿）》列举的上述金融行业重要数据基本上涵盖了所有与金融交易相关的数据和所有与金融监管相关的数据。目前实践中金融领域存在大量的重要数据。①

一方面，从个人信息的角度来看，《个人金融信息技术保护规范》所罗列的可作为金融信息出境安全评估对象的C2类别金融信息主要是以个人敏感信息为

① 何延哲：《金融数据跨境的法律合规问题及实践》，2017年大数据合作与合规峰会，2017年12月17日。

主，并且在身份信息（包括身份证信息）、个人财产信息（包括银行账号、借贷信息等）和交易信息等方面与《个人信息安全规范》附录B中列举的个人敏感信息高度重合，可按个人敏感信息进行出境安全评估。另一方面，从重要数据的角度来看，《个人金融信息技术保护规范》所罗列的可作为金融信息出境安全评估对象的C2类别金融信息，与《重要数据识别指南（征求意见稿）》列举的金融行业重要数据在银行账号、交易信息、身份信息、个人财产信息等方面存在重合，因此可作为重要数据进行出境监管。

进一步比较可以发现，《个人金融信息技术保护规范》所列举的身份证信息、银行账号和交易信息等个人金融信息既属于个人敏感信息，又属于金融行业重要数据的范畴，也即金融领域中的个人敏感信息与重要数据存在交叉，在实践中将会产生个人信息主体的身份证信息、银行账号和交易信息等个人金融信息，是应当按重要数据进行严格的出境监管，还是应按个人信息进行在保护个人信息主体权益的前提下跨境数据流动监管的问题。①

四、金融信息出境安全评估内容

根据《数据出境安全评估指南（草案）》，个人信息和重要数据出境安全评估目的不同，前者主要为保护个人信息主体的合法权益，而后者旨在评估重要数据出境对国家安全、经济发展和社会公共利益的影响，应对个人金融信息和重要金融信息出境安全评估内容加以区分。

根据《个人信息和重要数据出境安全评估办法（征求意见稿）》及《数据出境安全评估指南（草案）》，金融信息出境安全评估的重点内容是出境金融信息属性、出境发生安全事件可能性。

《个人信息和重要数据出境安全评估办法（征求意见稿）》规定个人信息或重要数据（包括金融信息）出境安全评估，均应评估出境必要性、出境数据属性、数据出境发生安全事件可能性等。经评估重要金融信息出境会给国家政治、经济、科技、国防等安全带来风险而可能影响国家安全、损害社会公共利益，或者个人金融信息出境可能侵害个人利益，则不得出境。

---

① 本研究报告中个人金融信息一般是指金融行业的个人信息，以个人敏感信息为主，重要金融信息是指金融行业的重要数据。

根据《数据出境安全评估指南（草案）》，网络运营者应从个人信息或重要数据出境计划是否合法正当、风险可控两方面进行数据出境安全自评估。网络运营者在评估出境是否风险可控时，应评估拟出境数据属性来判定个人信息出境个人权益影响等级或重要数据出境国家安全和社会公共利益受影响等级，并评估出境发生安全事件可能性来判定出境安全事件可能性等级，在二者基础上进行安全风险综合评估，将数据出境活动整体安全风险级别划分为极高、高、中、低四个等级，经评估出境安全风险为极高或高的金融信息不得出境（参见表4）。

表4　安全风险级别判定参考表①

	安全事件可能性等级		
影响程度等级	1	2	3
≥5	高	极高	极高
4	中	高	高
3	低	中	高
2	低	中	中
1	低	低	中

但《数据出境安全评估指南（草案）》实质上对个人信息或重要数据出境安全评估结果影响出境加以区分管理：若经评估个人金融信息出境为高风险，网络运营者可采取措施降低个人金融信息出境风险②，并重新开展数据出境自评估，若重新评估后个人金融信息出境风险可接受则可出境，以兼顾数据出境后风险控制与数据依法有序自由出境的需求，否则可能会影响跨境支付等多种经济活动；而重要金融信息一旦被识别为重要数据，经安全评估后出境可能性很低，除非是属于控制能力特别强的特殊情况，③ 若经评估出境安全风险极高或高将不得出境。

① 《数据出境安全评估指南》附录B《个人信息和重要数据出境安全风险评估方法》。

② 根据《数据出境安全评估指南（草案）》的规定，网络运营者可用于降低个人信息出境安全风险的措施包括但不限于精简出境数据内容、使用技术措施处理数据降低敏感程度、提升数据发送方安全保障能力、限定数据接收方的处理活动、更换数据保护水平更高的接收方、选择政治法律环境保障能力较强地区的数据接收方等。

③ 何延哲：《金融数据跨境的法律合规问题及实践》，2017年大数据合作与合规峰会，2017年12月17日。

（一）出境金融信息属性评估

根据《数据出境安全评估指南（草案）》，网络运营者通过评估个人信息属性来判定个人权益影响等级时，首先应识别拟出境个人信息中是否包含敏感信息并判断个人敏感信息的数量，初步判定个人权益影响等级，其后根据个人信息出境数量和范围、技术处理情况等要素对影响等级进行修正（参见表5），可见个人金融信息出境安全评估时关注个人金融信息的敏感程度、个人敏感信息的数量及相应的脱敏处理情况。

表5　个人权益受影响等级判定表①

关键要素	影响等级	修正要素		
敏感程度		数量	范围	技术处理情况
个人敏感信息为主	3	一年内涉及出境的个人信息大于个人信息50万人，影响等级可增加1	若出境个人信息超出满足出境目的的最小元素集，影响等级可增加1	使用技术措施对涉及出境的个人信息进行去标识化处理，能有效防止识别出个人的，影响等级可减去1
包含少量个人敏感信息	3			
仅为个人信息，且不包含个人敏感信息	3			

根据《数据出境安全评估指南（草案）》，网络运营者评估拟出境重要数据的属性判定国家安全和社会公共利益受影响等级时，首先应识别拟出境数据是否属于重要数据并初步判定国家安全和社会公共利益受影响等级，其次根据重要数据出境数量和范围、技术处理等要素对影响等级进行修正（参见表6），可见重要金融信息出境安全评估的要素包括基于数据源识别重要数据。

① 《数据出境安全评估指南》附录B《个人信息和重要数据出境安全风险评估方法》。

表6 国家安全和社会公共利益受影响等级判定表①

关键要素	影响等级	修正要素		
重要数据类别		数量	范围	技术处理情况
识别出的重要数据	4	出境重要数据多于1000GB，影响等级可增加1。	如果出境重要数据超出满足出境目的的最小元素集，则影响等级可增加1。	使用技术措施对重要数据进行脱敏处理，能达到合理程度不可逆，影响等级可减去1。

依据《个人信息和重要数据出境安全评估办法（征求意见稿）》，出境数据属性评估是通过评估个人信息或重要数据的类型和敏感程度、出境数量和范围来判断个人信息出境可能对个人合法利益带来的风险，或者重要数据出境可能对国家安全、社会公共利益带来的风险，但未明确区分个人信息或重要数据的不同特点要求进行不同的数据属性评估，也未要求评估个人信息或重要数据的脱敏处理情况以体现使用技术措施处理数据降低敏感程度情况。

（二）金融信息出境发生安全事件可能性评估

依据《个人信息和重要数据出境安全评估办法（征求意见稿）》，个人信息和重要数据出境发生安全事件可能性评估时，均应对个人信息或重要数据接收方的安全保护能力、接收方所在国网络安全环境，以及数据出境及再转移后被泄露、毁损、篡改或滥用风险等进行评估，但未要求评估数据发送方的安全保障能力。发送方可能缺乏出境管理或者涉及数据出境的接口和传输链路不安全，存在个人信息或重要数据还未发送就从发送接口被窃取的风险，应要求评估数据出境发生安全事件可能性时评估发送方的安全保障能力。

根据《数据出境安全评估指南（草案）》，网络运营者评估个人信息或重要数据出境安全事件可能性等级时，均应评估发送方和接收方安全保障能力等级、接收方所在国家或地区政治法律环境（参见表7）。

① 《数据出境安全评估指南》附录B《个人信息和重要数据出境安全风险评估方法》。

表 7　安全事件可能性等级判定表①

可能性等级	判定条件
3	发送方技术保障能力、管理保障能力、接收方主体审查、技术保障能力、管理保障能力、政治法律环境任何一项赋值为“低”的。
2	发送方技术保障能力、管理保障能力、接收方主体审查、技术保障能力、管理保障能力、政治法律环境赋值有“中”和“高”的。
1	发送方技术保障能力、管理保障能力、接收方主体审查、技术保障能力、管理保障能力、政治法律环境所有项赋值均为“高”的。

在评估重要数据接收方所在国家政治法律环境时，基于重要数据出境安全评估的核心要素应为对重要数据的控制能力，《数据出境安全评估指南（草案）》要求网络运营者应评估接收方所在国执法、司法、国防和国家安全部门是否拥有调取重要数据的法定权力。

五、金融信息再次跨境传输安全评估

个人金融信息出境后，可能发生接收方再次跨境传输个人金融信息后被泄露、毁损、篡改、滥用等出境安全风险。

（一）金融信息再次跨境传输监管困境

国家互联网信息办公室2019年6月13日公布的《个人信息出境安全评估办法（征求意见稿）》调整了《个人信息和重要数据出境安全评估办法（征求意见稿）》所规定的个人信息出境安全评估内容，将个人信息出境安全评估与标准合同条款两种个人信息出境监管方式加以结合，将对网络运营者与个人信息接收者之间的合同内容（包括个人信息出境情况、个人信息主体权益保护、网络运营者与个人信息接收者应承担的义务和相应责任等），以及合同能否得到有效履行的评估作为个人信息出境安全评估的重点内容之一。

对于个人信息再次跨境传输，依据《个人信息出境安全评估办法（征求意见稿）》，网络运营者与接收者之间合同应明确约定个人信息接收者不得向第三

① 《数据出境安全评估指南》附录B《个人信息和重要数据出境安全风险评估方法》。

方传输接收到的个人信息，例外情形是个人信息主体知情、个人敏感信息主体同意，接收者承诺在个人信息主体请求时停止向第三方传输并要求第三方销毁已接收到的个人信息，且网络运营者对个人信息主体因个人信息再次传输而遭受的权益损害承担先行赔付责任。但该征求意见稿对于个人信息接收者向第三方传输个人信息是否包括再次跨境传输未予明确，因此在上述例外情形下接收者能否将个人信息再次跨境传输并不明确。若符合《个人信息出境安全评估办法（征求意见稿）》规定的个人信息接收者可向第三方再次传输个人信息的上述例外情形，《个人信息出境安全评估办法（征求意见稿）》也未明确规定在开展个人信息出境安全评估时是否评估网络运营者与接收者之间合同中个人信息再次传输条款（若允许个人信息再次跨境传输则为个人信息再次跨境传输条款）。

根据《数据出境安全评估指南（草案）》，网络运营者评估个人信息出境安全事件可能性等级时应评估发送方安全保障能力，包括对发送方与接收方签订的合同进行评估，如合同是否约定除法律规定外接收方在未获得网络运营者授权和个人信息主体同意时无权再转移个人信息。但未明确在符合法律规定或接收方获得网络运营者授权和个人信息主体同意再转移个人信息的情形下，是否对个人信息跨境传输进行安全评估。

但值得关注的是，《个人信息出境安全评估办法（征求意见稿）》要求网络运营者申报个人信息出境安全评估应提供网络运营者与个人信息接收者签订的合同、个人信息出境安全风险及安全保障措施分析报告（其中个人信息出境计划包括个人信息出境后是否向第三方传输等）。根据《数据出境安全评估指南（草案）》，网络运营者评估个人信息或重要数据出境计划是否风险可控，应避免出境及再转移安全风险。

课题组认为，根据《个人信息出境安全评估办法（征求意见稿）》及《数据出境安全评估指南（草案）》，在个人信息出境安全评估时应考虑个人信息再次传输因素，若允许个人信息再次跨境传输则应考虑个人信息再次跨境传输因素。但《个人信息出境安全评估办法（征求意见稿）》和《数据出境安全评估指南（草案）》均未对个人信息再次传输的第三方和第三方所在国施加限制性条件。在无法确保第三方具备安全保护能力、第三方所在国政治法律环境有利于保护个人信息主体权益的情况下，即使网络运营者授权、个人信息主体同意并在请求时接收者停止再次跨境传输，个人信息主体可能并不真正知悉个人金融信息再转移后的安全风险，或者难以及时获知再次跨境传输的第三方或个人金融信息发生安全事件而请求接收者停止向第三方传输。

（二）域外监管方式对我国金融信息再次跨境传输监管适用的探讨

各国对个人信息出境及再转移监管主要采用数据跨境自由流动国家白名单制度、政府间协议、同等保护/适当保护措施、个人信息主体同意等四类方式。[①] 其中，同等保护/适当保护措施替代方式包括个人信息出境安全评估、约束性公司规则、标准合同条款等。

1. 数据跨境自由流动国家白名单制度

欧盟、俄罗斯等实行数据跨境自由流动国家白名单制度。根据欧盟 1995 年《数据保护指令》所确立的充分性保护原则，可从欧盟境内向欧洲委员会认定对个人数据提供充分保护水平的第三国及第三国境内特定行业或部门、国际组织转移个人数据。目前有加拿大（商业组织）、瑞士、阿根廷、安道尔、法罗群岛、根西岛、以色列、马恩岛、泽西岛、新西兰、瑞士、乌拉圭、美国 13 项生效的充分性认定。欧盟明确了欧洲委员会作出的 13 项充分性认定在 2016 年《一般数据保护条例》通过后继续有效。[②]

2. 政府间协议

目前个人信息出境及再转移监管方面政府间协议主要包括亚太经合组织跨境隐私规则体系（CBPRs）等。2000 年美国向欧盟妥协签订了《安全港协议》。2015 年 10 月 6 日欧盟法院作出判决认为《安全港协议》不能满足充分性保护原则，因此无效。在商业利益驱使下 2016 年 7 月 12 日欧美通过了新的数据跨境协议《隐私盾框架》。[③] 2020 年 7 月 16 日欧盟法院作出判决认为隐私盾协议无法提供充分隐私保护，认定隐私盾协议无效。

---

① 何延哲：《金融数据跨境的法律合规问题及实践》，2017 年大数据合作与合规峰会，2017 年 12 月 17 日。

② 洪延青：《欧盟个人数据跨境流动机制进展更新》，https：//mp. weixin. qq. com/s/2Gyqrp9Sky1 – – vi8WtTMDA，2021 年 1 月 10 日访问。

③ 许多奇：《个人数据跨境流动规制的国际格局及中国应对》，载《法学论坛》2018 年第 3 期；黄道丽、何治乐：《欧美数据跨境流动监管立法的“大数据现象”及中国策略》，载《情报杂志》2017 年第 4 期。

3. 约束性公司规则和标准合同条款

约束性公司规则是跨国集团可优先考虑的个人信息跨境传输机制。欧盟《一般数据保护条例》将约束性公司规则（BCR）确定为合法的数据跨境传输机制。跨国集团遵循一套完整的、经个人数据监管机构（如爱尔兰数据保护委员会）认可的约束性公司规则，可将个人数据从集团内某一成员合法传输给另一成员，可适用于数据控制者、处理者或兼为控制者、处理者的跨国集团各成员。[①]

中小企业若向没有获得充分性认定的国家进行个人信息传输，通过标准合同条款来确保接收方信息保护能力是一种常见方式。[②] 例如，欧盟、澳大利亚政府部门制定并推行数据出境合同范本，在合同中明确相关主体义务，约束数据接收方行为。[③] 如欧盟委员会依据 1995 年《数据保护指令》起草了三款标准合同条款。[④] 企业在欧盟委员会分别于 2001 年 6 月 15 日、2004 年 12 月 27 日通过、适用于“控制者到控制者”的标准合同条款当中选择其一纳入数据跨境传输合同，即可进行“控制者到控制者”的个人数据跨境传输；将欧盟委员会于 2010 年 2 月 5 日更新[⑤]、适用于“控制者到处理者”的标准合同条款纳入数据跨境传输合同，即可进行“控制者到处理者”的个人数据跨境传输。根据《一般数据保护条例》，在欧盟委员会作出新的决定之前，这三套标准条款继续有效。[⑥] 但目前欧盟还没有批准适用于“处理者到处理者”的标准合同条款[⑦]。

---

① 洪延青：《欧盟个人数据跨境流动机制进展更新》，https：//mp. weixin. qq. com/s/2Gyqrp9Sky1 - - vi8WtTMDA，2021 年 1 月 10 日访问；王融：《数据跨境流动政策认知与建议》，https：//mp. weixin. qq. com/s/qnG3ZmMBKfkY8kxhOlUZBQ，2021 年 1 月 10 日访问。

② 冯坚坚、袁立志：《标准合同条款：欧盟个人数据出境的常规路径之一》，https：//mp. weixin. qq. com/s/tqHtRG - kdILfuGjrLaOlHQ，2021 年 1 月 10 日访问。

③ 中国信息通信研究院：《国外如何进行数据出境管理》，https：//mp. weixin. qq. com/s/vTldN - w _ G5ChBikaub_ coQ，2021 年 1 月 10 日访问。

④ 洪延青：《欧盟个人数据跨境流动机制进展更新》，https：//mp. weixin. qq. com/s/2Gyqrp9Sky1 - - vi8WtTMDA，2021 年 1 月 10 日访问。

⑤ 欧盟委员会 2010 年 2 月 5 日通过的适用于“控制者到处理者”的标准合同条款取代了 2001 年 12 月 27 日通过的标准合同条款。

⑥ 冯坚坚、袁立志：《标准合同条款：欧盟个人数据出境的常规路径之一》，https：//mp. weixin. qq. com/s/tqHtRG - kdILfuGjrLaOlHQ，2021 年 1 月 10 日访问。

⑦ 中国信息通信研究院：《国外如何进行数据出境管理》，https：//mp. weixin. qq. com/s/vTldN - w _ G5ChBikaub_ coQ，2021 年 1 月 10 日访问。

对于再次跨境传输，欧盟委员会通过的2004年“控制者到控制者”标准合同条款第2（i）条规定数据输入方再次跨境转移数据应通知输出方，并在2001年“控制者到控制者”标准合同条款附录2和附录3规定的再次跨境转移数据条件——数据主体知情、敏感数据主体明示同意的基础上，增加规定再次转移的输入国是获得欧盟保护水平认定的国家、再次转移的接受方是经欧盟监管机关批准的数据转移标准合同条款的签署方等两类再次跨境转移数据的情形。

两国之间签订个人信息跨境流动监管方面的政府间协议可能受商业因素影响且政治因素浓重容易发生变化，完全借助政府间协议进行个人金融信息出境及再转移监管，将难以确保有效控制个人金融信息出境及再转移后的安全风险，需要通过相应的技术来解决个人金融信息出境及再转移涉及的隐私保护问题。例如，通过区块链可以实现金融信息出境数据不可篡改及隐私保护，通过零知识证明、同态加密等密码学技术实现出境数据不离属地的隐私计算等。

《个人信息出境安全评估办法（征求意见稿）》虽规定我国参与或者与其他国家和地区、国际组织缔结的条约对个人信息出境有明确规定的适用其规定，属于政府间协议的个人信息出境及再转移监管方式，但我国尚未参与或者与其他国家缔结个人信息保护、数据流通等方面的双边或多边国际条约。一旦我国参与或者与其他国家缔结相关领域双边或多边国际条约，将依据相关国际条约和国内立法及标准对个人金融信息再次跨境传输加以监管。

针对个人信息接收者与再次跨境传输的第三方均为同一跨国集团成员的情形，可考虑在我国立法或国家标准中引入约束性公司规则或类似制度来规制跨国集团内部的再次跨境传输个人金融信息的行为，应可适用于数据控制者、处理者或兼为控制者、处理者的跨国集团各成员。但仅适用于跨国集团内部金融信息再次跨境传输的情形。

个人信息出境须经个人信息主体同意是国际通行规则，但仅仅个人信息主体同意不足以控制个人金融信息再次跨境传输带来的安全风险。

（三）我国金融信息出境安全评估制度再转移安全评估机制构建建议

我国应在个人信息出境安全评估制度中明确应对个人信息再次跨境传输进行安全评估，并对个人信息再次传输的第三方和第三方所在国施加限制性条件，以确保第三方具备安全保护能力、第三方所在国政治法律环境有利于保护个人信息主体权益，以减少金融信息出境后再转移发生被泄露、毁损、篡改、滥用等金融信息出境安全风险。

同时，我国不宜在立法中强制性要求个人信息跨境传输合同应约定的发送方和接收方具体义务和责任，对此可借鉴欧盟的做法，要求个人信息跨境传输合同中应包含由国家网信部门批准的标准合同条款，在标准合同条款中规定个人信息再次跨境传输的第三方应当已签订包含标准条款的合同。但若仅采用标准合同条款方式，对个人信息接收方的约束只是合同，将难以有效控制金融信息再次跨境传输安全风险。应当将个人金融信息再次跨境传输安全评估与标准合同条款两种监管方式相结合，在个人金融信息再次跨境传输安全评估时审查个人金融信息跨境传输合同是否包含标准合同条款。

六、金融信息本地化要求

金融信息本地化要求与出境安全评估均属于金融信息出境监管方式。

（一）重要数据和个人信息本地化要求

我国《网络安全法》第三十七条将数据本地化存储要求限于关键信息基础设施运营者在境内运营中收集和产生的个人信息和重要数据。

由于与关键信息基础设施直接或间接相关的数据主要是重要数据，其中关键信息基础设施产生的信息基本上是重要数据，而基于利用与关键信息基础设施有间接关系的信息可能对关键信息基础设施产生影响，与关键信息基础设施间接相关的信息也可能是重要数据，[①] 因而《网络安全法》第三十七条的上述规定主要是关于重要数据的本地化要求。

然而，重要数据不限于关键信息基础设施运营者收集和产生的重要数据，基于海量数据、非公开数据分析的总体态势类信息，覆盖范围大、时间长或涉及某些重要区域、特定人群、特定时期的某些信息集合或全量数据等也应属于重要数据的范畴。[②] 若允许此类重要数据出境，境内数据发送方难以仅依据与境

---

① 何延哲：《金融数据跨境的法律合规问题及实践》，2017 年大数据合作与合规峰会，2017 年 12 月 17 日。

② 何延哲：《金融数据跨境的法律合规问题及实践》，2017 年大数据合作与合规峰会，2017 年 12 月 17 日。

外接收方签订的合同来控制数据出境后风险，一旦出境后被其他国家政府部门行使法定权力调取，或者发生被泄露、窃取、滥用、篡改或非法汇聚、整合、分析等风险，将可能影响国家安全、经济发展以及公共利益，且无法通过事后救济弥补损害①。

欧盟委员会2018年4月提出的《电子证据跨境调取的议案》建立了欧洲数据保存令规则，根据该规则欧盟成员国执法或司法当局可强制要求欧盟境内网络服务提供商提交与其在欧盟境内提供服务有关的刑事诉讼所需电子证据。② 英国《犯罪（境外提交令）法案》通过确立“境外提交令”机制赋予法院命令企业提交境外数据的权力。③ 一旦重要数据出境后被其他国家执法、司法等政府部门依据上述法律调取，将可能对我国国家安全和社会公共利益产生不利影响，对此问题应予高度关注。

从维护我国国家安全和社会公共利益角度出发，并借鉴国际经验，我国不应限于要求关键信息基础设施运营者在境内运营中收集和产生的重要数据进行本地化存储，而应根据重要数据属性和对国家安全、社会公共利益影响程度，对各类重要数据施加程度不同的本地化要求。同时，我国应对重要数据实施严格的出境监管，原则上应在本地化存储，在例外情形下才允许重要数据出境，如在数据出境安全评估中一旦识别出拟出境数据包含重要数据，除非是属于控制能力特别强的特殊情况，原则上不应允许出境，并应采取相应措施对出境后重要数据进行持续风险监控。

与重要数据不同的是，个人信息出境后风险通常情形下主要关系到个人信息主体的权益，在符合跨境传输相关法律规定的前提下应允许个人信息出境，否则可能会影响跨境支付等多种经济活动。基于此，我国对个人信息出境监管应兼顾数据出境后风险控制与数据依法有序自由出境的需求，在确保数据安全的前提下允许个人信息自由流动，而不应强制性要求本地化存储。但当数据出境涉及的个人信息主体数量达到或超过一定量级或涉及某一特定群体，个人信

---

① 何延哲：《金融数据跨境的法律合规问题及实践》，2017年大数据合作与合规峰会，2017年12月17日。

② 上海社会科学院、阿里巴巴数据安全研究院：《重磅发布：全球数据跨境流动政策与中国战略研究报告》，https：//mp. weixin. qq. com/s/wxvc9 - mFWZuDkIL - fBsWEQ，2021年1月10日访问。

③ 许可：《数据安全法：定位、立场与制度构造》，载《经贸法律评论》2019年第3期。

息出现数据汇集后的衍生价值时，个人信息数量越大或者涉及特定群体的个人信息数量越多，发生个人权益受影响的概率越高，甚至影响国家安全和社会公共利益，在此情形下个人信息的汇集可能构成重要数据，原则上不应允许出境，而应在本地化存储。

（二）金融信息本地化特别规定

根据金融信息属性和影响程度等因素，各国普遍对银行、金融等行业或领域信息实施严格的本地化要求。例如，印度储备银行2018年发布了支付信息在印度境内唯一存储的严格本地化存储要求，禁止支付信息出境。2018年4月印度储备银行发布通知，要求印度境内所有支付系统提供商将与其运营的支付系统相关的全部支付信息仅在印度境内存储，应包括收集、输送、处理的完整端到端交易信息，将2018年10月15日确定为各支付系统运营商执行支付信息本地化的截止日期。在印度储备银行要求支付信息本地存储时，在该行发布的《关于发展和监管政策的声明》中指出，随着新支付系统和平台的出现，为确保支付系统信息安全性需要对支付信息采取持续性监控，支付信息的境外存储不能满足相应的监督目的。但这一理由遭到了欧盟和美国政府及企业诸多质疑。例如，支付信息本地化并不能有效提升安全性。基于执法目的并不需要支付信息在印度境内唯一存储，数据镜像同样可以满足上述需求。①

我国相关立法和标准对金融信息规定了严格的本地化要求。除依据《网络安全法》第三十七条和第三十一条的规定纳入关键信息基础设施保护范围的金融机构在境内运营中收集和产生的金融信息应在境内存储外，《人民银行关于银行业金融机构做好个人金融信息保护工作的通知》要求银行业金融机构应当本地化储存、处理和分析在境内收集的个人金融信息，但未明确在境内产生的个人金融信息是否应本地化储存、处理和分析。中国保监会2011年《保险公司开业验收指引》要求中资保险公司业务数据、财务数据等重要数据应存放在中国境内。《个人金融信息保护技术规范》要求金融业机构（包括持牌金融机构和涉及个人金融信息处理的相关机构）在境内存储、处理和分析其在境内提供金融

---

① 胡文华、孔华锋：《印度数据本地化与跨境流动立法实践研究》，载《计算机应用与软件》2019年第8期。

产品或服务过程中收集和产生的个人金融信息，其中个人金融信息处理的相关机构应包括第三方支付机构。

值得注意的是，《人民银行关于银行业金融机构做好个人金融信息保护工作的通知》以及《个人金融信息保护技术规范》所确立的金融信息本地化制度不限于要求在境内存储境内个人金融信息，还要求对境内个人金融信息进行本地化处理和分析。

（三）本地化要求确保金融信息安全的质疑

各国通过立法实施金融信息本地化要求，其中有一个重要原因，就是防范金融信息在境外被外国政府情报机构强制获取。[①] 问题是金融机构将金融信息存储在其设立在境内的数据中心，或者云服务商位于本国境内的云计算平台中能否真正确保金融信息安全。

金融信息存储在境内同样会受到黑客或国外情报人员的攻击，金融信息集中存储在一个区域可能受攻击后损失更大。[②] 本地化存储技术和方法是能否确保金融信息安全的关键因素。[③] 存储在企业数据中心或云服务商云计算平台中的金融信息安全，在很大程度上取决于数据中心运营商或云服务商的安全防护能力，如对数据中心或云计算平台的风险评估和安全风险持续监控、对信息系统用户访问数据中心或云计算平台的控制、对非用户攻击信息系统的应急响应等。国家标准化管理委员会于 2014 年 9 月发布的国家标准《信息安全技术云计算服务安全指南》（GB/T 31167－2014）要求云服务商具有相应的信息安全技术能力。《保险公司开业验收指引》要求中资保险公司具有独立的数据存储设备并具有相应的安全防护和异地备份措施。但完全依靠本国资源构建数据中心存在一定风险，如数据中心对能源需求较大，一旦出现能源短缺或黑客攻击等安全事件可能导致境内数据中心瘫痪[④]。

---

① 石月：《数字经济环境下的跨境数据流动管理》，载《信息安全与通信保密》2015 年第 10 期。

② 石月：《数字经济环境下的跨境数据流动管理》，载《信息安全与通信保密》2015 年第 10 期。

③ Daniel Castro，The False Promise of Data Nationalism，The Information Technology and Innovation Foundation December 2013；Mirko Hohmann，Tim Maurer，Robert Morgus. Technological Sovereignty：Missing the Point? An Analysis of European Proposals after June 5，2013，p. 4，http：//www. gppi. net/publication/g1obal－internet－politics/artic1e/ technologica1－sovereignty－missing－the－point/.

④ 石月：《数字经济环境下的跨境数据流动管理》，载《信息安全与通信保密》2015 年第 10 期。

七、研究结论

本研究报告主要研究结论如下：

1. 实践中通常在外资银行分行向总行报告客户金融信息、跨国金融机构的母国监管机构要求、跨境支付、双边协议等情形下金融信息出境。金融信息出境安全评估是金融信息出境监管方式之一。我国金融信息出境监管制度包括国家网信部门主导的适用于各行业的个人信息和重要数据出境安全评估制度、金融监管部门主导的金融信息出境行业监管制度。现行金融信息出境安全评估制度体现在《网络安全法》第三十七条和第三十一条以及2020年《个人金融信息保护技术规范》的原则性规定。

2. 在金融信息出境安全评估主体方面，《个人金融信息保护技术规范》虽引入金融信息出境安全评估制度，但依据《行政许可法》中国人民银行作为金融行业监管部门开展出境安全评估没有法律依据。

3. 在金融信息出境安全评估对象方面，提出在符合《个人金融信息保护技术规范》所规定的个人金融信息出境“业务必需＋客户授权＋境外关联机构＋保密”四要件规则，并符合法律法规和监管部门规定的例外情形下，若不属于法律法规和国家标准明文禁止跨境传输的金融信息以及国家网信部门、公安部门、安全部门等有关部门依法认定不能出境的金融信息，《个人金融信息技术保护规范》所罗列的金融业机构境内提供金融产品或服务过程中收集和产生的个人金融信息应可以出境，属于金融信息出境安全评估对象。

《个人金融信息技术保护规范》所罗列的可作为金融信息出境安全评估对象的身份证信息、银行账号和交易信息等个人金融信息既属于个人敏感信息，又属于金融行业重要数据的范畴，因此金融领域中的个人敏感信息与重要数据存在交叉，将会产生身份证信息、银行账号和交易信息等个人金融信息是应当按重要数据进行严格的出境监管，还是应按个人信息进行跨境数据流动监管的问题。

4. 在金融信息出境安全评估内容方面，基于出境安全评估目的不同，应对个人金融信息与重要金融信息出境安全评估内容加以区分。在金融信息出境安全评估的重点内容，即出境金融信息属性、金融信息出境发生安全事件可能性评估中，评估出境个人金融信息属性时应关注个人金融信息的敏感程度和数量及相应的脱敏处理情况，评估出境重要金融信息属性应识别重要数据，评估重要金融信息出境发生安全事件可能性时应重点评估接收方所在国政府执法、司法、国防和国家安全部门等是否拥有调取重要金融信息的法定权力。

5. 针对金融信息出境后再次跨境传输安全风险，建议在我国金融信息出境安全评估制度中明确应对金融信息再次跨境传输进行安全评估，并对金融信息再次传输的第三方和第三方所在国施加限制性条件，以确保第三方具备安全保护能力、第三方所在国政治法律环境有利于保护个人信息主体权益。同时，应将个人金融信息再次跨境传输安全评估与标准合同条款两种监管方式相结合，在个人金融信息再次跨境传输安全评估时审查个人金融信息跨境传输合同是否包含由国家网信部门批准的标准合同条款（在标准合同条款中应规定再次跨境传输的第三方应当已签订包含标准条款的合同）。

6. 在本地化要求方面，对于重要数据原则上应在本地化存储，在例外情形下才允许重要数据出境，建议我国不应限于要求关键信息基础设施运营者在境内运营中收集和产生的重要数据进行本地化存储，而应对各类重要数据施加本地化要求；对个人信息不应强制要求本地化存储，而应在确保数据安全的前提下允许个人信息自由流动，但当个人信息的汇集构成重要数据时原则上不应允许出境，而应在本地化存储。对于金融信息应施加严格的本地化要求。

7. 在金融信息出境流通工具方面，金融信息出境安全评估监管可以与最新的创新技术结合，如云计算、大数据、区块链，安全多方计算，密码学技术等新科技的发展，让数据的价值与使用进入了一个全新的维度。相应地，监管机构对数据安全与隐私的重视，达到前所未有的严格与严厉。按照《数据出境安全评估指南（草案）》的要求，出境前网络运营者对某些敏感数据通过脱敏规则进行数据变形处理，实现对敏感隐私数据的可靠保护，并采取其他技术处理措施，对脱敏处理的效果进行验证，达到合理的不可挽回程度。结合举例通过以下几个方面来说明。

（1）金融信息唯一数据标识建立。通过区块链技术为金融信息出境流通时建立唯一的数据标识，在出境过程中使用数据标识替代个人信息或某些重要的数据，使敏感信息不需要保留；并且局限在有限的场景下使用，使得数据出境更加安全。如用数据标识可以代替银行卡号进行交易验证，避免卡号信息泄露的风险。数据标识可以用在银行卡交易的每个环节，和现有的基于银行卡卡号的交易一样，可以跨行业使用，具有通用性。

（2）金融信息出境数据隐私保护。从加强监管的角度，区块链是一项不可忽视的技术手段。金融信息数据通过区块链技术出境时，网络运营者持有数据加密的私钥，通过公钥计算发布金融信息数据评估对象及评估内容。通过控制私钥，网络运营者可以在区块链上独立完成交易。虽然每笔交易的细节都可以在区块链网络上看到，但它无法推断出现实世界中的某个特定人的真实身份。

（3）金融信息出境后再次跨境传输可追溯。区块链技术本质上是一个不可篡改的分布式数据库，可以实现对金融信息出境流转的全生命周期记录。一方面，该特性使得区块链技术实现了个人金融信息与重要金融信息出境的可追溯性，便于监管流通过程中的数据，为政府和行业部门控制金融信息出境后再次跨境传输提供了有效手段。另一方面，区块链技术的分布式性质冲击了传统法律监管，个人数据的收集、储存和传输等行为已经超越国家和地域界限，对现行的辖区而治的监管体系也存在一定程度的冲击。加强国际合作，在跨境数据治理中不可避免。

（4）金融信息数据不离属地计算。通过区块链结合新的密码学技术实现数据出境“可用不可见、可见不可得”，既满足金融信息数据在本地化方面的要求，又可以实现数据的出境要求。例如，使用零知识证明技术，实现出境金融交易信息可以被检查和验证，但不能发现真正的数据。通过安全多方计算技术，实现出境金融数据在区块链加密存储的情况下，联合多个密文数据直接进行计算。不仅实现了异构环境下跨境金融数据联合分析，而且充分保证了金融信息安全和数据隐私保护。使用基于群签名的密码方案来实现签名认证的同时保护签名者的身份；采用高效的差分隐私方案，实现金融信息出境时进行数据扰动，随着查询的次数越多，数据的噪声值越大，数据的可用性越差，避免差分攻击，隐藏用户敏感信息。

金融法研究

适应性金融监管的发展、悖论与实现形式

王斐民[*] 赵中杰[**]

内容提要：“适应性监管”通过保持监管者与被监管对象之间的同步、协调来化解金融监管的三元困境：监管资源有限与目标多元、原则监管与规则监管中的标准解释、侵入式监管与轻触式监管周期循环。适应性金融监管在理念上表现为以前瞻性、全面性为基础的主动监管；在监管机构框架上主张采取与二元监管目标“宏微观审慎监管”“行为监管”相吻合的双峰监管体制，形成风险导向配置监管资源的模式；在监管手段上广泛采取与金融科技协调的科技监管手段；在监管机制上，采用“监管沙盒”“生前遗嘱”等监管者和被监管对象良性互动的机制。

关键词：适应性金融监管　双峰监管　金融创新　金融科技　监管沙盒　生前遗嘱

一、问题的提出

从理论上和实践上观察，金融监管是金融监督管理的简称，包含监督（supervision）和管制（regulation）。监督是指监督金融机构及其从业者的行为，并

[*] 王斐民，北方工业大学文法学院教授。

[**] 赵中杰，北方工业大学文法学院2019级经济法学研究生。

为保证其行为符合金融监管法规框架的条款和精神，可以对这些行为进行从轻到重的干预；管制则是指制定金融机构及其从业者必须遵循的法律、规则和规范。本文所使用的金融监管包含监督和管制二者在内，包含监管规则的制定和执行。金融监管的理论和实践处于互动之中，并相互影响。有学者分析了二十世纪金融监管理论的演化和监管实践的变迁，认为整个二十世纪的金融监管理论和实践的发展都是危机导向的，是事后的。沿着这种道路走下去，不可能跳出“危机—监管—金融创新—放松监管—危机—再监管—再创新—再放松”的治乱循环。① 在2008年金融危机爆发之前，自二十世纪七十年代以来受“金融压抑”“金融深化”等为代表的金融自由化理论的影响，金融监管理论和实践一改自二十世纪三十年代以来的“侵入式监管”理念与模式，推崇“轻触式监管”的理念与模式。2008年金融危机爆发之前的二十年里，“轻触式监管”在金融监管立法上表现为采用更为开放的“监管原则”取代详细的规章制度，即在立法上表现为以“原则监管”取代“规则监管”。② 欧盟专员麦克里威宣称“轻触式的、原则导向监管是金融业的最佳监管模式”③，这种原则导向监管在规则监管发达的美国也有高涨的呼声。④ 2008年金融危机爆发之后，尽管“轻触式监管”理念及其在立法上的表现“原则导向监管”还有坚定的拥趸，但是“侵入式监管”及其在立法上的表现“规则导向监管”大幅反弹。国际社会对2008年金融危机的主要回应是巴塞尔委员会出台了《巴塞尔协议Ⅲ》，限制银行系统的杠杆率，对系统重要性金融机构提出附加资本要求和逆周期资本要求。此后，推动系统重要性金融机构建立处置计划等危机干预措施，并将其作为金融监管体系的重要组成部分。在G20和金融稳定理事会推动下，英国、美国、中国、欧盟等主要国家和地区进行了重大的金融监管法律制度的调整，监管理念和模式转向“全面强化监管”。

---

① 白钦先：《20世纪金融监管理论与实践的回顾与展望》，载《城市金融论坛》2000年第5期。

② ［荷］费姆克·德弗里斯：《原则导向监管怎样促成良好监管目标的实现?》，载乔安妮·凯勒曼、雅各布·德汗、费姆克·德弗里斯编著：《21世纪金融监管》，张晓朴译，中信出版社2016年版，第181页。

③ Mc Creevy. Speech to the European Parliament ECON Committee (Committee on Economic and Monetary Affairs), Brussels.

④ Black J. Forms and Paradoxes of Principles - based Regulation. Cap Mark Law J 3 (4): 425 - 457 (2008).

二、适应性金融监管的界定与源流

有学者认为，金融监管应该具有强“适应性”，特别是在现代化技术快速迭代、金融与科技不断融合、金融市场加快创新的过程中，金融监管应该与市场、与技术发展至少要保持同步，主动采用广泛的方法、利用新技术，保持监管的“适应性”，真正做到“早识别、早预警、早发现、早处置”。[①] 适应性监管不仅在个人信息保护、食品安全、生态保护、网络安全等领域有重大意义，在金融领域的价值更为重大。面对当前满足金融支持经济恢复的需求、金融科技迅猛发展的趋势以及促进金融国际竞争力的内在需求，笔者认为，应从国家治理能力和治理体系现代化的高度认识适应性金融监管的意义与价值。适应性金融监管从中国整体的大局观出发，体现金融监管的有序、有力，以金融稳定、安全、公平、效率为导向，进而维护金融生态良好运行，维护市场秩序，防控系统性金融风险，保护金融消费者利益，促进经济发展。从这个意义上看，适应性金融监管是国家治理能力体系现代化中的重要一环。

（一）适应性金融监管的定义与内涵

现有学术成果中关于适应性金融监管的研究较少，在理论界对适应性金融监管的研究也没有统一的系统性的论述，因此深入理解和探讨适应性金融监管的前提是对适应性金融监管进行概念解释和内容界定。

1. 适应性金融监管的定义

通常情况下，生物学界比较多地使用“适应性”一词，用来描述一个生物体对其当前或者进入一个新的环境时的协调能力和反应能力。而关于适应性金融监管，则应当是在一定的国内外整体金融环境下，一个国家的金融监管体系对金融环境不断变化的适应能力表现良好，对宏观或国际经济环境的变化对金融产生的冲击回应很好，这可称为有良好的“适应性”。笔者认为，适应性金融监管的适应性不能仅从生物学界描述的适应性或适者生存的角度理解，也不能庸俗地理解为金融监管对金融发展创新的亦步亦趋的跟随。有学者认为，金融

① 周琳：《全国政协委员范小云：保持和加强金融监管“适当性”》，载中国经济网，http://www.ce.cn/xwzx/gnsz/gdxw/201903/05/t20190305_31617139.shtml，2021年8月1日访问。

监管者应当具有先于市场从业者的警觉性，在借助当前金融科技和监管科技实时动态监管的同时，要预测金融机构的发展路径，敏锐地感知到金融机构当前可能存在的风险，然后及时地调整监管策略，以达到更好的监管效果。[①] 前瞻性是好的金融监管的重要因素之一。什么是好的金融监管？如果以金融危机来衡量，好的金融监管一定能防止金融体系发生不良事件或者崩塌，及时化解金融危机。金融危机爆发之前，大部分监管机构都认为自己做得非常棒。金融危机爆发后，全球的金融体系几近崩溃，公众对金融机构和监管机构的信任骤降。[②] 在2008年金融危机爆发后，反思金融监管理念和模式及其局限性的成果开始大量涌现。在2010年，国际货币基金组织发表了“打造良好监管：学会说‘不’”的工作论文。[③] 这篇论文认为良好监管的五要素是“具备侵入性”“积极主动并敢于质疑”“具有全面性”“具有适应性”“要形成决定性的结论并继之以行动”。其中，所谓的“具有全面性”是指超越单个机构分析风险，要从整个金融体系分析风险，监管者必须持续关注金融发展前沿以及随时可能出现的风险；所谓“具有适应性”，基于金融业是一个经常变化和不断创新的行业，监管者必须处于不断学习的状态，能够快速识别新产品、新市场以及新服务中的潜在风险，不断更新技能和工具箱，并能够采取有效的风险缓释措施或及时叫停某项业务。本文所讨论的适应性金融监管是指这种基于全面性的适应性，即基于整个金融系统甚至国内外经济形势的发展及随时可能出现的风险，监管者能够快速识别行业内新风险，并能够运用新技能和工具箱，通过降低风险或暂停业务进行及时有效的干预。适应性金融监管是一个国家特定时期的金融监管目标、体制、原则、方式、手段和内容在特定的金融环境发展中适应性、协调性的综合反映。金融环境的因素有很多，是包括金融发展生态、金融监管体制机制、金融法律法规、金融科技、监管科技、国际金融经济现状和发展走向等各方面因素相结合作用下的经济环境。金融监管对金融环境的适应性，以金融环境变化发展的客观规律为基础，金融监管不可能脱离金融环境而孤立于世；相反，

---

① 廖凡：《金融科技背景下监管沙盒的理论与实践评析》，载《厦门大学学报（哲学社会科学版）》2019年第2期。

② 陈辉：《监管科技：框架与实践》，中国经济出版社2019年版，第113～115页。

③ Vinals J, Fiechter J. The Making of Good Supervision: Learning to Say “No”. IMF Staff Position Note May 8, 2010.

金融环境影响甚至决定着金融监管的态势和方向，所以金融监管要具有一定的前瞻性、全面性、适应性，要主动适应国内金融环境的发展和当前世界经济格局的变化。

2. 适应性金融监管的内涵

适应性金融监管包含金融监管理念的适应性、金融监管目标的适应性、金融监管原则的适应性、金融监管方式的适应性、金融监管手段的适应性，以及金融监管体制机制的适应性等诸多因素。本文主要探讨其中最为重要和连贯的四个因素：金融监管理念的适应性、金融监管体制的适应性、金融监管手段的适应性和金融监管机制的适应性。在一个金融监管适应性较强的国家，这几个方面的监管适应性最能反映金融监管和金融生态内的经济状态以及发展趋势。

金融监管理念、体制、手段、机制的适应性统一于整个金融监管体系对金融环境的适应性，彼此影响和制约。一般情况下，金融监管理念的及时调整起着非常重要的作用，金融监管理念的适应性调整指导着金融监管手段和体制、机制之间的相互协调，而金融监管手段和体制、机制的适应性变革在很大程度上体现着金融监管理念的调整和变化。但是这并不妨碍适应性金融监管各内容之间的相对独立性。

适应性金融监管强调事前的适应性，也就是在金融行业没有出现问题但快要出问题时，监管机构要具有前瞻性的眼光，在金融机构商业模式、治理结构缺陷或者金融行为导致的风险爆发之前，找出问题所在，用发展的眼光分析问题，从而来纠正某些金融机构的行为，引导其向一个正确的方向发展，力争避免那些因为监管不力导致的金融风险。

适应性金融监管强调超越单个金融机构风险管控的适应性，不仅对单个金融机构稳健经营进行监管，而且对整个金融市场和金融体系的稳定性进行宏观审慎监管。

（二）适应性金融监管与相关术语的关系

国际和国内主流的“机构监管”“功能监管”“综合监管”“双峰监管”等术语与“适应性金融监管”是何种关系？对这种关系的厘清，便于更好地理解适应性金融监管，对适用和贯彻适应性金融监管会有很大的帮助。

1. 机构监管、功能监管与适应性金融监管的关系

机构监管是一种适应金融业分业经营并分业监管的监管模式，一般是根据金融机构的法律属性（如商业银行、证券公司、保险公司等）和业务牌照类型的角度进行划分，从审慎监管和行为监管两个层面着手对金融机构及其业务进行分业监管。[①] 在二十世纪九十年代之前，大多数国家和地区采取这种监管模式。功能监管则是根据金融机构所实际从事业务的性质进行分类监管。在完全采用功能监管模式的国家，一个多元化金融集团（包含银行业务、证券业务、保险业务、基金业务等牌照）内不同的业务线条将接受不同功能监管机构的监督和管理，不同监管机构的监管协调以及系统重要性金融机构的统筹监管将由中央银行或特定的委员会负责。功能监管的诞生有一个很残酷的现实背景——机构监管遇到了难题：大型金融集团多元化业务转型和金融创新发展使得其业务本身的法律属性难以界定。在一些国家和地区，采取了某种机构监管和功能监管的结合。目前，中国仍采取这种机构监管和功能监管相结合的监管模式，根据金融机构的类型设置不同类型的金融牌照，并根据金融牌照的业务性质分为两大类（即直接金融和间接金融）分别由中国银行保险监督管理委员会和中国证券监督管理委员会进行监管。同时，对于纯粹性金融控股公司、系统重要性金融机构由中国人民银行进行牵头监管，对于本金融业内的金融控股公司或系统重要性金融机构则由相应的行业监管部门进行具体监管，对于理财产品（所谓的第三金融，不是直接金融也非间接金融）则由央行牵头建立统一业务性质的资产管理监管规则。我国这种机构监管、功能监管相结合并逐渐以功能性监管为主的监管模式，基本适应目前金融业及其监管的实际情况。这种监管模式能够回应金融新技术、新市场、新产品和新服务的风险，与适应性监管前瞻性地识别行业风险并快速采取干预措施的要求相适应。尽管中国目前的金融监管框架具有了一定程度的监管适应性，但是笔者认为，由于存在监管目标重叠、监管内容重叠，不仅监管资源浪费，而且在金融稳定和金融效率之间未达到更好的平衡。

---

① 张晓朴、卢钊：《金融监管体制选择：国际比较、良好原则与借鉴》，载《International Monetary Institute Working Papers》2014 年第 13 辑。

2. 综合监管、双峰监管与适应性监管

综合监管，又称为单一监管体制，是金融混业化之后新出现的监管体制。对应分业经营的多头、分业监管不适应二十世纪八十年代开始的金融业跨业经营和金融产品的跨界属性，因此一些国家或地区对多类监管机构进行整合，形成一元监管体制。综合监管体制之下，单一经济体只设置一个金融监管机构，该机构既负责金融体系和机构的宏微观审慎监管，也负责所有各类金融机构的行为管理。典型代表是英国、日本等。英国金融服务管理局（Financial Services Authority，FSA）成立于1997年10月，由1985年成立的证券投资委员会（Securities and Investments Board）改组而成，1998年6月从英格兰银行承接了银行监管职能。自2001年施行英国《2000年金融服务和市场法》之后，该局取得了法律赋予的对金融业统一监管的综合性权力。日本金融厅（Financial Services Agency，FSA）于2001年7月1日成立，由金融再生委员会下属的金融监督厅和大藏省金融企划局改组、合并而来，下设总务规划局、检查局、监督局和证券交易监视委员会、注册会计师监察审查会等。在2002年金融再生委员会被撤销后，金融厅成为内阁府的直属机构，负责对银行业、证券业、保险业、信托业和整个金融市场进行独立监管，与大藏省共同负责处置金融机构破产或危机事务。①

双峰监管体制最早在澳大利亚、荷兰得到实践，2008年金融危机之后英国也转向这种监管体制。这种体制根据监管目标将监管机构分为两个：一个监管机构负责宏观与微观审慎监管，以确保金融体系稳定和金融机构稳健；另一个监管机构负责金融机构展业过程中的行为监管，维护金融市场秩序和客户受到公平对待。支持双峰监管体制的原因是，金融体系的活力和创新发展导致传统金融行业的界限消失。金融监管不应分业设置，而应基于不同的监管目标设立，确保任何金融业务活动处于监管之外，并尽量减少或避免监管重叠。② 例如，基于中央银行的货币政策职能与最后贷款人角色、金融稳定职能有较好的协同效应和知识互补，荷兰央行（DNB）承担不同类型金融机构和金融市场的审慎监管职能，荷兰金融市场监管局（AFM）负责所有类型金融机构的行为监管。再

① 张承惠、王刚：《日本金融监管架构的变迁与启示》，载《金融监管研究》2016年第10期。

② Kremers J, Schoenmaker D, Wierts P. Cross – Sector Supervition: Which Model? In: Litan RE, Herring R (eds) Brookings – Wharton Papers on Financial Services. Brookings Institution, Washington, DC 2003.

如，在英国双峰监管实践中，由英格兰银行内设的金融政策委员会（FPC）和审慎监管局（PRA）负责宏微观审慎监管，金融行为监管局（FCA）则负责金融机构的行为监管和消费者权益保护。英国在2007年金融危机之后出台了2008年、2009年《银行法》以及2012年、2013年、2016年的金融改革立法，是对金融监管制度进行改革力度最大的国家。英国2009年《银行法》规定了解决银行已经出现或可能出现的危机时的制度，即特殊处置制度（Special Resolution Regime，SRR）、银行破产程序（Bank Insolvency Procedure）和银行管理程序（Bank Administration Procedure）。在英国，传统的英格兰银行、财政部及金融服务管理局（Financial Services Authority，FSA）三方（tripartite）监管机构也是银行业危机处置体系中的三方机构。英国出台的2012年《金融服务法》（Financial Services Act 2012），撤销了金融服务局，新设了审慎监管局（Prudential Regulation Authority，PRA）和金融行为监管局（Financial Conduct Authority，PCA），分担金融服务局的职能。此外，根据2012年《金融服务法》，英格兰银行承担了更多的金融稳定职能和金融监管职责：一方面，英格兰银行内设的金融政策委员会（Financial Policy Committee，FPC），负责银行宏观审慎监管以维护金融系统的稳定，英格兰银行对系统性金融风险采取识别、监控等措施；另一方面，英格兰银行的下属机构金融审慎监管局，负责对存款机构、保险机构和大型投资机构的微观审慎监管，具体负责处置危机银行等危机金融机构。之后，英国金融改革尤其是银行改革持续深入，先后出台了2013年《金融服务（银行改革）法》[Financial Services（Banking Reform）Act 2013]和2016年《英格兰银行和金融服务法》（Bank of England and Financial Services Act 2016），上述改革是综合性的改革，前者对实施救助（implement bail - in）、人员责任（individual accountability）等方面制定了更加严格的监管标准，后者则建立了相对独立的货币政策委员会、金融政策委员会和审慎监管委员会共同组成的英格兰银行的组织架构。2016年改革之后，审慎监管局不再是英格兰银行的下属机构，英格兰银行创设审慎监管委员会，通过这个委员会履行审慎监管职能。总之，通过2012年之后的三次改革，财政部和英格兰银行之间的分工和监督更加明确，审慎监管局更加重视审慎要素，对于其监管的1700余家机构和新设存款机构要求有明确的复苏与处置计划。

笔者认为，双峰金融监管体制的产生本身就是一种适应性监管的体现，基于目标进行原则性监管和规则性监管的结合，基于金融创新和市场发展活力、国际竞争需求，把侵入式监管和轻触式监管有机结合，按照风险评估结果配置监管资源，形成以合规为基础、以风险为导向的金融监管新思路：金融监管要具有基于“全面性”“前瞻性”实现监管机构与监管工具对新金融的“适应性”，要具有基于合规为基础、风险为导向的监管资源配置的“适应性”，基于“侵入式”“轻触式”相结合的监管决策的“适应性”。

三、金融监管的困境与适应性金融监管的发展

（一）金融监管的悖论

金融监管的治乱循环不仅是中国面临的重大问题，也是其他国家和地区面临的重大问题。金融监管的治乱循环之所以成为问题，根源于金融监管自身存在三元困境：第一，监管资源有限与监管目标多元的困境；第二，原则监管与规则监管中的标准困境；第三，侵入式监管与轻触式监管周期循环的困境。

在特定时期，一个国家或地区的金融监管资源（人力、预算、手段、工具、技术等）是有限的，而且受到国内外政治、经济和法院管辖权的制约，金融监管机构及其人员所能够从事的监管工作受到限制，但是当下的机构监管、功能业务监管的任务并存，合规与风险监管并重，宏观、微观审慎监管和行为监管目标同样重要，被监管对象的合规人员和成本也有限度，因此监管资源有限与监管目标多元的困境时刻都在。

原则导向监管是建立在高道德标准上的灵活监管。它假设金融机构都是负责任的，这些金融机构会遵守这些道德标准。任何原则解读上的分歧都能够通过监管者与被监管机构之间的磋商得以解决。2008 年金融危机爆发后，原则导向监管被认为是危机的原因之一。英国金融服务局首席执行官赫克托·桑特斯在 2009 年 3 月宣布了一项有别于原则导向监管的新的监管办法，他认为“应该认识到纯粹原则导向监管体制的局限”，而且“原则导向监管对那些没有原则的机构是无效的”。[①] 原则性监管通常与“开放性标准”联系在一起，这些开放性

---

① ［荷］费姆克·德弗里斯：《原则导向监管怎样促成良好监管目标的实现?》，载乔安妮·凯勒曼、雅各布·德汗、费姆克·德弗里斯编著：《21 世纪金融监管》，张晓朴译，中信出版社 2016 年版，第 183 页。

标准在监管者和被监管者发生歧义时，通过监管谈话或监管解释并不总是能够达成一致意见，被监管对象在合规和风险控制上处于不确定状态。有人认为，原则导向监管似乎在2008年金融危机爆发后被“草草埋葬”，但笔者认为事实上并非尽然，为了避免金融监管规则繁琐、繁文缛节所导致的巨额合规成本，任何金融监管必然是原则监管和规则监管的统一。但是，二者的结合度，尤其是其中的原则释义、标准解释始终是金融监管的困境。

为了保证金融监管的执行到位和避免严格执行监管规则的未预期后果，监管强度和干预时机是个艺术问题。从导致2008年金融危机的反思性报告看，很多国家或地区的监管机构奉行轻触式监管，没有对被监管对象施加有效影响，以推动它们开展审慎有效的风险管理。[①] 从整个监管理念和体制机制上观察，轻触式监管实践和侵入式监管实践处于周期循环之中，这是一个分析危机与监管关系的公认特征。从博弈论角度分析，监管者有协作性监管或强制性监管的选项，被监管者则有遵从或规避的选项，结合在一起形成四种组合。在这里，有解释力的是一种“响应式监管”的范式，即综合运用协作式监管方式与违规惩戒“金字塔”式升高模式，是最为有效的结合方式。[②] 但是，从金融监管立法和实践看，侵入式监管和轻触式监管无论在法律框架建设上，还是监管执行上，均长期处于周期性徘徊在二者之间的困境里。

（二）适应性金融监管在域外的兴起

根据适应性监管的理念，监管者可以对包含市场规则和自身监管策略在内的内容进行创新和改变，也即在其自由裁量权范围内调整决策进程，在信息更加充分的基础上做出最恰当的决策，使之适应金融市场的不断变化。[③] 要树立这样一种监管理念，就不能坐井观天，只关注于中国这样一个金融体系，要放眼全世界，观察域外其他国家的金融监管改革和发展，从中寻找启示和借鉴。

---

① ［荷］海蒂·理查兹：《金融机构监管的影响和激励》，载乔安妮·凯勒曼、雅各布·德汗、费姆克·德弗里斯编著：《21世纪金融监管》，张晓朴译，中信出版社2016年版，第79～84页。

② Ayres I, Braithwaite J. Responsive Regulation. Oxford University Press, 1992. 转引自乔安妮·凯勒曼、雅各布·德汗、费姆克·德弗里斯编著：《21世纪金融监管》，张晓朴译，中信出版社2016年版，第86～89页。

③ 廖凡：《金融科技背景下监管沙盒的理论与实践评析》，载《厦门大学学报（哲学社会科学版）》2019年第2期。

1. 美国金融监管发展的新阶段与新特征

金融监管体系是一个国家金融竞争力的重要构成因素，美国金融业能够领先其他国家和地区，从侧面说明了它的监管体系是适应市场发展的，并具有一定的优势。美国的金融监管体系独具特色，是一种典型的分权型多头监管模式，也被称为“伞形监管”体制。美国的重要金融监管立法以及重要监管制度变革如图 1 所示。美国金融监管立法和实施呈现出典型的治乱循环：1929 年经济大萧条导致金融监管法制化和系统化；1970 年之后，广泛直接的金融监管被认为损害了金融机构和金融体系的效率以及发展活力，美国开始不断放松金融监管，银行可以跨州设立机构，金融业综合化混业经营得到了法律上的确认，金融监管不断放松；2008 年金融危机爆发后，美国通过了以《多德——弗兰克法》为代表的多个法律，调整了监管机构框架和体制，强化了监管；自 2017 年之后，特朗普政府不断推动放松监管的人事变动和法律修改，美国的金融监管得到一定程度的放松。除了前文提及的《放松监管法案》《沃尔克规则修正案》外，本文重点介绍随着金融科技发展，自 2017 年以来的美国监管立法和监管实施呈现出的“适应性金融监管”新理念。

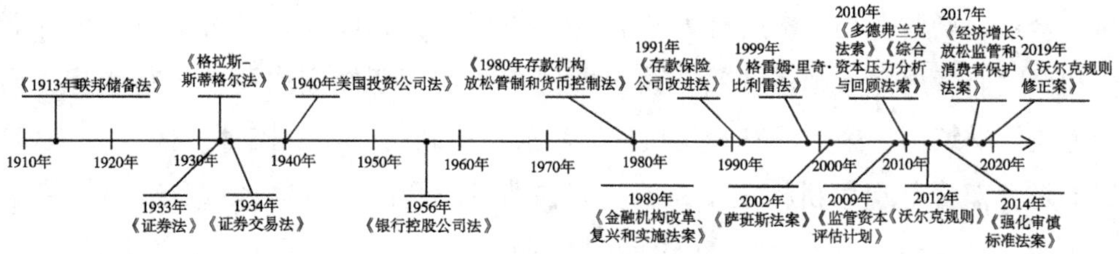

图 1　美国金融监管的主要变革

在金融科技立法与监管方面，美国政府秉持“负责任的创新”的监管理念，对金融科技的变化更新高度敏锐，并适时纳入法律和监管范围。① 美国金融消费者权益保护局于 2016 年 2 月发布了类似于监管沙盒机制的《无异议函细则》，目的是降低监管政策的不实时更新或不当更新对金融创新产品和金融创新服务所造成的不利影响。② 此函实质上是一种事前认可机制，它只接收还未正式推出

① 李真、袁伟：《美国金融科技最新立法——监管动态及对我国的启示》，载《金融理论与实践》2020 年第 4 期。

② 李展、叶蜀君：《中国金融科技发展现状及监管对策研究》，载《江淮论坛》2019 年第 3 期。

但已经完成产品的申请，也可以说是一种具有前瞻性的准入制度。

2019年1月和3月，美国国会代表分别提交了《金融科技保护法案》和《金融科技法案2019》，意在建构针对金融科技的法律框架，通过创设新的监管机构、厘清监管协调机制，希望可以强化对金融科技的监管。《金融科技保护法案》主要针对“利用虚拟货币从事恐怖主义和非法融资活动的人及其行为”，以行为监管为主，重点偏向于“举报和惩戒”。同时设立“创新和金融情报领域的金融科技领导力计划”，明确金融科技在创新和金融情报项目中的领导地位，以支持开发能够侦查非法组织和非法使用虚拟货币的工具和程序，并进行创新授权和资助。① 而《金融科技法案2019》以“初创型金融科技公司”为主要的监管对象，进行功能监管，与上一个不同的是它侧重于“鼓励和保护创新”，明确监管主体、议事规则、协调机制等方式，解决“多头监管”和“监管真空”问题，② 从而达到保护初创型金融科技公司、支持合理的金融创新和发展。

荷兰在2002年引入“双峰监管模式”。在此模式下，金融监管主要聚合到两个方面：一方面，不同类型金融机构的审慎监管职责被整合到一个单一的监管部门内，此类监管由荷兰央行（DNB）负责；另一方面，作为独立的监管者，荷兰金融市场监管局负责所有类型金融机构的行为监管。③ 2004年，荷兰将养老金和保险监管局并入荷兰央行，将全部的审慎监管职能交由荷兰央行承担，而行为监管继续由金融市场管理局负责，形成了明确的“双峰监管”模式。④ 财政部不是“双峰”监管机构之一，但是其在荷兰德金融监管体系中具有承上启下的作用，它主要连接欧盟监管机构和荷兰的“双峰”监管机构、荷兰金融市场；金融稳定委员会的主要作用是提供一个平台，协助“双峰”监管机构和财政部进行监管协调与信息共享。⑤ 此外，荷兰在金融科技生态系统中占有重要地位，

---

① 李真、袁伟：《美国金融科技最新立法——监管动态及对我国的启示》，载《金融理论与实践》2020年第4期。

② 朱雅婷、成源：《我国金融监管科技的发展与国际经验借鉴》，载《企业改革与管理》2020年第14期。

③ ［荷］乔安妮·凯勒曼、雅各布·德汗、费姆克·德弗里斯：《21世纪金融监管》，张晓朴译，中信出版社2018年版，第204页。

④ 胡滨、郑联盛等：《监管沙盒：理论框架与国际经验》，中国金融出版社2020年版，第212页。

⑤ 刘倩云：《荷兰金融监管“双峰”模式研究及对我国的启示》，载《金融服务法律评论》2018年第9期。

监管当局支持性监管态度为金融科技的进一步发展提供了良好的制度环境。与其他采用“双峰”监管模式的国家一样，荷兰金融监管一方面侧重于对金融机构实施审慎性监管，以防范系统性风险，确保金融机构稳健经营，维护金融体系的整体稳定；另一方面侧重于对金融机构的行为进行监管，以防范道德风险，保护金融市场中的消费者和中小投资者。为应对金融科技带来的挑战，荷兰监管当局积极探索在现行法律框架下，根据金融科技的特点，适度调整完善监管方式，先后建立了创新中心或监管沙盒机制。

创新中心是企业就金融科技相关问题向当局提出询问的专门联络点。2016年，荷兰金融市场管理局（AFM）和荷兰中央银行（DNB）成立创新中心（Innovation Hub），为金融科技创新者提供相关监管法律法规的指导和查询支持。AFM 和 DNB 与荷兰消费者和市场管理局（ACM）合作，在此框架内，监管机构为机构提供创新服务或产品公司的监管者提供监管者便利，消除不必要的进入壁垒，并帮助监管部门及时了解金融部门技术创新的发展情况，增进利益相关者之间的知识共享与对话沟通。监管沙盒是一种允许企业在权威机构授权和监管下进行产品服务测试的机制。2016 年 12 月，荷兰金融市场管理局和荷兰中央银行共同推出了荷兰的监管社和测试方案，旨在为那些从事金融产品、金融服务和模式创新的所有金融服务公司提供更多的创新空间，使市场参与者能够推出他们的创新金融产品、服务或业务模式。

（三）适应性金融监管在中国的发展

在改革开放的前三十年，中国的金融机构类型少、发展晚、起步慢，金融机构所经营的业务种类相对单一，中国金融监管以机构监管为主，主要由各类监管机构针对其划分的不同类型金融机构进行监管。但是，自 2013 年之后，依托于移动互联网、人工智能、区块链等金融科技的高速发展，金融业已不同于以往——各类金融机构在疯狂拓展业务类型的边界，金融科技的登场逐渐弱化金融机构的媒介作用，出现了很多的影子银行业务，使得这些机构的定性成为一个难题。它与传统金融的最大区别在于依托媒介不同。[①] 在传统金融中，主要强调金融机构的金融中介的作用，用来连接资金需求双方，而如今拥有金融科技加持的各

① 年志远、贾楠：《互联网金融监管与传统金融监管比较》，载《学术交流》2017 年第 1 期。

类金融机构则主要依托互联网进行金融活动和金融交易，金融监管对此不能完全适应。2018 年，经济环境恶化、信用风险上升等一系列压力催生了本质上属于金融危机的 P2P 爆雷潮，[①] 更加凸显金融科技与金融创新所带来的改变带给传统金融监管的压力，同时也明示了传统金融监管必须做出适应性变革的必要性。

中国金融监管架构开始于 1983 年，中国人民银行被确定为中央银行。随后中国证监会、中国保监会、中国银监会相继成立，于 2003 年形成了具有中国特色的金融监管架构——“一行三会”的监管机构框架及监管体制。中国的金融监管是一个不断变革的过程，2018 年国务院成立“金融稳定发展委员会”，[②] 银监会与保监会合并成立“银保监会”，至此形成了“一委一行两会”的监管机构框架和监管体制的新格局，但是依旧遵循“分业经营、分业监管”的金融监管模式。由于中国银行业金融资产的占比长期以来都在 80% 以上，在中国金融体系中具有决定性影响，所以，中国金融监管深深地烙上了银行业监管的烙印和影子。[③] 中国金融监管体系产生于特定的社会经济环境，既有主动因素也有被动因素，既有体制依赖也有突破性创新，既有海外借鉴也有中国特色。[④]

具体而言，伴随着改革开放，中国的金融发展和金融监管改革主要分为三大阶段：1949 年至 1992 年；1993 年至 2012 年；2013 年至今。如图 2 所示。

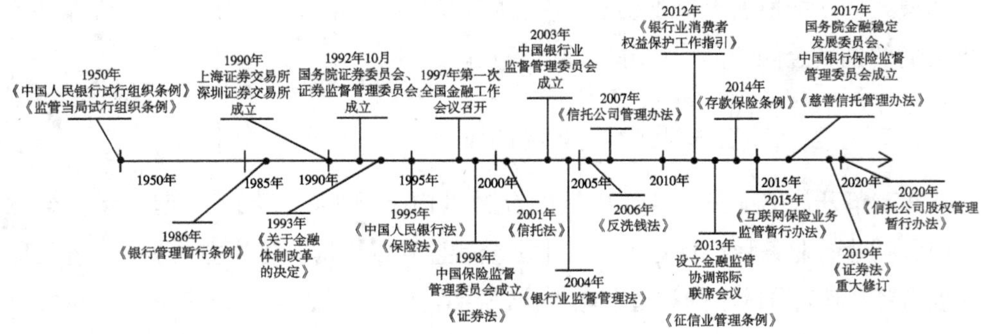

图 2　中国关键的金融变革

---

① 周宇：《金融危机的视角：P2P 雷潮的深层形成机理》，载《探索与争鸣》2019 年第 2 期。

② 徐洪才：《详解“金稳会”》，载《中国经济报告》2017 年第 9 期。

③ 吴晓求：《中国金融监管改革：现实动因与理论逻辑》，载《财贸经济》2017 年第 7 期。

④ 尹振涛：《中国金融监管改革的历程回顾与未来展望》，载《金融时报》2020 年 3 月 9 日，第 12 版。

第一阶段从中华人民共和国成立开始至党的十四大召开。在这一阶段，中国实行计划经济体制，改革开放之后逐渐实行有中国特色的商品经济，但是现代意义上的金融监管在这个时期基本上属于银行监管，几乎不涉及保险、证券等业务。专业性银行逐步从中国人民银行中分离出来并确立中国人民银行为中央银行之后，形成了中国人民银行承担货币政策职能，同时又是相对独立、全面、统一的金融监管机构。

第二阶段自党的十四大召开至党的十八大召开。我国探索中国特色社会主义市场经济体制，中国人民银行剥离出了日常的金融监管权，主要的任务放在制定和执行货币政策方面。随后金融业的相关法律相继诞生——《商业银行法》《银行业监督管理法》《证券法》《保险法》《信托法》等，金融监管法律不断完善，中国的金融监管开始进入法治化阶段。进入 21 世纪以后，中国加入世界贸易组织，金融发展与国际接轨，开始借鉴域外经验，适应更大的经济环境，同时也意味着更大的风险——2008 年金融危机便是例子。

第三阶段自党的十八大召开至今。随着中国经济发展先后步入进入新常态和双循环新格局，金融业取得了快速发展，中国金融监管机构框架也适时进行了相应调整。2017 年成立“国务院金融稳定发展委员会”，2018 年合并“银监会”与“保监会”，成立“银保监会”，更加全面地统筹和协调了银行与保险领域的有效监管，① 也代表着在一定程度上适应金融业发展的新需要。自 2012 年开始，国内出现“互联网金融”这一概念，② 代表性的事件为余额宝正式上线，以及随后几年里引起波澜的以 P2P、众筹为代表的互联网金融商业模式开始出现。在互联网金融发展初期，监管部门出于包容性监管理念，划定了底线或红线，并未跟进监管，导致互联网金融其兴也忽焉，其衰也忽焉，伴随着集资诈骗等非法集资犯罪、清退维稳案件的发生，互联网金融兴盛不再。互联网金融未得到适应性监管的后果是金融秩序紊乱、受害人家庭损失惨重，从金融发展和相应法律制度建设上看，直接导致众筹制度未在《证券法》2019 年修改中落地、P2P 平台则随着专项整治的深入而在 2020 年 11 月全部退出市场。与互联网金融同时在中国兴起的还有金融科技。金融科技一词出现于 2014 年，一些初创

---

① 尹振涛：《中国金融监管框架改革的逻辑》，载《银行家》2018 年第 4 期。

② 谢平、邹传伟、刘海二：《互联网金融模式研究》，载《新金融评论》2012 年第 1 期。

企业在开展金融信息业务时开始使用大数据、区块链等互联网技术，[①] 使得 FinTech 开始声名大噪。大型科技平台业务规模的快速扩张和创新产品的不断涌现，金融科技的发展迅速且深入，技术驱动形成金融产品和服务创新的周期越来越短，给传统的金融监管带来了多方面的挑战，也反映出其严重不适应金融创新和新型金融风险防控的需求。

金融科技以新型信息技术为底层逻辑，其为金融服务的方式更加虚拟化，可操作性强同时也带来业务边界的更加模糊。市场上弥漫着各种跨行业的金融服务，不同业务之间的关联性非常紧密，风险传染性增强：（1）信息技术的不当应用会造成数据垄断和不当使用的风险。传统的监管是被动的，要求被监管者主动进行信息披露，监管机构根据披露出的信息评估风险、制定监管措施。这样的监管方式使得监管机构根本无法接触到某些重要但金融机构不希望监管者接触到的信息和数据。另外，各种信息和数据横飞，辨别信息真伪也会耗费很大的成本，同时也会滋生数据造假、数据泄露等数据黑色产业。（2）数据时代更容易产生信用风险。金融最本质的功能就是解决信息不对称问题，但是传统的监管者难以及时发现信息披露中隐藏的问题，所以在风险传染性更强的数据时代，一旦发生信用风险，造成的损失将不可估量。[②]

金融业发展迅速，传统的金融监管已经面临监管瓶颈。传统监管大多采用统计报表、现场检查等方式，缺乏时效性；而且依赖金融机构报送监管数据和合规报告，存在明显的时间差。另外有很多的金融创新产品包装新颖，但却只是表象，实质上还是传统的金融业务，尽管现在有提到“穿透式监管”，但是依然无法准确识别层层嵌套的所谓的金融创新产品的最底层。[③] 监管机构的人员在业务的经营范围、数据报送口径、金融消费者权益保护等方面存在理解偏差，监管标准无法做到完全一致。金融科技以一种“破坏性创新”的金融模式，[④] 使得金融行业的运营状态、融资方式，甚至货币的形式都发生了根本性的变化，[⑤]

---

① 谢平、刘海二：《金融科技与监管科技》，中国金融出版社 2019 年版，第 7 页。

② 杨东：《防范金融科技带来的金融风险》，载《红旗文稿》2017 年第 16 期。

③ 李伟：《监管科技应用路径研究》，载《清华金融评论》2018 年第 3 期。

④ 许多奇：《金融科技的“破坏性创新”本质与监管科技新思路》，载《东方法学》2018 年第 2 期。

⑤ ［美］威廉·马格努森：《金融科技时代与美国的金融监管改革》，载《经济社会体制比较》2019 年第 6 期。

已经颠覆了原有的监管模式，且发展速度一度超过金融监管的适应能力。① 新的发展形势呼唤适应性金融监管在中国全面落地实施。

四、适应性金融监管在中国的实现形式

新技术的不断出现，传统监管手段难以应对金融科技的快速发展。一方面，金融机构希望采用监管科技降低合规成本与经营成本、经营风险；另一方面，监管机构也可以利用科技手段履行其监管职责。2008 年金融危机后的监管体制机制调整和 2012 年以来金融科技迅猛发展导致适应性金融监管的理念、机构框架、手段和机制成为当下金融监管的内在需求。

（一）适应性金融监管理念的重塑

从某种意义上来讲，金融监管应具备逆经济周期特征，尤其是处于经济繁荣时期，经济的快速增长使市场主体信心膨胀，金融市场整体风险意识淡薄，这往往为金融危机埋下了风险的种子。采取积极主动并具有批判精神的监管态度意味着对于风险具备一个独特的视角和对于追求普遍真理过程中质疑权威的精神，好的监管者对于相关的风险应当具备高度的警惕性和敏感性，② 尤其是在经济繁荣表象下隐藏的风险隐患。前瞻性是适应性金融监管的基础理念之一。

金融监管已经超越单个金融机构的风险，是要针对整个金融体系的风险，即系统性风险，不仅实现金融机构稳健经营，而且更要实现金融体系的稳定。从金融体系稳定而言，有学者认为强化系统性重要金融机构监管和影子银行的监管是全面性监管中的重点，因为这二者是当下影响金融稳定的系统性风险来源。③ 所以，基于重点突出为基础的全面性监管是适应性金融监管的另一个基础理念。

监管理念的重塑是深化中国金融监管体制改革、推进监管法治化现代化的根与魂。④ 较之于传统金融体系，金融科技推动了金融中介、金融产品、金融市

① 胡萍：《大科技金融面临哪些监管挑战》，载《金融时报》2020 年 10 月 19 日，第 7 版。

② 陈辉：《监管科技——框架与实践》，中国经济出版社 2019 年版，第 114 ~ 115 页。

③ 袁达松：《金融稳定法论》，法律出版社 2019 年版，第 13 ~ 74 页。

④ 范云朋、尹振涛：《FinTech 背景下的金融监管变革——基于监管科技的分析维度》，载《技术经济与管理研究》2020 年第 9 期。

场的创新，金融业呈现出技术化、数据化、智能化的特点。与此相适应，传统的静态监管理念已不适应金融科技时代的发展需要，监管理念不应墨守成规。

金融监管理念的重塑是深化我国金融监管体制改革和推进监管法治化、现代化和智能化的关键所在。① 基于金融科技发展的视角，未来的金融监管应更加具有前瞻性，注重在预防风险和鼓励创新之间寻求平衡，由被动式、响应式监管转变为主动式、包容性、适应性监管，以期金融规则或监管规则有足够的灵活性和主动性能够包容金融市场不断发生的变化，使监管机构保持适当充分的监管裁量权。重塑金融监管理念的另一导向要具有侵入性，指的是监管无处不在，侵入性的监管不仅指监管手段侵入金融机构，深入了解被监管对象；还包含监管的震慑力，让被监管机构从根本上约束自身行为，避免激进违规运营。②

总之，要调整之前的被动性监管为主动性监管，主动寻找金融机构或者金融企业的风险敞口，主动出击，把风险扼杀在摇篮里。监管者应关注金融科技对金融业带来的变化、潜力、结构性影响，以便及时调整监管政策和监管制度。

（二）适应性金融监管机构框架的重塑

2008 年金融危机中荷兰、澳大利亚的双峰监管框架表现优异，危机之后英国把单一金融监管机构框架变革为双峰监管框架，以“目标导向”的监管成为一个改革趋势。中国当下的“一委一行两会”监管机构框架部分体现了目标导向。金融发展稳定委员会负责整体协调金融监管，中国人民银行负责系统性重要金融机构、金融控股公司的牵头监管，同时两会分别负责监管本行业内系统性重要金融机构、金融控股公司的监管，中国人民银行负责金融机构和金融市场的宏观审慎监管，两会分别负责本行业内金融机构的微观审慎监管。此外，中国人民银行、中国银保监会分别建立了金融消费者保护机构，负责金融消费者保护，同时两会分别从行业监管角度监督金融机构及其从业者的商业行为。这种以宏观审慎监管、微观审慎监管、金融行为监管及消费者保护并重的监管机构框架和目标初步形成，但是分业经营、分业监管的基本体制没有根本变革，宏观审慎监管和微观审慎监管目标仍有重叠，对系统重要性金融机构、金融控

---

① 尹振涛：《监管科技——面向未来的监管变革》，中国金融出版社 2020 年版，第 159 页。

② 陈辉：《监管科技——框架与实践》，中国经济出版社 2019 年版，第 114 页。

股公司等的监管尽管有所分工，但是仍有重叠。在当前修改《中国人民银行法》《商业银行法》和制定《期货法》的新一轮金融立法中，须从学习伞形监管体制中转向学习双峰监管体制，把审慎监管和行为监管作为两个独立监管目标构建监管机构框架和体制，以此为基础覆盖所有类型的金融机构、金融市场、金融产品、金融服务以及新金融科技和新型金融风险。适应性金融监管的机构框架并非通过监管消除一切风险，而是通过市场化法治化手段快速出清破产的金融机构。所以，在双峰监管框架下，还需塑造以金融稳定导向的金融机构恢复、处置和破产的机构和权力框架，作为双峰监管框架的重要补充机制，以充分发挥市场机制的“监管”功能。

在适应性监管机构框架下，监管资源配置以合规为基础、以风险为导向，把有限的监管资源配置到系统性风险和其他金融风险领域或环节，降低监管成本和金融机构合规成本。通过压力测试、风险评估、商业模式持续性评估分析、治理结构评估分析等方式，监测和分析风险所在，把监管机构和相关组织的金融监管资源运用到防止发生系统性风险的刀刃上，同时，对可能发生金融风险的领域和环节，对可能引发金融风险的国内外经济、政治、生态时间进行关注、预测，及早防控。

（三）适应性金融监管手段的变革——监管科技

从一定意义上说，监管科技可以算作金融科技的一个分支，其定位是“如何应对当前炙手可热的金融科技进行监管”。但是，也有学者主张，监管科技与金融科技是并列的概念。2015 年，英国金融行为监管局把监管科技定义为“使用新技术来帮助企业符合监管要求”。监管科技分为两类：一是监管部门使用新技术提高监管效率和有效性的监管端监管科技；二是企业利用新技术使自己更好地符合监管部门规定的合规端监管科技。① 自 2014 年以来，监管科技在世界范围内被广泛关注，主要应用于金融风险监测、识别、防控等领域。② 例如，英

① Bank of England. Central Bank Digital Currency: Opportunities, Challenges and Design. 2020 - 3 - 12. https://www.bankofengland.co.uk/paper/2020/central - bank - digital - currency - opportunities - challenges - and - design - discussion - paper, last visited on July 21, 2021.

② 杜宁、王志峰、沈筱彦、孟庆顺等：《监管科技——人工智能与区块链应用之大道》，中国金融出版社 2018 年版，第 36 页。

国等国家和地区通过设立“监管沙盒”机制，可以在仿真且可控的测试环境中对金融科技的创新产品或服务进行测试，这一机制可以有效地控制那些本身就底子薄弱且又有发展走偏的初创企业以更好地风险防控；荷兰等国家和地区通过设立“创新中心”，可以很好地帮助和引导金融机构或初创企业理解金融监管框架，准确识别创新中的某些行为是否合规，是否合法等问题。

从广义的角度看，监管科技可以被认为是在整个金融系统中，与金融监管、合规和风控相关的各种信息技术及其应用，包括云计算、大数据、人工智能、区块链等技术及在金融交易或服务中的应用。基于此视角，金融监管领域应用科技推动发展并非全新的现象。我国的金融业包括金融监管部门在信息技术方面也位于各个行业领域的前列。

目前来看，只有监管科技可以在一定程度上实现监管智能化和前瞻性，平衡金融科技创新和金融风险管理，是实现监管理念重塑的关键性工具，新技术的应用将有力拓展金融监管的“生产可能性空间”。[①] 金融行业中存在大量的用户交易数据，这正是需要监管部门来负责推进监管规则数字化、科技化和监管数据统一化，利用科技手段采集、分析、处理、交互、报送相关监管数据，从而有助于实现与传统金融监管之间的完美衔接。

传统金融监管有强烈的路径依赖，主要依靠分业态监管、经验监管和事后监管，然而这正是与现代新型金融科技加持下的金融发展所不适应的，因此，监管科技正是解决监管实时性的必由之路，通过对监管状态的实时反馈，快速且准确地形成合规评估报告和监管处置方案，一针见血地找到风险痛点和监管落脚点，弥补监管漏洞，合理分配监管资源。

（四）适应性金融监管机制创新——监管沙盒、恢复与处置计划

在监管机制上，采取监管者和被监管对象良性互动的机制，“监管沙盒”“生前遗嘱”是这种新机制的典型代表。

“监管沙盒”可以形象地描述为一个“安全空间”，在这个安全空间内，金融科技企业可以测试其创新的金融产品、服务、商业模式和营销方式，而不用再遇到一点小问题就立即受到监管规则的约束。在限定的范围内，监管沙盒简

① 尹振涛：《监管科技——面向未来的监管变革》，中国金融出版社2020年版，第160页。

化了市场准入标准和流程，豁免部分法规的适用，在确保消费者权益的前提下，允许新业务的快速落地并投入运营，然后再由监管机构根据其在沙盒内的测试情况决定是否准予“出盒”推广。

“监管沙盒”提供了一个“缩小版”的真实市场和“宽松版”的监管环境，在保障消费者合法权益的前提下，允许金融科技初创公司对创新的产品、服务、商业模式等进行大胆操作。这样，金融科技公司可以在监管机构规定好的范围内大胆操作创新，监管机构也可以随时了解其创新情况。

“监管沙盒”根据创新方案的实际需求和监管需要，适当地对监管规则进行调整，给金融创新创造了舒适的环境，避免了以往金融创新产品被一再延迟面世的状况，甚至让金融创新得到了监管者的鼓励。与传统监管方式相比，监管沙盒模式具有三个明显的优势：第一，“监管沙盒”有助于监管机构直接指导企业，减少企业为创新落地运营所付出的监管成本，“监管沙盒”耗费低成本的模式，使金融科技公司可以在不断地尝试中对创新的金融产品或服务进行检测和评估，使其符合现有的法律和监管要求。第二，“监管沙盒”有助于减少金融创新产品和服务面世的经济成本，根据金融创新产品和服务所面临的实际需求和监管要求，适当放宽法律和监管的要求，是非常明智的做法。第三，有利于初创企业降低应对未来风险的监管成本，通过了沙盒测试，就意味着获得了未来一段时间内监管的确定性，因为这一时期内所可能遇到的风险已经在沙盒测试中充分显现，甚至部分企业预先设计了应对未来监管风险的方案，也为受测企业及时调整金融产品和服务增强了自信心。①

“监管沙盒”充满了适应性监管理念的体现：“监管沙盒”在监管过程中有三种主要的措施：第一，发送不采取进一步法律行动的函，也就意味着企业现在运行的状态还可以，可以继续运行；第二，如果企业有问题，监管部门将会发送指导意见，企业需要按照指导意见和监管要求进行修正；第三，如果企业运行非常好，但是其突破现有的法律限制，可以暂时豁免使用某些法律——一要按照法律来规范；二要在法律和监管以及产品的创新上使得消费者受益上，其价值更大。此时可以在不修改法律的情况下，特许其豁免使用某些相关法律。

当前，中国人民银行已经会同相关部委在北京、上海、广州等十个省市开

① 陈辉：《监管科技——框架与实践》，中国经济出版社 2019 年版，第 217 页。

展“监管沙盒”试点项目。2020 年 4 月，人民银行扩围上海、重庆、深圳、河北雄安新区、杭州市、苏州市 6 地确定了“监管沙盒”试点。这说明充满着适应性和前瞻性的“中国版监管沙盒”已开始落地，我们需要根据“盒内盒外、区别对待”的原则进行不断尝试和逐步改进，考虑各地不同的特殊情况，及时汲取各省市试点的经验，调整状态，争取实现监管者与受测者之间的良性互动，打造一个逐渐完美的监管生态。

恢复与处置计划在本质上就是一种运用了适应性信息监管的系统。分为恢复计划与处置计划，其中，恢复计划（RCP）是指对于一家出现破产问题的金融机构，可以作为其开展恢复工作的计划；主要内容包括降低公司风险暴露、留存资本的措施，以及分离业务线、进行债务重组等战略处置方案。① 处置计划（RSP）是用于在恢复计划不可行，或已证明无效的情况下，处置机构有效行使其处置权力的工作计划；旨在使处置机构能够在不对金融体系造成严重负面影响、不给有风险暴露的纳税人增加额外损失、维持系统重要性职能继续运作的基础上，以可行的方式对一家破产金融机构进行处置。

2011 年以来，金融监管部门指导中国银行、中国工商银行、中国农业银行、中国建设银行和平安集团制订和更新恢复和处置计划，并先后对一些信托公司、新设民营银行提出了全面制订恢复和处置计划的监管要求。② 为了充分借鉴国际监管良好实践，及时总结防范和化解金融风险攻坚战的有益经验，2021 年 6 月 9 日，中国银行保险监督管理委员会发布了《银行保险机构恢复和处置计划实施暂行办法》。《银行保险机构恢复和处置计划实施暂行办法》规定，并表口径调整后表内外资产（杠杆率分母）达到 3000 亿元人民币以上的商业银行均需制订恢复和处置计划，并未强调只有系统重要性银行才需要制订，实际上是对系统重要性银行监管要求的延伸和补充，在这种标准下，满足条件的商业银行合计应该超过 70 家。③ 这主要是考虑部分中型银行的无序经营同样会给金融市场带来巨大冲击，如最近破产的包商银行，净资产已经达到 -2000 亿元，给债权人、

① 王敏：《系统重要性金融机构可处置性的新发展及启示》，载《陕西行政学院学报》2013 年第 4 期。

② 俞勇：《构建有效的危机应对、恢复与处置框架》，载《当代金融家》2014 年第 5 期。

③ 曾刚、王伟：《中国版银行“生前遗嘱”落地，防范“大而不倒”风险》，载《21 世纪经济报道》2021 年 3 月 26 日第 4 版。

交易对手、公众带来巨大的影响。

同时恢复和处置计划有助于监管机构与银行的监管互动，银行的恢复与处置计划制订之后，要根据自己的情况变化持续更新信息，以便于监管机构更好地了解银行的发展情况，从而作出具有前瞻性的风险管理措施和监管应对。多国的监管实践表明，恢复和处置计划不仅仅是“生前遗嘱”，应急预案，更可以是推动银行风险管理的工具。银行在制订恢复和处置计划时，可以加强对自身发展战略、组织架构、管理能力、数据系统方面的重审，全面评估压力情景下的恢复能力，改进经营策略和风险管理能力，以便银行更好地应对风险。

银行理财产品卖方机构适当性义务的构成与适用

——基于《九民会议纪要》的研究*

靳岩岩** 舒睿源*** 冯 辉****

内容提要：《最高人民法院关于印发〈全国法院民商事审判工作会议纪要〉的通知》（法〔2019〕254号）（以下简称《九民会议纪要》）比较详细地规定了银行理财产品卖方机构适当性义务的概念、内涵、责任分配与损失赔偿等规则，为规范司法适用、增强裁判的合理性与一致性提供了重要依据。但是在长期的监管部门立法中，适当性义务规则杂乱重叠，与告知说明义务的关系模糊不清，应当整合现有的适当性义务规范体系，厘清适当性义务的构成要件并提高立法层级，为其法律适用提供准确的前提。现有的司法实践暴露出《九民会议纪要》的相关规定也有完善的空间，应当进一步细化责任主体间义务的分配，完善卖方机构的举证责任规则和免责规则的适用，减少"同案不同判"的现象发生。应当肯定行业自律组织贴近市场、反应迅速的优势，加强司法机关与自律组织之间的联系，同时引入仲裁、调解等

* 本文是对外经济贸易大学研究生科研创新基金资助项目（202147）的研究成果。

** 对外经济贸易大学法学院博士研究生。

*** 对外经济贸易大学法学院互联网金融法律研究中心研究助理。

**** 对外经济贸易大学法学院教授。

诉外纠纷解决机制，拓展金融消费者的救济渠道。

关键词： 银行理财产品　适当性义务　举证责任分配　告知说明义务　损害赔偿

2013 年，《中共中央关于全面深化改革若干重大问题的决定》提出，发展普惠金融。鼓励金融创新，丰富金融市场层次和产品。实践中，近年来金融创新层出不穷，金融产品日益专业化和复杂化。在金融资产收益增长的同时，金融产品附带的风险也变得更加难以捉摸。并且，发生风险、造成损失的概率在普惠金融的背景下随着普通金融消费者数量的增加进一步提升。这就要求在制度设计层面针对普惠金融做出相应的强化金融消费者保护的回应。2015 年第八次全国法院商事审判工作会议正式提出“卖方机构须遵守适当性义务”的要求，标志着金融消费中由完全的“买者自负”向“卖者尽责，买者自负”的理念转变。2018 年，央行、银保监会、证监会与外汇管理局共同发布了《资管新规》，对金融机构发行和销售资产管理产品进行了规范。2019 年最高人民法院发布了《九民会议纪要》，对金融机构的适当性义务从法律适用规则、责任主体、举证责任分配、损失赔偿规则等几个方面进行了明确，进一步完善适当性义务机制，规范司法适用，保护金融消费者的权益。金融机构适当性义务的基本内涵是：金融机构在推介和销售产品时应当充分了解产品、了解客户，为客户匹配与其风险承受能力、教育水平、投资经验相符合的产品。在我国金融市场相关的法律规则体系中，适当性义务长期处于“原则性条款”的地位，该义务与告知说明义务、信息披露义务之间的关系纠缠不清，根源就是适当性义务缺乏明确的构成要件。此外，对适当性义务法律属性的界定也关系到司法中不同的请求权基础，并最终涉及法律责任的承担。这些理论问题的模糊导致在有关适当性义务的司法实践中法官有了较为宽泛的解释权和裁量权。本文拟对《九民会议纪要》关于银行理财产品卖方机构的适当性义务制度进行解读和评析，结合其实体规则体系与司法适用的现状探讨适当性义务的构成要件与法律属性，就其实体规则和司法适用的完善提出建议，以期对更好地维护金融消费者权益、塑造更公平的金融市场交易秩序有所裨益。

一、银行理财产品卖方机构适当性义务的实体规则及问题

（一）《九民会议纪要》关于银行理财产品卖方机构适当性义务的规定

《九民会议纪要》在“关于金融消费者权益保护纠纷案件的审理”一章，用第七十二条至第七十八条七个条文规定了金融产品卖方机构的适当性义务及司法适用。

第一，从责任主体来看，卖方机构包括金融产品发行人、销售者以及金融服务提供者。看似有三个责任主体身份，实则只有两个。金融产品区别于一般产品，在理解“发行”和“销售”时也应当区别于《产品质量法》上传统“生产”“销售”的概念。具体到商业银行来说，商业银行能够发行并销售由本行发行的理财产品，也能够代销其他金融机构发行的理财产品。当商业银行直销本行产品时，商业银行既是发行者也是销售者，无论何种身份都是适当性义务的责任主体，故无必要作区分。商业银行代销时，银行属于销售者，发行理财产品的金融机构属于发行者，此时销售者和发行者同属于金融服务提供者。这也就解释了第七十四条关于责任主体的规定只有金融产品发行人和销售者，消费者可向任意一方主张承担赔偿责任，二者也可能承担不真正连带赔偿责任（对外承担连带责任，内部责任划分）。不过，“金融服务提供者”这一概念并不是多余的。笔者认为，这是为了解决在代销关系中，银行会以“并非合同一方当事人”为由进行抗辩从而造成的责任真空问题。为了避免语义可能造成的误解，若按照传统产品的生产、销售来理解金融产品的发行与销售（即把销售方理解为产品的真实卖方），就必须赋予银行在这种理解下的角色定位，将其定位为金融服务提供者，从而解决责任承担问题。

第二，从适用范围来看，适当性义务产生的前提条件是在“推介、销售……高风险等级金融产品，以及在为金融消费者……高风险等级投资活动提

供服务的过程中”。[①] 那么，如何认定“高风险等级”?《九民会议纪要》中并没有相关界定。根据最高院的官方解读，“高风险等级金融产品和金融服务并非金融学意义的风险等级，而是指将来发生不利益状态之可能性，主要以本金损失为判断基准。”[②] 据此可知，《九民会议纪要》中所说的高风险等级，其含义与商业银行根据《商业银行理财业务监督管理办法》第二十七条的规定评定的产品风险等级并不相同。也就是说，这不意味着商业银行只有在售卖 R4、R5 等级的理财产品时才需要履行适当性义务。《资管新规》明确资管产品不得承诺保本收益，在此背景下，除存款外一切的金融产品和服务都存在本金损失的风险，卖方机构都要履行适当性义务。笔者认为，最高人民法院使用“高风险等级”这个表述，又排斥按照金融学意义上的风险等级进行理解，是为了促使卖方机构对“将来发生不利益状态的可能性”作出更为实质的评估。因为这已然意味着在司法阶段，法院会对风险适配作出实质评估而非仅依据卖方机构对产品风险评级的结果认定风险匹配是否适当。

第三，从适当性义务的内容来看，《九民会议纪要》除在第七十六条对告知说明义务作特别强调外，还指出以“合同法、证券法、证券投资基金法、信托法等法律规定的基本原则和国务院发布的规范性文件”作为主要依据，适用与上位法不抵触的相关监管规定的要求。笔者认为，对告知说明义务的强调至少说明了告知说明义务属于适当性义务的内涵之一，至于了解客户、了解产品、为客户和产品进行风险等级划分，则适用各监管部门的具体规定，这是合理的。例如，《证券法》下有普通投资者和专业投资者之分，《证券期货投资者适当性管理办法》第八条规定了专业投资者的准入条件。这种投资者分级、投资者准

① 最高人民法院关于印发《全国法院民商事审判工作会议纪要》的通知（法〔2019〕254 号）第七十二条规定，适当性义务是指卖方机构在向金融消费者推介、销售银行理财产品、保险投资产品、信托理财产品、券商集合理财计划、杠杆基金份额、期权及其他场外衍生品等高风险等级金融产品，以及为金融消费者参与融资融券、新三板、创业板、科创板、期货等高风险等级投资活动提供服务的过程中，必须履行的了解客户、了解产品、将适当的产品（或者服务）销售（或者提供）给适合的金融消费者等义务。卖方机构承担适当性义务的目的是确保金融消费者能够在充分了解相关金融产品、投资活动的性质及风险的基础上作出自主决定，并承受由此产生的收益和风险。在推介、销售高风险等级金融产品和提供高风险等级金融服务领域，适当性义务的履行是“卖者尽责”的主要内容，也是“买者自负”的前提和基础。

② 最高人民法院民事审判第二庭：《全国法院民商事审判工作会议纪要理解与适用》，人民法院出版社 2019 年版，第 415 页。

入制度当然可以看作对客户风险评定的结果，而这在商业银行作为卖方机构的个人理财领域不具适用性。因此，《九民会议纪要》没有对适当性义务的具体内涵作出统一规定有其合理性。

第四，从责任承担来看，金融消费者对购买产品（或接受服务）、遭受损失的事实进行举证，卖方机构对其是否履行了适当性义务进行举证。无论是合同违约责任还是侵权责任，责任的形成一般都包括违约行为（侵权行为）、损害结果、因果关系、过错四个要件。因此，要求卖方机构对其是否履行了适当性义务进行举证，实质是要求卖方机构对其销售行为与消费者遭受损失之间的因果关系进行举证，对卖方机构提出了更高的举证要求。① 按照民事诉讼法的基本法理，承担证明责任的人若不能将待证事实的真伪证明至高度可能性的标准，将承担举证不能的不利后果。因此，这势必促使卖方机构规范销售行为，注重证据留存，按照相关业务规则的要求对销售过程进行录音录像等。《九民会议纪要》第七十七条规定了损失赔偿以消费者的实际损失为准，包括损失的本金和利息；如果卖方机构存在欺诈，利息损失的确定方式将向惩罚性赔偿转变。

（二）现有规定存在的主要问题

1. 规则供给以部门立法为主

我国适当性制度构建时间短，规则体系主要由行业业务指引、行业业务规则、各监管部门的部门规章构成，各类“通知”“意见”等规范性文件也是重要组成部分，整体上表现出立法层级不高的特征。

适当性义务最先出现在我国银行业监管规范中。2004 年，光大银行推出了我国第一个银行理财产品，随后，原银监会于 2005 年出台了《商业银行个人理财业务管理暂行办法》《商业银行个人理财业务管理指引》《商业银行个人理财业务风险管理指引》。② 这些监管文件中尽管没有直接言明适当性义务，但条文内容已经涵盖了适当性义务的内涵，如对个人理财顾问服务进行分类，对客户进行分层，结合不同个人理财顾问服务类型的特点，确定向不同客户群提供个

① 杨超：《金融机构适当性义务研究——基于〈全国法院民商事审判工作会议纪要〉的解读》，载《上海法学研究》2019 年第 24 期，第 74 页。

② 何颖：《构建面向消费者的金融机构说明义务规则》，载《法学》2011 年第 7 期，第 97 页。

人理财顾问服务的通道。[①] 2009 年，我国推出创业板市场，证监会发布《创业板市场投资者适当性管理暂行规定（征求意见稿）》，首次明确提出适当性管理的概念。深交所紧随其后制定了《创业板投资者适当性管理实施办法》，并在2010 年发布了《会员持续开展创业板市场投资者适当性管理业务指引》。在我国资本市场迅猛发展的过程中，股指期货市场、债券交易市场、股转系统、科创板也相继建立了适当性管理制度。路径都与创业板市场相似，都是由证监会发布规定，而后深交所、上交所出台业务指引或实施办法。近年来金融科技与互联网平台的发展催生了一系列"荐股软件"，2020 年 10 月，证监会又针对利用荐股软件从事证券咨询业务发布了监管规定，其中强调要遵循客户适当性原则。可以说，金融市场上出现任何一种新的工具、业务、市场，就会立即涌现新的监管规则、行业规范，对相关领域的金融机构提出适当性管理要求。一方面，这表现出适当性义务在我国资本市场覆盖全面；另一方面，层出不穷的监管规范中都包括适当性制度，正反映出我国金融市场的适当性管理要求是碎片化又高度重合的，欠缺完整的体系。并且，适当性义务的规范层级都比较低，约束力有限。《证券法》是目前我国规定了适当性义务的规范中唯一立法层级最高的，但是《证券法》中对适当性义务的构成要件规定并不细致，也仅适用于资本市场。在实践中真正起作用的还是各领域的部门规章和自律规范。

2. 责任承担方式上多依赖于行政责任

有学者认为，"目前我国适当性义务自律性规范过于庞杂的原因实则在于缺乏违反义务的责任表述。"[②] 在各类监管规范中，适当性义务作为监管者对金融机构提出的规范性经营的要求，违反该义务将承担行政责任，主要有责令改正、暂停销售、调整部门负责人、罚款等，执法依据是"违规开展业务"这个兜底性条款。这"为行政权力的行使提供了宽泛的空间，致使适当性义务的后果要件实质上付诸阙如。"[③] 金融监管规范调整的是监管者与金融机构间的法律关系，是监管者对金融机构规范经营提出的要求，具有很浓的管制性色彩。"金融机构违反适当性义务承担的行政责任本质是一种管理责任，是监管者为了促使金融

---

① 《商业银行个人理财业务风险管理指引》（已失效）第 15 ~ 17 条。

② 瞿颖：《我国投资者适当性义务法制化研究》，载《政治与法律》2015 年第 9 期。

③ 郑金宏、王刚、张承惠：《我国金融法律体系的现状与缺陷》，载《中国经济时报》2015 年 7 月 22 日，第 5 版。

机构建立健全其风险管理和内控制度而进行行政督促的后果。”① 行政责任并非完全无益于投资者保护，但无法弥补消费者遭受的财产损失，使消费者的经济状态恢复到缔约之前。此外，作出行政处罚的执法主体是金融监管部门，其身负促进行业发展的职能，对纠纷解决而言中立性不足，加上行政处罚的弹性大，处罚过程不透明，造成违法成本低，震慑力和公信力都大打折扣，引发负外部性。

金融机构在监管规范的约束下开展业务，与消费者订立金融服务合同，对监管规范的违反理应在合同责任中体现，否则无法切实保护金融消费者的利益，危及消费者对金融市场的信心。《九民会议纪要》中对适当性义务司法审判的规定，可以视作裁判者在监管规范与合同责任之间建起桥梁的努力。司法试图在民法视域下为适当性义务找到定位，将适当性义务解释为缔约过程中的先合同义务，从而为损害赔偿找到依据。但是，在适当性义务监管规定混乱、膨胀的现状下，援引其中对适当性义务的规定可能有损于判决的合理性。最理想的做法是整合现有的自律性规范和部门规章，提取银行业、保险业、证券业中对金融机构履行适当性义务的要求，提高适当性义务的立法层级，并直接规定违反适当性义务的民事责任承担。

二、银行理财产品卖方机构适当性义务的司法实践及问题

（一）银行理财产品卖方机构适当性义务司法实践的类型化梳理

司法政策有多样的体现，其典型之一就是法院的会议纪要。② 2019 年最高人民法院在整合全国法院民商事审判工作会议内容的基础上发布了《九民会议纪要》，旨在统一裁判思路，提高司法判决给公众的指引及预期。为了解《九民会议纪要》颁布后银行理财产品卖方机构适当性义务在司法环节的实践情况，笔者以“适当性义务”为关键字在“北大法宝司法案例库”中检索，出现 353 篇相关判决，从中选取了 2019 年 7 月之后 20 篇以商业银行为责任主体的判决，以判决结果分为“卖方机构承担全部赔偿义务”“卖方机构承担部分赔偿义务”

① 井漫：《投资者适当性制度构建：国际经验与本土选择》，载《西南金融》2020 年第 4 期。

② 韩世远：《法律发展与裁判进步：以合同法为视角》，载《中国法律评论》2020 年第 3 期。

“卖方机构不承担责任”三类，并将其中典型案例的案情、裁判理由整理归纳如下：①

表 1　卖方机构承担全部赔偿义务的裁判类型

案号	基本案情	法院认为	法律依据
(2020) 辽 0213 民初 628 号	被告银行职工在明知原告不愿购买高风险理财产品的前提下，按照风险评估结果推荐原告购买了第三方发行的高风险理财产品，原告以收益未达到预期承诺收益为由要求被告赔偿利息损失。	按照相关金融监管的规范性要求，被告存在过错：一是没有按照监管要求，在原告要求了解和购买相关产品时作书面确认；二是无法证明其充分释明了产品的特点和风险。	一审法院：原《商业银行个人理财业务管理暂行办法》、《个人理财业务风险管理指引》、原《侵权责任法》第六条、第十五条、第十九条。
(2020) 京 02 民终 908 号	原告在被告银行购买了“保本保收益”的理财产品后遭受损失，兑付时才知是被告银行代理销售的高风险私募基金。	被告银行的员工在销售过程中的行为对于没有专业知识的普通投资者极易造成误导，银行未能举证证明其向原告提供或提示原告阅读产品的相关销售文件及合同，仅以原告签署电子风险提示书为由不能抗辩其已经履行了告知说明义务。	《中国银监会关于规范商业银行代理销售业务的通知》。
(2019) 苏 01 民终 7576 号	原告希望购买低风险理财产品，在被告的推荐下购买了两只基金产品，发生亏损后要求被告承担赔偿责任。	被告在销售过程中没有录音录像，被告不能举证证明其对适当性义务的违反没有影响原告作出购买的决定，应当承担全部损失。	原《合同法》第四十二条、《证券投资基金法》第九十八条。

① 以下均根据“北大法宝”及“中国裁判文书网”公布的判决书整理，包括初审判决和二审改判的判决。

表2　卖方机构承担部分赔偿义务的裁判类型

案号	基本案情	法院认为	法律依据
(2019) 粤0104民初4973号	原告在被告银行职工的引导下购买高风险理财产品后遭受损失，原告要求按照同期同类贷款利率赔偿自支付资金之日起至被告实际返还、赔偿资金损失之日的利息损失。	原告在未完全了解认购的理财基金且第一次风险评估为低风险时，仍接受被告引导进行第二次风险评估，属于对民事权利的自由处分；被告存在过错，承担缔约过失责任，对原告投资款的本金损失承担三成的赔偿责任，原告主张被告赔偿其余投资款本金及利息损失的诉请依据不足，不予支持。	原《合同法》第八条依合同履行义务原则；第六十条严格履行与诚实信用原则。
(2019) 湘01民终4860号	原告在被告银行购买了基金理财产品后，由于基金管理人的资金出现问题无法兑付，原告据此认为被告银行存在不当推介。	原告已签署的《风险申明书》属于基金管理人的提示，不能免除被告银行的提示义务，被告未尽到注意和风险提示义务，与原告的损失之间存在因果关系；《风险申明书》上对风险进行了详细的描述，原告自愿将自己置于风险境地，亦有过错。据此酌情减轻侵权人的责任，被告对原告的损失承担30%的赔偿责任。	原《商业银行个人理财业务管理暂行办法》、原《侵权责任法》。
(2020) 鲁09民终817号	原告在被告银行办理存款业务时，被告银行职工向其推荐了一款基金理财产品，称其“绝无风险”。涉案基金为私募基金，只有合格投资者才能购买。	原告属于稳健型投资者，涉案基金为非保本型理财产品，显然不适宜原告，被告主动推介的行为存在不当；被告未向原告说明产品风险，并存在虚假和夸大的宣传。原告应对自身状况有所认知，应尽到相应的注意义务，自身也存在过错，应对损失负次要责任。被告承担80%的责任，原告承担20%的责任。	平等原则，诚实信用原则，原《侵权责任法》第十五条，第二十六条。

续表

（2019）皖 01 民终 8546 号	原告在被告处购买债券理财产品，被告的工作人员承诺该产品到期保底付息。被告没有向原告告知其购买的是证券基金的事实，原告也不具备相关的基金证券知识。	被告以虚假承诺保本、保收益的方式诱导原告投资，构成欺诈销售；原告作为完全民事行为能力人在证券基金投资人权益须知上签字，应就自身损失承担一定的责任。被告承担 80% 的责任，原告承担 20% 的责任。	原《合同法》第五十八条。

表 3　卖方机构不承担责任的裁判类型

案号	基本案情	法院认为
（2020）辽 11 民终 1 号	原告购买被告银行代销的高风险基金理财产品后遭受损失，根据《中国银行证券投资基金权益须知》的规定，涉诉基金的风险等级至少为 4 级中高风险，而被告银行系统中显示的风险等级为 3 级，原告的风险测评现场结果为进取型，经复核，实际结果为成长型。	原告在风险评估书上对进取型（高级风险）签字予以确认的事实，证明被告已经履行了合理的风险告知义务，原告有多次购买理财产品的经历，应当能够预判产品的风险程度；原告不能证明被告在代销过程中存在误导行为，法律后果应当由原告自己承担。
（2020）浙 01 民终 5779 号	原告根据被告银行职工的推荐购买了高风险基金，购买由被告职工代为操作完成，被告不能证明其对原告履行了告知说明、风险提示等适当性义务。遭受损失后，原告要求赔偿本金损失并按中国银行同期存款利率赔偿利息损失。	被告银行推荐的涉案基金产品与原告的风险承受能力相匹配，故已尽到了适当性义务；原告将其网银账户、密码、身份证等交由银行员工完成的行为属于默示授权委托他人代为行使，行为后果由委托人承担；根据原告的过往投资经验，其应当知晓涉案产品的风险及分红情况。
（2020）皖 02 民终 2006 号	原告在被告银行职工处多次购买理财产品，在购买涉案基金后遭受损失，认为被告职工利用其信任做出了错误的购买决定。	被告提交了经原告签名的风险提示书和经原告同意录制的视频，视频中原告对风险告知表示知晓，可以证明被告银行已经尽到告知说明义务。原告有追加购买的行为，现有证据不能证明被告银行有误导行为且影响了原告的自由意志。

表中的典型案例基本可以反映出目前法院对于商业银行违反适当性义务的裁判思路，总的来说分为三种。第一种裁判思路将卖方机构与金融消费者之间的纠纷认定为委托理财合同纠纷，以原《合同法》第六十条严格履行与诚实信用原则作为法理依据，以过错责任为归责原则，认为卖方机构违反适当性义务具有过错，应当承担缔约过失责任，对消费者进行赔偿。表2中（2019）粤0104民初4973号案件属于此类。该案的裁判者显然完全坚持了传统合同关系下民事主体平等的思路，认为消费者作为完全民事行为能力人，在卖方机构的诱导下进行二次风险评估，最终购买了与自身风险承受能力不适当的理财产品，是其自由处分民事权利的表现。这种“平等”的思路亦反映在最终判决结果上，即酌定卖方机构承担部分赔偿责任。第二种裁判思路是将金融消费纠纷认定为物权纠纷，适用《侵权责任法》，消费者享有法定的合法权益，依据是《商业银行个人理财业务管理暂行办法》（现已失效）。第三种裁判思路是将金融消费纠纷认定为侵权责任纠纷，当事人之间是金融理财服务合同关系，金融监管部门制定的部门规章是双方权利义务的依据。按照原《合同法》第一百二十二条责任竞合的原则，判决卖方机构承担侵权赔偿责任。除此三种比较明显的裁判思路外，在笔者搜集的案例范围内，其他判决都将适当性义务视为一种监管规则，以此为依据支持消费者的诉求，未明确说明卖方机构承担赔偿责任在民法上的依据。

（二）司法实践存在的主要问题

1. 对赔偿责任的分配缺乏法理依据

在笔者搜集的20份司法判决中，判决卖方机构承担部分责任的案件有12件，占比60%。卖方机构承担赔偿责任的比例为30%、70%、80%不等。在“孙某丽与某银行大连分行财产损害赔偿纠纷案”中，[①] 法院对赔偿责任的分配与认定更可谓一波三折。该案的一审法院、二审法院均认为某银行主动推介了与孙某丽风险评估结果不相符合的高风险产品，且未以书面形式告知产品的内容和风险等事项，系存在过错，应当承担赔偿责任；但孙某丽作为一个完全民

① 参见（2019）辽02民终137号判决书、（2020）辽民申485号、（2020）辽02民再156号判决书。

事行为能力人，应当对其购买的产品负有关注、了解的注意义务，因此判决孙某丽对其损失承担70%的责任，某银行承担30%的责任。省高级法院认为生效判决明显不当，某银行应当承担主要责任，裁定再审。再审法院酌定某银行承担80%的赔偿责任为宜，改判孙某丽自行承担20%的责任。从最终结果来看，孙某丽承担的责任比例从70%大幅降低至20%，能够获得更多赔偿。在表3列举的“卖方机构承担部分责任”的案例中，法院判令金融机构承担的常见赔偿比例为30%、80%，而消费者在这些案件中的处境都是类似的：即使银行没有履行说明义务，但消费者阅读了风险告知说明书，应当对风险有所了解；[①] 消费者在卖方机构的诱导下做了第二次风险评估，视为将其自身置于风险境地；[②] 消费者应当对自身的投资经验、财产状况有所认知，应当主动了解其购买的理财产品；[③] 等等。诚然，金融消费不止要求“卖方尽责”，也要求“买者自负”。但是，《九民会议纪要》已经明确将“卖方尽责”作为“买者自负”的前提，法院在卖方机构显然具有重大过错、明显失职的情况下要求买方风险自负，甚至对损失承担主要责任，在逻辑上，这与卖方机构的行为与买方的损失之间存在因果关系相背离；赔偿比例的裁量尺度也大相径庭，缺乏一致性。

2. 对适当性义务的构成要件缺乏统一界定

《九民会议纪要》第七十六条强调了卖方机构告知说明义务的履行，第七十三条明确在确定卖方机构适当性义务时以合同法、证券法、证券投资基金法等法规定的资本原则和监管部门的相关规定为依据。在司法实践中，在判断卖方机构是否履行适当性义务时，法院多以原《商业银行个人理财业务管理暂行办法》《个人理财业务风险管理指引》《证券投资基金法》中对适当性义务的规定为裁判依据。应当说，包括《九民会议纪要》第七十二条在内的上述规范，所规定的适当性义务的基本内涵是一致的。即了解客户、了解产品、风险适配及对产品的特点、风险进行详细披露和说明。司法实践中暴露的主要是告知说明义务履行标准不一致的问题。在“付某丽与某银行盘锦分行合同纠纷案”中，法院依据“银行相关单据上有风险提示字样，付丹丽签字确认”这一事实，判

① 参见（2019）湘01民终4860号判决书。

② 参见（2019）粤0104民初4973号判决书。

③ 参见（2020）鲁09民终817号判决书。

定卖方机构已尽到了合理的风险告知义务，进而已经履行了适当性义务。[①] 而在“鲍某伟与某银行大连金州支行损害赔偿纠纷案”中，法院认为《投资人权益须知》的内容是一般性通用条款，缺乏特定产品的具体说明和相关内容，不能据此免除被告卖方机构的告知说明义务。[②] 在“陈某华与某银行广州庙前西街支行委托理财合同纠纷案”中，原告陈某华签署了涉案基金产品的风险确认函，被告银行亦提供了风险告知的录音录像，法院认为该录像中工作人员介绍产品的语速极快、吐字不清晰，存在信息披露不充分的过错。[③] 由此可见，各法院对于卖方机构是否充分履行了告知说明义务的认定标准不同，有的法院仅通过形式标准认定，而有的法院则明显采取了更为实质的认定标准。卖方机构是否充分履行了告知说明义务往往是裁判中的争议焦点，从笔者搜集的案例来看，有四成案件是风险适配明显不当的，其余六成案件都在于原告主张被告没有充分履行告知义务，导致自己无法对产品的性质和风险有正确认知。法院也将此作为认定因果关系的关键。从《九民会议纪要》第七十六条的要求来看，卖方机构应当兼采理性人能够理解的客观标准和特定消费者能够理解的主观标准履行告知说明义务。以此为依据，法院的判断也应更加精细，应结合原告的年龄、教育程度、投资经验等特定化信息作出综合判断。当然，探求当事人内心的真意是困难的，为了防止可能产生的道德风险，至少应当在证明形式上统一。例如，《商业银行理财业务监督管理办法》第三十二条明确规定销售过程应当录音录像，实践中亦有法院以卖方机构无法提供录音录像认定其无法证明自己充分履行了告知说明义务。[④] 总之，法院在判断卖方机构是否履行了告知说明义务时应当更加慎重。

3. 对适当性义务的法律属性缺乏明确界定

在笔者搜集的判决中，鲜有法院在说理论证部分对适当性义务的法律属性进行定性。从卖方机构最终承担的责任属性来看分为两种，一是缔约过失责任，

---

① 参见（2020）辽 11 民终 1 号判决书。
② 参见（2020）辽 02 民终 6018 号判决书。
③ 参见（2019）粤 0104 民初 4973 号判决书。
④ 参见（2019）苏 01 民终 7576 号判决书。

二是侵权责任，以侵权责任居多。在“苏某案”[①]和“陈某华案”[②]中，法院均判定卖方机构应当承担缔约过失责任。其中“苏某案”的法院认为“适当性义务的本质是诚信义务在金融产品销售领域的具体化，属于先合同阶段的诚信义务。”故依据原《合同法》第四十二条作为请求权基础判令被告银行承担缔约过失责任。在“陈某华案”中，法院以原《合同法》第六十条为依据判令卖方机构承担缔约过失责任，即将适当性义务理解为附随义务，尽管法院并没有对此明确说明并加以论述。笔者理解，上述两个法院的处理思路均是从民法的诚实信用原则出发，但似乎都仅将适当性义务理解为一般的合同义务，没有体现出金融消费关系中买卖双方权利义务的特点。换言之，以诚信义务为起点的合同一方对另一方的照顾义务，这种义务的标准与适当性义务对卖方机构的要求之间是否存在差距？这一点是不明确的。例如，以最为普通的买卖合同来说，卖方依照诚实信用原则而对买方负有的照顾、通知等义务，将这种义务具体化后就是要求卖方对标的物的质量、功能等负责，在合同可能发生变更时及时通知对方等，并不要求卖方特别为买方的处境及需求考虑。因此，法院在以诚实信用原则作为裁判原则时，理想的裁判应当解释并填补其间的差距。第二种裁判思路是将适当性义务界定为法定义务，责任承担的形式为侵权责任。法院裁判的逻辑是，消费者的合法权益来源于监管规范，卖方机构违反了监管规定即构成对金融消费者合法权益的侵犯，存在重大过失，接着证明卖方机构的过失与消费者权益受损之间存在因果关系，侵权责任成立。这种逻辑看似能够自洽，但实践中的主要问题出现在证明责任的分配上。按照《九民会议纪要》的规定，金融消费者仅对购买产品（或接受服务）、遭受损失的事实进行举证，因果关系的证明责任在卖方机构。无论是在原《侵权责任法》还是现行的《民法典》中，均没有金融消费关系中举证责任倒置的规定。从法律适用的角度来说，《九民会议纪要》属于司法政策类文件，无法直接作为裁判依据。因此，有的法院在按照侵权关系进行审理时，仍将因果关系的证明责任施加于消费者。[③]适当性义务法律属性不明确导致的最普遍的后果是，司法实践中法院更多的处理方式是含糊其词，对请求权基础不加论述，直接适用原《侵权责任法》，这实则是不周延

① 参见（2019）苏01民终7576号判决书。

② 参见（2019）粤0104民初4973号判决书。

③ 如在（2020）辽11民终1号判决书中，法院认为原告不能证明被告在代销过程中存在误导行为。

的。当有的法院按照违约责任和侵权责任的竞合进行裁判时，[1] 在（2020）晋01 民终 2816 号判决书中，该法院却认为按照《九民会议纪要》的规定，适当性义务属于合同义务，而原告又主张被告侵权，故该主张不能成立。可见，适当性义务法律性质的不明确，阻碍了司法环节适当性制度的顺利运行。

法院判决不仅影响着争议当事人的利益得失，还对其他社会公众具有示范效应。赔偿责任的核心在于利益分配，商业银行违反适当性义务需要承担赔偿责任，这实际上是对金融消费者与卖方机构利益的取舍进行新的界定和分配。[2]

三、我国银行理财产品卖方机构适当性义务制度的完善

（一）促进适当性义务立法的系统性和针对性

《九民会议纪要》第七十三条规定，卖方机构适当性义务的内容应以合同法、证券法、证券投资基金法、信托法等法律规定的基本原则和国务院发布的规范性文件作为确定依据。实践中，法院多引用原《合同法》或原《侵权责任法》作为裁判依据。上述规范和实践反映出两个问题：一是我国现有的适当性义务出现在多种规范性文件中，规定较为散乱，没有形成体系；二是部门规章中的适当性义务属于一种行政监管规范，无法直接产生民事责任，因此适当性义务在私法领域的结果要件不明。为解决这两个问题，应当促进适当性义务立法的系统性和针对性。

第一，应当明确适当性义务的法律属性。适当性义务是法定义务。从规范形式来看，适当性义务规定在各监管部门发布的部门规章或规范性文件中，是监管部门对行业内部的从业机构提出的管理性规范。在行政法领域，违反适当性义务即是“违反国家有关监督管理规定开展业务”，[3] 相关监管部门有对其进行处罚的权力。想要使适当性义务引起私法上的结果，并不必须改变其法定义

① 参见（2019）湘01 民终 4860 号判决书。

② 冯辉：《论银行卡盗刷案件中银行赔偿责任的认定与分配——基于司法判决的类型化分析》，载《社会科学》2016 年第 2 期。

③ 例如，《商业银行理财业务监督管理办法》第七十二条规定，商业银行从事理财业务活动的其他违法违规行为，由银行业监督管理机构依照《中华人民共和国银行业监督管理法》《中华人民共和国商业银行法》等法律法规予以处罚。

务的属性。“通过立法的方式在相关行业的法律法规中规定卖方机构的民事责任，可以省去在司法环节通过侵权法或合同法进行不断的演绎和推导，使法律适用的过程简化，避免不同部门法下法理的冲撞。”[①] 从规范意义来看，适当性义务的产生遵循一种“自上而下”的路径。这里的“下”是指市场，“上”是指公权力。金融消费关系中买卖双方在事实上地位不平等，从市场效率的角度来说，买方依赖于卖方，在短期内这种不平等能够促进理财产品的导流和销售，甚至营造出理财产品市场繁荣的景象。但是从长期和社会的整体福利来看，这种不平等有碍于金融市场的稳定和安全。市场主体以卖方机构为主导，卖方机构在短期内没有作出改善的动力。因此必须有公权力介入，重新调整买卖双方之间的权利与义务。通过将适当性义务施加于卖方机构，能够实现买卖双方地位的配平，避免卖方机构滥用优势地位，损害买方的合法权益。因此，适当性义务不是合意的产物，不因为合同关系的存在而产生，而是基于买卖双方之间特殊的事实关系，即信赖关系产生。[②] 首先，应当看到在金融消费领域，信赖关系的存在是最终产生合同关系的重要原因；其次，适当性义务独立于合同关系存在，也可以解释金融产品的发行人即使未直接与消费者成立金融服务合同关系，也负有适当性义务。

第二，应当通过专门立法体现银行金融服务业的特殊性和专业性。从《商业银行理财业务监督管理办法》的规定来看，银行适当性义务的构成要件散见于各条，且未能体现出专业性和特殊性。例如，第二十八条规定了商业银行应对非机构投资者的风险承受能力进行评估，也就是“了解客户”的义务。实践中风险评估问卷由各家银行自行设计，内容大多程式化、模板化，难以体现出个体投资者的特点。法律法规至少应当明确需要了解的客户信息的必要内容，提高测评问卷的科学性和测评结果的一致性，除客户的基本信息外，应包括收入来源和数额、相关投资领域的学习、工作经历和投资经验、投资目的（如是为了养老还是赚取收益）、诚信记录等。其实，以调查问卷的分数、等级作为了解客户的方式也值得反思。适当性义务是对“特定客户”的义务，对客户进行

---

① 陈学文：《商业银行非保本理财业务的投资者法律保护——以英美法系国家的“信义义务”为借鉴》，载《政治与法律》2012 年第 7 期。

② 迟颖：《我国合同法上附随义务之正本清源——以德国法上的保护义务为参照》，载《政治与法律》2011 年第 7 期。

风险评级，实际上是按类型划分了客户，至于客户的年龄、职业等个人要素无法在最终测评结果中体现，甚至客户对“在本金损失多少时会产生明显焦虑”这一关于风险偏好的回答，也可能与最终测评结果相悖。因此，在规定卖方机构“了解客户”的义务时，应当注重规范卖方机构了解内容与推介行为之间存在实质关联性。风险调查问卷是获得客户信息的方式，而不该作为形式上了解客户的途径。再如，第二十七条规定了经营机构应当对销售产品进行风险评级，也就是“了解产品”的义务。按照现有规定，仅了解产品的投资组合、同类产品过往业绩和风险水平是不够的，这仍然属于抽象意义上的风险。了解产品应当穿透至底层资产，综合考虑该产品发行人等相关主体的信用情况，甚至结合相关市场受政治、经济影响的可能，在风险适配时对产品风险进行整体的判断，而不仅是在形式上实现双方风险评级结果的匹配。

第三，应当通过专门立法增强司法裁判的公信力。《九民会议纪要》属于司法政策类文件，不属于司法解释，无法直接作为裁判依据。严格意义上来说，现有司法实践中有法院要求卖方机构承担举证责任证明自己履行了适当性义务，尽管符合政策精神，实则缺乏上位法依据。“法律责任是由违反第一性法定义务而招致的第二性义务。”① 作为部门规章、部门规范性文件中的适当性义务，法院用合同法、侵权责任法的相关原理去解释其引致的民事责任，但其实仅在“举证责任倒置”上，就存在不可绕开的障碍。

在我国混业经营、分业监管的格局下，要整合不同业务领域的适当性义务规范有一定难度，也难以确定具体牵头的监管部门。《九民会议纪要》已经就适当性义务的构成要件、归责原则、举证责任分配、民事赔偿责任等内容进行了统筹性的规定。对于其颁布后司法实践中暴露出的新问题，可待时机成熟时结合民事审判实践，由最高人民法院制定专门的关于审理金融服务纠纷案件的司法解释，以提高立法层级、解决司法过程中适当性制度运行的阻碍，提高裁判的说服力和权威性。

（二）明确发行人和销售者的义务设定及连带责任

商业银行销售理财产品分为直销和代销。在代销理财产品时，商业银行为

---

① 张文显：《法哲学范畴研究》，中国政法大学出版社2001年版，第122页。

销售者、代理人，其他金融机构为发行人、委托人，两个主体之间构成委托代理的法律关系，为避免存在风险责任不清的问题，应当细化双方的义务设定及责任承担方式。

第一，明确双方的义务设定。《九民会议纪要》第七十四条规定，金融消费者在购买代销的金融产品时遭受损失的，可以请求销售者、发行人中任意一方承担赔偿责任，也可以根据原《民法总则》第一百六十七条的规定请求发行人、销售者承担连带赔偿责任。按照原《民法总则》第一百六十七条的规定，商业银行在代理销售理财产品时，首先具有确保代理事项合法合规的义务。从主体来说，商业银行应当对合作机构具有充分的了解，按照《中国银监会关于规范商业银行代理销售业务的通知》的相关规定，建立合作机构管理制度，不与存在严重违规、重大风险的金融机构合作；从客体来说，商业银行应当确保其代销的理财产品属于合作机构资质范围内允许发行的产品，建立健全代销产品准入管理制度。在对产品进行风险评级时，若出现评级结果与合作机构不一致的情况，须采用较高风险的评级结果。对代销产品展开充分的尽职调查，确保风险评级结果最终的一致性，本就是银行作为销售者和代理人的义务之一。换言之，银行作为销售者有了解产品的义务，这个义务在对外（卖方机构与消费者）的关系上以对产品进行风险评级为形式，对内（销售者与发行人）之间再次细分，就表现为销售者应当对其代销产品进行审核和风险归类。对于委托人，即发行人而言，由于发行行为本身受到监管，金融产品需要经过审批或者备案才能进入市场，故不能按照《产品质量法》的理解，将发行人理解为生产者，将发行人的义务理解为保证产品质量的义务。一旦金融产品进入了市场，即默认其资产配比、杠杆倍数、交易结构等符合监管要求，在此基础上产生的风险不属于“质量问题”，而正是金融产品内在风险的体现。因此，笔者认为此处发行人的义务主要是风险评级和信息披露的义务。以基金募集机构为例。基金公司应当按照《基金募集机构投资者适当性管理实施指引（试行）》的规定，设定基金产品或者服务的风险等级；基金管理人应当按照《证券投资基金法》的规定，勤勉尽责地对基金进行管理，及时履行报备程序；在基金的募集文件中真实详尽地披露基金信息，不得虚假记载、误导性陈述或者有重大遗漏，不得对业绩进行预测，不得对收益和损失作出承诺等。发行人并不实际参与销售，但这并不意味着其对于销售行为中销售者是否尽到了适当性义务不存在“明知或应知”

的可能。笔者认为，这种可能存在于发行人和销售者的义务产生重合的方面，即风险评级和信息披露环节。总结来说，首先发行人对其发行的产品进行风险评级和信息披露；其次销售者对产品展开尽职调查，并在银行内部风险评级系统再次评级，若两次风险评级结果不一致的，以较高的风险等级为准；最后在销售过程中根据发行人提供的产品文件，履行告知说明义务。

第二，细化关于连带责任的规定。在明确了发行人和销售者各自义务设定的基础上，应进一步列举可能构成连带责任的情形，按照过错程度划分责任承担的比例。“发行”和“销售”是两个分工，分工是为了发挥各自的优势。金融产品的开发具有专业性和复杂性，在分业监管的格局下，不同类型的金融产品由不同领域的金融机构进行发行，有利于监管的便利和市场的安全。连带责任要解决的是在分工中发行人和销售者风险划分和责任承担的问题。譬如当销售者按照发行人提供的产品文件信息履行了告知说明义务，但产品文件中披露的信息存在错误。在这种情况下，法律应当进一步明确销售者和发行人责任承担的比例。应从专业的角度，考量销售者在履行尽职调查义务时发现该错误的可能性，确定销售者和发行人双方的过错程度进而划分责任份额。

（三）细化卖方机构的举证责任规则和免责规则

《九民会议纪要》第七十五条规定了举证责任的分配。由卖方机构对其是否履行了适当性义务进行举证，具体内容包括卖方机构建立了金融产品的风险评估制度、对金融消费者进行了风险测评、向金融消费者履行了告知说明义务，基本涵盖了适当性义务的行为要件。首先，应当肯定由卖方机构承担证明责任具有现实意义。“谁主张，谁举证”是民事诉讼法的基本规则，除几种特殊的侵权实行举证责任倒置外，证明责任由主张积极事实的当事人承担，即德国学者罗森贝克提出的规范说：“凡是对自己有利的法律规范的条件均需由当事人本人证明以支持其主张。”[①] 金融服务关系产生在卖方机构的营业场所中，双方当事人在专业能力上的悬殊致使买方缺乏获取证据、保存证据的意识和能力，造成客观上的举证困难。由卖方机构承担举证责任，既是对弱势当事人的倾斜保护，也能督促卖方在销售金融产品时切实履行适当性义务以规范业务活动。同时，

① ［德］罗森贝克：《证明责任论》，庄敬华译，中国法制出版社2002年版，第103～123页。

《九民会议纪要》第七十八条也规定了卖方机构的免责事由。免责事由有二：一是金融消费者故意提供虚假信息或拒不听取卖方机构的建议（以下简称免责事由一）；二是卖方机构对适当性义务的违反未能影响消费者自行作出决策（以下简称免责事由二）。其中，对于免责事由一，金融消费者若能证明其是在卖方机构的引导下提供虚假证明信息的，卖方机构不能免责。也就是说，金融消费者没有首先证明卖方机构误导的义务，如果卖方机构主张存在免责事由以作为抗辩，将触发金融消费者的举证责任。卖方机构的证明责任在不同的阶段是否具有不同的证明标准？金融消费者的举证责任应当达到什么样的证明标准？在具有免责事由的情况下，卖方机构的责任是酌定减轻还是全部免除？这些问题有待进一步明确。

首先，应当统一卖方机构证明责任的证明标准。证明标准以证明责任为基础，对没有证明责任的当事人来说没有讨论证明标准的必要。“证明标准是指一方当事人需要证明到什么程度即可卸下证明责任。”[①] 大陆法系国家民事诉讼的基本理念是采取“高度盖然性”的标准，要求能够实现裁判主体对事实的内心确信。目前我国的司法实践中，在判断卖方机构是否履行了适当性义务时，有的法院仅作形式审查，有的法院则进行实质审查。例如，有裁判者实际关注买方在调查问卷中的回答与卖方机构最终所推介产品之间的关联性，这与仅凭调查问卷的存在就确信卖方机构履行了“了解客户”义务的裁判者相比，前者显然坚持了更高的证明标准。从待证事实来看，卖方机构需要证明的内容有：是否建立产品的风险评估制度、是否对消费者进行风险测试，是否说明揭示了产品的风险。这些都已经成为银行的基本内控制度以及销售产品中流程化的常规操作。仅在形式的层面证明上述内容很容易，卖方机构可以提交的初步证据有客户签名的《风险告知书》、风险测评调查问卷的底稿、销售过程中的录音录像视频等。只要法官掌握合理的证明标准，卖方机构大致可以通过上述证据证明自己履行了适当性义务。笔者认为，可以在适当性义务的相关法规中作出文义如下的表述：在判断金融消费者与产品风险是否适配时，法院将衡量风险测评问卷中消费者的回答与最终推介产品之间的关联度；在判断卖方机构是否尽到告知说明义务时，法院将根据卖方机构提供的销售过程中的录音录像视频、相

① 田平安：《民事诉讼法原理》，厦门大学出版社 2015 年版，第 277 页。

关产品文件、风险提示书等证据，结合买方的年龄、文化程度等特征进行综合衡量……诸如此类，以指引卖方机构完善证据留痕和证据提交。这并没有剥夺法官形成自由心证的权力，但减少法官自由裁量的空间，“增强了法官的可替代性”。①

其次，要回答金融消费者的证明责任标准，应先明确金融消费者举证行为的性质。如果卖方机构以消费者提供虚假信息致使推介不适当为由主张免责，该行为属于“本证”，旨在使裁判者认定该主张事实存在；若金融消费者举证证明自己提供虚假信息属经卖方机构误导，则卖方机构不能免责。金融消费者的行为应理解为“反证”。反证是指无证明责任的当事人进行举证用以证实对方主张不真实，该举证并非为了促使法官认定待证事实不存在，仅需使得法官针对待证事实的内心确信产生怀疑即可。② 理由在于，一方面，此处需要法官形成内心确信的是：卖方的误导行为和买方提供虚假信息的行为与不当推介之间的因果关系。对卖方机构来说，待证事实是“买方提供虚假信息与不当推介之间存在因果关系”。这是比较容易证明的。一旦法官形成了内心确信，即可初步推断卖方机构的免责事由成立。此时消费者主张是由于卖方机构误导，是为了动摇法官对因果关系认定的内心确信，使“不当推介是因为买方提供了虚假信息”这一因果关系陷入“真伪不明”。另一方面，如果以“高度盖然性”的证明标准要求消费者证明卖方机构存在误导，此证明难度和要求消费者证明卖方机构违反了适当性义务不相上下。免责事由是卖方机构主张的，在这一阶段对消费者科以更重的证明责任，与适当性制度整体的思路不相协调。因此，笔者认为消费者在免责事由阶段并不负有证明责任，建议立法者修改相应的措辞为：“因金融消费者故意提供虚假信息、拒绝听取卖方机构的建议等自身原因导致其购买产品或者接受服务不适当，卖方机构请求免除相应责任的，人民法院依法予以支持，但金融消费者提出该虚假信息的出具系卖方机构误导的抗辩的除外。”

最后，应明确具有免责情形下卖方机构的责任承担。从《九民会议纪要》的表述来看，免责事由一可使卖方机构部分免责（“卖方机构请求免除相应责任”），免责事由二可使卖方机构完全免责（“由金融消费者自负投资风险”）。

---

① 韩世远：《法律发展与裁判进步：以合同法为视角》，载《中国法律评论》2020 年第 3 期。

② 张卫平：《民事诉讼法》，法律出版社 2016 年版，第 219 页。

笔者认为，此处应当厘清的是免责事由一中“金融消费者拒绝听取卖方机构建议导致不当推介”，以及免责事由二中“卖方适当性义务的违反未影响金融消费者作出自主决定”这两个免责事由的区别。看似相同的要件却会产生截然不同的责任后果，如不将规定进一步细化，势必会造成困惑。以类型化的思维来看，最高院将“金融消费者拒绝听取卖方机构建议”与“金融消费者故意提供虚假信息”归为一类，故笔者理解免责事由一所针对的金融消费者群体，应是事实上不具有专业知识和相应风险承受能力，但出于对投资回报的追求，执着于购买高风险产品的消费者。无论是提供虚假信息还是拒绝听取卖方机构的建议，都在根本上妨碍了卖方机构适当性义务的履行。而免责事由二所针对的金融消费者群体，应当是具备相应知识储备、投资经验、投资能力的消费者。对于这部分“资深”理财客户而言，其与卖方机构之间可能不存在信赖关系。因此即使卖方机构违反了适当性义务，也无需承担责任。笔者认为，免责事由二背后是一种“投资者排除”的理念。就像目前卖方机构的适当性义务仅对个人投资者负有，而不对机构投资者负有一样，背后的法理都是认为某一类投资者不必用适当性义务进行倾斜保护。因此，在适用免责事由二时必须要慎重。从规范制定的角度而言，应当据此明确“能够自主决定的金融消费者”的标准。应当凭借广泛的数据作出最普遍的界定，比如在某市场具有相关投资经验3年以上，具有相关领域的教育背景、个人收入达到某一水平，等等。或者在销售环节增加专业知识测试环节。如此能够形成一个普适的标准，再由法官在个案中结合其他要素自由裁量。

（四）明确卖方机构履行告知说明义务的认定标准

告知说明义务是适当性义务的重要组成部分，与常规的信息披露不同，适当性义务下的告知说明义务是面向特定客户，针对特定产品的信息披露义务。这就要求适当性义务下的告知说明义务不能仅追求信息本身的真实、准确和完整，也应当“考虑产品信息事实上的可理解性”。[①] 即使金融消费者获得了全部的产品信息，不同背景的金融消费者对于专业术语和产品结构的能力存在差异，

---

① 黎桦：《金融机构说明义务规则之构建——立足于消费者为中心的金融合同设计》，载《河南财经政法大学学报》2013年第1期。

要求销售人员付出不同程度的努力才能完成对产品风险的了解和掌握。所以，在告知说明义务的履行方式上应当规范书面告知和口头告知两种形式，在说明标准上应当采取一般理性人和特定主体主观理解能力的复合标准。

现有规范已经对“产品的重要信息”作了列举，理财产品的销售文件中必须涵盖这些重要信息。理财产品的销售文件实质上属于合同的一部分，合同条款为了避免歧义和纠纷，通常在词语使用上力求精准和专业。但是，“高度抽象化的概念往往使得其想要表述的核心越明确，边缘就越模糊。”① 这一点在已经形成了标准合同的金融理财服务业更为突出，条款内容因为金融学科的专业性门槛而晦涩难懂，“重要信息”因为难以被真正理解而让披露在实质上无效。因此，应当规定在书面文件中使用注释的方式，对专业术语进行通俗易懂的解释。通过增加释义的方式，一方面有效缓解信息不对称的问题，另一方面也能起到金融知识普及、投资者教育的作用。

除将重点内容以特殊的醒目方式加以提示外，还必须辅以口头说明。口头说明能够起到即时沟通的作用，口头用语也比书面语言更容易理解。并且，口头说明能够弥补标准合同适用于无差别主体的缺陷，能够满足适当性义务所要求的针对“特定客户”的要求。口头说明的范围和内容应与书面披露的一致，并提示本金损失的风险，以及其他可能受到不利影响的相关信息。在此基础上再根据特定客户的背景与需求作出特别的提示和说明。口头说明的过程应当按照《商业银行理财业务监督管理办法》第三十二条的规定进行录音录像，销售人员应当语速和缓、吐字清晰。音像视频应当妥善保存，保存期限不得少于20年。若出现纠纷，录音录像资料应当成为卖方机构是否履行告知说明义务的主要依据。

适当性义务必定会增加商业银行的管理成本，但这些成本并不是不可负担的。上述列举的信息都是银行在决定拟销售的理财产品时，通过对发行人和产品进行尽职调查已经获得的。银行本身负有了解产品的义务，告知说明义务只是要求银行将其获得的信息通过专业筛选，将必要的信息与消费者共享。在如今的数字化智能时代，银行可以充分利用互联网技术，将前期尽职调查过程中获得的产品信息进行分类管理，及时更新，辅助告知说明义务的履行。

---

① 于莹：《民法基本原则与商法漏洞填补》，载《中国法学》2019年第4期。

（五）完善纠纷解决和损失赔偿规则

《九民会议纪要》第七十七条规定了损失赔偿数额的计算。分为两个层面，一是卖方机构未尽适当性义务的情形，二是卖方机构存在欺诈的情形，二者的区别在于计算利息损失的方式不同。至于欺诈的认定，适用的是《最高人民法院关于贯彻执行〈中华人民共和国民法通则〉若干问题的意见（试行）》（以下简称《意见》）第六十八条的规定。[①] 该司法解释现在已被废止。[②] 笔者认为，应当以适当性义务为核心，明确界定金融欺诈行为的构成要件，完善损失赔偿规则的适用。

卖方机构未尽告知说明义务的情况分为两种：一是银行作为代销机构，其履行告知说明义务所依据的发行人提供的产品文件有错漏，且该错误是银行作为销售者，在履行了对产品的尽职调查义务后仍未发现的专业性问题。此时银行在主观方面可能存在过失。二是银行故意隐瞒了产品的重要信息，没有对消费者进行阐述和提示，按照《意见》对欺诈的界定，这种情形已经满足消极欺诈的构成要件。但从实践来看，故意隐瞒产品的重要信息属于卖方机构未尽告知说明义务的主要形式，法院也按此思路进行裁判，在赔偿数额的计算上适用一般的赔偿标准。如果将这种情形理解为欺诈，会导致告知说明义务的落空，同时扩大惩罚性赔偿的适用范围。毕竟如果将“故意隐瞒产品的重要信息”从未履行告知说明义务的范围中排除出去，那么银行不履行告知说明义务的形式就只剩下了上述的第一种情形。在第一种情形中，想要辨别银行在主观上是否存在过错比较困难，需要付出巨大的司法成本；并且容易导致销售者与发行人之间责任推诿，在商业银行超级代销金融机构的地位下，很容易造成风险向发行人不当转移。因此，笔者认为，既然在现有规范体系下无法廓清消极欺诈和告知说明义务的关系，就应当重新界定金融欺诈的构成要件，将消极欺诈排除金融欺诈的范畴。

金融欺诈应当界定为，金融机构故意告知消费者虚假情况，诱使对方作出错误的意思表示。在实践中主要表现为卖方机构在销售时承诺客户“保本保收

---

① 最高人民法院民事审判第二庭编：《〈全国法院民商事审判工作会议纪要〉理解与适用》，人民法院出版社 2019 年版，第 430 页。

② 《最高人民法院关于废止部分司法解释及相关规范性文件的决定》法释〔2020〕16 号。

益”，或者承诺购买该产品可以获得稳定收益，等等。适当性义务的法理基础在于信赖利益，是法律对于处于信赖关系中的弱势一方的倾斜保护。基于此，美国法院在判断欺诈是否成立时，将信义关系的存在作为审核的重点。换言之，如果法院认为投资者具备识别欺诈的能力，说明其与金融机构之间的信赖关系很弱，如果投资者仍然基于错误信息做出了购买决策，那么应当自行承担风险。笔者认同这一观点，但是结合国情来看，目前我国的投资者教育事业还在起步阶段，否则不会因为“保本保收益”这样明显不真实的承诺引发众多纠纷。事后的纠纷解决和权利救济仍然属于保护金融消费者的主要路径，这一方面需要法院在适用免责规则之时慎重考虑，另一方面也要求建立健全金融消费纠纷解决机制，拓宽救济渠道。

建立诉外纠纷解决机制，首先应在适当性规则的民事责任承担部分，规定可以通过调解、仲裁、诉讼多种方式解决纠纷。其次应完善相关的仲裁、调解规则。各地仲裁委员会发布了金融仲裁规则，规范金融争议通过仲裁解决。但是，在各地发布的金融仲裁规则中，对金融争议范围的界定不同。例如，《重庆仲裁委员会金融仲裁规则》中规定的金融争议仅包括金融机构与自然人、法人、非法人组织之间因借款合同、担保合同产生的争议；《广州仲裁委员会金融仲裁规则》中则对金融争议进行了开放式列举，包括“其他金融衍生品产品交易或服务争议”。可见金融仲裁在我国具有发展不平衡的特点。应在金融监管部门的牵头下，充分运用行业协会和专业纠纷解决机构的力量和资源，扩大非诉解决在金融消费纠纷解决中的覆盖面。通过建立一站式多元纠纷解决平台，加快诉调对接、司法确认等流程的办理速度，为金融消费者提供方便快捷的多元化纠纷解决渠道。此外，还应重视司法的示范作用。一是整理示范判决，为非诉解决提供样本依据，维护司法结果的一致性和稳定性；二是紧密联系行业组织，缩小法律适用与实践之间的鸿沟。各地法院可定期向金融机构、行业组织下发司法意见，规范金融机构的运行。

四、结语

银行理财产品作为普惠金融市场的重要组成部分，对卖方机构适当性义务的强调具有十分重要的实践意义。从法律属性来看，适当性义务本身属于金融市场交易主体的权利与义务，对其予以制度化则体现出以金融监管规则塑造市场交易秩序的理念和方法，有助于提高市场交易的效率和安全。从内容来看，卖方机构适当性义务考量的重点不是交易行为是否有法律依据、而是是否合理，其在当下立法和司法实践中得以明确和强化，标志着金融监管从形式合法性向实质合法性（合理性）的转化。金融监管中的公私融合、金融监管从形式主义向实质主义的进化，体现出了我国金融监管体制改革以及金融市场发展所取得的不易成就。

论金融机构违反投资者适当性义务的民事责任

吴　北*

内容提要： 金融市场中机构和投资者之间存在信息不对称，有必要对金融机构设定适当性义务并适用民事责任。但是法院在审理金融机构违反适当性义务案件中，对责任属性不明确，对投资者与金融机构所应承担损失的比例也存在不统一。明确违反适当性义务所承担民事责任的属性，应自义务性质界定始，后对责任属性加以分析，经排除其他观点后发现金融机构违反适当性义务应承担侵权责任。在确定民事责任属性为侵权责任的基础上，对其构成要件进行分析，确定侵权行为类型、过错归责原则、损害范围和因果关系认定方法。承接民事责任属性和构成要件的分析，对民事责任承担中损害赔偿比例不一的现象进行研究，发现判决中损害赔偿标准的不统一，不在于计算方法的问题，而在于过失相抵规则适用中的不明确。要明确过失相抵规则，应从投资者自身交易能力、投资者过失、金融机构违反适当性义务的行为这三类因素加以提取，综合地阐述各类因素对责任承担的影响力，以期为法院在审理案件的过程中指明各因素的重要性。

关键词： 适当性义务　民事责任　构成要件　赔偿标准

---

* 吴北，中国进出口银行法律事务部干部，法学硕士。

一、金融机构投资者适当性义务民事责任制度概述

（一）金融机构投资者适当性义务的含义

对金融机构因适当性管理所需要遵守的义务，各地区存在不同的认识和定义。美国有学者在证券投资者进行金融交易的范畴内给出了关于适当性义务的大致含义，即金融机构在推荐和交易产品中应当确保客户在目的、风险等级、财务状况和交易经验上与该产品相匹配。① 我国学者在适当性义务最开始引入我国之时，将其定义为：在金融机构主动推荐或销售商品给投资者之时，所应当遵守的，对商品风险等级、投资者风险承受能力有所了解并指导投资者购买与自身状况相契合的金融商品或服务的义务。② 各国学者、各国际组织的观点由于立场不同肯定存在部分偏差，不过围绕适当性义务这一概念，大体存在共同之处，即出于保护投资者合法利益和稳定金融市场交易秩序的目的，金融机构应推销和销售适合投资者的产品。对于适当性义务的具体内容，主要包括三部分义务：了解客户、了解产品和适当性评估义务。③ 了解客户是指金融机构在投资者要求购买或机构主动推介产品之时应当搜集并整理各类信息，充分地了解投资者的交易经验、现金流状况、风险偏好、风险承受能力等信息。了解产品指金融机构应多方面了解产品和服务，包括二级市场的定价情况、发行人信用情况、担保与否、产品流动性、税务风险、交易费用等。④ 适当性评估包括交易目的适当和交易风险适当，即投资者的风险承受度匹配产品的风险等级，并且该交易带来的后果与投资者接受的投资目标和需求相一致。

（二）金融机构违反适当性义务应承担民事责任

由于金融交易的专业化、市场信息的不对称性和交易者有限理性的影响，

---

① See Louis Loss & Joel Seligman, Fundamentals of Securities Regulation, Aspen Publishers 5th ed. 2004, 9 - C - 3.

② 陈岚、宋哲、李昭华、黄丹：《证券公司客户适当性管理法律责任探析—从理念变迁到责任重置》，《证券法苑》2015 年第 1 期。

③ 赵晓钧：《金融机构的适当性义务》，《证券法苑》2012 年第 2 期。

④ 刘博：《华尔街投行创新产品的适当性监管》，《中国证券期货》2012 年第 12 期。

导致金融市场交易能力天平失衡，使信息弱势者无法有保障地获取合法利益。适当性义务其本质为平衡金融市场买卖主体间的交易能力，因此有必要通过责任制度矫正交易能力天平。[①] 综合各国经验，金融机构违反适当性制度必须要承担相应的法律责任，这是制度本身的必然要求，也是买者自负与卖者有责原则的协调。[②] 我国通过一系列文件制定了相应的投资者适当性民事责任制度，但在金融机构违反适当性义务之时，其承担民事责任过程中仍存在一定问题。

（三）我国适当性义务民事责任司法适用中存在的问题

1. 责任属性不明确

民事诉讼中被告承担的责任可以区分为以下几种：主要为违约责任和侵权责任，其他责任中，有关合同的责任包括缔约过失责任和后合同责任，除此之外则是指不当得利或无因管理行为产生的责任。[③] 在我国司法实践中，对适当性案件中金融机构适用何种民事责任存在不同的意见，主要也是两类，即合同责任和侵权责任。在相关案例中，以合同责任纠纷作为案由的典型案件如胡某华诉某证券公司案[④]、吴某诉甲银行案[⑤]、林某吟诉某银行新天地支行案[⑥]、刘某诉某银行北京东方广场支行案[⑦]等。以侵权责任纠纷作为案由的案件包括卢某诉某证券交易所案[⑧]、林某诉某银行南京下关支行案[⑨]等。

另外，在汤某娟诉某银行大连西岗支行一案[⑩]里，原告不仅主张被告因违约而承担赔偿，同时主张被告应当承担侵权行为带来的损害赔偿责任。在该案的一审审判中法官认为原告不论是追求违约责任还是侵权责任其诉讼所追求的结果皆是为了保障自己的利益，出于保护投资者合法利益的角度，法官认同原告

---

① 颜凌云：《金融投资者差异化保护制度研究》，江西财经大学2017年博士论文，第53页。

② 杜一华：《论适合性义务与“买者自负”原则的关系与调适———以金融投资商品交易为观察对象》，《河北法学》2018年3月。

③ 魏振瀛主编：《民法》，北京大学出版社2017年版，第43页。

④ 参见上海市黄浦区人民法院（2007）黄民二（商）初字第842号判决书。

⑤ 参见上海市第一中级人民法院（2012）沪一中民六（商）终字第164号判决书。

⑥ 参见上海市第一中级人民法院（2009）沪一中民三（商）终字第569号判决书。

⑦ 参见北京市第二中级人民法院（2009）二中民终字第12302号判决书。

⑧ 参见上海市高级人民法院（2010）沪高民五（商）终字第10号判决书。

⑨ 参见江苏省南京市中级人民法院（2016）苏01民终1563号判决书。

⑩ 参见辽宁省高级人民法院（2017）辽民申4667号判决书。

同时行使侵权和违约赔偿请求权，并最终以通过违约赔偿请求权进行审理。但是依据王某诉某银行北京恩济支行一案[①]来看，法官在再审审理中指出，因为被告金融机构与原告在金融产品的交易中未及时展示交易合同和产品的募集说明书，由此证明被告未遵循适当性义务下的提示说明义务，从而通过客观行为认定金融机构存在侵犯投资者合法权益的过错，并依据原《侵权责任法》判决被告赔偿相应本息损失。

观察我国有关投资者适当性的主要判决，有的投资者以金融机构违约起诉其承担违约责任，有的以侵权起诉其承担侵权责任。裁判依据也未统一，原《合同法》或《侵权责任法》都有涉及。因此，在实务判例中并未明确应当适用何种责任形式进行民事司法救济。

2. 损害赔偿标准不明确

随着金融市场的逐步扩张发展，金融纠纷越来越多，所涉标的价值越来越大，投资者对纠纷相关损失能否得到赔偿以及在多大程度上得到赔偿的问题就显得越发重要，其中损害赔偿范围的界定和比例是否合理是民事赔偿问题的核心和焦点。在司法实践中，法院判决金融机构与投资者各自承担损失的比例存在差异。最初法院判决坚持买者自负的理念，如在刘某华与某银行证券投资基金交易纠纷案[②]和卢某与某证券交易所财产损害赔偿纠纷案[③]中，法院认为双方均是基于自己的真实意思表示，投资者作为完全民事行为能力人，应该对自己购买的投资产品负有完全责任，造成的损失应自行承担，因此判决金融机构不承担民事责任。如今看来，"买者自负"的观念并不能覆盖所有情形，随着社会的发展，观念由买者自负理念向卖者有责转变。例如，2016 年林某案[④]与 2017 年李某德案[⑤]，法院在审理过程中强调专业金融机构要严格保护投资者的权益，金融机构要严格履行适当性义务，因此判决金融机构承担全部损失加利息。另外，依据不同的裁判理由，存在法院判决金融机构承担全部本金不包含利息、部分本金、全部本金加利息损失等不同情形。其中，就金融机构承担部分责任

① 参见北京市高级人民法院（2019）京民申 3178 号判决书。

② 参见上海市第二中级人民法院（2009）沪二中民三（商）终字第 428 号判决书。

③ 参加上海市高级人民法院（2010）沪高民五（商）终字第 10 号判决书。

④ 参见江苏省南京市中级人民法院（2017）苏 01 民终 10111 号判决书。

⑤ 参见江苏省南京市中级人民法院（2016）苏 01 民终 1563 号判决书。

的案例，责任比例方面也存在差异。例如，王某清案[①]中的法院判决金融机构与投资者分别承担80%和20%的责任，林某案[②]中一审判决金融机构与投资者分别承担70%和30%的责任，二审中改判由金融机构承担全部赔偿责任。以上说明，各层级的法院关于责任承担分配比例标准较为模糊。

由于金融机构与投资者都承担了对应的义务，所以投资者也可能存在一定的过错，如未仔细阅读相关风险提示的条款等未尽谨慎注意义务的情形等，因此法院判定投资者应承担一定比例的损失。例如，刘某委托理财合同纠纷案[③]中判决依据就援引了原《侵权责任法》第二十六条规定的过失相抵规则。法官对具体划分责任比例的自由裁量权限较大，有的法院判定标准极为简单，如在吴某诉甲银行案[④]中，法官仅因原告作为完全民事行为人应及时了解所购买产品信息为由判令原告承担70%损失，而在徐某弘与某银行北京丰台支行财产损害赔偿纠纷案[⑤]中法院以原告作为曾购买过私募基金的投资者，应当具备一定的注意义务为由判令原告承担80%的损害。从上述案件中可以发现在责任分配方面法官有较大的自由裁量权，原被告承担的责任分配比例各不相同，投资者所能获得的赔偿也各不相同。因此必须明确过失相抵规则的适用，防范司法裁判中令金融机构或投资者一方承担过多责任的情形。

二、金融机构投资者适当性义务民事责任的属性

（一）投资者适当性义务属性的分析

针对适当义务民事责任的具体属性，不同学者的观点可以整理为合同责任说、侵权责任说和结合说，合同责任中又区分为违约责任说和缔约过失责任说。[⑥] 而研究金融机构违反投资者适当性义务的民事责任属性，前提需清楚适当

① 参见北京市西城区人民法院（2016）京0102民初626号判决书。

② 参见江苏省南京市中级人民法院（2016）苏01民终1563号判决书。

③ 参见江苏省南京市玄武区人民法院（2016）苏0102民初3076号判决书。

④ 参见上海市第一中级人民法院（2012）沪一中民六（商）终字第164号判决书。

⑤ 参见北京市第二中级人民法院（2018）京02民终7731号判决书。

⑥ 侯国跃、刘玖林：《经营机构违反投资者适当性制度的民事责任》，载《证券法苑》2019年第1期。

性义务本身的法律属性。适当性义务的法律属性决定了责任发生的根据，对义务属性的讨论包括合同义务、信义义务、诚信义务等观点。①

1. 对合同义务的质疑

将适当性义务视为合同义务，是将一个传统货物买卖法中的近似概念“适用性”义务予以类推的结果。在货物买卖市场上，卖方长期以来一直被要求提供符合买方目的的货物，而这种要求构成了货物买卖合同的有机组成部分。② 然而，将合同义务引入金融领域，转化为金融销售机构的适当性义务，仍需回应一些主要的质疑观点。首先，大批违反适当性义务的行为往往发生于合同签署或生效之前，故此难以全部归入合同义务、由合同法进行规制。虽然普通法并不严格区分先合同义务与合同义务，适当性义务归于合同义务并无障碍。然而大陆法系将先合同义务与合同义务进行区分，进而有了缔约过失制度，以约束合同成立之前的当事人行为。其次，关于将适当性义务归于合同义务的质疑，还在于如何界定销售者与客户之间的关系。笔者所讨论的义务主体均为产品的提供者或供应商，亦即发行方。但金融产品销售中常常存在买卖双方之间的第三类主体，即代销机构，且代销机构为适当性义务的主要承担者。但代销机构与买方之间往往不存在合同关系，此时如何将其担负的适当性义务归于合同义务项下呢？针对这一问题存在一种说法，的确在金融产品交易中往往存在三方主体、两个合同。发行方与代销机构签署了委托代理合同，发行方与投资者之间签署了金融产品销售或服务提供合同，唯独在代销机构与投资者之间常常不存在合同。因此，法院在判决中往往不因违反合同义务而要求代销机构承担责任，例如在吴某诉甲银行案③中，法院在审理中表示由于原告与被告未达成委托理财的合同，据此吴某不能够通过违约赔偿请求权主张甲银行承担损失。最终法院根据原《民法通则》裁判甲银行因违反其中第四条所列出的诚实信用原则而应当承担部分损害赔偿。

2. 对信义义务的质疑

信义义务一般指被信赖者基于他人的信任而应在保持忠诚和公正的前提下

① 王锐：《金融机构适当性义务研究》，法律出版社 2017 年版，第 89 页。

② Gail Pearson, Reading Suitability against Fitness for Purpose – The Evolution of a Rule , [2010] SydLawRw 15; (2010) 32 (2) Sydney Law Review 311.

③ 参见上海市第一中级人民法院（2012）沪一中民六（商）终字第 164 号判决书。

为受益人谋求最大化利益。[①] 将适当性义务作为信义义务的观点认为违反适当性义务的行为可以构成对信义义务的违反。[②] 金融机构与投资者间的代理关系本质是一种信赖关系，在双方实力不对称的金融市场上，具备专业资质的投资顾问、财务分析师等与普通客户进行交易时，后者对前者非常依赖。金融机构对毫无经验的客户进行推荐时，法院往往会认定存在客户对机构的信赖关系。[③] 因此，金融机构需要就其销售和推介行为对投资者负担信义义务。

然而，适当性义务属于信义义务这一理论仍然存在争议。首先，信义义务是一项原则，而非具体规则，而我国适当性义务却以具体规则为基础，因此二者很难兼容。将义务要求较为明确的适当性规则整合到较为模糊的信义义务原则之下，对于投资者保护而言徒增不确定性。即使在美国本土，也有观点认为借助信义义务整合金融市场上的主体监管并不是有效的方法。[④] 信义义务本身就很难定义，其规则体系又过分开放，导致适用中的难度很大。[⑤] 其次，在美国的金融监管上适合性标准与信义标准在规制领域不完全一致，如在对保险代理机构的监管上就仅有适合性原则要求而没有信义义务要求。[⑥] 就算法律规制领域内同时顾及适当性义务和信义义务，由于并非所有违反适当性义务的行为都构成对信义义务的违反，法院在审判中更侧重考察客户与金融机构之间是否存在信赖或者信任关系。[⑦] 这就大大提高了对不当销售者追责的门槛，使得那些难以证明与金融机构存在信赖关系的当事人，面对因不当销售而导致的损失，只得无奈自行承担。最后，信义义务的发生在普通法系是以代理理论作为基础的，大陆法系的委托代理关系中不存在代理理论所讨论的信义义务范畴。况且代理理

① 范世乾：《信义义务的概念》，载《湖北大学学报（哲学社会科学版）》2012 年总第 39 期。

② Paul Finn. Fiduciary Law and the Modern Commercial World, in Commercial Aspects of Trust and Fiduciary Obligations 9（Ewan McKendrick ed, 1992）.

③ Frederick Mark Gedicks. Suitability Claims and Purchases of Unrecommended Securities：An Agency Theory of Broker – Dealer Liability. Ariz. St. L. J. 37 ：0533.

④ Morgan Clemons, Harmonization vs. Demarcation：the Problems with a Broker Fiduciary Duty and Benefits of the Merrill Rule, http：//ssm. com/abstract = 1699274.

⑤ Michael Koffler. Six Degrees of Separation；Principles to Guide Regulation of Broker – Dealers and Investment Advisers, 41 Sec. Reg. & L. Rep. 776（2009）.

⑥ 邢会强：《金融机构的信义义务与适合性原则》，载《人大法律评论》2016 年第 3 辑。

⑦ 张付标：《证券投资者适当性制度研究》，对外经济贸易大学 2014 年民商法学博士学位论文，第 88 ~ 100 页。

论在美国监管的运用中仅仅局限于通过合同双方的权利义务关系对证券领域内金融交易的适当性问题进行管理，虽然美国法律下对证券的定义和合同的解释几乎可以延伸至全部金融交易场所，但是毕竟和我国证券法存在差距，其适用存在距离感。

3. 适当性义务是以诚信义务为基础的法定义务

对于适当性义务制度，无论将其定位为合同义务或者信义义务，均存在与我国现行法律体系不相契合之处。可将适当性义务确定为成文法所要求的法定义务，如英国法中投资者既可以主张传统的基于合同或侵权而产生的请求权提起诉讼，也可以依成文法提供的救济方式，即依据《金融服务与市场法》（FSMA）中的具体规则提起诉讼请求。[①] 我国将适当性义务转化为法定义务的现实需要十分迫切，金融市场产品的创新与投资者教育缺位的矛盾，导致投资者缺乏对金融产品必要的理解与认识，金融机构未能很好地履行适当性义务，从而引发大量诉讼。由于现行法律法规对适当性义务缺乏明确可适用的具体规则，因此有待明确该法定义务从而减少法院在审理中为难的状况，如适当性义务在个案中可能细化为告知义务、信义义务、忠实义务等。正如在保险领域内，正是由于《保险法》和《最高人民法院关于适用〈中华人民共和国保险法〉若干问题的解释（二）》对说明义务的法定化和加强审判指引，令法院在审理保险案件中加大了打击不履行相关义务保险公司的力度，为保险投资者提供了有效的保护。[②] 可以发现将明显具有消费者保护意义的义务确定为法定义务显然更有利于明晰交易者责任与实现消费者救济的目标。

将源于普通法的适当性义务引入我国，需要在我国法律体系中寻找和适当性义务最为匹配的内容作为适用义务的根据，即诚信义务。诚实信用原则起源于罗马法，是立法者和法院用来将道德规则贯穿于实在法的手段之一。诚信义务和信义义务的共同点在于都具备高度的概括性。有观点认为广义的诚信义务可以包含信义义务，但是诚信义务的出发点更多在于保障市场主体间自我利益的实现，而信义义务更关注对被信赖者滥用信任地位行为的约束，因此二者虽

---

① The Financial Services and Markets Act 2000 (Regulated Activities) Order 2001, http://www. legislation. gov. ukuksi2001544contentsmade.

② 王锐：《金融机构适当性义务研究》，法律出版社 2017 年版，第 152 页。

然存在重叠，但不能完全混淆。[①] 除此之外，信义义务和诚信义务的其他不同之处在于，信义义务初始于衡平法中信托业务并随判例演变而发展，而我国法律层面还未引入有关信义义务的具体规定。但在原《民法总则》第七条中就规定了诚信原则的内容，另外在金融法领域内，《证券法》第四条、《商业银行法》第五条、《保险法》第五条中都对诚信义务有所涉及。除此之外，在众多其他效力级别监管文件中都可以看到我国金融监管立法将诚实信用置于重要地位并对其进行了详细的规定。因此相较于信义义务，以诚信义务作为适当性义务具备更强的可行性。

详言之，诚信义务由于可以引申出多条具体的子义务，其实际上就是诚实信用原则的体现。而诚实信用作为一项原则，其功能的发挥又离不开诚信义务下各项具体义务组成的义务群，这些不同的子义务是诚信义务与不同部门法结合后形成的具体化内容。根据发生阶段进行划分，这些义务包括先合同义务、合同履行过程中的义务、附随义务。此外，在侵权责任法领域中诚信义务也可化身为注意义务从而参与对侵权责任构成要件的判断。[②] 以上具体义务内容大体概括为如下两方面：第一为消极的诚信义务，即不欺诈，不通过损害他人的方式使自己获益；第二为积极的义务，即应尽可能以善意的方式促进某一涉及他人的事项完成，在照顾自身利益的前提下维护他人的合理期待。[③] 适当性义务中的不销售不适当产品之义务与仅销售适当产品之义务，实际上就是诚实信用在金融市场交易中对机构约束的体现。与诚信义务相同，适当性义务的功能实现路径，也是通过事先创设一种义务，划定行为红线，给当事人以明确的预期：何种行为正当、合法，何种行为可能引发法律责任，从而引导行为人正确履行义务。简言之，如果说诚信义务的主要目的在于规避权利滥用，那么适当性义务作为具体化了的诚信义务，其目的在于规避金融产品销售领域的权利滥用。

（二）投资者适当性义务民事责任的属性辨析

1. 对违约责任的质疑

根据上文对适当性义务属性的分析，虽然将适当性义务视为合同义务具备

---

① 范世乾：《信义义务的概念》，载《湖北大学学报（哲学社会科学版）》2012 年第 1 期；董新义：《资产管理业者的信义义务：法律定位及制度架构》，载《求是学刊》2014 年第 4 期。

② 杨振红：《一般注意义务研究》，载《厦门大学法律评论》2005 年第 2 期。

③ 李永军：《民法总论》，法律出版社 2006 年版，第 95 页。

一定的逻辑自洽性，然而我国存在先合同义务与缔约过失责任，合同义务规范的是从合同成立、生效直至合同履行完毕这一阶段的当事人义务，不能规范缔约磋商过程中的交易方行为，而金融产品销售大多发生于缔约谈判阶段，这就使得将适当性义务仅视为合同义务与我国法律体系不能完全兼容。此外对适当性义务本身的违反也并不因合同中是否设定相应责任而改变，违反适当性义务之所以存在相应责任，在于以诚实信用为原则的法律强制性规范赋予了投资者通过诉讼苛责金融机构承担赔偿责任的正当性。违约责任的基础在于合同约定之债的产生，然而适当性义务并不因当事人之约定而由法定义务嬗变为约定义务，因此适当性义务不应为违约责任。①

此外还存在以合同的附随义务作为适当性义务基础的观点。附随义务指的是在合同主要债权债务关系之外为了保证合同目的顺利实现而产生的保守秘密、积极配合等义务。附随义务的履行不仅限于合同履行期间，它可以适用于合同缔结之时，也可适用于合同履行完毕后，因此将适当性义务视为合同附随义务恰好可以解决合同义务说中存在模糊的时间问题。但是，合同附随义务派生于诚实信用原则，在性质上是归属于法定义务的，因此无论适当性义务是否属于合同履行中的附随义务，都不能依据合同附随义务将投资者适当性制度的民事责任定性为违约责任。②

2. 对缔约过失责任的质疑

《民法典》第五百条对缔约过失责任进行了规定，依此法条内容理解，金融机构在投资者签订金融产品购买合同的过程中，如果未真实确切的将产品风险等级与投资者风险承受能力和交易目的相匹配，导致投资者对交易出现误解，将产生瞒报或提供虚假信息的效果。因此在金融机构实施上述行为时，正好符合法条中第二款的内容，投资者请求金融机构承担缔约过失责任可以成立。但是，缔约过失责任的适用还面临着以下几个疑点。

首先，依照杨立新教授的观点，缔约过失责任产生于当事人因过错导致合同不成立、无效或者可被撤销的情形，此时被侵害利益一方可请求对方支付自

---

① 侯国跃：《契约附随义务研究》，法律出版社2007年版，第56页。

② 李伟：《德国新债法中的附随义务及民事责任》，载《比较法研究》2004年第1期。

已为促成合同顺利成立和履行而付出的成本。[①] 可以看出合同未成立或合同成立后因某种原因导致撤销、无效等情形是缔约过失责任适用的前提。但是在适当性案件中，金融机构与投资者之间如果合同未缔结，则投资者也不可能因合同指向的金融产品价格波动而导致本金损失，更何谈诉求金融机构承担违反适当性义务的民事责任。此外，在适当性案件中投资者与金融机构签订的合同也少有不成立、无效或在履行过程中被撤销的情形。[②] 因此运用缔约过失责任作为投资者适当性义务民事责任存在一定的限制。

其次，违反先合同义务是缔约过失责任的构成要件之一，是指在合同缔结过程中，对缔约各方所要求的如披露、说明、协助、保密等非有关合同给付对象的义务。[③] 也就是说缔约过失责任存在于签订合同的各方当事人之间，对缔约过失责任的认定涉及金融机构与投资者是否具备合同关系。在适当性案件中，违反投资者适当性义务的金融机构可能不是与投资者签订合同的金融产品发行方，仅仅是金融中介即代销机构。在产品提供者、代销机构和投资者三方结构的金融交易中，产品提供者与销售者达成委托销售合同，同时产品提供者与投资者以委托理财为内容达成金融服务合同，这里代销机构和投资者并不存在合同关系。如果金融机构与投资者之间不存在合同关系，即不存在缔结合同的过程，此时适用缔约过失责任存在疑虑。虽然德国立法中已经允许第三人承担缔约过失责任，但在我国这一观点仍然存在争论。[④] 因此代销机构适用缔约过失责任存在障碍。

再次，依照王利明教授的观点，缔约过失责任是指，合同缔结过程中一方因违反诚信原则的行为而导致对方信赖利益受损时所应承担的责任。[⑤] 可见缔约过失责任保护的对象是合同签订中受损方的信赖利益。上文提及，如果将适当性义务视为信义义务加以保护信赖利益，法院在适当性案件中难免注重对信任

---

① 杨立新：《中国合同责任研究（下）》，载《河南省政法管理干部学院学报》2000 年第 2 期，第 16～29 页。

② 陈岚、宋哲、李昭华、黄丹：《证券公司客户适当性管理法律责任探析——从理念变迁到责任重置》，载《证券法苑》2015 年第 14 卷。

③ 钟奇江：《论缔约过失责任的构成要件与适用范围》，载《湘潭师范学院学报（社会科学版）》2005 年第 2 期。

④ 丁勇：《论德国法中的第三人缔约过失责任》，载《法律科学》2004 年第 3 期。

⑤ 王利明、杨立新、王轶、程啸：《民法学》，法律出版社 2014 年版，第 446 页。

的验证，投资者为保护自身利益必须表明自己与金融机构存在信赖关系，实际上加大了投资者的举证难度。又由于信赖关系的抽象性，同时法官在判断时也需要充分发挥自己的主观能动性，在自由裁量的过程中未免导致判决的不确定。至于缔约过失责任保护的信赖利益本身，指为了缔约或顺利履行合约而付出的成本，这一成本并不单单指金钱利益的损失，还包括机会的丧失等间接利益，和适当性义务所保护的投资者的实际损失存在一定差距。

最后，观察域外经验。同为大陆法系的日本在过去也曾以缔约过失责任作为金融机构违反适当性义务所应承担的民事责任，但在适当性案件大量增长后，日本法院发现缔约过失责任的适用较之侵权责任更为复杂，还是以侵权责任作为适当性义务民事责任的属性更加直接明了。[①] 本文也持同样观点，缔约过失责任较侵权责任的出现较晚，其产生本就是为了弥补侵权责任和违约责任所不能救济之处。[②] 既然在适当性案件中已经可以适用侵权责任对违反义务行为进行控制，则不必再寻求缔约过失责任这一途径。

3. 适当性义务民事责任属于侵权责任

金融机构违反适当性制度的结果，实质上是对投资者固有财产的侵害，那么是否可根据《民法典》第一千一百六十五条判令其承担侵权责任呢？第一，从侵权行为的基本特征看，侵权的行为需违反强制性义务，在适当性案例中则指金融机构违反了维持金融秩序稳定的法律所规定义务。[③] 所以投资者是否可以通过侵权责任请求金融机构赔偿，可以通过研究适当性义务是否属于法定义务进行判断。上文对义务属性的分析中认为，适当性义务应以诚信义务为基础向法定义务转化，问题在于我国金融监管制度下的适当性义务是否已经转变为法定义务，笔者认为我国适当性义务属于法定义务。法定义务的判断在于该义务的规定是否通过具体的法进行说明，在我国新修订的《证券法》中规定了证券公司在交易中应对投资者进行调查、履行告知说明义务，并以投资者信息为依据匹配相应的风险等级的产品，如造成损失将承担赔偿责任。同样在《证券投资基金法》中也规定了相应的内容。可见我国的法律中对投资者适当性制度进

---

① 何颖：《日本金融消费者保护法律问题研究》，北京大学2008年博士学位论文，第105页。

② 杨立新、李羚莹：《现代民事责任之新发展——以德国法上缔约过失责任为视角》，载《西南民族大学学报（人文社会科学版）》2011年第12期。

③ 熊进光：《金融衍生品侵权法律问题研究》，中国政法大学出版社2014年版，246页。

行了明文规定，适当性义务可纳入具体的法定义务，违反适当性义务应承担侵权责任存在一定的法律基础。第二，从其他地区的立法经验来看，韩国法院在司法实践中多数认为属于侵权责任。[①] 日本法在少数判例认为构成债务不履行，多数认为构成侵权责任。[②] 因此从域外司法实践角度可以发现金融机构违反投资者适当性义务的民事责任属于侵权责任存在合理性。

综上所述，从适当性义务的性质出发，我国现行适当性制度下适当性义务应属于以诚信义务为基础的法定义务，从而得出违反适当性义务应承担的民事责任为侵权责任。缔约过失责任说和违约责任说皆存在一定的局限性，而侵权责任的观点有利于直接、全面地保护投资者利益。

三、金融机构投资者适当性义务民事责任的构成要件

上文明确了适当性义务民事责任的具体属性为侵权责任，在适当性案件中，由于金融市场交易的专业性，使适当性义务民事责任与普通商品交易中的侵权责任相比存在特殊性。对适当性案件中的侵权责任的认定离不开对其构成要件的明确，侵权责任的构成要件包括侵权行为、过错、因果关系和损失，缺一不可。具体到适当性案件中，适当性义务民事责任的构成要件包括违反适当性义务的行为、违反适当性义务一方的过错、产生损害、过错行为与损害事实之间存在因果关系。

（一）行为要件

由于金融市场的信息不对称性，投资者对金融机构较为依赖，金融机构负有较高的义务标准。金融机构遵守适当性义务时需要做到了解客户、了解产品、进行合理的适当性匹配以及留存交易记录等具体行为规范。如果金融机构的交易行为未满足以上要求并导致投资者利益受损，则视为违反适当性义务且应承担民事责任，因此行为要件是判定金融机构是否违反适当性义务的重要标准。

依照违法行为在交易中发生阶段的不同，违反适当性义务的行为主要区分

① 董新义：《论韩国违反金融适合性原则的民事责任》，载《证券市场导报》2012 第 1 期。

② 席秉琼、张春晖、郑璐：《日本的〈金融商品交易法〉及其借鉴意义》，载《中国信用卡》2010 年第 4 期。

为两类：若投资者本无购买不适当产品的目的，金融机构此时对不适当产品作出的推荐、指导等行为吸引投资者购买不适当产品，可构成不适当推介；如果投资者原本就存在购买不适当产品的动机和行为，此时金融机构不存在不适当推介，但若金融机构在交易过程做出如隐瞒重要信息等行为，则构成不适当销售。① 值得注意的是，在金融机构做出不适当销售行为的情形时，虽然投资者自愿坚持购买不符合自身评估结果的高风险产品，貌似依照买者自负观点应当由投资者自行承担损失。但是此时由于金融机构存在隐瞒、欺骗、放任或其他未阻止不适当交易产生的行为，因此金融机构存在侵权，至于具体的责任承担问题可通过过失相抵规则来减免金融机构责任，本文将于第四章对责任的具体承担问题进行分析。

1. 不适当推介行为

金融机构在充分了解客户后，需要评估投资者的适当性，具体体现在：通过向客户发放问卷、访谈等形式，充分地了解投资者的投资目标、交易的期限、数量、风险偏好、风险承受能力等信息。以及投资者经验和知识等信息，如历史交易、教育程度、资产规模、现金流状况。对客户进行分级，进而向其推销适合的产品。故而，不适当推介的行为可以理解为主动推介高于客户风险承受能力的产品或服务。

在我国司法实践中，不适当推介行为是主要的侵权类型。如胡某斌案②中，银行对投资者的评估结果为稳健型投资者，风险承受能力较弱，但是银行却向其推介了风险较大的股票型产品进而使得投资者遭受损失。银行推介了与投资者承受风险能力不匹配的产品，因而法院判决银行应当为投资者的损失买单。

2. 不适当销售行为

广义上的销售行为包括推介行为，推介行为是金融机构在履行适当性义务中重要的行为，但是在不合适的推介行为以外，金融机构也可能存在重大的致投资者损失的不合规行为。根据《证券期货投资者适当性管理办法》，不适当销售行为包含告知、风险警示、录音或录像、网上留痕安排、文书签署等方面的违规行为，具体行为类型有：搜集投资者信息不全或明知信息有误未更正等，

① 黄旭宇：《违反适当性义务的民事侵权责任构成要件》，载《创新与发展：中国证券业2017年论文集》，中国财政经济出版社2018年版。

② 参见上海市第一中级人民法院（2015）沪一中民六（商）终字第198号民事判决书。

或是在投资者填写问卷时存在诱导、欺诈等，或是未能了解产品，使得产品分级不合理等等。如在林某案[①]中，由于某银行下关支行向其推荐风险较大的产品时，未能作出必要的风险提示，即属于销售方面的违规行为。

（二）过错要件

1. 归责原则

过错是指侵权人在实施损害他人利益行为时产生的主观心理状态，包括故意和过失。归责原则，则是指侵权人在承担损害赔偿责任时应当具备的责任归咎于他的理由。[②] 因此讨论侵权行为人是否因主观状态承担责任时，首先需要明确归责原则。依据我国《民法典》第一千一百六十五条的规定，由于过错侵害他人利益的人应当承担责任。可见在我国侵权责任案件中归责原则主要分为两种情况，一般以过错责任作为主要归责原则，在例外情况下适用无过错原则。[③] 同样，在适当性民事案件里，既存在过错责任观点，也存在无过错责任观点。

（1）适用无过错责任原则的质疑

美国在适当性案件中支持适用无过错责任原则，如在 Crooks 诉 Hilliard 一案[④]里，被告金融机构的工作人员虽然在交易行为中不存在恶意且展现出了勤勉尽责的态度，但是因为案件中投资者与产品确实存在风险不匹配状态，最终仲裁机关认定金融机构应当对投资者承担赔偿责任。[⑤] 那么，参考美国经验，在我国适当性案件中适用无过错责任原则是否可行？笔者对此保留意见。我国无过错责任包括两类，分别为防范高度危险而产生的危险责任和因特定关系人不具备控制力而产生的替代责任。前者如环境污染责任、产品责任等，后者则指监护人对子女的无过错责任之类。[⑥] 但是在金融机构违反适当性义务的情景下，首先，这里不存在任何替代的主体，实施行为者与责任承担者皆为金融机构，替代责任无法发挥用途。其次，危险责任多涉及因科技发展或自然灾害而产生的

---

① 参见江苏省南京市中级人民法院（2016）苏01民终1563号民事判决书。

② 王泽鉴：《损害赔偿》，北京大学出版社2017年版，第41页。

③ 王泽鉴：《侵权行为法》，北京大学出版社2009年版，第15页。

④ In Crooks v. Hilliand Lyons, N. A. S. D. Docket NO. 99 -05493, 2000 WL 1930279 at 2 (Oct. 27. 2000).

⑤ 赵一佳：《美国证券法下“适当性”原则探究》，载《北京仲裁》2012年第1期，第96~125页。

⑥ 王泽鉴：《民法学说与判例研究》（第五册），北京大学出版社2009年版，第187页。

高度危险源，在金融交易中对受害人造成的损失还未达到高度危险的程度。王利明教授认为，证券领域的民事侵权责任是财产相关的问题，未危害到具体的人身安全，因此不必要适用无过错责任原则。①

（2）应适用过错推定原则

既然适当性案件中归责原则不应为无过错责任原则，即应适用过错责任原则。实际上也是如此，《证券投资者适当性管理办法》第三十四条规定了金融机构在存在过错时才向投资者承担赔偿责任。但在过错责任中又区分为一般的过错责任原则和过错推定原则。过错推定是过错责任原则中的一种特殊形式，与一般的过错责任原则的区别在于证明责任的转移，即举证责任倒置，举证不能的不利后果由加害人承担。② 笔者认为，在金融机构违反适当性义务的案件中有必要适用过错推定原则。原因在于，金融产品拥有虚拟性和远期性，大部分投资者来源于普通公众，面对专业的信息无法有效地识别。③ 而社会分工的专业化又加剧了金融市场中的信息不对称，投资者在金融领域的信息获取劣势也将体现在诉讼中的举证上。为此，将本来属于投资者的举证责任转嫁给金融机构，是交易能力天平理论在适当性诉讼中的体现，有利于保护投资者的合法权益。

（3）明确举证责任倒置

过错推定的适用需要通过举证责任倒置来实现，举证责任倒置在我国《证券期货投资者适当性管理办法》和《最高人民法院关于印发〈全国法院民商事审判工作会议纪要〉的通知》（法〔2019〕254 号）（以下简称《会议纪要》）中都有体现。但是《证券期货投资者适当性管理办法》属于部门规章，法院在审判中不能直接援引其作为依据，只能将其作为参考。同样，《会议纪要》虽然是最高人民法院发布的文件，但是《会议纪要》不属于司法解释，同样不能成为判决书中的裁判根据。因此，为了完善适当性义务民事责任制度，有必要将举证责任倒置上升至正式、高位阶的法律文件之中。

2. 过错客观化

过错意味着主观责任，存在过错时加害人即具备主观上的可责难性。一般

---

① 王利明：《关于完善中国证券侵权民事责任制度的几点思考》，载《证券法苑》2012 年第六卷。

② 全国人大常委会法制工作委员会民法室编：《侵权责任法立法背景与观点全集》，法律出版社 2010 年版，第 154 页。

③ 齐斌：《证券市场信息披露法律监管》，法律出版社 2000 年版，第 12 页。

来说，不管是故意还是过失，其判断包括加害人的可预见性因素，但是适当性案件中过错的认定出现了主观过错向客观过错的转变，对过错的认定标准呈现客观化。即在金融机构违反适当性义务时，不再考虑主观的心理状态，而是统一采用某种基于社会共同需要而提出的客观标准。如在英美法中客观过错就是通过设立“一般理性人”标准进行认定，如果当事人的履行注意义务程度符合一般理性人的标准，行为就不具有过错。[①] 我国在民事案件审判中也倾向于采取客观标准对过错进行认定，如张新宝教授认为过失的判断应采取客观标准而非主观标准，采取这一标准可以更好地督促行为人行使适当的行为。[②] 具体到我国适当性案件中，若金融机构证明自身已经完成相对的适当性义务，则不存在过错。反之，金融机构只要违反了法律规定必须遵守的适当性义务，即存在过错。正如在林某诉某银行一案中被告工行提供的证据不能够完全证明自己适当地推销了产品，因此法院认定工商银行具有过错。[③]

（三）损失要件

1. 损失范围的界定

投资者损失是金融机构承担违反适当性义务的民事责任的必要条件，通常是指财产损失。损失范围需要界定，财产损失既包括财产的积极减少，如因所购买金融产品的价格下跌而产生的本金减损；也包括消极增加，指被侵权人因财产权益受侵害而额外增加的支出费用。损失的范围较大，如若对范围不予厘清，导致金融机构无边界地赔偿所有损失，可能会鼓励某些投资者盲目的投机行为，无益于理性投资者的培养，将不合理加重金融机构的赔偿负担。立法上，《最高人民法院关于当前商事审判工作中的若干具体问题》和《会议纪要》明确表明采用损失填补原则赔偿投资者的实际损失。[④] 实际损失亦可分为直接损失与间接损失，前者指因侵权行为对权益本身所致的损害，如本金丧失；后者系指

① 程啸：《侵权责任法（第二版）》，法律出版社 2015 年版，第 97 页。

② 张新宝：《中国侵权行为法》，中国社会科学院出版社 1998 年版，第 137 页。

③ 参见江苏省南京市中级人民法院（2016）苏 01 民终 1563 号民事判决书。

④ 黄旭宇：《违反适当性义务的民事侵权责任构成要件》，载《创新与发展：中国证券业 2017 年论文集》，第 652～659 页。

侵害权益间接致被害人财产受到的损害，如门店无法营业造成的利润损失。[①] 对于损害范围的界定，存在不同的说法。有学者认为，应当包括直接损失和间接损失。[②] 有学者认为，损害仅限于直接损失。[③] 在司法实践中，对损失范围的确定也存在争议，林某案[④]中，一审法院认为仅填补林某损失的本金。二审法院认为除本金外，还应参考央行同期同类存款利率计算利息赔偿。

结合学界观点与具体实践，笔者认为，在此类案件中，损失赔偿具有补偿性，也即依照填平原则使投资者恢复至购买金融产品之前的状态，因而不应包括未来可得利益即间接损失。且金融商品的预期利润具有不确定性，不应被归入可受补偿的范围，如在吴某芳案中，原告以所购理财产品收益率低于最初体现的5.3%收益率而起诉，后其诉讼请求被法院驳回。[⑤] 所以，实际损失应当包括本金损失与损失金额之利息损失，二者同属于直接损失，即现存利益的减少。申言之，只要投资者投资产品没有使其本金减少，投资者便不能要求金融机构予以赔偿。

2. 损失数额的确定

不同于损失不确定的其他证券欺诈行为，像操纵市场、内幕交易和虚假陈述案件中投资者损失的确定有多种计算方法，计算较为复杂。在适当性案件中，金融机构应当承担投资者的直接损失，即损失的部分本金及其利息等，所以数额是确定的。例如，理财产品案件的赔偿，投资者的产品已经到期或投资者将其提前赎回，损失数额的计算便是本金减去到期日或提前赎回时的数额，再加上该数额的央行同期利息。这里可以看出投资者所受损失的界定中时间点为重要因素，到期日或赎回日视为损失的确定日期。如在李某德案中，法院指出原告在开庭后仍未赎回基金，因此损失存在不确定性。[⑥] 即在到期日或赎回日之前损失未定型，既存在金融商品价格巨幅下跌导致本金全部损失的情形；也存在金融商品价格回升，损失减少的情形，此时依照损益相抵和填平原则，应相应

---

① 王泽鉴：《损害赔偿》，北京大学出版社2017年版，第76页。

② 颜延、倪刚：《投资者保护与金融机构的适当性义务——以金融衍生产品销售为例》，载《学海》2013年第3期。

③ 胡伟：《投资者适当性制度民事责任探析》，载《广西社会科学》2013年第2期。

④ 参见南京市中级人民法院（2010）苏01民终1563号民事判决书。

⑤ 参见上海市虹口区人民法院（2018）沪0109民初12259号民事判决书。

⑥ 参见南京市中级人民法院（2017）苏01民终10111号民事判决书。

减少损失要件中数额的认定。

另外，虽然投资者适当性案件中损失数额是可以确定的，但是确定金融机构应当赔偿的数额并非简单等同。损失和赔偿存在关联但不完全相同，举个例子，在侵权案件中若被侵害人故意放任损失的扩大，则应当依据过失相抵规则承担因自身过错造成损失的部分，此时侵权人所承担的赔偿范围肯定小于损失的范围。同理，金融机构享有抗辩的权利，有权举证证明投资者存在过错，减少自己的赔偿。当金融机构与投资者都存在过错的情况下，能否适用过失相抵原则呢？过失相抵原则作为侵权责任法的重要原则，适用该原则是公平合理的体现。关于过失相抵原则的适用在本文第四章有较为完整的论述。

（四）因果关系要件

因果关系可以简单地描述为两事实间形成了原因和结果的关系。对于适当性案件中的因果关系，则可以称之为，金融机构实施的违反适当性义务行为是原因，而投资者因该行为遭受的损失为结果。扩展开来，在因果关系中存在两个层次，第一层次为事实因果关系，即责任成立上需具备的因果关系。第二层次为法律因果关系，也称为责任范围的因果关系。具体到适当性义务民事责任的构成要件中，责任成立因果关系应当是指金融机构实施了违反适当性义务的行为，这是金融机构承担责任的必然条件，法院可对不遵守法定义务的金融机构判决承担责任。责任范围因果关系则是指投资者所遭受的损失，民事诉讼中法官将损害的数值作为金融机构赔偿金额的参考。在这两类因果关系中，只有责任成立因果关系属于民事责任的构成要件，而责任范围因果关系解决的是因投资者利益损害后的后续问题，不能决定是否承担责任，因此不属于责任的构成要件。[①]

在检验责任成立因果关系时，主流方法为德国法上的条件说。据此，导致侵害的原因中，具有“不能想象其不存在”条件的原因事实，是引起责任成立因果关系的事实。关于条件关系的判断又分为剔除说和替代说。剔除说认为，如果原因事实被排除后结果不会发生，则该结果与原因具有因果关系。替代说

---

① Deutsch/Ahrens, Deliktsrecht, Rn. 46. 转引自程啸：《侵权责任法（第二版）》，法律出版社 2015 年版，第 223 页。

针对的对象是不作为的侵权行为，其认为，如果当事人履行了作为义务，但是损害仍发生，则不作为行为与损害不具有因果关系。[①] 貌似以上观点都具有道理，但是在复杂的金融市场中，不适当交易只是引起损失的一个条件，市场波动和系统性风险等因素带来了更加纠缠的因果关系，对此条件说存在局限性。以剔除说为例，就算投资者未遭受不适当交易对待，也可能由于市场变化导致产品风险变动，使投资者风险评级与产品风险不相匹配，最终产生损失。而这违背了剔除说中“若无侵权行为，则无损害结果”的假设。例如，在吴某傅案中，投资者购买保本产品，后因美国金融危机爆发，而投资者购买产品与四支在美上市公司股票挂钩，因此最终遭到损失。[②]此时如果运用剔除说的“若无，则不”方法进行验证，将发现金融机构对损害不具备因果关系，但这是不符合持续的适当性义务要求的，也不利于保护投资者的合法利益。

在金融市场中多重因素互相结合下，若严格地遵循必然因果关系的认定方式，可能不适当地约束了民事责任的救济。但是在适当性案件中，投资者又确实存在因不适当交易而遭受损失的问题。在交易目的和风险不匹配的状态下，投资者因信息劣势很可能购买具有潜在亏损可能的产品，因此加大了财产损失的概率。如果交易适当，则投资者一般不会主动购买风险过高的金融产品，自然不会产生损失。因此在认定适当性案件中的因果关系时，可以通过相当因果关系说加以验证，即不追求客观的必然联系，只要原因与结果之间在通常状态下可以互相连接就行。依照该理论，只要交易不适当，就会产生损失的可能性，因此只要不适当交易是由金融机构的不当宣传或推介等行为导致，该行为就对损害的产生具有因果关系。王利明教授认为，法官对因果关系的判断不必像追求科学数据一样精准，应当赋予法官一定的自由裁量权，根据案件具体情况调整。[③] 同样，在适当性案件中对因果关系的判断同样需要法官发挥自由裁量的能力，即对合理预见理论的有效运用。至于因果涉及的损害范围，将于第四章中通过明确过失相抵规则加以完善。

---

① Brox/Walker, Allegmeines Schuldrecht, §30, Rn2. 转引自程啸：《侵权责任法（第二版）》，法律出版社 2015 年版，第 234 页。

② 参见上海市第二中级人民法院（2008）沪二中民三（商）终字第 509 号判决书。

③ 王利明：《侵权责任法研究（上卷）》，中国人民大学出版社 2010 年版，第 385 页。

四、投资者适当性义务民事责任的赔偿标准

（一）确定赔偿标准的途径——明确过失相抵规则

明确了责任的属性和构成要件后的下一步即是对责任承担问题进行分析。金融机构违反适当性义务案件中存在赔偿标准不一的现象，这需要从违反适当性义务案件的损害赔偿判断方法进行分析。民事案件中损害赔偿的范围一般依照实际损失确定，如我国台湾地区的损害赔偿总体上是依据民法的实际损失规则确定。① 同理在投资者适当性制度中，因为投资者的损失必须是客观确定的，所以不需要特定的方法来计算损失，直接比较商品买入和卖出价格的差值就可确定损失了。法院在审理适当性案件时也往往以净损害认定损失，而不将未来潜在收益计入损害的范畴，如在吴其傅案中，投资者对金融产品预期利润的诉求受到了法院的驳回。② 因此有关适当性案件中机构和投资者责任承担不合理的现象，产生的原因不在于计算方法的错误，而在于法官对过失相抵规则的模糊适用。过失相抵，是指在损害赔偿之中，对损害的发生或者扩大，受害人也有过失的，可以减轻或者免除加害人的赔偿责任，从而公平合理地分配损害承担比例的一种制度。③ 具体到适当性案件中，则是指投资者因自身过错导致损失扩大时会减轻金融公司的损害赔偿责任。设立过失相抵的初衷是实现利益平衡，按照金融机构与投资者双方之间的过错程度来共同分担损失这一观点存在合理性。虽然该规则的适用本身是公平合理的体现，但是在适用的过程中仍应当注意明确过失判断的标准，明确过失相抵规则的适用有助于法院在审理金融机构违反适当性义务案件时把握好损害赔偿的标准。

（二）适当性诉讼中过失相抵规则的适用基础

1. 过失相抵规则是买者自负的体现

法院适用过失相抵规则的理论依据为“投资者责任自负”原则，即投资者

---

① 上海市高级人民法院编：《证券民事赔偿诉讼：最高人民法院证券民事赔偿司法解释的评述与展开》，法律出版社2003年版，第108页。

② 参见上海市第二中级人民法院（2008）沪二中民三（商）终字第509号判决书。

③ 王利明、杨立新、王轶、程啸：《民法学》，法律出版社2014年版，第823页。

进行金融商品投资活动，相较于一般买卖活动的买者，应承担更加谨慎的注意义务。从适当性对金融机构和投资者二者注意义务影响的角度观察，由于适当性义务是为了弥补投资者因市场信息不对称产生的交易能力劣势，从而在买者自负这一传统原则的基础上增加的卖者有责内容。[①] 因此，要求金融机构承担适当性义务实际上是把一部分保证交易适当的注意义务分配给了具有专业技能的金融机构。如果投资者确实缺乏判断金融产品适当性的认知能力，那么“卖者有责”的合理性得到证实。但是金融商品交易过程中的注意义务的分配不是一成不变的，应处于动态平衡的状态。当投资者能够尽到更多的注意之时，自然应该减少金融机构负担的义务。另外，适当性制度是买者自负和卖者有责理论平衡下的产物，买者自负与卖者有责相辅相成、相互影响，因此一味强求投资者自担风险有失公允，金融机构也应承担适当性义务。反过来说，在金融机构承担适当性义务之时投资者也应当予以配合，如果投资者因自身过错导致损失产生或扩大，则由投资者自负损害结果是合理正当的。[②]

2. 过失相抵是侵权责任法的重要规则

过失相抵产生于罗马法，其设计之初，是由于受害人对于损害的发生也存在过失时令加害人承担全部赔偿责任有显不公，为此在一定程度上减轻加害人的责任，其基础为法律的公平精神和责任自负原则，后为德、日等各个国家侵权法所用。[③] 我国过失相抵的规定来源于对大陆法系国家立法的借鉴，在我国《民法典》中规定了被侵权人在对损害发生同样存在过错时可以减轻侵权人的责任，由此可以看出过失相抵是我国侵权损害赔偿规则中的一项重要内容。如果有关适当性义务案件中金融机构承担侵权责任，在投资者对违反适当性义务案件中损失的产生和扩大也存在过错时适用过失相抵规则有法可依，当然具备一定的可行性。

（三）过失相抵规则的适用标准

法院在审理金融机构违反适当性义务行为的案件时适用过失相抵具备合理

① 胡伟：《金融消费“买者自负”原则的检视与展望》，载《金融与法律》2013 年第 5 期。

② 杜一华：《论适合性义务与“买者自负”原则的关系与调适——以金融投资商品交易为观察对象》，载《河北法学》2018 年 3 月。

③ 程啸：《论侵权行为法上的过失相抵制度》，载《清华法学》2005 年第 2 期。

性和可行性，但在适用过失相抵的过程中又产生了不同判决结果对损害赔偿比例规定不一的现象。其实这是由于不同案件中所参考的因素不同，导致过失相抵规则适用的条件不同，从而令金融机构和投资者承担的损失各不相同。适用过失相抵规则要求受害人确实存在过错且损失的产生和扩大是由受害人过错行为所导致。[①] 因此下文将从受害人即投资者自身状况、投资者的过错和金融机构的行为这三个角度分析参考因素，以期明确在适当性案件中过失相抵规则的适用。笔者在北大法宝、无讼网和威科先行网站通过案例整理搜集后发现我国适当性案件中适用过失相抵规则的典型案例如表 1 所示。

表 1　适用过失相抵规则的典型案例整理

名称	案号			最终裁判结果
	一审	二审	再审	
吴某诉甲银行金融委托理财合同纠纷案	（2012）徐民二（商）初字第 880 号	（2012）沪一中民六（商）终字第 164 号	无	金融机构承担 30% 损失，投资者承担 70% 损失
胡某斌诉某银行上海市田林路支行财产损害赔偿纠纷案	（2014）徐民二（商）初字第 541 号	（2015）沪一中民六（商）终字第 198 号	（2015）沪高民五（商）申字第 83 号	金融机构承担 40% 损失，投资者承担 60% 损失
刘某与某银行武汉汉街支行、某银行武汉分行委托理财合同纠纷案	（2015）鄂武昌民初字第 04085 号	（2016）鄂 01 民终 1177 号	无	金融机构承担 15% 损失，投资者承担 85% 损失
王某清与某银行北京宣武支行财产损害赔偿纠纷案	（2016）京 0102 民初 626 号	无	无	金融机构承担 80% 损失，投资者承担 20% 损失

① 程啸：《侵权责任法》，法律出版社 2015 年版，第 723 页。

续表

沈某珍诉某银行上海虹口支行金融服务合同纠纷案	（2016）沪 0109 民初 25028 号	（2017）沪 02 民终 9139 号	无	损失总计损失 226，319.21 元，金融机构承担 100000 元，剩余部分由投资者承担
戴某与某银行公司南京双门楼支行委托理财合同纠纷案	（2017）苏 0106 民初 3304 号	（2017）苏 01 民终 8973 号	无	金融机构承担 30% 损失，投资者承担 70% 损失
梁某玮与某银行青岛分行金融委托理财合同纠纷案	（2017）鲁 0212 民初 1014 号民事判决	（2018）鲁 02 民终 3417 号	无	金融机构承担 30% 损失，投资者承担 70% 损失
徐某弘与某银行北京丰台支行财产损害赔偿纠纷案	（2018）京 0106 民初 4015 号	（2018）京 02 民终 7731 号	无	金融机构承担 20% 损失，投资者承 80% 损失

1. 投资者交易能力的参考标准

在信息不对称的金融市场中处于信息劣势的投资者自然需要法律的倾斜以加强其保护，但是对于专业能力较强的投资者而言，其实际上具备一定的风险识别能力，对此类投资者的保护过程中应适当减少金融机构负担的义务。[①] 金融交易中不同成熟程度的投资者对交易的注意义务不同，这一思路体现在适当性案件审理中则表现为投资者的分类与金融机构的责任差异化。因此，可以通过区分投资者交易能力作为明确适用过失相抵规则的前提。

不同案件中对投资者交易能力的区分依据不同，如上表所示，这里选取适用过失相抵规则的典型适当性案例作为参考。在梁某玮诉某银行青岛分行金融委托理财合同纠纷案中，法院认为梁某玮作为一名具有购买理财产品经历的投

① 曹兴权、凌文君：《金融机构适当性义务的司法适用》，载《湖北社会科学》2019 年第 8 期。

资者，特别是其曾购买过高风险的投资理财产品，投资者应当知晓进行风险承受能力测评事关其适合购买何种理财产品，因此投资者应当逐字详细核实其风险承受度测评报告内容后方予签字确认。在沈某珍诉某银行上海虹口支行金融服务合同纠纷案中，法院认为投资者具有较高文化水平，是拥有长期投资理财经验的成熟投资者，应依照自身能力谨慎决策，理性地分析判断投资风险和独立承担产品的投资风险。另外，在徐某弘与某银行北京丰台支行财产损害赔偿纠纷中，法院认为投资者曾工作于建谊集团，可视为拥有既往投资经验。而在戴某与某银行南京双门楼支行委托理财合同纠纷案中，法院认为投资者在持有大数量金额进行交易时，理应对交易对象持有审慎观察的义务。参见以上所列案件中法院对投资者交易能力的识别时所参考的因素，可以分为几个大类：第一，投资者的金融产品交易历史，其中又可以区分为曾购买过高风险的理财产品和曾经购买过与适当性案件中交易产品同类型的金融产品，以此来确认投资者具备金融交易的经验，应当负有注意义务。第二，投资者的财产状况，即投资者是否可以运用大额资金进行交易操作。如果投资者确实在金融交易中使用大量资金，出于常理其应对这大笔资金的流动负担注意义务。第三，投资者的岗位性质和工作的内容。如果投资者的工作就处于金融行业，或涉及投资内容，则其实际上进行过相似的交易操作。类似于具有既往投资历史，此时投资者也应负担一定注意义务。第四，投资者的文化水平，该类参考因素可以指投资者的受教育水平，如取得学历学位等；也可以指投资者取得的其他证书，如在纪某杰与财富公司融资融券交易纠纷案中，法院依据原告具备证券从业资格证等事实，从而认定投资者满足融资融券交易的适当性管理要求。[①] 以上这四类因素是从案例中总结出来法院确认投资者具备交易能力，从而依据买者自负认定过失相抵的标准。除此以外，也存在不具备交易经验但却适用过失相抵规则的案件。例如，在王某清诉某银行案中，法院认为王某清作为具有完全民事行为能力的人，有义务关注自己曾购买过的理财产品，王某清在购买产品后才发现风险，并经过一段时间后才发现损失而赎回，应当承担部分责任。这里投资者虽然并不具备较强的专业性，但是由于其对损失的扩大存在过失，因此抵消了金融机构的部分责任，但是该案中金融机构仍需承担80%的责任。而在投资者交

① 参见湖南省长沙市中级人民法院（2019）湘01民终11495号民事判决书。

易能力较强的案例中，如梁某玮和戴某案中投资者都承担了大部分的损失，金融机构仅仅承担了30%的责任，远低于投资者交易能力较弱的案件审判结果。从上可以看出，同样是在适用过失相抵规则的案件中，投资者的交易能力大小对过失相抵规则下金融机构减少的责任影响重大，足见对投资者交易能力的识别和区分具有重要意义。

2. 投资者过失的参考因素

适当性案件中投资者本身交易能力的区分是过失相抵适用的前提，而投资者过失则是过失相抵应用过程中需要确定的主要内容。投资者的过失是指投资者在交易金融产品时，因为没有采取合理的注意或者其他可以获取的预防措施来保护财产权免受损害，以至于投资者遭受损害或损害结果的进一步扩大。明确投资者过失的内容有助于在案件审理中清楚过失影响损害发生或扩大的原因力大小，再将之与金融机构违反适当性义务行为对损害形成的原因力相对比，从而明确具体的损害赔偿比例。

（1）导致损害产生的过失

在适当性义务民事责任案件中一般法院通过认定投资者对合同的签字而承担买者自负的过失，如在梁某玮案中，经审查投资者确实签署了与交易相关的《客户风险承受度评估报告》，对此法院表示，投资者本可以不签署风险评估报告，如果投资者在报告上签字了，就应当承担一定的风险。而在沈某珍案中，投资者在诉讼中向法院提出其签订风险测评报告时存在误读，对报告存在异议。法院并未认可投资者的说法，而是认为投资者在交易中应该仔细阅读并谨慎签订相关协议，对于自己签名确认的报告内容视为已接受认可，基于诚信原则不能随意事后推翻。同理，在戴某案中法院认定投资者在金融机构处签订了风险揭示书、客户风险承受能力调查表和开放式基金代销业务申请表，因此戴某应当承担部分损失。以上案件虽然案情不同，但无论是对交易表单还是对评估报告的签约，投资者的过失主要体现在对不适当产品表现出的购买意愿和交易行为。凡是适当性案件，必须存在投资者的购买行为，否则也不会产生因金融产品价格波动带来的投资者利益损失，因此这一过失属于适当性案件中出现的必备情形。

（2）导致损害扩大的过失

上面举例说明的交易行为中的过失可以称为导致损害产生的过失，此外在适当性案件中还存在导致损害扩大的过失内容。在刘某与某银行委托理财合同纠纷案中，投资者在知晓案涉理财产品每周一可以赎回的情况下，在长达三个半月的时间内未及时进行赎回，导致产品价格下降带来的损失扩大应当由投资者承担部分责任，因此最终法院判决投资者自行承担损失中85%的部分。此外，在徐某弘与某银行财产损害赔偿纠纷案中，同样在明知案涉理财产品为开放式基金的情况下，投资者在长达近一年的时间内未进行赎回，对此法院判决投资者自负80%的损失。在上述案件中投资者都存在两种过失，即未仔细了解风险便自愿购买理财产品的过失和面对产品亏损而不及时阻止的过失。综合以上两种过失，法院都判决投资者承担了较大部分的损害赔偿。反观上文中提到的仅因自愿购买而产生过失的案例，在梁某玮案和戴某案中投资者都仅承担了70%的损害结果，小于未及时赎回而导致损害扩大的投资者所承担的责任。虽然说过失相抵的考察因素复杂多样，但还是可以从损害结果承担比例进行对比，发现同时具备两种过失的案件中投资者需要负担更多的损失。

3. 金融机构行为对过失相抵的影响

过失相抵这一损害赔偿规则适用的后果将依法减轻义务人的赔偿，因此适用中还要考虑义务人对义务的履行状态。如果适当性义务的承担者完全不履行了解产品、了解客户和适当性匹配的义务，即使投资者存在重大过错，金融机构仍然要承担部分责任。这种情形在司法实践中并不新鲜，如在胡某斌诉某银行案中投资者通过风险评测获得评级为稳健型，但是该案中银行推荐的产品却为非保本型理财产品，存在净值下跌的可能性，显然不适宜投资者进行购买。相比较之下，梁某玮案中投资者在金融机构处购买的基金理财产品为高等风险、收益浮动品种，该案中投资者经风险承受能力评估报告检测后结果为成长型，即金融产品的风险等级与投资者的风险承受能力相适应。虽然在交易过程中金融机构仍然违反了适当性义务，在梁某玮购买涉案理财产品前未向梁某玮出示《特定客户资产管理计划资产管理合同》供梁某玮翻阅。但是因为投资者与产品风险匹配，金融机构违反适当性义务的程度较轻，所以金融机构未承担大部分责任，仅承担损失30%部分的赔偿，低于胡某斌案中金融机构承担的40%责任。因此，过失相抵规则的适用还要考虑金融机构做出的违反适当性义务行为本身带来了多大的危害，从而更贴切地与投资者的过失行为相抵。

（四）小结

综合以上对典型案例中适用过失相抵规则需要参考的因素进行梳理，可以发现过失相抵的适用不能仅仅参考某一方面内容，而要综合观察投资者的交易能力、投资者的过失和金融机构违反适当性义务的程度等。在实际司法案例中，不同的过失相抵因素和不同比例的责任分担情况如表2所示。

表2　适当性义务典型案例中过失相抵因素的梳理

案件①	投资者风险承受能力	金融机构违反适当性义务的行为	投资者的过失行为	裁判结果
胡某斌案	胡某斌此前购买过类似理财产品并盈利，还从事新三板投资、大额股权投资等风险较高的投资行为。	胡某斌没有在理财产品合同后附的《股指期货交易风险提示函》落款处签字。法院认为，无论最后该产品有没有从事股指期货交易，银行都不能免除相关的风险提示义务。	胡某斌签字确认涉案《某银行个人理财产品业务交易信息确认表》。	金融机构承担40%损失，投资者承担60%损失
梁某玙案	梁某玮是具有购买理财产品特别是具有高风险投资理财经验的投资者。	某银行未提供有效证据证明其在梁某玮购买涉案产品前曾向梁某玮出示《特定客户资产管理计划资产管理合同》供梁某玮查阅、了解。	梁某玮签字确认涉案《客户风险承受度评估报告》。	金融机构承担30%损失，投资者承担70%损失
戴某案	戴某是大额资金的控制者与多次独立进行理财的投资者。	依据原告的聊天记录内容，可以看出某银行双门楼支行的销售人员在推介活动中一味放大产品的盈利可能，对戴某盈利冲动有助长作用，存在对该产品风险揭示不充分情形。	戴某在某银行双门楼支行处签署了风险揭示书一份、客户风险承受能力调查表一份、开放式基金代销业务申请表四张。	金融机构承担30%损失，投资者承担70%损失

① 案号参见表1。

续表

沈某珍案	沈某珍具有较高文化程度、是具备长期金融理财经验的成熟投资者。	法院认为若银行事先充分揭示告知分级基金的风险，则可以保障原告知情权、选择权和止损权，原告可能不会购买讼争基金，相应损失亦无从发生。	法院认为沈某珍应根据自身能力审慎决策，理性分析判断投资风险，独立承担金融投资风险。	金融机构承担 10 万，投资者承担 12 万
徐某弘案	1. 徐某弘作为建谊集团退休干部，具有既往投资经验。 2. 徐某弘在购买案涉理财产品前有投资私募基金的经验。	在购买案涉理财产品时某银行丰台支行仅向徐某弘提供了《资产管理计划电子签名约定书》，纸质版投资说明书和资产管理合同都是在徐某弘购买案涉理财产品之后提供。	案涉理财产品系徐某弘自愿购买。徐某弘在明知案涉理财产品为开放式基金的情况下，在长达近一年的时间内未进行回赎。	金融机构承担 20% 损失，投资者承担 80% 损失
刘某案	刘某作为嘉富公司的财务总监及控股股东，具有既往投资经验。	某银行汉街支行在向刘某推介、销售涉案理财产品时未尽到充分合理明确的风险提示义务，而且某银行汉街支行柜台工作人员人为地缩减了理财产品购买流程。	刘某既未仔细阅读风险提示也未就本次涉案投资活动接受风险评估，且在明知涉案理财产品每周一可以赎回的情况下而在长达三个半月的时间内未及时进行回赎。	金融机构承担 15% 损失，投资者承担 85% 损失

续表

吴某诉甲银行案	吴某作为一名完全民事行为能力人，理应对自己的民事行为具有完全的认知能力。	整个基金购买过程基本由甲银行经办人操作，吴某仅输入了账户密码，甲银行无法证明其已尽到合理的告知义务，应承担相应责任。	吴某本人未仔细阅读风险提示且未接收风险评估，本身存在过错。	金融机构承担70%损失，投资者承担30%损失
王某清案	王某清作为具有完全民事行为能力的人，有义务关注自己曾购买过的理财产品。	某银行在产品风险等级显然不适合原告的情况下仍然协助原告办理涉案理财产品的购买，并未提供书面确认形式的证据证明是原告主动要求了解和购买涉案理财产品。	王某清在购买产品后才发现风险，并经过一段时间后才发现损失而赎回，应当承担部分责任。	金融机构承担80%损失，投资者承担20%损失

如上表所示，首先，在适当性义务案件的审理中首先应当依据交易能力对投资者加以区分。我国的《证券期货投资者适当性管理办法》中也体现了这一观点，并依据投资者以专业能力为标准分为普通投资者与专业投资者。对《证券期货投资者适当性管理办法》中投资者区分方法的主要疑点在于其中对投资者金融资产的数额规定是否会混淆专业性标准与资产数额标准的界限，如在《证券期货投资者适当性管理办法》中规定高资产的自然人需具备500万以上的金融资产。然而有时数额的高低无法成为专业性与交易能力评判的合理依据，高额财富不代表投资者对市场及其风险具有成熟的认知，或掌握金融交易技能，或偏好于高风险金融产品。而且市场变化下财产对应的金额数值时刻处于变动中，一旦发生重大缩水，可能严重影响客户对风险的可承受程度。此外，金融资产是一个非常宽泛的概念，其中既包括较为复杂的期货、信托等产品，也包括风险较低、操作简单的货币基金、债权和存款等，其中银行存款数额较高的客户也可能是投资理念较为保守的客户。[①] 因此，金融资产的多少不能成为判断投资能力和风险偏好的单一标准，对投资者交易能力的判断应当结合资产状况、

① 洪艳蓉：《从雷曼迷你债券案看香港专业投资者制度》，载郭锋主编《金融服务法评论》（第1卷），法律出版社2010年版，第116页。

投资经验、工作内容和技术能力等因素综合对比后得出结论，同时也应该顾及投资者的文化水平和年龄这一类可能影响投资目的偏好的因素，由此明确不同的适当性义务标准从而更好地适用过失相抵规则。

其次，在适当性案件中适用过失相抵规则要考虑到投资者本身过失对损害发生的原因力大小，具体包括投资者对损失的产生存在过失，以及投资者对损失的扩大所存在的过失。投资者对损失产生存在的过失主要是指投资者在交易合同、风险评估报告、风险揭示说明书等文件上签字的行为，这表示投资者对该交易存在主动意愿，因此应当具有责任自负的过失。投资者对损害的扩大存在的过失则是指投资者在明知金融交易不适当，可能存在亏损或者已经产生亏损，在可以赎回时不进行赎回或反而进行加仓等行为等。这类过失行为忽视了金融机构的风险警示而自陷风险，应当进行过失相抵。如果投资者既造成损失产生的过失又存在造成损失扩大的过失，其过失程度应较一般过失更为严重，过失相抵的程度随之增加。

最后，金融机构的交易行为违反适当性义务的程度也是确认过失相抵适用结果的重要依据，对此主要以投资者与产品是否适当为主要判断要点，辅之以其他金融机构的过错行为进行综合判断。投资者与产品的匹配需要机构通过风险测评报告和产品风险评级进行识别，我国对金融机构的产品和投资者的风险承受能力都分为五级且互相对应，如 R1 等级的产品对应 C1 等级的投资者等。但是金融机构在推广业务时往往会对各类等级进行名称更替从而模糊产品的风险定位，如有的机构将投资者区分为保守型、稳健型、平衡型、成长型、进取型，有的则称为谨慎型、稳健型、平衡型、进取型、激进型，不免存在模糊。因此法院在审理过程中应当对此注意区分，准确把握金融机构违反投资者适当性的行为对适用过失相抵规则的影响。

五、结语

我国金融行业正处于发展之期，市场繁荣下利益的驱使带来投资者的大量增长。由于金融市场的信息不对称影响，专业化的金融机构和平民化的普通投资者之间对交易信息获取的能力存在巨大的鸿沟。投资者的信息渠道往往仅来源于交易相对方的金融机构所进行的介绍，又因为普通投资者有限理性因素的存在，逐利的心理通常将交易选择限定至高利润产品。金融产品的高利润和高风险密不可分，如果不能明确把握风险承受能力和盈利的目标，此时投资者有很大可能因产品价格波动导致资金亏损。在交易双方天生能力不等的金融市场中，金融机构要求投资者买者自负的前提是机构履行卖者有责的规定。这一规定就是国家为保护投资者利益、维持金融市场秩序而规定的投资者适当性义务。本文从投资者适当性义务的内容和理论依据出发，说明金融机构应当履行相应的义务，同时在义务违反之时应承担相应的责任。适当性义务责任制度下对责任分为刑事、行政和民事责任。民事诉讼案例中，存在对民事责任的属性认定不明确、民事责任的承担比例不统一等情形。为强调民事责任的作用，要对民事责任的适用规则予以明确；对规则的明晰需要首先对民事责任的属性进行界定。本文通过对适当性义务的性质本身进行分析，在了解民事责任逻辑前提的基础上，辅之以国内案例裁判观点和域外学说经验，对责任属性的归属进行了合理性分析。在对责任属性的确定后就可以顺利地展开责任构成要件的分析，通过侵权责任视角，适当性义务民事责任的构成要件分为行为、损害、过错、因果关系。本文详细分析了金融机构违反适当性义务行为的类型、造成损失的范围和计算损失的方法、责任归责原则的梳理和过错的客观化标准、因果关系认定的方式等。最后是有关责任承担问题的研究，笔者在收集整理相关典型案例后发现适当性民事案件中损害赔偿标准不一的原因主要在于过失相抵责任的适用未得以明确。借助典型案例的类型化分析，笔者从投资者本身交易能力、投资者的过失行为和金融机构的违法违规行为三方面说明法院在适用过失相抵规则时应当注意的重要因素。以上是本文对金融机构违反适当性义务的民事案件审理，基于法律解释论的角度提出的一些细微的建议，望本文对未来法院的审理有所帮助，并使投资者得到更好的保护。

在线诉讼规则下的互联网金融纠纷化解机制研究

黎昭权* 陈 静**

内容提要：互联网金融纠纷是互联网时代下出现的金融纠纷，基于互联网纠纷的泛区域化、证据难以保存、涉及的人数多、发生频率高、大部分纠纷金额并不大等特点，针对其可以采用相对特别的化解方式。《人民法院在线诉讼规则》将从2021年8月1日起正式施行，这为除北京、上海、广州三家互联网法院外的其他法院利用在线诉讼化解纠纷提供了系统性指引，确认区块链存证的有效性，为解决互联网金融纠纷提供了新思路。互联网金融纠纷通过在线诉讼化解，能够便利当事人诉讼，配套在纠纷当事人选择在线诉讼时禁止提出管辖权异议的制度，加之电子督促程序、要素式审判等方法，能够化解大部分法律关系相对简单的互联网金融纠纷。借助法院的繁简分流制度，相对复杂的互联网金融纠纷可再由法官做精细化审理，有利于全面提升互联网金融纠纷化解的效率。

关键词：互联网金融纠纷　区块链存证　要素式审判

互联网改变着人民的经济生活的同时，也对法院的司法实践产生着影响。

* 黎昭权，中山市委党校教师，北京师范大学民商法学博士。

** 陈静，中山市中级人民法院法官助理，北京师范大学诉讼法学硕士。

例如，美国学者认为互联网时代出现了跨国金融交易更为频繁等现象，这对国家的纠纷处置机制革新提出了需求。[①] 但是，我国诉讼法学界普遍认为，在互联网金融中，互联网所扮演的是金融信息传递者的角色，其作用实质并没有突破工具性的范畴，互联网金融纠纷所涉案件其实质也是一般的金融案件[②]。根据《最高人民法院关于修改〈民事案件案由规定〉的决定》，互联网金融纠纷并未指向特定的案由类型。然而，在现实生活中，因互联网所引发的以电子商务、互联网支付、P2P 网络借贷平台、大数据产业为代表的金融创新模式决定了多样复杂化的互联网金融案件案由，这亦对我国现行的纠纷化解机制提出了新的要求。事实上，传统的金融交易因为发生在互联网上，就具备了一些与传统金融案件不同的特点，因此可以利用特别的方法有针对性地进行处理。

一、互联网金融纠纷的新形势与化解困境

从 2013 年至今，各类互联网机构充分利用大流量的优势，尤其是利用以年轻客户为主的客群特征与消费金融主体客群天然重叠的优势，纷纷开展互联网消费金融业务，消费金融的供给规模持续扩张。互联网贷款的出现和发展大大降低了申请贷款的门槛，但是也加大了共债的风险和监管的难度，在催生个人信贷繁荣的同时也埋下了隐患。随着互联网金融的市场份额的逐步扩大，随之而来的金融纠纷也日益增多。我国关于规范互联网金融行业健康有序运行的法律法规有较多空白处，配套的政府信用体系建设不够完善，使得互联网金融行业经营者违法成本较低，是否能够如期保质地履约主要凭借互联网金融行业参与者自身。因此，互联网纠纷的高效、便捷解决，有利于互联网金融参与者提高履约信用。

（一）互联网金融纠纷的管辖难以确定

互联网金融泛区域化的特点非常突出。互联网打破了金融交易必须在现实空间的限制，让跨区域交易成常态。因金融交易行为均在网络空间中完成，地

---

① Kelali, Panagiota. " Provisional Relief in Transnational Litigation in the Internet Era: What is in the US Best Interest. " J. Marshall J. Computer & Info. L. 24 (2005): 263.

② 《最高人民法院关于修改〈民事案件案由规定〉的决定》等规范性文件认为，金融案件主要包括民间借贷纠纷、金融借款合同纠纷、保证合同纠纷、信用卡纠纷、申请实现担保物权这几大类。

域特点因虚拟场所而变得模糊。例如，合同纠纷中“合同履行地”是重要的管辖连接点，互联网金融合同的“合同履行地”就存在界定的困难。我国的案件管辖制度分为级别管辖与地域管辖，管辖制度的初衷一方面是明确案件具体由哪个法院刑事审判权，在法院与法院之间形成分工和确定权限；另一方面是为当事人便捷诉讼提供基础，在有多个法院同时具有管辖权时，当事人可以自行选择便利的法院。互联网金融纠纷在地域上难以区分，会让案件的管辖权悬于空中，不利于纠纷尽快进入审判程序。此外，部分互联网金融纠纷的当事人滥用管辖权异议权力，挤占大量司法资源，严重拖慢纠纷解决的进度，对互联网金融的健康发展造成负面影响。最为典型的便是发生在网络上的金融借款合同纠纷，数额小、数量多、案情简单，但被告常常会提出管辖权异议申请，诉讼化解纠纷的能力被严重削弱。

（二）互联网金融纠纷的存证取证难度大

“以事实为依据，以法律为准绳”，证据是定分止争的关键。2019 年《最高人民法院关于民事诉讼证据的若干规定》第八十五条规定，人民法院应当以证据能够证明的案件事实为根据依法作出裁判。最高人民法院民事审判第一庭编著的《最高人民法院新民事诉讼证据规定理解与适用》一书将该条标注为“证据裁判主义”。该书在对此条的解释中指出，人民法院作为调处纷争的国家司法机关，依法享有并行使民事案件的独立审判权。而人民法院审理民事案件，必须以事实为根据，以法律为准绳。为此，要求人民法院裁判案件，必须以证据为根据，而非以其他的标准进行裁判。在此原则下，对案件事实的证明则提出了相应的要求。① 网络的无纸化，让发生在互联网的金融纠纷很难溯源证据，纠纷的当事人甚至可以通过删除网络链接的方式来销毁证据。因此，互联网金融纠纷的存证问题在解决纠纷判断对错时显得相当重要。

（三）互联网金融纠纷的化解成本高

互联网金融纠纷的当事人在物理空间上很可能相去甚远，纠纷一方可能面

---

① 最高人民法院民事审判第一庭编著：《最高人民法院新民事诉讼证据规定理解与适用》（下），人民法院出版社 2020 年版，第 738 页。

对数个纠纷对象。基于诉讼成本和维权便捷性的考虑，传统地要求纠纷当事人在同一物理空间“面对面”地解决互联网金融纠纷难以满足当下解决互联网金融纠纷的现实需求。消费者作为金融市场中最庞大的利益群体和资金来源，在金融群体里面是最脆弱和最需要关怀的弱势群体。传统的诉讼模式要求当事人在同一个物理空间内同时开展诉讼活动，这就让本处于弱势的金融消费纠纷的消费者在维权方面有更高的要求。他们中很少有人愿意请假来处理纠纷，往往就会忍气吞声，让纠纷不了了之。这不利于健康阳光的互联网金融秩序的建立。我们应当寻求“以较小的司法资源消耗取得较高的司法收益”。

二、《人民法院在线诉讼规则》在互联网金融纠纷化解中的应用

2021 年 6 月 16 日，最高人民法院发布《人民法院在线诉讼规则》，它是最高人民法院颁布的首部指导全国法院开展在线诉讼工作的司法解释，将于 2021 年 8 月 1 日起施行。《人民法院在线诉讼规则》共三十九条，内容涵盖了在线诉讼法律效力、基本原则、适用范围、适用条件，以及从起诉立案到宣判执行等主要诉讼环节在线程序规则，为各方诉讼主体参与在线诉讼提供明确的程序指引。根据该规则第三条,① 互联网金融纠纷可以适用。值得强调的是，自 2017 年以来，我国先后设立杭州、北京、广州三家互联网法院，2018 年《最高人民法院关于互联网法院审理案件若干问题的规定》首次确立了互联网法院的诉讼程序“一般应当在线上完成”的基本原则。实践中，三家互联网法院的在线诉讼主要是将线下诉讼模式引入到线上领域，主要规则是希望通过技术手段构建线上诉讼的空间，复原线下诉讼模式。但《人民法院在线诉讼规则》已经具有原生性,② 能够真正做到让线上产生的矛盾在线上解决。因此，《人民法院在线诉讼规则》对全国法院开启网上审判提供了重要的法律依据与操作指导。

---

① 《人民法院在线诉讼规则》第三条规定，人民法院综合考虑案件情况、当事人意愿和技术条件等因素，可以对以下案件适用在线诉讼：（1）民事、行政诉讼案件；（2）刑事速裁程序案件，减刑、假释案件，以及因其他特殊原因不宜线下审理的刑事案件；（3）民事特别程序、督促程序、破产程序和非诉执行审查案件；（4）民事、行政执行案件和刑事附带民事诉讼执行案件；（5）其他适宜采取在线方式审理的案件。

② 刘哲玮：《迈入 2.0 时代的在线诉讼》，载《人民法院报》2021 年 7 月 3 日第 2 版。

（一）互联网金融纠纷的管辖规则

《人民法院在线诉讼规则》第四条第二款规定，“人民法院应当根据当事人对在线诉讼的相应意思表示，作出以下处理：（一）当事人主动选择适用在线诉讼的，人民法院可以不再另行征得其同意，相应诉讼环节可以直接在线进行；（二）各方当事人均同意适用在线诉讼的，相应诉讼环节可以在线进行；（三）部分当事人同意适用在线诉讼，部分当事人不同意的，相应诉讼环节可以采取同意方当事人线上、不同意方当事人线下的方式进行；（四）当事人仅主动选择或者同意对部分诉讼环节适用在线诉讼的，人民法院不得推定其对其他诉讼环节均同意适用在线诉讼。”基于此，对于互联网金融纠纷是否采用在线方式审理，人民法院在线诉讼的运用相当灵活。一方面，如果纠纷当事人能够在事前达成选择人民法院在线诉讼或者事后能够追认通过在线诉讼的方式来化解矛盾，均可以获得在线诉讼的权利。另一方面，如果当事人仅仅同意部分诉讼环节在线上开展，也能够便捷地接近司法，达到逐步化解纠纷的效果。

笔者认为，对于互联网消费纠纷，其一，互联网金融的当事人在缔结协议的时候，可以提前进行在线诉讼的约定。需要注意的是，通过格式条款进行缔约的，务必要完整履行提醒义务。其二，互联网金融纠纷的地域管辖可以落在纠纷双方住所地所在的法院，也即纠纷当事人住所地法院均有管辖权，这也一定程度上减少了管辖权的争议。

（二）明确区块链存证的法律效力

如前文所述，互联网金融纠纷所涉证据都是各类电子数据，当这些电子数据作为电子证据通过互联网法院电子诉讼平台提交到法院时，法院缺少电子数据认可的技术标准和实操手段，导致电子数据采信的难度高、效率低。区块链技术的存在完美地补足了这个缺陷。区块链技术是一种按照时间顺序将数据区块以顺序相连的方式组合成的一种链式数据结构，并以密码学方式保证的不可篡改和不可伪造的分布式账本。它综合应用了密码学、点对点传输（P2P）、分布式网络、共识机制、智能合约等多项技术，具有安全可靠、不可篡改、全程可追溯等特性。

区块链的技术优势与法律上要求证据的真实性一拍即合。区块链技术存证具有两个明显优势：一方面，相对于传统的到公证处取证，区块链存证的成本明显低很多，并且在取证的时间和空间上非常灵活，只要有网络通常就可以实现存证；另一方面，区块链应用密码技术将电子数据生成唯一的数字指纹哈希值，并将其储存在多个不同的节点上，既能防止被篡改，也能溯源查找修改痕迹，还能实现是否篡改的验证。[①]《人民法院在线诉讼规则》第十六条、第十七条、第十八条、第十九条分别就区块链技术存证的要求、效力、质证方式等方面作了详细规定，尤其是在效力上，确认区块链存储数据具有推定上链后未经篡改的效力，这非常有利于发挥电子证据在解决互联网金融纠纷中的积极作用。

（三）在线庭审和非同步审理机制的优势

北京、杭州、广州互联网法院在完善诉讼规则、创新技术应用、促进依法治网等方面不断实践和探索，在案件处理效率上积累了良好的经验。据统计，在线庭审平均用时36分钟，比线下节约三分之二，案件平均审理周期60天，比线下缩短四分之一。[②] 由此，在线庭审对提升司法效率的积极作用不言而喻。《人民法院在线诉讼规则》系统建立了在线庭审规范，明确了在线庭审适用条件、适用范围和庭审方式，建立了线上线下庭审转换机制，并对在线庭审环境、在线庭审纪律、在线庭审公开、证人在线出庭等方面作出明确要求，保障在线庭审的合法性、规范性和权威性。这种明确的规定，会极大推动在线庭审的应用率。

为进一步增强人民群众的诉讼便利，《人民法院在线诉讼规则》确认了非同步审理机制效力。该规则允许各方当事人在一定期限内，以非同步方式在线开展调解、证据交换、调查询问等诉讼活动。第十四条规定，民法院根据当事人选择和案件情况，可以组织当事人开展在线证据交换，通过同步或者非同步方式在线举证、质证……各方当事人选择非同步在线交换证据的，应当在人民法院确定的合理期限内，分别登录诉讼平台，查看已经导入诉讼平台的证据材料，并发表质证意见。第二十条规定，经各方当事人同意，人民法院可以指定当事

---

① 伊然：《区块链技术在司法领域的应用探索与实践——基于北京互联网法院天平链的实证分析》，载《中国应用法学》2021年第3期。

② 《最高人民法院工作报告》，载最高人民法院网站，http：//www. court. gov. cn/zixun - xiangqing - 290831. html，2021年11月5日访问。

人在一定期限内，分别登录诉讼平台，以非同步的方式开展调解、证据交换、调查询问、庭审等诉讼活动。根据第二十条第二款的规定，适用小额诉讼程序或者民事、行政简易程序审理的案件，在一定条件下人民法院和当事人可以在指定期限内，按照庭审程序环节分别录制参与庭审视频并上传至诉讼平台，非同步完成庭审活动。非同步审理为互联网金融纠纷的当事人，尤其是弱势方提供了足够的应诉时间，降低维权成本。

当然，基于当事人之间的质证和辩论是法官查明案件事实的重要环节，《人民法院在线诉讼规则》将非同步庭审作为一种特定条件下的特殊庭审形式，而并非在线庭审的常态，严格限定了其适用的范围、条件和方式。

三、互联网金融纠纷在线化解的遗留问题

《人民法院在线诉讼规则》虽然在案件的审理方式、审理规则、证据存证等方面为互联网金融纠纷的解决提供了有力的武器。但司法实践中，互联网金融纠纷的化解仍旧存在一些不可回避的问题，这是当下法律制度尚未解决的问题。

（一）滥用管辖权异议方面未能妥善解决

根据最高人民法院工作报告，2020 年全国法院法官人均办案 225 件。法院“案多人少”的矛盾已经存在多年且一直难以解决。纠纷当事人若还利用管辖权异议拖延诉讼，无疑是大大增加了法院的负担。根据《诉讼费用交纳办法》的规定，对于一审案件的管辖权异议，当事人无需缴纳任何费用，若管辖权异议被法院认定不成立，当事人提起上诉，也无需缴纳任何费用。[①] 若当事人提出的异议最终被法院认定不成立，法院作出驳回异议的裁定，则当事人仅需缴纳 50 元至 100 元的诉讼费用。[②] 在互联网金融纠纷中，尤其是信用卡纠纷、小额金融贷款纠纷，本身案件的审理难度就比较小，当事人提出管辖权异议，无疑增大了在法院的工作量。

---

① 《诉讼费用交纳办法》第八条规定，下列案件不交纳案件受理费：（1）依照民事诉讼法规定的特别程序审理的案件；（2）裁定不予受理、驳回起诉、驳回上诉的案件；（3）对不予受理、驳回起诉和管辖权异议裁定不服，提起上诉的案件；（4）行政赔偿案件。

② 《诉讼费用交纳办法》第十三条规定，当事人提出案件管辖权异议，异议不成立的，每件交纳 50 元至 100 元。

（二）互联网金融纠纷未实现分流管理

程序相称原理要求，民事程序的设计，一要符合民事纠纷的特点，满足不同民事纠纷解决的需要；二要体现民事实体法的制度逻辑，契合实体权利保护与实现的价值目标。[①] 当事人争议不大的案件，就具备适用简化程序的正当性基础。“争议不大”表现为当事人对纠纷事实与权利义务关系的认知大致相同，相互之间对抗性不大。互联网金融纠纷中，存在一些法律关系简单、争议不大的案件，同时也存在法律关系复杂、争议较多的案件。为提高审判效率，应当将这些案件进行简案和繁案的分流。简案速审，繁案精审，全面提升纠纷化解的效率。

（三）互联网金融纠纷的审理成本高

若按照传统的案件审理方式，当事人要通过递交材料立案、法院再排期、移送案卷材料、法官阅卷做庭前准备、开庭、裁判、送达等环节，耗时而繁琐。其实，部分互联网金融案件的法律关系相对简单，案件的证据也相对类型化，这些类别的案件应当可以用更加简易的法律程序解决纠纷。例如，在信用卡纠纷案件中，原告提供了“信用卡领用合同”“信用卡章程”“分期付款业务条款与细则”“现金分期业务合同”以及交易记录、催收记录等证据，上述文件对利息、违约金、分期付款手续费等有明确约定，也反映了被告信用卡使用情况、透支数额与时间等事实。这些证据多为直接证据，证明力显著，法官对这些证据进行书面审查即可作出判断。

（四）互联网金融纠纷存在立法空白

如前文所述，互联网金融纠纷本身不属于特定的案由类型，它是金融业在互联网时代发展的产物，尚没有具体的法律有针对性地对其衍生的法律关系进行梳理和分辨。我国是成文法国家，立法的空白无疑会为裁判带来很多的困扰，也不利于预防和化解萌芽状态的互联网金融纠纷。立法的空白还需要立法机关

---

① 吴英姿：《民事速裁程序构建原理——兼及民事诉讼犯贱分流改革的系统推进》，载《当代法学》2021年第4期。

根据互联网金融的发展状态、发展需求、发展短板等方面进行法律补充，尽量防止频发的互联网金融纠纷落入法律的空白地带。

四、完善我国互联网金融纠纷化解机制的进路

互联网金融成本低、体量大、效率高、覆盖面广，因此其产生的纠纷若不能得到快速而有效的解决，将大大抑制互联网金融的繁荣发展。我们应当尽快完善我国互联网金融纠纷化解机制，营造一个良好有序、健康蓬勃的在线金融发展环境。

（一）电子督促程序

电子督促程序是利用互联网进行的快捷审判程序。一些事实清楚、涉案金额不大的互联网金融纠纷案件都可以在网上实行支付令申请、证据提交、审查、生成等全流程的网上操作。支付令的申请系统简便构成，当事人只要按照支付令的申请模块一项一项地填写完成后提交即可，法官全程线上审理。电子督促程序的应用，能够快速为一般适合法律关系相对比较简单的、标的相对比较小的案件当事人实现债权提供便捷途径。比如支付宝所在的蚂蚁金服公司，一年的借呗、花呗的纠纷量上万件，纠纷的数量非常大，若全部走审判程序，会严重激化法院“案多人少”的矛盾。电子督促程序能够分流解决一部分互联网金融纠纷。即使电子督促程序因异议程序被终止，被催促的当事人在对支付令提出异议的时候，其诉讼的地址、联系方式能为后期的顺利送达和开庭做准备。

（二）在线诉讼原则

经济越发达地区，互联网普及率和使用率越高，网络人群年龄越是偏向年轻化。互联网金融纠纷源自互联网，发生纠纷的双方天然是互联网的使用者，因此除非诉讼参与人为无民事行为能力人或者限制民事行为能力人，否则可以推定互联网金融纠纷的双方都具有利用互联网参与诉讼的诉讼行为能力。对信用卡纠纷、小额金融贷款纠纷这类案情简单、法律关系明确的互联网金融案件，可考虑在线诉讼审理为原则，由法院优先向当事人推荐在线诉讼的纠纷解决方式，利用在线诉讼的便捷优势，以达到节约人力资源、缩短审理周期、提高司法资源综合利用率的效果。此外，对于已经选择在线诉讼的当事人，原则上不

允许再提起管辖权异议，因为通过在线审理的方式，由哪个法院管辖均不会对当事人造成额外负担，当事人再提起管辖权异议徒增程序负担，没有意义。

（三）要素式审判及人员配置

电子诉讼不仅仅是在线审判，其更为突出的优势在于审判的“自动化”机理，即在审判流程中发挥人工智能的作用，包括事实认定的智能化，① 法律判断的自动化包括书状与裁判文书生成的电子化。简单的互联网金融纠纷案件适合按要素式审判方式进行技术处理，通过机器可以识别的语言编码植入计算机系统，同步建立计算机数据库，通过积累机器对证据材料和案件事实判断的知识学习，逐步实现从当事人申请、法院立案受理、案件的审理判断、作出裁判，都利用电脑机读、机审、机判，一键生成电子裁判文书，最后以在线传输方式送达。

因要素式审判以书面审理为主，案件法律关系简单、证据明晰，完全可以交由法官助理办理绝大部分工作，然后案件的实质判断和裁判文书签发再由员额法官来把关和负责。法官助理的主要工作是审核具体案件是否符合要素式审判的适用条件，引导纠纷向非诉讼解纷渠道分流。对于适合要素式审判的案件，法官助理在立案受理阶段可以协助当事人进行人机对话，正确填写案件要素，上传书状和证据材料；在审理前准备阶段负责处理送达事项，询问被告是否提出异议，分析是否需要听证；在审理阶段负责保持系统流畅、校正计算机读取信息；在生成裁判文书后负责文字校对；最后将裁判文书交员额法官审核、签发。

（四）建立互联网金融统一的立法规制

尽管互联网金融案件类型集中，但相较之下，案由比较分散。现有的互联网金融消费者权益保护相关的法律条文散见于《消费者权益保护法》《中国人民银行法》《商业银行法》《证券法》《证券投资基金法》《保险法》等法律。这些金融法律规范规制的是传统金融业态下的传统金融业务，涉及互联网金融的条文较少，且条文分散于不同的法律之中，规定原则，内容抽象，缺乏可操作性。

---

① 王琦：《民事诉讼事实认定的智能化》，载《当代法学》2021 年第 2 期。

案由不统一和分散的本源可追溯至统一立法的缺失，即互联网金融没有统一的立法规制，体现在程序适用方面则表现为没有统一的案由。立法的缺位及程序的不统一使具体审理理念产生差异，纯民事理念或商事观念审判同时存在，审判操作不一致必然导致案件适法的不安和审理结果的尴尬。因此，完善建立互联网金融统一的立法规则势在必行。

跨法域的粤港澳大湾区金融法制协同调整：问题与对策

常　欢*　袁　正**

内容提要： 粤港澳大湾区是探索区域发展新机制的重要举措，金融法制协同发展是大湾区经济建设的核心。大湾区“一国、两制、三法域”的特征有别于其他任何一个湾区，决定了内地与香港特别行政区和澳门特别行政区的金融法制存在较大的差异，不同的甚或冲突的金融规则是建设金融市场的“绊脚石”，会阻碍大湾区城市间金融合作的深度发展及其国际金融竞争力的提升。总体上，内地与香港特别行政区和澳门特别行政区签署了一系列促进经济合作的框架协议，相关政府积极推进有利于大湾区经济融合的政策和框架协议，成为金融法制协同发展的基础。然而一方面，框架协议只是宏观宣示，其操作性不强，所以应制定更具包容性的金融法，为大湾区金融合作和发展做出更具规范性的指引。另一方面，从长远来看，探索更具兼容性的金融法制协同机制是打造世界一流湾区的必然要求，未来大湾区金融法应发展为金融领域的示范法和统一法。

关键词： 大湾区　包容性　示范法　统一法

* 常欢，北京师范大学法学院硕士研究生。

** 袁正，清华天普美国法学硕士项目硕士研究生（Tsinghua/Temple Law School LLM Program）、中国人民大学民商法学硕士课程进修班。

引言

粤港澳大湾区（以下简称大湾区）由珠三角九市和香港特别行政区和澳门特别行政区两个特别行政区组成，是内地和香港特别行政区和澳门特别行政区金融合作的“练兵场”。据最新的报告显示，除澳门外，大湾区中心城市的全球金融中心指数均位于排行榜的前二十，但香港已经跌出了前五的位置，并被上海超越[①]，香港的金融市场和金融活动对内地与香港和澳门的金融合作以及大湾区区域经济一体化仍然至关重要。为增强大湾区金融合作和建立更紧密的经贸关系，国务院五个部委联合发布了《关于金融支持粤港澳大湾区建设的意见》（以下简称《意见》），对金融创新和金融合作的相关事宜作出了规范性的指引，强调金融对推进大湾区建设的关键作用，大湾区经济建设的核心应是促进金融协同发展，而金融法制正是保障金融协同发展的制度基础。

尽管大湾区的话题热度一直居高不下，但现有的研究还存在着很大的不足。内地与香港特别行政区和澳门特别行政区的经贸关系与国民经济发展密切相关，一直备受各界学者的关注，在升级为国家战略之后，相关的研究论文数量快速地增长。然而，从法学角度对大湾区建设进行专业性分析的文献还很少，专门研究大湾区金融法制问题的文献更是凤毛麟角。但机制和秩序的建立均和法制建设密不可分，发达的金融业背后往往是健全的金融法制，理论研究的欠缺可能成为大湾区金融法制建设的一个束缚，制约该区域金融业的发展。

粤、港、澳三地相邻，均在岭南文化圈之内，因而在生活方式和某些交易习惯上也大同小异，但在面积、人口数量、法治环境等方面有较大的差距，特殊的历史原因遗留下来的法律技术壁垒以及交流不充分等问题制约金融业的合作与发展。金融法制差异影响金融业务合作的效率，阻碍三地间开展深度的金融交流。如何协调大湾区金融法制，能否借鉴世界上已有的区域性金融法规，回应大湾区金融合作的要求，保障市场要素的自由流动，是否有必要建设具有大湾区特色的金融法制成为亟须回答的现实问题。有鉴于此，本文从大湾区城市间存在的金融法制差异及其对金融业发展的影响入手，探索大湾区金融法制

---

① 《第 27 期“全球金融中心指数”公布》，载东方财富网：http：//finance. eastmoney. com/a/202003261434166553. html，2020 年 9 月 1 日访问。

协同调整的基础，论证大湾区金融法制建设和发展应有的包容性。

一、内地与香港特别行政区和澳门金融法制差异及其对金融发展的影响

粤港澳大湾区是由广东省九市和香港特别行政区、澳门特别行政区所组成的具有重大战略意义的特殊区域，其特殊性体现在“一国、两制、三法域”，即在单一制的国家结构下，实行两种不同的社会制度，香港特别行政区和澳门特别行政区仅适用其基本法明文规定予以适用的部分全国性法律，所以大多数的中央立法在香港特别行政区和澳门特别行政区两个特别行政区不能直接适用。①此外，香港保留了普通法系国家的一些法律文化，而澳门法律属于大陆法系，以制定法为主，所以粤港澳大湾区的建设过程不仅是在进行经济贸易合作，更是在协调不同的法律文化。随着大湾区建设的不断深入，两种不同的社会制度和三大法域之间既相互融合又有排斥。兼容是大湾区城市群合作的前提，促进相互交流，推动区域经济一体化。大湾区城市间的法律冲突与一般区际法律冲突不同，阻碍了大湾区金融法制的协调，不利于经济的高质量发展。

（一）不同的外汇制度阻碍资金高效流动

内地与香港特别行政区和澳门特别行政区在外汇管制方面存在较大的差异，香港特别行政区和澳门特别行政区基本法赋予特别行政区政府监管金融企业、金融市场和制定货币金融政策的权力。总的来说，内地对外汇的管制更加严格，而香港特别行政区和澳门特别行政区对外汇的监管则较为宽松，其外汇市场的开放程度相对较高。目前，内地执行强制结售汇制度，而香港特别行政区和澳门特别行政区已经取消了外汇管制，支持港元或澳门元的自由兑换，所以市场

① 《中华人民共和国香港特别行政区基本法》第二章第十八条规定，第十八条在香港特别行政区实行的法律为本法以及本法第八条规定的香港原有法律和香港特别行政区立法机关制定的法律。全国性法律除列于本法附件三者外，不在香港特别行政区实施。凡列于本法附件三之法律，由香港特别行政区在当地公布或立法实施。《中华人民共和国澳门特别行政区基本法》第二章第十八条：“第十八条在澳门特别行政区实行的法律为本法以及本法第八条规定的澳门原有法律和澳门特别行政区立法机关制定的法律。全国性法律除列于本法附件三者外，不在澳门特别行政区实施。凡列于本法附件三的法律，由澳门特别行政区在当地公布或立法实施。”

上流通的货币币种甚为多元。综上，资金能够在大湾区内自由流动是实现区域融合的现实要求，上述城市应形成合力为大湾区建设提供充足而高效的资金支持。但截然不同的外汇管理制度却制约了资金的流动。

（二）香港特别行政区和澳门特别行政区汇率制度易受金融制裁的威胁

人民币已经从固定汇率制度调整为浮动汇率制度，所以广东省采取的是有管理的浮动汇率制度，但香港特别行政区和澳门特别行政区仍然实行固定汇率制度，自二十世纪以来，香港特别行政区和澳门特别行政区就开始实行联系汇率制度①。尽管一些高度开放和国际化的国家或地区为了保证独立自主的货币政策，往往不会与国际货币固定挂钩，但香港经济结构具备外向性，与国际货币挂钩更有利于经济开放②，因此不可否认这一汇率制度在特定时期是与现实需要相符的。规则的差异可能制约金融合作与发展，所以要着重协调粤、港、澳三地金融法律制度，大湾区经济建设的核心是金融法制协同调整。金融法律规则的不协同将制约大湾区金融发展，由此产生了对金融法制协同调整的需求。

二、大湾区金融法制协同调整的基础

按照“差异性——体化”的逻辑，法律制度差异正是法律制度协同调整的基础。客观而言，在“一国一制”的背景下，更容易实现区域的深度融合和协同发展，如两个世界大湾区——美国旧金山湾区、纽约湾区，但这些湾区也面临着联邦法和州法律等区域法律冲突。在“一国两制”背景下，大湾区城市群的法治环境不同，经济政策和具体法律制度也存在差异，只有以区域经济协同发展为目标，共同探索推进区域经济一体化的有效路径，经过不断的交流和磋商才能有效地化解制度壁垒。同理，大湾区建设过程中必然面临着法律差异甚或冲突的挑战，但这也将刺激我国在法律层面的不断创新。区域协同发展应当根据规划要求，在区域政府间进行充分的协商，就互涉领域的规则取得共识，

---

① 联系汇率制度是固定汇率制的一种，目前澳门元与港元的固定汇率是 1：1.03。

② 王永利：《如何看待港币与美元联系汇率制度》，载经济观察网，http：//www.eeo.com.cn/2020/0718/390162.shtml，2020 年 9 月 20 日访问。

形成新的立法。从大湾区现行的交通、购房、移民、教育等制度来看，粤、港、澳三地政府在“一国两制”的原则下，尊重两种社会制度的差异，积极推进大湾区合作和交流，鼓励居民自由迁移和市场要素的自由流动，把大湾区城市群紧密联系起来，打造为紧密相连和义利兼顾的发展共同体①。金融法制协同是金融协同发展的制度基础，所以应不断地协调具体的金融法律制度，大湾区金融法律制度将会走向趋同。

（一）关于大湾区金融合作的主要规则

《内地与香港关于建立更紧密经贸关系的安排》（以下简称CEPA）是覆盖范围很广的自由贸易协议，明确规定了内地与我国香港特别行政区经贸合作的相关事宜，有利于双方开展更深入的经济交流和合作，CEPA的正式实施对内地与香港特别行政区实现紧密型合作具有里程碑意义。② 随着内地与香港的合作更加深入，联系愈加密切，双方相继达成了多项补充协议及其他相关协议。2004年《补充协议》在内地放宽香港服务者或服务提供者在银行业等金融市场的准入条件，允许更多的香港金融机构办理人民币业务等货物贸易和服务贸易领域扩大开放达成共识。2005年《补充协议二》中双方约定继续对上述两个领域扩大开放，并增加了金融合作的安排，支持内地满足相关要求的证券、期货公司在香港设立营业部和分公司，并开展业务活动。2006年《补充协议三》表明双方将加强电子商务领域合作，健全知识产权保护制度。在2007年《补充协议四》中双方决定在28个领域放宽市场准入条件，同时采取措施促进银行业的交流与合作。2010年《补充协议七》的实施，标志着内地期货公司的香港营业部、分公司可以依法开展相关业务。2011年签订的《补充协议八》不仅推动了内地与香港保险业的合作，还提出要充分发挥香港的国际金融平台优势，为内地对外开放创造有利条件。2012年的《补充协议九》提出加强金融合作和健全

---

① “建设粤港澳大湾区并不是要弭平‘两制’之间的差异，更不是为了改变‘一国两制’，而是要用好‘一国两制’，将粤港澳锻造成一个发展共同体。”参见陈欣新：《粤港澳大湾区与“一国两制”新探索》，载《人民论坛》2019年第10期。

② 苏振东、赵文涛：《CEPA：粤港贸易投资自由化“预实验”效应研究——兼论构建开放型经济背景下对广东自贸区建设的实证启示》，载《世界经济研究》2016年第9期。

期货市场体系。① 2019 年生效的《货物贸易协议》是进一步促进内地和香港经贸合作与交流的重要举措，其中设有“粤港澳大湾区贸易便利化措施”专章，规定了广东省九市与香港采取的贸易便利化措施，并表明了未来双方的合作安排，即将在加强合作的基础上，协商有关贸易便利化措施，在大湾区内推出更多便利货物贸易的措施。综上，CEPA 系列协议称得上是一份全面及现代化的自由贸易协议。②

2019 年国务院颁布的《粤港澳大湾区发展纲要规划》（以下简称《发展纲要》）作为指导大湾区建设的纲领性文件，具有重要的历史和现实意义，蕴含了包容合作的理念，强调在相互尊重的基础上追求“和而不同”的状态③，如要尊重不同关税区的界限，推动人员流动和资金流通的便利化。因为这不仅涉及约 14 亿人口的大经济体和小经济体在经济管理制度、方式等方面的差异，还有不同关税区间复杂的协调机制问题，所以不能盲目和随意地打破这个“界”，应在一定时期内继续保持这一差异。近期，广东省公布了《粤澳合作框架协议》2020 年重点工作，提出将推进服务贸易自由化、深化金融服务业及专业服务业合作和完善专业服务“互认”及质检认证制度作为重点工作推进，以及通过拓宽人民币跨境使用和发展移动支付方式，推动贸易和生活便利化，提高人民币的国际地位等关于粤澳合作的具体安排。《发展纲要》《粤澳合作框架协议》也是指导大湾区在金融领域合作和发展的重要文件。

此外，上半年中央部委发布的《意见》突出了金融支持大湾区建设过程的价值和意义，各级地方政府以及部门制定《意见》的配套措施，取得了较好的成效。截至 2021 年 8 月底，《关于贯彻落实金融支持粤港澳大湾区建设意见的

---

① 资料来源于中央人民政府驻香港特别行政区联络办公室网：《补充协议一》：http://www.locpg.gov.cn/jmwl/cepa/cepaxy/200612/t20061220_907.asp#b。《补充协议二》：http://www.locpg.gov.cn/jmwl/cepa/cepaxy/200612/t20061220_906.asp#c。《补充协议四》：http://www.locpg.gov.cn/jmwl/cepa/cepaxy/200707/t20070710_2610.asp#d。《补充协议七》：http://www.locpg.gov.cn/jmwl/cepa/cepaxy/201204/t20120413_5707.asp。《补充协议八》：http://www.locpg.gov.cn/jmwl/cepa/cepaxy/201204/t20120413_5708.asp。《补充协议九》：http://www.locpg.gov.cn/jmwl/cepa/cepaxy/201301/t20130122_6852.asp。

② 《内地与香港签署 CEPA 两项新协议，推动 CEPA 升级》，载中国新闻网，http：//www.chinanews.com/ga/2017/06-28/8264009.shtml，2020 年 9 月 13 日访问。

③ 张燕生：《规划推动粤港澳大湾区高质量发展》，载《商业经济研究》2020 年第 8 期。

实施方案》中尚未落地或实施的措施不到五分之一。[①] 为推进《意见》和《实施方案》，广州市有关单位制定了行动方案，结合本市金融业实际情况，通过规则和措施建设现代金融体系，有望成为带动大湾区金融发展的引擎之一。

（二）实现内地与香港特别行政区和澳门特别行政区金融法制协同的基础

第一，以法律手段规范金融合作。为了贯彻落实国家的区域经济协调发展战略，区域政府通过协商制定区域金融政策，不断推进区域经济一体化。但政策的执行力低，不能建立起长期有效机制来维系区域金融合作。[②] 换言之，任何一个战略的具体落实都需要政策支持，各项政策的内容正是金融协调发展战略的要求，但由于政策本身存在的缺陷，而产生了采取法律手段的需求，因此，目前大湾区对建设区域金融法制的需要更加迫切。建议整合框架协议中有关金融合作的规定，协调区域金融法制，调整区域金融关系。同时，为了充分发挥区域金融法制的协同作用，应当明确它的优先适用效力，健全监管和争议解决机制。但是从粤港澳多年来在合作建设方面的实践来看，大湾区建设的法治基础是以软法为主，协议、宣言、纲要等软法的履行并不具有强制性，而更依赖缔约或颁布主体的自觉。体制的创新所伴随的法律差异和法律冲突，给大湾区建设建起一道壁垒，粤港澳大湾区建设过程中暴露了许多新的法律问题。法律的滞后性和不协调性必然使其落后于社会实践，当出现了现有法律所不能涵盖的新情况时，相对灵活的政策更能够适应市场的瞬息万变，并能及时地提出新办法、解决新问题。特定条件下，政策还具有填补法律空白的功能。所以，大湾区的法治建设可以采取政策先行的方针，同时，为了避免出现改革政策失灵的现象，必须及时进行政策法治化，将经过实践证明的正确决策上升成为法律规则。

第二，以协同立法形成普遍性共识。大湾区近年来，粤港澳大湾区金融改革开放在金融市场联通、贸易投资、特色金融和民生金融服务方面取得了不错

---

① 《广东支持粤港澳大湾区“金融80条”已有65条落地实施》，载新华网，http：//www.xinhuanet.com/2020-09/26/c_ 1126544681.htm，2020年11月30日访问。

② 陈婉玲、曹书：《中国区域经济法制模式探索与路径创新——以政策补强型法制为路径》，载《经济社会体制比较》2019年第6期。

的成绩，但粤港澳三地在深度合作及重点项目合作中仍暴露出不少的问题，如金融合作制度缺乏操作性，金融企业合作往往处于被动状态，企业间缺乏统一的协调机制。区域性经济政策的执行力较低，所以需要制定高位阶的区域金融法律予以规范。广东、香港和澳门三地之间金融法律制度的协调与融合以及法治环境的建设，关系到大湾区发展目标能否顺利实现。虽然香港、澳门和内地之间达成完全的法律统一化是不现实的，但粤港澳三地交通便利，来往密切，在商业交往和日常生活中已经形成一些相同的习惯，因此三地之间就局部的法律规则实现统一化是可行的。换言之，尽管一时难以制定不同法域间完全统一的金融法，也可以通过区域政府协商等方式促进金融法制协同。可以采取先以协商的方式形成共识，签署书面协议，再行使各自的立法权力，将协议形成法律文件，形成协同立法。① 一方面，协同立法属于一种立法活动，能有效地减少法律冲突，消除法律差异的不利后果。为解决金融法制差异带来的难题，促进法制协调，应有机构专门负责大湾区立法协调工作。另一方面，鉴于三地发展利益应平等地受到法律保护，区域协同下的地方立法可以通过共同起草的方式共同推进方案实施。在大湾区建设过程中，中央政府和粤港澳三地政府携手共进，针对金融合作问题达成共识，形成共同决议，在此基础上再通过立法活动制定具有约束力的法律文件，这样的合作立法模式能够维护粤港澳三地各自的发展利益，实现区域利益最大化，因而更具可行性。

第三，推进法制包容性以实现跨域协调和治理。为发挥香港等地区在金融、信息和国际管理经验等方面的优势，与内地经济腹地空间相结合②，建立跨越行政区划的全方位的交流机制，推动大湾区各地区整合发展。在政府层面，虽然CEPA等框架协议明确了各类城市的定位，并为其规划了发展方向，确定其区域体系内的分工。我国大湾区建设同样需要跨区域协调和治理体系，粤澳会议和粤港会议对促进三地有机联动的能力较为初始，应当建立大湾区整合发展的政府合作和管理制度，合力推进区域金融产业合作和发展。此外，为了充分发挥核心城市的优势和作用，深圳根据《规划纲要》的要求，首次招录定向香港特

---

① 陈欣新：《大湾区框架内澳门与珠海法律衔接与协同立法》，载《港澳研究》2020年第1期。

② 林先扬：《粤港澳大湾区城市群经济整合研究》，广东人民出版社2017年版，第98页。

别行政区和澳门特别行政区选拔职位，其中就有金融发展和监管职位,[①] 这有助于香港特别行政区和澳门特别行政区优秀的人力资源向内地流动，是一次具有突破性意义的举措。金融法制和金融人才为金融发展提供制度保障和人力资源，而协调包容的金融法制能够提高大湾区对金融人才的吸引力，充实大湾区的人力资源，有招募人才需求的企业也能成为推动区域整合发展的动力，故应当重视和加强金融企业之间的交流。

简言之，针对大湾区城市群金融合作的规则执行力低、位阶低的主要问题，可以在 CEPA 等框架协议下，推进大湾区金融法包容协调，共同调整金融市场和金融活动，利用核心城市在金融、信息和管理经验等资源上的优势，发挥重要城市的辐射作用，形成城市合力，带动大湾区经济发展。

三、加强大湾区金融法制的包容性

大湾区金融协同发展就是其他要素协同发展的重要支点，所以区域内金融法律机制的创新与协调应当更加强调包容性。通过加强区域内的金融联系，以金融开放促进交流与合作，进而增强金融法制的包容性，建立更为兼容并包的金融法协同机制。

（一）大湾区金融法应具备包容性

如上所述，在不同的法域下，大湾区内资金等要素的流通受阻，提升了三地实现深层次金融合作的难度。在法律层面的回应是制定具有包容性的金融法，即以保护大湾区整体利益为立法目的，构建规范城市群间金融合作，促进三地达成普遍性共识的制度基础。[②]

从粤、港、澳三地的经济总量、人均 GDP 等数据中可以看出它们的差距。与发达的金融业和国际金融市场相对应，香港的金融法律规范数量较为先进和严密。澳门也是采取较开放的金融监管模式，在金融安全监管方面相对灵活，澳门金融机构的国际化程度较高。广东省九市背靠我国经济腹地，是一个蕴含

---

① 参见《深圳市服务“双区”建设专项招录公务员公告》，载深圳市人力资源和社会保障局网，http：//hrss. sz. gov. cn/gzryzk/content/post_ 8264867. html，2020 年 11 月 24 日访问。

② 袁达松、黎昭权：《构建包容性的世界经济发展与环境保护法治框架——以“人类命运共同体”理念为基础》，载《南京师大学报（社会科学版）》2019 年第 2 期。

着巨大发展潜力的区域，拥有优越的地理位置和较高的对外开放水平。它的制造业较为发达，近年来广东省也着力发展其在制造业上的优势，以便和制造业空心化的香港、澳门实现优势互补。

一方面，在“中心—外围”格局下，具有优势地位的四大中心城市吸引了大量来自周边城市的资源要素，实现金融服务的大面积覆盖，可能会降低周边中小城市经济活动的活跃程度。另一方面，金融资源聚集到大城市往往会造成该地区出现城市拥挤、资源耗竭等问题。[①]“虹吸现象”反映出城市间金融发展没有达到兼容并包的状态，而是一种以行政区域为界在金融领域激烈竞争的状态，在以过度竞争而非以“和而不同”为主旋律的状态下，难以建成一个发达的金融市场。为了消除这种内耗性的无序竞争，大湾区金融法应以实现城市群整体长远经济利益的最大化为目标。

强调大湾区是一个整体。首先，在城市群的金融制度和金融环境有较大的差异的情况下，金融法应当兼顾各地区金融发展的多样性和差异性。其次，一体化的市场也要求大湾区金融法具有包容性。发展水平较高的大湾区四大中心城市，应推动要素向周边地区流动，积极帮助其他处于起步阶段的城市，分享发展经验，为大湾区城市群搭建新的平台，这也是将大湾区城市群作为一个发展共同体的应有之义。再次，利益是区域间合作或冲突的决定性因素，因此为维护区域合作的稳定和发展，必须要制定更具包容性的利益分配机制。最后，金融要素是其他要素发展的动力源泉，金融改革和创新与社会发展息息相关，金融法具有稳定性，而金融产品、金融活动变化很快，导致金融法总是落后于金融创新，但有包容性的金融法制就具备协调和保护大湾区城市群的发展利益，为金融体制改革和机制发展服务的价值。

综上所述，粤港澳三地的金融法律制度具有较大差异，为大湾区金融协同发展竖起了外汇、关税和法律三重壁垒，金融资源和市场要素的流动受到限制。社会发展离不开法治建设，法律具备确认金融改革成果并促进金融发展的功能，因此金融改革实际上就是金融法制的变革。粤港澳大湾区金融法制改革应当利用香港和澳门的资本优势，合理引进外资，探索资本便利化制度改革，在保障

① 参见张虎、韩爱华：《金融集聚、创新空间效应与区域协调机制研究——基于省级面板数据的空间计量分析》，载《中南财经政法大学学报》2017 年第 1 期。

金融安全和完善金融监管的基础之上，加大大湾区金融创新力度。金融法规则差异关系到区域金融的发展，法律冲突会制约大湾区经济深度融合发展，所以大湾区金融法应更具包容性，以兼容并包的金融法推动区域金融合作。

（二）大湾区金融法制与包容性法治

追求包容性发展的规则是“良法”，也是实现“善治”和维护均衡公正秩序的基础[①]，全球经济良法应当具有包容性。在包容性发展的社会中，个人权利能得到保障，建设成果也得以共享。笔者将包容性发展与法治有机结合起来，生成“包容性法治”的概念，即在一个法治国家中，建立完善的政治、市场经济、社会管理等各方面法律制度，运用法治思维和理念，对政治、经济、文化各方面事务进行管理，促进社会各方面协调发展。[②] 包容性法治能够保障各国均有权参与全球经济治理，在互相尊重的基础上形成新的合作和共识，维护国际经济秩序。[③]

我国始终以作为负责任的大国身份来发展国际关系，积极承担作为地球一分子的使命，积极参与到全球经济治理之中，并以自身独特的治理经验和中国智慧为构建更公平的全球治理体系助力。其中，“人类命运共同体”已经成为深受世界各国广泛认可的全球价值观。我国以实际行动践行这一价值观，率先发起“一带一路”倡议，倡导合作共赢，推动全球经济的包容性发展。而大湾区建设是“一带一路”倡议的重要支撑，大湾区金融法所蕴含的包容性理念必然会影响到对沿线国家或区域的国内法、区域法，甚至可能会对其他国家、区域甚至世界的经济法产生影响。鉴于包含包容性发展理念的法律是实现包容性法治的前提，大湾区金融法制因具有包容性而有助于构建国际经济发展的新秩序。

四、加强大湾区金融法制的世界兼容性

经济全球化推动各国在金融、税收、环保等领域的对话，加快了资源在世界范围内的流动，其中，金融要素在更大的范围内自由且充分的流动，以及具

---

① 袁达松、张志国：《世界主义视角下的经济法治与经济法学》，载《经济法研究》2018 年第 1 期。

② 袁达松：《论包容性法治》，载《经济法学评论》2015 年第 1 期。

③ 袁达松、姚幸阳：《命运共同体、“中国方案”与包容性法治》，载《京师法律评论》，北京师范大学出版社 2017 年版，第 265～278 页。

有世界影响力的国际金融中心逐步走向联合均是形成国际金融大市场的有利条件，货币体系和金融协调与监管机制随之更具兼容性。

（一）金融法制的世界兼容性

大湾区金融发展应着眼于全球市场，提升自身在国际金融活动中的竞争力，建设世界性的一流湾区。在法律方面，全球化使得各国法律之间的联系更加密切，国内法和国际法相互影响，在某些领域逐步走向趋同。金融活动和金融要素的全球化，使金融法在兼容性上一直走在立法前列，大湾区金融法本身具有区域性和本土性，但大湾区为发展世界市场，必须汲取国际金融法的普遍性，摒弃非市场化的不当干预内容，构建具有兼容性的被广泛认可和接受的金融法制。

一方面，法律全球化是对世界法律发展趋势的概括，包括世界法律的一体化、全球性共同法的形成、全球性争端解决机制的出现①。金融法本身具有较强的兼容性，在国际金融活动中，金融制度也会趋同发展，从而使金融规则更具有世界性的特征。金融法作为兼容性很强的法律，应当在法律全球化过程中走在前列。区域金融立法和国内外金融立法相互联系和作用，维护国内和国际市场金融安全，防控系统性金融危机。我国金融法律制度也随之发生了一些变化，逐步与国际接轨。

另一方面，在金融全球化的背景下，国家和地区之间的金融合作与交流进入更高的层次，国际金融合作必然促进市场规则走向趋同。为促进大湾区与其他国家和地区之间的金融合作，有必要确定反映大湾区特点和需求、与国际接轨的金融规则，即一方面，基于大湾区最明显的特征，大湾区金融法应当坚持兼容并包，保障粤、港、澳公平参与经济治理，基于平等的协商，制定兼容并包的金融规则，共享经济发展成果。另一方面，建设大湾区是我国全面对外开放的重要举措，其金融法原则和规则的建立应秉承“人类命运共同体”理念，保护在大湾区开展正常金融活动的境外金融机构和个人的权益，推动世界经济包容性发展。② 综上，大湾区金融法制将在国际金融交往中不断发展，区域间金

① 张文显主编：《法理学》，高等教育出版社 2018 年版，第 214 ~215 页。

② 袁达松、黎绍权：《构建包容性的世界经济发展与环境保护法治框架——以“人类命运共同体”理念为基础》，载《南京师大学报 》（社会科学版）2019 年第 2 期。

融协同法制将逐渐演变成全球通行的金融法制，继而增强金融法的世界兼容性，大湾区金融法逐步上升为金融领域的示范法和统一法。

（二）大湾区金融法应向示范法和统一法发展

粤港澳的合作模式已经升级，区域经济一体化的推进暴露出内地与香港特别行政区和澳门特别行政区法制不协调的弊端。如上文所述，内地与香港特别行政区和澳门特别行政区分别属于三个不同的法域，适用不同的经济法律，产生区际法律冲突和经济纠纷，不利于三地间的经济合作。此外，内地与香港特别行政区和澳门特别行政区的司法合作机制、跨境争端解决机制和法律人才培养制度的不健全等均阻碍了大湾区区域融合发展的步伐①，不利于内地与香港特别行政区和澳门特别行政区间金融合作，所以实现法制协同调整是推进大湾区经济建设的关键。金融是市场经济的核心，金融法应为金融业发展规范性的指引，金融法规则的冲突可能制约区域经济融合，因此内地与香港特别行政区和澳门持别行政区均应对其金融法具体制度进行合理且必要的调整。

鉴于有些世界一流湾区也存在区域法律冲突的问题，我国可以适当地借鉴和参考其经验做法。实行联邦制的美国拥有世界公认的一流湾区——纽约湾区和旧金山湾区，在协调区域法律冲突方面采取了制定示范法②的做法，我国也有学者阐释了区域性示范法的含义，主要研究的是其在民商法领域的适用。③ 在金融立法方面，我国香港特别行政区和澳门特别行政区基本法规定香港和澳门可以根据自身实际需要签订关于金融领域的国际协议或与国际法主体交往。因为国际条约的适用具有相对性，加入某个国际条约完全是自由意志的表达，所以内地与香港特别行政区和澳门特别行政区不会因适用不同的国际协议发生区际

---

① 谢雯、丘概欣：《粤港澳大湾区建设中司法合作与司法保障的路径——以涉港澳民商事审判为视角》，载《法律适用》2019 年第 9 期。

② 按照《布莱克法律词典》中的释义，示范法是指由美国统一州法全国委员会制定的法案，推荐给各州为立法时的指南，由其借鉴或采纳。

③ 区域示范法，是指在一国内部分区域的多个法域，由法律专家、民间法律机构参照各法域的法律规则和习惯草拟的不具备法律约束力的，用以指导该区域不同法域的地区分别立法或者制定统一法时予以借鉴、采纳，或者在法律适用时予以援引的，旨在解决各法域之间法律冲突的法律蓝本。参见荆洪文：《区域示范法：作为湾区民商事法律冲突解决路径的追问》载《暨南学报（哲学社会科学版）》2019 年第 12 期。

法律冲突。同理，示范法的建议性和可选择适用性使相关政府可以根据自身实际，从自身发展利益出发来决定是否参照示范法作出改变，是否采取新的金融管理制度，因而能够有效地消除法律冲突并妥善解决大湾区内部城市的权益保障问题，推动大湾区协同发展和一体化市场建设。所以制定金融领域的示范法可以作为消除法律冲突的初期之道。

正如上文所述，缺乏明确的法律规范是大湾区区域合作效果不够理想的原因之一。从实现金融法制协同的效果而言，示范法只是一种灵活的协调方式，没有强制拘束性，可以被自由选择和修改，在区域金融合作的初级阶段能促进区域金融法制的协同。但随着内地与香港特别行政区和澳门特别行政区金融合作的加强，其金融法制将走向趋同，如形成统一的金融监管机制，甚至可能与示范法保持一致。此时，有必要制定金融领域的统一法，明确区域金融法，为在大湾区开展金融活动的国内外机构和个人提供明确而统一的法制。

另外，从三地达成并践行普遍性共识的过程而言，笔者认为金融法制协同调整只能分步推进，从共同制定仅具有参考性意义的示范法，再随着城市群竞争与合作关系的变化，继而促成制定旨在维护大湾区整体长远利益的统一法。

完善民间借贷立法与监管制度

郭宇琪*

贯彻新发展理念，实现经济高质量发展，离不开正规金融和民间金融的繁荣。民间借贷是我国金融体系中一种重要的、补充国家金融的社会现象。最近十年来，受国际金融危机、股市风波、P2P 平台清理等①影响，我国局部地区民间借贷危机不时爆发，有的资金链断裂，借款人出现“跑路”，引发债权人和民众恐慌。民间借贷危机扰乱国家和地方金融秩序、影响经济发展，给社会和谐稳定造成冲击。大量民间借贷纠纷涌向法院，部分地方法院民间借贷案件数量及诉讼标的总额甚至一度出现几倍增长，数量远高于同期婚姻家庭纠纷、交通事故责任纠纷案件。理论界、实务界对民间借贷及其法律规制有质量的研究在十年前出现高峰后，逐步下降，目前一般性阐释多，高质量研究少。②

民间借贷危机的成因是多方面、深层次的，而立法不完备、监管体制机制

---

* 郭宇琪，国家开发银行工作人员、曼彻斯特大学发展经济学与政策学专业硕士。

① 仅从 2014 年 9 月—2017 年 9 月的 P2P 行业的成交量看，自 2014 年的 947128.47 万元提高到 2017 年 9 月的 15844107.06 万。参见刘洋、潘云华：《博弈论视角下民间借贷法律问题的研究——以 P2P 模式为例》，载《当代经济》2017 年第 34 期。

② 经检索文献资料，在 2012 年前后，学术性研究文章较多，此后，呈下降态势。

不完善是导致民间借贷无序发展、盲目流动、积聚风险、局部失控的重要制度原因之一。本文拟从立法与监管两个层面研究和提出完善我国民间借贷法律规范体系和监管体制机制的建议。

一、民间借贷专门立法的制度设计

民间借贷，是自然人、法人和非法人组织之间进行资金融通的行为。《中华人民共和国民法典》在合同编为民间借贷提供了依据。例如，第十二章规定了借款合同，第十三章规定了保证合同，第十五章规定了融资租赁合同，第十六章规定了“保理合同”，从而为实现民间借贷由非法转向合法、地下走向地上、失控变为可控提供了民事基本法依据。一些论者曾指出，我国民间借贷专门法律制度缺失，[①] 为促进民间借贷市场长远发展，亟须一部位阶层次较高的民间借贷基本法，以解决我国民间借贷市场发展中长期面临的一问题。[②] 笔者同意这一观点，建议以现有民法典和其他相关法律法规、部门规章为基础，研究制定单行法律，承认非金融机构、自然人放贷的合法地位。

（一）专门立法的必要性和可行性

1. 民间借贷是我国金融体系的有益补充。我国市场经济条件下发展起来的民间借贷，较之于传统的民间借贷而言，在借贷目的、资金用途、借贷主体、借贷形式等方面都发生了明显变化，大量民间借贷由生活消费的互助性借贷演变为生产经营的投资性、营利性借贷。民间借贷成为一些地区助推经济发展的重要融资渠道，成为我国金融体系有益而必要的补充。在2010年5月13日，国务院就颁布了《关于鼓励和引导民间投资健康发展的若干意见》，鼓励和引导民间投资健康发展。但民间借贷长期游离于金融监管之外，导致无论是出借方还是借款方，都会因为其不规范性、盲目性而面临巨大风险。实践中，高息揽储、高利转贷、非法集资、金融诈骗、金融传销、洗钱、恶意逃债等乱象丛生，严重削弱了宏观金融调控效果。从制度层面分析，如果仍然将民间借贷合法范围

① 秦玉洁：《民间借贷若干法律问题研究》，载《现代金融》2010年第10期。

② 车亮亮：《民间借贷风险控制法律机制的完善》，载《经济法研究》2019年第1期（总第22卷）。

限制在自然人之间、自然人与非金融机构法人之间，既不符合我国民间借贷的发展现状，也不符合国家鼓励民间投资规范、健康发展的政策导向。

2. 非银行机构、自然人的合法融资权利需要立法确认和保护。在民间借贷迅速发展的同时，以暴力催收、精神胁迫为典型表现形式的非法活动一度变本加厉，极大破坏了经济金融秩序和社会稳定。由于法律并不认可以自然人、企业法人为主体的投资性民间借贷，部分非法的组织形式如“地下钱庄”“资金掮客”应运而生，这些非法组织通常具有吸储放贷、从中渔利的中介功能，会带来积聚风险、诱发危机的严重后果。为进一步规范民间借贷行为，引导民间资金健康有序流动，打击金融违法犯罪活动，维护经济金融秩序和社会稳定，2018 年 4 月 16 日，中国银保监会会同公安部、国家市场监督管理总局、中国人民银行联合印发了《关于规范民间借贷行为 维护经济金融秩序有关事项的通知》进行规范。应当在行政规范基础上，借鉴国外立法经验基础，制定针对非银行机构、自然人作为放款人的法律，承认非银行机构、自然人的放款主体地位，允许符合条件的非银行机构、自然人申请牌照从事放贷业务，并严格监管其准入、退出、业务经营活动。

3. 法院审理民间借贷案件急需法律依据。据司法大数据统计，2014 年至 2018 年，全国法院一审民间借贷纠纷案件共有 484.5 万件，占同期民事诉讼案件的 15% 以上。[①] 这种情况表明：一方面，民间借贷是一种客观存在的经济现象，采取堵的办法解决不了问题，而应当进行疏导、规范；另一方面，必须在立法层面解决现实中大量存在的民间借贷的合法性和法律效力问题，明确划分合法与非法的界限，为法院的司法审判提供法律依据，切实保护合法的民间融资行为和当事人权益。最高人民法院先后于 1991 年 8 月 13 日、2015 年 9 月 1 日、2020 年 8 月 20 日及 2021 年 1 月 1 日四次制定或修改关于民间借贷的司法解释，对合法民间借贷提供司法保护。其中 2020 年 8 月 20 日的修订条款将民间借贷利率上限定为四倍 LPR，对地方金融监管部门批准设立的小贷、融资担保、商业保理、融资租赁等公司产生了重大影响。但司法解释的层级和效力较低，对从根本上规范民间借贷行为、保护当事人权益作用有限。而且，这次最高人

---

① 张翼：《司法大数据视角下的民间借贷风险及其影响因素——基于裁判文书网数据的实证分析》，载《华北金融》2020 年第 8 期。

民法院只是设定了民间借贷利率司法保护最高限，并没有设定借贷利率的最高限，即没有规定借贷利率的法定最高限。[①] 最高限只能通过立法予以规定。

目前，民间借贷专门立法具有可行性。一是政府层面的积极推动。为调整经济布局、稳固经济增长，国家将鼓励和引导民间投资健康发展作为一项重要经济决策，国务院及地方政府颁布了一系列激励性政策，这一政策转向表明国家对待民间借贷态度已经由围堵、打击转变为鼓励支持、规范引导。但是立法的相对滞后无法实现民间借贷的合法化、规范化发展。2010 年，原银监会报送国务院的 33 号文曾建议“科学界定合法民间借贷的内涵和外延，清晰划定民间借贷和非法集资界限，消除民间借贷转变为非法集资的制度诱因”。二是地方规章的先行尝试。例如，2012 年 6 月 5 日，鄂尔多斯市人民政府公布《鄂尔多斯市规范民间借贷暂行办法》；2014 年 3 月 1 日，温州市实施《温州市民间融资管理条例》与《温州市民间融资管理条例实施细则》；2020 年 5 月 15 日，浙江省人民代表大会常务委员会通过《浙江省地方金融条例》。这些地方性法规、规章的先行尝试，为我国民间借贷专门立法积累了一定的立法经验。四是具有可参考借鉴的国外立法范例。如日本的《无尽业法》、南非的《高利贷豁免法》以及美国纽约州、华盛顿州制定的专门民间借贷立法。

（二）专门立法的制度架构和调整的主体范围

西南政法大学岳彩申教授曾研究了民间借贷专门立法的范围，提出：该法应当只对那些以营利为目的且专门从事借贷业务的机构和个人的商事借贷行为进行规范，重点是对主体准入、放贷利率、经营区域、放贷人的资金来源等加以规范。[②] 笔者认为，我国民间借贷专门立法，应使民间借贷在法律地位上合法化，对民间借贷的不同形态、借贷双方的权利义务、交易方式、合同要件、借贷期限、利率限制、税务征收、违约责任和权益保障等内容加以规范。该法的重点制度至少应当包括：一是市场准入制度。放宽放贷人的准入门槛，允许自然人或合伙组织依法申请牌照从事放贷业务，设定较低的注册资金要求，并对申请人资格进行严格审查。二是放贷业务规范制度。规制重点在利率管控和防

---

① 刘晓春：《民间借贷适用法律的逻辑》，载《中国金融》2020 年第 19 ~20 期。

② 岳彩申：《民间借贷规制的重点及立法建议》，载《中国法学》2011 年第 5 期。

范非法集资两个方面，对于放贷人非法集资坚决禁止、严厉打击。三是市场退出制度。包括放贷人的市场退出标准、市场退出程序。四是监管机构及监管标准。明确职业放贷人的牌照发放机构以及业务监管机构，并采用合规监管与风险监管相结合的双重监管模式。

建议从民间借贷的融资主体角度确定专门立法调整的主体范围。在我国现阶段，金融机构是金融监管部门批准设立并负责监管的从事金融业务的机构，包括银保监会负责监管的银行业金融机构、保险公司，证监会负责监管的证券公司、基金公司等金融机构。银行业金融机构是指在我国境内设立的商业银行、城市信用合作社、农村信用合作社等吸收公众存款的金融机构以及政策性银行。实践中，通常将由银保监会负责监管的金融机构通称为银行业金融机构，包括吸收公众存款的金融机构、政策性银行以及信托公司、财务公司、金融租赁公司、汽车金融公司、消费金融公司及货币经纪公司等金融机构。非银行机构主要指金融机构之外的法人，一般包括工商企业、担保公司、小额贷款公司、融资租赁公司、典当行等。

在民法典实施之前，银行业金融机构的贷款业务在法律层面上的规定较为全面，而非金融机构、职业放贷人在资金放贷行为上则缺少合法性规定。在已被民法典取代的原《合同法》中，第十二章“借款合同”主要规范的是银行业金融机构的借贷行为，不包括非金融机构、职业放贷人的借贷行为。在民法典在第十二章“借款合同”第667条定义中，没有限定借款合同主体资格和范围，应当理解为包括非金融机构、职业放贷人，这就为规范非金融机构、职业放贷人借贷活动的专门立法奠定了合法性、正当性基础。

无论在理论上还是实务中，对地方金融监管部门批准设立的小贷、保理等公司是否属于金融机构，存在不同认识。最高人民法院2020年11月9日通过的关于新民间借贷司法解释适用范围问题的批复规定：“由地方金融监管部门监管的小额贷款公司、融资担保公司、区域性股权市场、典当行、融资租赁公司、商业保理公司、地方资产管理公司等七类地方金融组织，属于经金融监管部门批准设立的金融机构，其因从事相关金融业务引发的纠纷，不适用新民间借贷司法解释”。据此，在民间借贷专门立法中可排除这些主体。

（三）专门立法应当如何对利率进行规制

利率是民间资金流向的“调节阀”，对规范和调节民间借贷适度有序发展具有杠杆调控作用。若民间借贷利率过低，则民间投资缺乏动力；若利率过高，则民间资金可能出现盲目流动的风险、诱发危机。故此，合理、适当的利率规制是民间借贷规范、有序发展的核心。笔者认同这样一种观点：我国民间借贷利率管制进路应当摆脱对利息的道德偏见，推行分类引导、动态调整的民间利率管制体系，实现行政事前监管与事后司法监督的良性互动，以推动正规金融利率的市场化。①

最高人民法院于1991年颁布的《关于人民法院审理借贷案件的若干意见》（现已失效）第六条规定，民间借贷的利率最高不得超过银行同类贷款利率的4倍（包含利率本数）。超出此限度的，超出部分的利息不予保护。该条规定对于民间借贷利率进行了上限限制并规定了相应的法律后果，对于银行同类贷款利率4倍以内的利率约定予以合法保护；对于超过4倍利率的利息仅是不予保护，并未规定其法律性质及法律责任。

按照2015年6月23日最高人民法院通过，2020年8月18日修正的《关于审理民间借贷案件适用法律若干问题的规定》，对于出借人与借款人约定的利率超过合同成立时一年期贷款市场报价利率四倍的，人民法院不予支持。一年期贷款市场报价利率是指由中国人民银行授权全国银行间同业拆借中心计算并每月公布的一年期贷款参考利率（LPR）。例如，1年期LPR为3.85%，四倍即为15.4%。修正司法解释将民间借贷利率司法保护上限由年利率24%–36%调整为一年期贷款市场报价利率的4倍，主要考虑我国社会经济发展情况、民间借贷利率司法保护的历史沿革、市场需求以及域外国家和地区的有关规定等因素，大幅度降低民间借贷利率的司法保护上限，缓解小微企业融资难、融资贵问题。

《民法典》第六百八十条规定，禁止高利放贷，借款的利率不得违反国家有关规定。民间借贷专门立法应当以此为基础，借鉴学习香港特别行政区《放债人条例》的相关立法经验，考虑将民间借贷利率根据不同利率上限划分为以下三个区间并规定相应的法律后果：（1）合法利率区间。建议按照LPR的一定倍数或百分比确定，对此区间内的借贷利息予以保护。（2）违法利率区间。参考我国香港特别行政区、台湾地区和美国部分州的立法例，可将LPR的一定倍数

---

① 廖振中、高晋康：《我国民间借贷利率管制法治进路的检讨与选择》，载《现代法学》2012年第2期。

或百分比作为违法利率空间，在此区间内的放贷行为为违法行为，应当承担民事违法后果和行政法律责任。立法应当明确规定此区间内的借贷利息放贷人无请求权，法律不予保护；债务人有权拒不支付，即便支付了也有权索回。同时，对于职业放贷人等借贷类准金融机构科以警告、罚款、注销登记等行政法律责任。（3）犯罪利率区间。建议将 LPR 的一定倍数或百分比作为犯罪利率区间，在此区间的放贷行为构成犯罪，应当科以罚金、拘役或有期徒刑等刑事责任惩罚。

（四）专门立法可以赋予民间合会法律地位

对民间合会这种具有很强民俗习惯色彩的行为予以立法规范是现实的强烈需要。受传统金融文化影响，我国一些地方盛行民间合会组织，作为一种古老的民间资金筹集形式，合会组织的典型特征为所涉资金量大、涵盖人数多，民间合会的健康有序发展对地区社会经济的发展极其重要。我国台湾地区“民法典·债编”专设“合会”一节共九款对合会予以法律规范，日本的《无尽业法》对盈利性合会作专门规制。参考上述立法例，我国可以以是否营利为标准将合会区分为民事合会与商事合会，在专门立法中予以规定，而无需像有的论者提出的进行专门的民间合会立法。①

（五）专门立法应当规制中介机构和行业协会

民间借贷中介能为借贷双方提供便捷交易与融资的平台，能够有效消除贷款人与借款人之间存在的信息不对称，同时辅以利率规制、背景调查、合同规范等手段有效防范借贷风险。据此，应在专门立法中明确民间借贷中介的地位、性质、组织形式、准入条件、经营范围、国家监管及法律责任等内容。我国民间借贷行业协会发展较快，小额信贷协会、信用与担保业协会、典当协会等行业自律组织纷纷建立。专门立法中应当对行业协会与会员的关系、议事规则与程序、议事机构的组建及其运作、行业协会的监管权限、行业协会与金融监管部门和地方政府的关系、行业监管的程序和责任承担等问题作出具体规定。

① 郑惠莲、赵许明：《论民间借贷的立法规制》，载《南京社会科学》2012 年第 8 期。

（六）配合专门立法的刑事法律修改问题

第一，应当限缩非法吸收公众存款罪的适用范围。总的来看，非法吸收公众存款的入罪门槛偏低。依据我国《刑法》第一百七十六条，最高人民检察院、公安部颁布《关于公安机关管辖的刑事案件立案追诉标准的规定》第二十八条，《最高人民法院关于审理非法集资刑事案件具体应用法律若干问题的解释》第三条规定，个人非法吸收或变相吸收公众存款数额在20万元以上的，单位非法吸收或变相吸收公众存款数额在100万元以上的；个人非法吸收或变相吸收公众存款30户以上的，单位非法吸收或变相吸收公众存款150户以上的……构成非法吸收公众存款罪。若从严执行，则大量的民间借贷案件会涉嫌刑事犯罪，这显然不符合我国鼓励和引导民间投资健康发展的经济决策，也不符合刑法谦抑原则。在司法实践中，往往是刑事处理范围越大，涉嫌犯罪人的偿付能力越低，老百姓的钱越难要回，由此引发的社会矛盾越难化解。建议修改《刑法》及相关司法解释，明确区分合法民间借贷与非法吸收公众存款犯罪，适当提升非法吸收公众存款罪的立案追诉标准，包含以下建议：一是从集资用途角度出发限定本罪客体，明确集资款若用于商业活动、生产经营时不构成本罪；二是明确“不特定对象”，不以集资数额、集资人数作为定罪标准；三是扩大解释“情节显著轻微危害不大，不认为是犯罪”，对于仅吸收存款、未造成经济损失的行为，仅科以行政责任。

第二，建议增设“高利贷罪”。有论者认为，尽管高额利息不受法律保护，但是高利放贷行为本身并不具有社会危害性，我国法律没有将单纯的高利放贷行为犯罪化，因此不应将高额放罪名化或贷纳入非法经营罪范畴。[①] 笔者不同意这一观点。笔者认为，高利贷是民间借贷中约定过高利率的违法犯罪行为，具有社会危害性。它不仅扰乱国家正常的经济金融秩序与社会稳定，而且往往伴随着恐吓、欺诈、暴力讨债等非法行为，容易滋生犯罪。尽管高利贷有着种种弊端与危害，但法律、司法解释对于超过银行同类贷款利率倍数的高利贷行为仅仅不予保护，尚未规定任何法律责任。而《刑法》中非法吸收公众存款罪、高利转贷罪的犯罪客体仅为国家金融秩序，从保障存款资金充足和贷出资金的

---

① 张伟：《民间借贷入刑的法律论证》，载《法制与社会》2020年第6期。

安全两个方面来保护正规金融机构的利益，而对于民间金融组织的合法利益缺乏保护，对于民间借贷中大量存在的高利贷行为并无规制。2019 年 10 月 21 日，最高人民法院、最高人民检察院、公安部、司法部发布实施的《关于办理非法放贷刑事案件若干问题的意见》对打击非法放贷的犯罪提供了有力司法保障，在司法实践中对判断高利贷是否构成犯罪具有参考指导作用。

参考我国香港特别行政区的经验，打击高利贷行为付诸刑事手段是行之有效的措施。香港《放债人条例》第二十四条（年息 60% 的实际利率）规定，违反条例即属犯罪，一经循简易程序定罪，可处罚款港币 50 万及监禁二年；一经循公诉程序定罪，可处罚款港币 500 万及监禁 10 年。建议通过新的《刑法修正案》增设“高利贷罪”，规定以非法牟利为目的，超过 LPR 的一定倍数或百分比的放贷行为即构成犯罪，规定情节轻微、危害较小的放贷行为适用自诉程序，而情节严重、危害较大的放贷行为则适用公诉程序，并科以罚金、拘役或有期徒刑等刑事责任惩罚。

当然，将民间借贷泛刑法化的观点笔者也不赞成。正如有的学者所说，鉴于我国对于民间借贷行为定性的混乱导致民间借贷民刑边界的模糊，迫切需要我们对民间借贷的泛刑法化危机提出切实有效的化解之道。① 因此，需要正确界定民间借贷案件中民刑交叉的概念、范围、不同的处理规则。

二、民间借贷综合监管机制的建构

有论者考察了我国民间借贷三十年的规制历程后认为，进入二十一世纪后，随着经济社会发展，我国民间借贷主体、内容、形式均发生了显著变化。借贷主体从自然人之间的借贷、自然人与企业之间的借贷发展到企业与企业之间的借贷，借贷内容从生活性借贷为主向生产经营性借贷为主转变，借贷形式由传统的“中间人”借贷、担保公司借贷、互助式借贷等直接借贷向具有间接借贷特征的网络借贷转变，等等。② 这不但对立法提出了挑战，也要求监管与时俱进。尽管我国通过整合银行保险金融监管机构，在 2018 年 4 月 8 日成立了中国银行保险监督管理委员会，但民间金融的“多头监管”格局并未改变，特别是

---

① 徐海波、童伟华：《民间借贷泛刑法化的危机及其化解路径》，载《学术论坛》2017 年第 5 期。

② 常宇豪：《民间借贷法律规制三十年进程与衍变》，载《南方金融》2017 年第 2 期。

地方借贷类准金融组织的审批、监管分别由地方金融办、商务厅、市场监管局、工信部门等政府机关分头负责，中央与地方的民间金融监管事权也不甚清晰，导致民间借贷混乱无序、异化发展。为此，笔者建议建立民间借贷综合监管体制机制。

（一）综合监管的建构原则

1. 强化政府监管。若视民间借贷为影子银行、非正规金融，则应当将民间借贷纳入国家统一金融监管体系，由银保监会统一监管，有其对各类借贷类准金融组织进行业务指导、经营约束、监督检查、违规处理，处置和应对民间借贷突发事件。

2. 加强自律监管。鼓励成立小额信贷协会、信用与担保业协会、典当协会等行业自律组织，强化行业协会充分发挥自律监管功能，实现行业协会组织纪律、市场规范、道德准则及自我监察的有机统一。引导企业加强内部投融资与内控管理，提高企业自我风险控制水平。

3. 建立风险处置行政优先机制。建立政府危机干预机制，当民间借贷爆发危机时，先由政府进行采取债权申报、资产核查、信息发布、统一清偿等举措，然后再启动司法程序处理遗留债权债务和其他问题。政府应当建立重大信息公开平台与信息渠道，及时公布相关信息，让公众及债权人了解民间借贷事件的发展态势，以及决策层为化解危机所做的努力，从而提高决策的接受度。

4. 依法打击非法金融活动。按照国家法律、金融监管部门要求，禁止和打击以下非法金融活动：利用非法吸收公众存款、变相吸收公众存款等非法集资资金发放民间贷款；以故意伤害、非法拘禁、侮辱、恐吓、威胁、骚扰等非法手段催收贷款；套取金融机构信贷资金，再高利转贷；面向在校学生非法发放贷款，发放无指定用途贷款，或以提供服务、销售商品为名，实际收取高额利息（费用）变相发放贷款行为。

（二）综合监管实现的政策目标

1. 增加民间投资激励力度。目前我国受国际经济环境等影响经济下行压力较为明显，增长放缓、消费乏力、出口减缓。在此情况下，促进民间投资的合理增长是稳定经济增长的重要措施，应当加大鼓励民间投资的政策激励力度。

对照国务院《关于鼓励和引导民间投资健康发展的若干意见》的各项要求落到实处，进一步打破民间资本在基础设施、金融服务、国防科工、公用事业等投向领域的壁垒，实行政府补贴、健全投资体制、实施税收优惠等政策，鼓励民间投资，进一步提振民间投资的信心。

2. 细化民间投资保障措施。国务院及全国各省区先后颁布鼓励和引导民间投资健康发展的实施细则。应当以此为基础，继续细化民间投资的保障措施，进一步发挥市场配置资源的基础性作用，减少和优化民间投资管理相关的行政审批事项，推动民间投资管理的科学化、规范化和公开化。政府部门要强化为民间投资的服务意识，改进服务方式，完善民间投资公共服务体系，不断优化民间投资环境。

3. 助推民间借贷组织形式创新。引导民间投资的关键在于搭建平台、鼓励组织创新。建议除承认非银机构、职业放贷人的合法地位之外，大力发展民间借贷中介机构，发挥此类机构的牵线搭桥、信息传递、规范交易等中介功能；规范整顿融资担保公司、典当行等准金融组织，促进此类机构规范经营、有序发展。

4. 鼓励民间资本参与金融投资。鼓励民间资本以多种形式进入金融投资领域。一是要继续放宽民间资本进入金融投资领域的准入门槛，特别是引导民间资本以控股形式进入地方商业银行、农村合作银行和农村信用社等正规金融机构，鼓励民间资本参与金融机构重组改造，探索设立自担风险的民营银行，将大量民间资本纳入银行体系，使民间资本在正式化、组织化、制度化的层面运作。二是要鼓励正规金融机构加大业务创新力度，为社会闲散资金提供投资机会与渠道，将部分民间资本引入正规金融机构中。

5. 完善民间借贷宏观调控手段。近年来，由于国家对于部分产业调控不力，信贷政策频调频变，导致民间资本盲目流动、无序发展。部分产品价格未能真实反映价值，成为暴利行业，引诱民间资本蜂拥而至，当受国家宏观调控叠加市场需求变化导致房价和煤价暴跌时，由企业资金链断裂引发的民间借贷纠纷案件就会扎堆爆发。建议优化民间借贷宏观调控手段，加大民间借贷相关产业调控力度，充分发挥税收、价格等经济杠杆作用，严格控制这些行业的产品价格。继续实行稳健的货币信贷政策，逐步将调控重点由“防通胀”转到“促增长”上，使我国货币信贷政策由“偏紧”回归“稳健”。

（三）综合监管的具体内容

1. 加强个人资信管理。部分民间借贷可看作是一种“熟人交易”，具有非常强的人格依赖性，一般以个人信用为保证。实践表明，由于过去良好的个人信用状况，很多已经资不抵债的债务人仍然能够大举借债，用新债还旧债或继续大肆挥霍，造成大量新的债务无法偿还。建议一是强化个人资信管理，减少债务风险，二是提升中国人民银行征信系统的社会服务功能，为个人资信查询提供更多便捷服务。

2. 建立民间借贷登记备案制度。通过建立民间借贷登记备案制度，可以减少信息不对称、易于监测与监管，进一步保证民间借贷的健康有序、合理合法发展。一是建议可由地方政府金融办及其分支机构，或政府授权的行业服务机构、行业协会运营民间借贷登记服务中心，增强民间借贷登记的公信力、提升社会公众对备案制的接受度。二是建议赋予借贷登记法律效力。现行登记制度为自愿登记，登记后的债权无优先受偿权。建议可根据不同种类的民间借贷，区别对待登记效力，同时立法明确规定登记债权具有优先受偿权。

3. 优化民间借贷信息监测机制。由于目前是由地方政府金融办统筹民间金融监管工作，为了便于统计、便利决策，可由金融办承担民间金融信息监测职责。考虑到民间借贷范围广、借贷分散、随意性大、隐蔽性强，建议政府监测部门选择典型企业作为重点监测对象，同时，为对潜在异动提前谋划，建立民间金融系统性异动信息监测机制。

4. 实施危机统一管理。建议由地方政府牵头建立与组织实施公共危机干预机制，规划民间借贷危机处置方式与流程。在民间借贷危机爆发后，可由政府出面及时成立危机指挥中心，发挥政府部门的组织协调优势，高效、有力整合人财物等资源，采用债权申报、资产核查、重组整合、信息发布等行政手段，迅速稳定人心、控制危机，将损失降到最低程度。提前制订对出现民间借贷危机的公司及个人的危机应急处置预案，一旦发现公司及个人出现“跑路”或转移财产的情形，第一时间启动预案，成立专案工作小组，及时展开登记、清算、兑付工作，确保高效处理危机、防范风险。

5. 进一步打击非法集资。非法集资作为典型的涉众型违法犯罪，破坏国家正常经济金融秩序和社会稳定。一些非法集资甚至助长了部分资本的无序扩张，对国家政治安全、社会治理、经济金融安全造成影响。全国大部分地区都发生过非法集资案件，一些非法集资大案甚至波及全国，危害极大。在保护合法民间借贷的同时，坚决打击以投资、理财等各种名义，用高额回报为诱饵吸收社会不特定公众的非法集资行为，以及一些非法“资金掮客”赚取中间暴利或发放高利贷的行为。

6. 注重民间借贷风险意识教育。由于民间借贷手续简单、回报率高，大众往往出于投机心理，将其视为投资升值的投机手段，而忽视了其潜在的巨大风险。因此，应当充分利用大众传媒平台，结合具体案例，做好民间借贷风险提示工作。建议将民间借贷风险防范教育纳入我国普法教育规划和综合治理体系，以街道、村委会、机关企事业为单位，及时发布相关信息，通过开展专项教育活动，提示民众注意民间借贷风险，提升群众对民间借贷的正确认识，强化投资风险教育，从源头防范民间借贷风险的发生。

7. 建立完善个人破产制度。如果调整非银行机构、职业放贷人放贷活动的专门立法允许自然人申请放贷牌照从事放贷业务，便需要建立个人破产制度作为重要的配套制度。我国 2006 年颁布的《企业破产法》仅允许企业法人破产，而没有就个人破产进行规定。随着我国私营经济和消费信贷的快速发展，出现自然人严重资不抵债的现象已不再罕见，因此，很有必要建立个人破产制度。建议将个人破产制度及早纳入国家立法修法规划，一是可选择将自然人破产制度纳入现行《企业破产法》适用范围，二是也可选择制定单行的《自然人破产条例》。

经济法研究的中国—世界范式转换

袁达松[*]　黎昭权[**]　沙子缇[***]

内容提要：经济法研究范式指的是经济法学术范围以及学术方法，在中国与世界经济格局发生重大变化的冲击和挑战下，经济法研究要突破现有的范式，探讨开放包容经济体系的中国—世界经济法则问题与研究范式，或称之为“中国—世界范式”经济法研究范式。国内法方面，在经济市场全球化的背景下，我国应进一步完善经济法治机制，加强对国内市场和国际市场的监管配合，完善我国的涉外经济法治体系；在国际法层面可以国内法治的功能和定位为基础，通过现有重要的国际组织以及由“一带一路”倡议等新平台，促进我国国内法向世界公认的国际规则转化。

关键词：经济法　研究范式　涉外经济法　世界经济法

---

* 袁达松，北京师范大学法学院教授、博士生导师、经济法与金融法研究中心主任。

** 黎昭权，中共中山市委党校政治与法律教研组组长，讲师。

*** 沙子缇，加利福尼亚大学戴维斯分校历史学本科（Ziti Sha，UC Davis，Major：History）。

一、开放包容经济体系的中国—世界经济法则研究问题

（一）中国经济法研究范式的发展沿革与变革挑战

经济法范式①指的是经济法学术范围以及学术方法。② 在经济法学发展的初期，学界对于经济法的范式是有争议的，但随着我国经济体制改革发展以及相关法治的不断完善，我国经济法学科也取得了长足发展，学界大致已形成相当的重叠共识。经济法研究由于具有多学科交叉的特点，因而其研究范式、方法呈现多元化特点。③ 学界普遍认为，经济法学的基本内容是如何通过法律途径既解决"市场失灵"的问题，又防范过度干预的"政府失灵"，是诸多经济法学范式涉及的基本问题。强调国家合理、适当配置各类主体的权利与权力，协调局部与整体利益，兼顾公平与效率，实现总体福利最大化是经济法研究的基本路径，也体现经济法价值、宗旨的包容性。因此，可以认为，强调国家与市场主体的协调适当地位，保护各类主体合法权益，作为一种共识，已成为经济法学的基本范式。

当前，在全球化背景下所出现的许多问题，无法在国家的范围内得到有效解决，必须从全球的视角予以考虑。④ 二十世纪五十年代，美国国际法学家菲利普·C. 杰塞普教授意识到国内经济与世界经济的紧密性，提出了对"跨国法"（transnational law）的概念。他认为，传统国际法概念强调于国家与国家之间的关系，难以准确表达到人类社会跨国界的关系的复杂性。他进一步提出，"跨国法"是指所有国际公法、国家私法，以及那些不能被这两个法律部门所涵盖的法律规范，法律关系的主体也比传统国际法更为广泛。⑤ 菲利普教授希望各国可超越传统国内法和国际法的界限，通过完善相关法律规范更好地处理国与国、国

---

① "范式"（paradigm）一词，是著名美国科学哲学家托马斯·库恩在其1962年出版的著作《科学结构的革命》中提出的一个重要概念。该概念原本只用于自然科学，但随着学界对"范式"概念的深入演研究以及解释，其也适用于法学领域。

② 曹京、徽江游：《论经济法的范式》，载《江海学刊》2017年第6期。

③ 袁达松、朱成林：《论包容性的经济法治——一元论的经济法学范式》，载《晋阳学刊》2015年第4期。

④ 高鸿钧：《法律全球化的新趋势》，载《检察日报》2012年4月26日，第3版。

⑤ See Philip Jessup, *Transnational law*, Connecticut: The Yale University Press 1956, p. 2-3.

与个人等跨国关系。但由于时代背景等原因，菲利普并未给出如何打破传统的法律部门的界限，不过，他为法学理论学界提出了一个重要观点——国内法和国际法并不是割裂的存在，学界必须从整体上把握它们的关系。

（二）全球价值链、产业链中的中国经济法范式研究路向

随着经济全球化的深入，各国经济都紧密联系起来。一方面，全球经济构成了一个紧密连接的价值链、产业链，一国的经济风险可能引发全球性的经济危机；另一方面，为实现全球发展的成果由全球共享，这就需要一套可以保障世界经济包容性发展的法律制度，以推动世界经济法治的实现。[①] 我国经济法学研究也进入了一个全新的阶段——如何在保障国内经济稳定和可持续发展的同时，推动国内经济法与国际经济法间的协调与协同发展，并推动构建全球经济包容性发展的法治模式。对此，中国经济法范式研究路向可初步分为国内法研究以及国际规则研究两方面。

国内法方面，在经济市场全球化的背景下，我国应进一步完善经济法治机制，加强对国内市场和国际市场的监管协调，完善我国的对外援助法和对外投资法等涉外法治体系。[②] 随着经济全球化的深入展开加速前进，形成了“风险社会”的“世界主义时刻”，从而导致经济危机、金融危机、能源危机乃至自然灾害所造成的影响都会辐射全球，国家作为世界的构成部分无法独善其身。[③] 面对国际经济大环境的复杂性和不确定性，我国作为全球产业链的重要部分，难以独立于国际社会。因此，我国需进一步完善涉外经济法律体系，保障涉外经济活动有法可依，保障国内经济的稳定和可持续发展。

此外，通过建立健全的涉外经济法律，建立更为透明、公平的涉外经济环境，能更好地推动国内市场的国际化。我国应进一步通过立法和司法等手段，进一步完善我国市场经济的法治化，为涉外经济关系的良性运转创造更良好的法律环境。

---

① 袁达松、张志国：《世界主义视角的经济法治与经济法学》，载《经济法研究》2018 年第 1 期。

② 袁达松、黎昭权：《对外援助法、对外投资法与“一带一路”法治》，载《经济法学家（第十二卷）》2018 年第 1 期。

③ 袁达松：《风险经济法学举隅——“风险社会”“世界主义时刻”视角的经济法学》，载《经济法论丛》2017 年第 1 期。

国际法方面，过去我国经济法学范式研究通常停留于国内法领域，虽于国际法方面有所涉及，但侧重于国内经济法与国际法的衔接。在中国与世界经济格局变化的情况下，我国经济法范式更应积极探讨我国应如何参与国际经济法治。我国在完善国内涉外经济法同时也要探讨如何推动世界经济秩序的变革。从而在“中国—世界”范式下，我国可以国内法治的功能和定位为基础，进一步提高我国在国际经济法治建设中的参与度和话语权。对此，学界应积极总结我国经济法治的优秀经验，并积极探讨其在国际规则运用中的合理性，实现从国外经验输入到国际经验输出的转变。

（三）世界经济包容性发展与中国—世界经济法研究进路

从上文可知，中国—世界经济法范式由国内国外两个层面组成，涉外经济法是两者的重要连接。涉外经济法，是指一国根据本国的社会、经济、政治以及法制状况所制定的，调整本国经济贸易管理主体和经济贸易当事人与外国经济贸易主体之间，在涉外经济贸易交往中产生的特定的对外经济关系的法律规范的总称。[①] 改革开放以来，我国涉外经济法保障并促进我国对外经济的发展，是连接涉我国国内法与国际法的重要桥梁。传统的涉外经济法研究主要集中于探讨如何吸引外国投资者，保障以及健全我国的对外经济体系。[②] 随着中国与世界经济格局的变化，我国涉外经济法研究在加强探讨如何“招商引资”的同时，也要积极探索中国与世界经济规则的交互影响等问题。

除探讨我国如何完善我国涉外经济法体系外，我国也应积极参与国际经济规则的制定，逐步从过去国际规则中被动地参与成为积极的倡议者。现在，面对层出不穷的风险全球化问题，部分国家选择抵制全球化趋势（“逆全球化”），而不是参与法治状态下有序的全球治理。[③] 抵制全球化的保护主义不仅是对世界法治秩序的挑战，更不利于全球经济的包容性发展。为了应对上述问题，需要

---

① 涉外经济法的法律结构由两大部分构成，一是专门调整对外经济关系的法律规范，这一部分在立法上表现为有关“涉外经济关系的专门规定”，如我国的反倾销立法；二是统一调整对内与对外经济关系的法律规范，这一部分在立法上表现为对内外法律事务的统一适用的法律规定，如我国的公司法、税法。参见吴宏伟主编：《涉外经济法》，法律出版社 2014 年版，第 5 页。

② 吴宏伟主编：《涉外经济法》，法律出版社 2014 年版，第 11 页。

③ Almeida, Paul, and Chris Chase——Dunn, *Globalization and Social Movements*, California: Annual Review of Sociology, Vol. 44, 2018.

发展和变革新的世界经济治理体系。同时，新的世界经济治理应当不仅由发达国家利益集团主导，也需要由能够代表各国诉求，代表世界各阶层人民呼声的国家或者国际组织共同主导，才能在世界范围内推动发展机会和发展权的公平和正义。因此，为了促进世界包容性发展，探究回应中国—世界格局变化下的法治新秩序，亦需要探讨世界经济发展的包容性法治秩序的中国定位和作用。综上所述，中国—世界经济法范式研究需从整体上探讨国内经济法和国际法间的关系，实现两者的衔接与包容，其中，涉外经济法是两者的重要链接。一方面我国需要加强我国经济法治的进一步完善，学习国外优秀的经济法治经验，完善国内经济和涉外经济的相关立法，构建包容性涉外经济法治体系；另一方面，应总结我国优秀的法治经验[①]，实现从法治理论学习到法学理论的转变，在尊重当前国际秩序的前提下，推动全球治理的完善，推动全球经济的包容性发展。

二、开放包容导向的中国涉外经济法研究范式探讨

（一）我国涉外经济法学理和体系研究重述

涉外经济法所调整的是特定的涉外经济关系，而不是所有的涉外经济关系，而是只调整在国家协调的本国经济运行过程中发生的涉外经济关系，主要包括纵向涉外经济管理关系和横向涉外经济交往关系。[②] 纵向涉外经济管理关系主要是关于主管涉外经济活动的国家管理机关对各种涉外经济活动进行组织、协调、监督和管理而形成的关系，如外商投资管理、涉外金融管理等。横向涉外经济交往关系主要指在平等互利的基础上，中外当事人在经济交往中产生的关系，如国际服务贸易活动、货物进出口活动等。其是链接我国国内经济与国际经济的重要保障。

我国涉外经济法为我国对外经济的发展起着不可磨灭的作用，其发展可大致分为以下三个阶段：初始阶段，相关立法以及学术研究伴随着改革开放经济的发展而发展，相关的法律规范作用有限，相关研究仍处于起步阶段。1978 年

---

① 张守文：《中国经济法理论的新发展》，载《政治与法律》2016 年第 12 期。

② 赵秋雁：《论涉外经济法的地位和作用》，载《苏州大学学报（哲学社会科学版）》2009 年第 2 期。

至2001年改革开放阶段，在这一阶段，我国涉外经济法立法结合我国国情并借鉴域外的相关经验，初步建立了我国的涉外经济体系，对我国对外经济的发展起到了重要作用。2001年至今的WTO阶段，2001年中国加入了WTO，这对我国涉外经济法研究是一个新的转折点，这要求我国的涉外经济法律体系进一步与国际规则接轨。① 根据WTO的要求我国对部分涉外经济立法进行了修改或制定新的法律，学界也进一步研究我国涉外经济法与国际经济法的衔接关系，这推动了我国对外经济的进一步发展。当前，随着“一带一路”倡议的展开“命运共同体”理念的提出，我国涉外经济法学也将进入了一个新时期。一方面，我国要进一步完善我国国内的涉外经济体系，进一步完善与全球金融秩序的衔接，推动我国经济与全球经济的共同发展；另一方面，要总结国内经济法治的优秀经验，通过各种国际舞台输出我国的法治经验，进入从过往借鉴于国外立法经验的阶段到总结国内立法经验并参与到国际社会的全新阶段，这需要我们进一步从整体上检视涉外经济法与国际经济法关系。

（二）涉外经济法与国际经济法关系检视

跨国经济问题往往涉及国内法和国际法两个方面，涉外经济法虽然是国内经济法的重要组成部分②，但其更是国内法与国际法的重要联系。由于涉外经济法与国际经济法存在千丝万缕的关系，也有学者认为涉外经济法是国际经济法的国内法渊源，姚梅镇认为“调整国际经济关系的国内法规范—涉外经济法”③，甚至还有学者指出，涉外经济法是国际法的组成部分之一，如韩德培指出，“国际私法还包括国际直接适用于包括涉外经济法律在内的涉外民事关系的法律”④。笔者认为，法律渊源以及调整对象上看⑤，涉外经济法是国内法，但在经济全球

---

① 袁碧华：《加入WTO与我国涉外经济法的走向》，载《中山大学学报论丛》2001年第6期。

② 潘静成、刘文华：《中国经济法教程》，中国人民大学出版社1995年版，第36页。

③ 姚梅镇：《国际经济法概论》，武汉大学出版社2004年版，第28页。

④ 韩德培：《国际私法新论》，武汉大学出版社1997年版，第9页。

⑤ 涉外经济法与国际经济法两者主要区别是：第一，调整方法不同。涉外经济法通过实体法方法调整涉外经济关系；而国际经济法是法律适用法，特有的调整方法是冲突法调整方法，即间接调整，通过指定相应的实体法来决定当事人之间的权利义务。第二，法律渊源不同。涉外经济法的渊源主要包括一国的国内立法和该国缔结或参加的国际条约及认可的国际惯例；而国际经济法的渊源相对比较广泛，包括各国的国内立法、国际条约和国际惯例，在一些国家还包括司法判例。参见赵秋雁：《论涉外经济法的地位和作用》，载《苏州大学学报（哲学社会科学版）》2009年第2期。

化的背景下，涉外经济法必然和国际经济法存在某种程度的交叉或者重合，学界有必要从整体上检视其与其他国内经济法和国际经济法间的关系。

由于国际经济法与涉外经济法的调整对象具有一定的重合性，并且两者都包含“国际”因素在内，在现实生活中国际经济法的相关规范通常被一国的涉外经济立法所借鉴，一国的涉外经济立法的相关规范也转化为国际规则。事实上，随着经济全球化的逐步深入，除相关国际组织的强制性要求外①，为了能与国际接轨，各国的涉外经济立法也会主动以成熟的相关国际规则为蓝本，这有利于一国促进国内经济的发展。

在加入 WTO 以后，我国重视国内涉外经济立法与国际经济规则的衔接，对我国涉外经济立法进行了调整，在借鉴域外经验的同时，也立足于中国国情的现状，逐步完善了我国的社会主义涉外经济法律体系，体现与国际接轨以及维护国家经济安全的平衡。在下一阶段，我国除要再进一步完善相关立法建设外，也应该总结自身经验，通过 WTO、二十国集团等重要国际平台以及通过“一带一路”倡议向国际社会介绍我国的涉外立法经验，推动我国涉外经济立法转化为国际规则。

（三）开放包容导向的中国涉外经济法研究前瞻

当前，在“人类命运共同体”的理念下，中国涉外经济法研究将进入了一个全新的阶段，我国不仅要构建和完善我国包容性的涉外经济法体系，更要在此基础上向外推广我国的法治成果，推动国际经济治道的完善。事实上，伴随着我国经济改革开放的进程，我国经济法治的建设也取得了傲人的成果，我国在完善涉外经济法体系进程中在吸收国外的优秀法治经验同时，结合我国国情形成一套具有中国特色的涉外经济法治体系。

首先，有必要在我国推进涉外经济法研究的基础上，进一步探讨经济法研究的中国—世界范式。在“人类命运共同体”的理念下，我国不仅要加强涉外经济法学研究，更要在此基础上，推动国内经济法治经验的对外传播。我国不

---

① 如 WTO 在创制法律环境方面，有两项基本原则：一是法律统一实施原则。WTO 要求成员国一揽子接受其全部规则，不允许对其中部分规则或条款实施保留。二是透明度原则。各成员国实施的有关贸易的政策、法令及各成员国间签订的影响国际贸易的现行协定，都必须公布，使之具有透明度，企业和个人都容易了解到。参见 WTO 官网。

仅要加强对传统国际经济秩序、规则以及发达国家涉外经济法的研究，总结成功经验以及不足，还要结合我国经济法治的经验成果，探究全球法治秩序变革。事实上，自改革开放以来，我国经济建设取得了令世界瞩目的成果，伴随着我国经济发展的便是我国经济法治体系及其理论的构建和完善。对此，下一阶段的涉外经济法学研究要立足于现在，又面向世界、面向未来，不仅要继续吸收域外的法治经验，亦要总结自身经验，实现从学习输入到向世界输出的交互共进。

其次，可结合"一带一路"倡议，成立亚投行、金砖银行等"中国方案"的法治经验，探究以我国倡导的新型经济秩序的构建与完善，推动和催生中国—世界经济法研究范式的形成。当前，我国的涉外经济法研究不能仅仅停留于完善国内法治或协调国内法和国际法的层面，更应该在现有基础上探究中国—世界经济法研究范式的建构，探讨我国在新的国际经济秩序构建中的定位和作用，如通过"一带一路"倡议，将中国改革开放的成功模式复制到其他国家和地区，实现世界各国的共同发展。① 对此，我国的涉外经济法研究要从更宏观的角度进行探讨，在理论研究层面，要敢于超越：一方面，超越国外法学中心主义，走有具有中国特色的经济法学理论发展道路，发出我国的经济法学声音话语；另一方面，敢于超越现有的理论框架。我国改革的全面深化以及"一带一路"倡议的纵深推进，需要新的经济法学理论支持，须在现有的理论基础之上积极创新，结合新现象、新问题创新理论。

三、中国—世界经济法研究范式的建构

（一）包容性的中国—世界经济法则体系

有学者指出，全球化时代各类跨国经济法律规范之间显现出了越来越紧密的联系，在应对跨国经济法律问题时国内法和国际法这两类法律规范的关联性，足以将它们融合在一起，成立一个独立的"国际经济法"法律部门。② 也有学者

---

① 袁达松、姚幸阳：《命运共同体、"中国方案"与包容性法治》，载《京师法律评论（第十一卷）》，中国法制出版社2018年版，第365～278页。

② 姚梅镇：《国际经济法是一个独立的法律部门》，载《中国国际法年刊（1983年卷）》，中国对外翻译出版公司1984年版，第373～385页。

指出，国际经济法与国内法的相互联系，但并不等于可以综合形成一个独立的“国际经济法”法律部门。[①] 笔者认为，国际经济法与涉外经济法不可能成为统一的法律部门，但不妨碍从整体性的、世界主义维度的、综合性的“世界经济法”研究。事实上，在经济全球化时代，跨国经济法律问题不断显现和蔓延，更加呼唤一个综合性的“世界经济法学”学科的诞生。随着国际经济法律规范与各国涉外经济法律规范之间联系的日益紧密，如果仍然沿用传统的做法，区分国内法以及国际法研究，难以有效解决纷繁复杂的跨国经济法律问题。因此，法学研究应突破国内法以及国际法的约束。

同时，世界经济法应当以世界经济风险防控和治理为核心，追求世界经济的包容性发展，促进更加公平、公正、合理经济秩序的形成。一言以蔽之，世界经济法，应是世界经济风险防控和治理的良法体系。有学者认为，世界经济秩序历经了“实力导向”“规则导向”的国际经济秩序，正在走向以“公平价值”为导向的国际经济秩序。[②] 梅斯特梅克教授认为，新的世界经济秩序是一种以法律形式表现的政治要求，即实现发达国家和发展中的共同发展。[③] 可见，新的世界经济秩序的塑成应在法制的基础上，即离不开世界经济法。世界经济法的内涵是构建能够实现世界经济包容性发展的世界性经济法律制度，宗旨是实现世界经济包容性法治。就世界经济法的外延而言，应当包括世界经济增长的法治和经济发展成果分配的法治，即构建保障世界经济包容性增长并由全人类共享发展成果的世界经济法治。

有学者对世界经济法的内容进行过论述，其指出世界经济法大体包含两个部分：其一，以世界经济人法（世界经济法主体）、世界贸易秩序和以知识产权保护为核心的财产保护为主要内容的一般世界经济法；其二，以总体调控和个别调整为内容的特别世界法。但世界经济法的内容不是一成不变的，随着世界经济格局的变化和世界经济的发展，其内容也在不断丰富。“一带一路”倡议作为世界性的公共产品，极大促进了世界经贸、投融资等经济活动，推动了“人类命运共同体”理念的实践；也势必会加速世界经济规则的改变与重塑。有学者认为，“一带一路”倡议能够推进落实共同体法治、有利于探索全球治理新范

① 徐崇利：《走出误区的“第三条道路”：“跨国经济法”范式》，载《政法论坛》2005 年第 4 期。
② 车丕照：《国际经济秩序“导向”分析》，载《政法论丛》2016 年第 2 期。
③ ［德］E. 梅斯特梅克：《经济法》，王晓晔译，载《比较法研究》1994 年第 1 期。

式、开辟全面一体化的法治新路径，将催生公平、高效的法治新公共产品。① 笔者认为，这个法治新公共产品应当是世界经济法治。世界经济法治的形塑和运行离不开世界经济法。世界经济法应当包括保障世界经济运行的基本规则与制度如全球贸易、货币金融等多方面制度，亦应当包括世界经济纠纷解决机制，即世界经济法包括世界经济实体法和世界经济程序法。

（二）中国法—跨国法—世界法的逻辑结构

在明确顶层设计的基础上，世界经济法治新秩序的构建要拟定相应的实施路径和总体框架结构，从总体上探究中国法、跨国法、世界法的逻辑结构：在国内层面，通过对国内法治经验的总结和域外优秀法治经验的学习与转化，进一步完善我国涉外经济法治体系，加强我国国内经济法与国际法的衔接。在国际层面，在借鉴域外经验的同时总结我国的经验，通过现有重要的国际平台，如 WTO 以及由“一带一路”倡议等向外传播我国的立法经验以及相关理论，促进我国国内法向世界公认的国际规则转化，可以先由具体规则制定入手，扩展到合作机制，继而批判继承旧有秩序，建立或升级出世界之维的新秩序。

在理论层面，我国经济法学界乃至全法学界应积极总结我国经济法治的优秀经验，以及其与当前国际秩序的契合性，并且积极吸收国际学界的相关建议，完善一套被国际社会普遍认可的理论体系。对此，要实现我国法治经验的对外输出需要加强对其他国家的了解，以探究我国法治经验输出的路径与模式。以“一带一路”倡议为例，“一带一路”沿线国家文化传统差异巨大，若对这些国家的历史传统、生活方式和价值观念缺乏深刻了解，法律移植几乎难以成功。

此外，我国在探讨并主张新型国际秩序时，既要突破固有理念，又要维护现有成果。世界经济法治应建立在对现有经济治理体系的批判继承上。② 包括中国在内的新兴国家在现有经济治理体系中确实存在话语权、规则制定权较小的问题，但是这不意味着要对现行体系进行颠覆性重构。发达国家“另起炉灶”的设想一时也难以全盘实现，更不必说经济实力相对较小的新兴国家。另外，现有体系的稳定性也是中国—世界经济格局形成的重要外部因素，维护其主体

---

① 肖金明、张晓明：《“一带一路”与国际法治：机遇、新课题与互动之策》，载《理论探索》2017 年第 3 期。

② 袁达松、赵雨生：《包容开放的世界经济法体系构建》，载《首都法学论坛》2020 年第 1 期。

框架对中国和其他新兴国家均有益处。因此，完全抛弃现有国外体系也是不符合自身发展规律的。概言之，经济法研究的“中国—世界范式”范式并不是有利于当前的国际秩序之外的，而是在中国法（含涉外经济法）、国际法（含跨国经济法）的研究基础上，加上整体性的“世界之维”，并从中国法贯通至世界法，即是经济法研究的“中国—世界范式”范式。

域外金融法中译本

韩国金融消费者保护法①

董新义**译

---

① 原文载韩国“国家法律信息中心”网站，https：//www. law. go. kr/，2021 年 9 月 14 日访问。

** 董新义，中央财经大学法学院副教授，韩国高丽大学法学博士，主要研究方向：民商法、金融法、韩国法。

第一章　总　　则

第一条（目的）

本法以保障金融消费者权益以及培育健全的金融商品销售业和金融咨询业秩序为目的，对金融商品销售业者以及金融商品咨询业者的营业中应遵守的事项、金融消费者权益保护相关金融消费者政策以及金融纠纷解决程序等内容进行了规定，旨在提高金融消费者保护的实效性、进而对整个国民经济的发展做出贡献。

第二条（定义）

本法使用的术语定义如下：

（一）“金融商品”是指下列各目之一的商品：

1. 《银行法》规定的存款及贷款；

2. 《关于资本市场和金融投资业的法律》规定的金融投资商品；

3. 《保险业法》规定的保险商品；

4. 《相互储蓄银行法》规定的存款及贷款；

5. 《信贷专门金融业法》规定的信用卡、设施租赁、分期金融、延期销售；

6. 与前述第 1 至 5 目类似的并由总统令规定的商品。

（二）“金融商品销售业”是指下述以营利为目的，持续、反复的营业行为。但是，考虑到行为的性质和金融消费者保护的必要性，有必要从金融商品销售业中排除的并由总统令规定的营业行为除外。

1. “金融商品直接销售业”是指直接作为合同一方签订有关金融商品合同的营业，或者依据《关于资本市场和金融投资业的法律》第六条第三款规定的投资中介业；

2. “金融商品销售代理、中介业”是指代理或中介签订金融商品合同等的营业。

（三）“金融商品销售业者”是指从事金融商品销售业的人，如果总统令规定的金融相关法律（以下简称“金融相关法律”）中规定了金融商品销售业相关业务需要许可或注册时，从而根据该相关法律规定取得许可或注册的业者；对于金融相关法律规定属于金融商品销售业的业务，即使根据该相关法律不用许可或注册可以经营该相关业务时，经营该业务的业者也被视为本法规定的金融商品销售业者，以及依据本法第十二条第一款对金融商品销售业进行注册的业者也都包括在内。这些业者按照下述各目进行区分：

1. 金融商品直接销售业者：金融商品销售业者中经营金融商品直接销售业的业者；

2. 金融商品销售代理、中介业者：金融商品销售业者中经营金融商品销售代理、中介业的业者。

（四）“金融商品咨询业”是指以营利为目的，以持续或者反复的方法，在对金融商品价值或取得以及处分的决定方面提供咨询（以下简称“金融商品咨询”）的营业，但符合下述任意一目情形的除外：

1. 以不特定多数人为对象进行发送或者接收信号，通过为不特定多数人可以随时购入或接收到信号的刊物、出版物、通信物或播送等进行建议的营业；

2. 除此之外，律师、代理人、税务士依据相关法律从事咨询业务等时，考虑到相关行为的性质以及保护金融消费者的必要性，由总统令规定的有必要在金融商品咨询业者中排除的营业。

（五）“金融商品咨询业者”是指从事金融商品咨询业务的人，依据金融相关法律规定，属于金融商品咨询业的业务需要获得许可或进行注册的情况，根据相关法律取得许可或者注册的业者，以及根据本法第十二条第一款进行了注册的业者。

（六）“金融公司”是指下列各目之一者：

1. 依据《银行法》获得许可设立的银行，还包括根据《中小企业银行法》第三条第三款、《韩国产业银行法》第三条第一款、《信用协同组合[①]法》第六条第三款、《农业协同组合法》第一百六十一条之十一第八款、《水产业协同组

① 在韩国，“协同组合”是指在经济上处于弱势地位的农民、渔民等为了经济上的利益，互帮互助而成立的组织性团体，著名的有信用协同组合、农业协同组合、水产业协同组合等组织，其类似于我国的合作社。

合法》第一百四十一条之四第二款以及《相互储蓄银行法》第三十六条第四款的规定适用《银行法》的中小企业银行、韩国产业银行、信用协同组合中央会的信用业务部分、农业协同组合银行、水产业协同组合银行以及相互储蓄银行中央会，下同；

2. 依据《关于资本市场和金融投资业的法律》第八条规定的投资买卖业者、投资中介业者、投资咨询业者、全权委托投资业者、信托业者或者该法第三百六十六条规定的综合金融公司；

3.《保险业法》规定的保险公司（也包括《农业协同组合法》第一百六十一条之十二第一款规定的农协人寿保险以及农协损害保险，下同）；

4.《相互储蓄银行法》规定的相互储蓄银行；

5.《信贷专门金融业法》规定的信贷专门金融公司；

6. 与前述第 1 至 5 目所规定业者类似，考虑到保护金融消费者的必要性，由总统令规定的其他人。

（七）“金融公司等”是指下列各目之一者：

1. 金融公司；

2.《关于资本市场和金融投资业的法律》第五十一条第九款规定的投资劝诱代理人；

3.《保险业法》第二条第九项规定的保险设计士；

4.《保险业法》第二条第十项规定的保险代理人；

5.《保险业法》第二条第十一项规定的保险中介士；

6.《信贷专门金融业法》第二条第十六项规定的兼营信贷业者；

7.《信贷专门金融业法》第十四条之二第一款第二项规定的募集业者；

8. 与前述第 1 至 7 目之业者类似，考虑到保护金融消费者的必要性，从而由总统令规定的其他人。

（八）“金融消费者”是指就金融商品相关合同的签订、劝诱签订或者收到要约（以下称为“金融商品合同签订等”）的金融商品销售业者的交易相对方，或者作为金融商品咨询业者的咨询业务相对方的专业金融消费者或者一般金融消费者。

（九）“专业金融消费者”是指对金融商品具有专业性或者依据其资产规模等，具有承受投资风险能力的金融消费者，且符合下列各目之一者。但是，在专业金融消费者中，如果总统令规定的金融消费者以书面形式通知金融销售业者或者金融咨询业者（以下简称金融商品销售业者等），表明其愿意接受一般金融消费者的待遇时，除非有正当理由，金融商品销售业者等应当予以同意。在金融商品销售业者等同意的情况下，该金融消费者应视为一般金融消费者。

1. 国家；

2. 韩国《银行法》规定的韩国银行；[①]

3. 总统令规定的金融公司；

4. 《关于资本市场和金融投资业的法律》第九条第十五款第三项规定的股票上市法人（仅限于投资型金融商品中由总统令规定的金融商品合同签订等时，向金融商品销售业者等书面通知表明其愿意接受专业金融消费者待遇的情形）；

5. 此外按照金融商品的类型，由总统令规定的其他金融消费者。

（十）“一般金融消费者”是指并不属于专业金融消费者的金融消费者。

第三条（金融商品类型）

本法对金融商品按照下列各项进行分类。但是，个别金融商品具有符合下列各项商品类型中两个以上的属性时，分别属于该商品类型：

（一）存款型商品：本法第二条第一项第一至四目的存款或与之类似的，并由总统令规定的金融商品；

（二）贷款型商品：本法第二条第一项规定的贷款，同一项第五目规定的信用卡、设施租赁、延期付款销售、分期融资以及与之类似的，并由总统令规定的金融商品；

（三）投资型商品：本法第二条第一项第二目规定的金融投资商品以及与之类似的，并由总统令规定的金融商品；

（四）保障型商品：本法第二条第一项第三目规定的保险商品以及与之类似的，并由总统令规定的金融商品。

第四条（金融公司等的行业分类）

金融公司等依据下列各项规定，将本法所称业者区分为金融商品直接销售业者、金融商品销售代理、中介业者以及金融商品咨询业者。但是，以下各项中的金融公司等，在兼营该项规定外的金融商品销售业等（是指金融商品销售

---

① 即韩国的中央银行。

业与金融商品咨询业等，下同）时，兼营的业务也视为属于该兼营业务所属的金融商品销售业等。

（一）《银行法》规定的银行：金融商品直接销售业者或金融商品销售代理、中介业者；

（二）《关于资本市场和金融投资业的法律》规定的投资买卖业者：金融商品直接销售业者或金融商品销售代理、中介业者；

（三）《关于资本市场和金融投资业的法律》规定的投资中介业者：金融商品直接销售业者或金融商品销售代理、中介业者；

（四）《关于资本市场和金融投资业的法律》规定的投资咨询业者：金融商品咨询业者；

（五）《关于资本市场和金融投资业的法律》规定的全权委托投资业者：金融商品直接销售业者；

（六）《关于资本市场和金融投资业的法律》规定的信托业者：金融商品直接销售业者或金融商品销售代理、中介业者；

（七）《关于资本市场和金融投资业的法律》规定的综合金融公司：金融商品直接销售业者或金融商品销售代理、中介业者；

（八）《关于资本市场和金融投资业的法律》规定的投资劝诱代理人：金融商品销售代理、中介业者；

（九）《保险业法》规定的保险公司：金融商品直接销售业者或金融商品销售代理、中介业者；

（十）《保险业法》规定的保险设计士：金融商品销售代理、中介业者；

（十一）《保险业法》规定的保险代理人：金融商品销售代理、中介业者；

（十二）《保险业法》规定的保险中介士：金融商品销售代理、中介业者；

（十三）《相互储蓄银行法》规定的相互储蓄银行：金融商品直接销售业者或金融商品销售代理、中介业者；

（十四）《信贷专门金融业法》规定的信贷专门金融公司以及依据该法的兼营信贷业者：金融商品直接销售业者或金融商品销售代理、中介业者；

（十五）《信贷专门金融业法》规定的募集业者：金融商品销售代理、中介业者；

（十六）本法第二条第七项第八目规定的金融公司等：总统令规定的金融商

品销售业者或金融商品咨询业者。

第五条（适用范围）

本法不适用于《关于资本市场和金融投资业的法律》第六条第五款第一项规定的情形。①

第六条（与其他法律的关系）

关于金融消费者的保护，除了其他法律另有特殊的规定以外，均适用本法规定。

第二章 金融消费者的权利义务以及国家与金融商品销售业者等的义务

第七条（金融消费者的基本权利）

金融消费者享有以下基本权利：

（一）对于金融商品销售业者等的违法经营行为所导致的财产损失，享有请求保护的权利；

（二）在金融商品的选择和消费过程中，有获取必要的知识和信息的权利；

（三）对于影响金融消费生活的国家及自治团体的政策，有反映意见的权利；

（四）对于消费金融商品而遭受的损失，有依据迅速、公正的程序而获得适当补偿的权利；

（五）为了合理的金融消费生活，有获得必要教育的权利；

（六）金融消费者为了提高自己的权益而组织团体，并通过该团体进行活动的权利。

第八条（金融消费者的责任）

金融消费者应当认识到其与金融商品销售业者等共同构成了金融市场的核心，在此基础上正确地选择金融商品，并正当地行使本法第七条所规定的金融消费者的基本权利。

金融消费者为了增进自己的权益，应当努力地获取必要的知识和信息。

---

① 《关于资本市场和金融投资业的法律》第六条第五款第一项规定：依据总统令制定的法律的有关规定，运用或者分配以私募的方法筹集的金钱等时，投资者总数达不到总统令所规定的人数的情形。

第九条（国家的责任）

为了实现第七条规定的金融消费者的基本权利，国家负有下列职责：

（一）为了保护金融消费者的权利，制定并实施必要的政策；

（二）制定、修改或者废止金融消费者保护相关法令；

（三）对必要的行政组织进行整备及改善其运营；

（四）支持并培育金融消费者的健全且自主的组织活动。

第十条（金融商品销售业者等的责任）

金融商品销售业者等为了实现第七条所规定的金融消费者的基本权利，负有以下职责：

（一）积极协助落实国家有关增进消费者权益保护的政策；

（二）提供金融商品时，为了营造公平的金融商品消费生活环境，而做出努力的义务；

（三）为保障金融消费者的财产免受相关金融商品的损害，有采取必要措施的义务；

（四）在提供金融商品时，不得使用有可能侵害金融消费者的合理选择或者侵害利益的交易条件或交易方法；

（五）诚实和准确地向金融消费者提供金融商品相关信息的义务；

（六）为了不使金融消费者的个人信息丢失、被窃、泄露、伪造、更改或损坏，有诚实地处理金融消费者个人信息的义务。

第三章　金融商品销售业者等的注册

第十一条（金融商品销售业者等以外的人营业行为之禁止）

除本法规定的金融商品销售业者等以外，其他任何人均不得从事金融商品销售业等。

第十二条（金融商品销售业者等的注册）

欲从事金融商品销售业等的人，在拟成为金融商品直接销售业者、金融商品销售代理、中介业者，或者按照金融商品咨询业者的分类，在依据本法第三条规定的存款型商品、贷款型商品、投资型商品以及保障型商品中，选定经营商品的范围后，应向金融委员会进行注册。但若有属于下列各项规定之一的情形，可以不经注册而从事金融商品销售业等。

（一）对于金融相关法律规定的属于金融商品销售业等，需要取得许可或进行注册的情形；

（二）对于金融相关法律规定的属于金融商品销售业等，依据相关法律即使未取得许可或进行注册也可从事业务经营的情形。

依据第一款规定，拟注册成为金融商品直接销售业者或者金融商品咨询业者的人，应当符合下列条件。但是对于金融商品直接销售业者，并不适用第六项的规定。(2020年12月29日修改)

（一）具有总统令规定的能够保障金融消费者及从事相关业务所必需的人力、计算机设备以及其他物资设备。

（二）按各项注册业务，应具有总统令所规定金额以上的自有资本。

（三）应具有总统令所规定的健全的财务状况和良好的社会信用的条件。

（四）高管并不具有第四款第一项各目的情形。

（五）应建立防止与金融消费者之间产生利益冲突的机制，并由总统令规定的条件。

（六）作为与金融商品销售业者没有利害关系者，并具备下列各目之条件：

1. 不兼营金融商品销售业（《关于资本市场和金融投资业的法律》第六条第八款的全权委托投资业除外）以及总统令规定的其他金融业；

2. 不会成为金融商品销售业者（《关于资本市场和金融投资业的法律》第八条第六款的投资委托业者除外，以下在本款中相同）与《反垄断及反不正当竞争法》第二条第三项所规定的关联公司或者与总统令规定的具有相关关系的公司（以下简称“关联公司等”）；

3. 高管不得在金融商品销售业者处兼职，或者并非从该处派遣而来的员工；

4. 此外，为了防止与金融消费者的利益冲突，并由总统令规定的其他条件。

拟按第一款规定注册为金融商品销售代理、中介业者，应满足下列各项条件：

（一）具备已受教育研修的资格或符合总统令规定的资格；

（二）不属于第四款第二项各目中规定的任意一种情况（欲注册为金融商品销售代理、中介的法人时，其高管不得具有第四款第二项各目中的任何一项事项）；

（三）此外，为了保护金融消费者权益和维护交易秩序，作为必要事项，并由总统令规定的具备金融商品销售代理、中介业者的业务执行标准和拥有必要的人力资源等条件。

根据下列各项分类，具有本项下列任何一目之人，不得成为按照第一款注册的金融商品直接销售业者、金融商品咨询业者或者作为法人的金融商品销售代理、中介业者的高管。

（一）属于金融商品直接销售业者或金融商品咨询业者时：

1. 属于未成年人、禁治产者或者限定治产者；

2. 属于被宣告破产者尚未恢复权利者；

3. 被判处禁锢刑[①]以上的实刑宣告，且自执行完毕（包括视为执行完毕的情形）或者免除执行之日起尚未经过五年者；

4. 被判处禁锢刑以上，宣告缓刑且仍处于缓刑考验期的；

5. 根据本法或者总统令规定的相关金融法律或外国金融相关法令，被处以罚金以上刑罚的判决，其执行结束（包括被视为执行结束的情况）或被豁免执行之日起未经过五年者；

6. 根据本法或者总统令规定的金融相关法律受到制裁（对于离职或离职的工作人员，包括对该措施的相应通知）的高管，根据这些措施的种类，在未超过五年的范围内还未经过总统令规定时间的人；

7. 有可能损害金融消费者保护和交易秩序，并由总统令规定的其他人员。

（二）作为法人的金融商品销售代理、中介业者情形下：

1. 属于前一项第一目、第二目与第四目中任意一种情况的人；

2. 被判处禁锢刑以上刑罚，该刑罚执行结束（包括视为执行结束的情况）或被豁免执行之日起不满二年者；

3. 根据本法或者总统令规定的相关金融法律或外国金融相关法令，被处以罚金以上刑罚的判决，该刑罚执行结束（包括视为执行结束的情形）或被豁免执行之日起不满二年者。

根据第一款规定，欲申请注册为金融商品销售业者等，要考虑注册条件审查及管理所需的费用，并根据总统令规定缴纳手续费。

---

① 在韩国刑法所规定的刑罚种类中，禁锢刑与有期徒刑一样，均为自由刑，但是禁锢刑仅被限制人身自由，并不从事劳役。

除第一款至第五款所规定的事项外，对金融商品销售业者等进行注册所必需的事项，由总统令予以规定。

第四章　金融商品销售业者等的营业行为遵守事项

第一节　营业行为一般规则

第十三条（营业行为遵守事项解释的标准）

任何人在解释、适用本章有关营业行为遵守事项之规定时，应优先考虑金融消费者权益的保护，根据金融商品或合同关系的特性等，按照与金融商品类别或金融商品销售业者等的行业的情况匹配，进行解释和适用。

第十四条（信义诚实义务等）

金融商品销售业者等在签订有关金融商品合同或者进行金融商品咨询的合同、行使权利和履行义务时，应当遵守信义和诚实信用原则。

金融商品销售业者等在从事金融商品销售业等时，应当公正地执行业务的内容和程序；若无正当理由，不得以损害金融消费者的利益，为自己或第三人牟取利益。

第十五条（禁止歧视）

金融商品销售业者等在签订金融商品或金融商品咨询相关合同时，若无正当理由，不得以性别、学历、残疾、社会身份等为由，在合同条件上对金融消费者进行不正当的歧视。

第十六条（金融商品销售业者等的管理责任）

金融商品销售业者等在从事相关业务时，应当要求其高管及职员、受托从事签订金融商品合同等业务的金融商品销售代理、中介业者（《保险业法》第二条第一一项的保险中介士除外，以下与本条相同）遵守法律，并为了防止侵害交易秩序等，应当对其高管和职员进行诚实的管理。

为了开展第一款的业务，作为法人的金融商品销售业者等并由总统令规定者，应当对其高管以及金融商品销售代理、中介业者在开展业务时需要遵守的标准和程序（内部控制标准），按照总统令的规定加以制定并实施。

第二节　各类金融商品的营业行为遵守事项

第十七条（适当性原则）

金融商品销售业者等在缔结金融商品合同等或在提供金融咨询业务时，应确认金融消费者是一般金融消费者还是专业金融消费者。

金融商品销售业者等在劝诱（包括金融商品咨询业者提供咨询的情况，以下与本条相同）一般金融消费者签订以下各项金融商品合同时，应当通过面谈、提问等方式，掌握以下各项规定的信息，从一般金融消费者处得到签名（包括《电子签名法》第二条第二款所述的电子签名，下同）、签名捺印、录音录像或者用总统令规定的方法得到确认后予以维护和管理，并应毫不迟延地向一般金融消费者提供确认的内容。

（一）《保险业法》第一百零八条第一款第三项规定的变额保险等由总统令规定的保障型商品：

1. 一般金融消费者的年龄；

2. 财产状况（指包括负债在内的资产以及收入状况，下同）；

3. 签订保障型商品合同的目的。

（二）作为投资型商品（成为《关于资本市场和金融投资业的法律》第九条第二十七款规定的互联网小额投资中介对象的证券等由总统令规定的投资型商品除外，以下与此条相同），以及根据运用业绩的收益率等有变动可能性的金融商品，并由总统令规定的存款型商品：

1. 一般金融消费者获取或处置该金融商品的目的；

2. 财产状况；

3. 取得或处置相关经验。

（三）贷款型商品：

1. 一般金融消费者的财产状况；

2. 信用与清偿计划。

（四）此外，为了劝诱一般金融消费者签订适当的金融商品合同，并由总统令规定的必要信息。

金融商品销售业者等在考虑到第二款所规定的各类信息后，不得劝诱一般金融消费者订立不适合其消费能力的合同。在此情况下，适当性判断标准应当根据第二款各分类，由总统令加以详细规定。

根据第二款，关于金融商品销售业者等根据金融商品的类型需要掌握信息的详细内容，由总统令予以规定。

金融商品销售业者等根据《关于资本市场和金融投资业的法律》第二百四十九条之二第二款规定，出售专门投资型私募集合投资机构的集合投资证券的，不适用该条第一款至第三款的规定。但是，对该法律第二百四十九条第二款规定的合格投资者中的一般金融消费者等由总统令规定的投资者，按照总统令的规定提出请求的，不在此限。

根据第五款规定的金融商品销售业者等，依据同一款的但书规定，可以向总统令规定者另行要求适用第一款至第三款规定的，必须事先按照总统令的规定进行通知。

第十八条（适正性原则）

对于总统令分别规定的保障型商品、投资型商品及贷款型商品，金融商品销售业者并未劝诱一般金融消费者签订合同，而是由金融消费者提出希望签订金融商品销售合同的，应事先通过面谈、提问等方式掌握下列各项信息：

（一）保障型商品：第十七条第二款第一项各目规定的信息；

（二）投资型商品：第十七条第二款第一项各目规定的信息；

（三）贷款型商品：第十七条第二款第一项各目规定的信息；

（四）金融商品销售业者在判断金融商品销售合同是否适合一般金融消费者并由总统令予以规定的必要信息。

金融商品销售业者根据第一款各项规定在考虑所要确认的事项时，若判断该金融商品不适合一般金融消费者时，需要按照总统令的规定告知这一事实，并从该一般金融消费者处得到签名、签名捺印、录音录像以及总统令规定的其他方法得到确认。在此情形下，适正性判断标准应当根据第一款各项的信息，由总统令予以规定。

根据第一款，金融商品销售业者应当掌握的不同类型金融商品的信息的详细内容，由总统令予以规定。

金融商品销售业者等根据《关于资本市场和金融投资业的法律》第二百四十九条之二第二款规定，出售专门投资型私募集合投资机构的集合投资证券的，不适用该条第一款和第二款规定。但是，对该法律第二百四十九条第二款规定的合格投资者中的一般金融消费者等由总统令规定的投资者，按照总统令的规定提出请求的，不在此限。

根据第四款规定的金融商品销售业者等，依据同一款规定的但书规定，可以向总统令规定者另行要求适用第一款至第三款规定的，必须事先按照总统令的规定进行通知。

第十九条（说明义务）

金融商品销售业者等在劝诱一般金融消费者签订合同（包括金融商品咨询业者提供咨询的情形）以及一般金融消费者在要求进行说明时，应当将下列各项规定的有关金融商品的重要事项（仅以一般金融消费者希望对特定事项得到说明为限）向一般金融消费者进行说明，以便让其理解。

（一）下列各目分别规定的事项：

1. 保障型商品：

（1）保障型商品的内容；

（2）保险费（包含折扣费，下同）；

（3）保险金（包含折扣费，下同）限制支付事由及支付程序；

（4）风险保障的范围；

（5）作为风险保障期间等关于保障型商品的重要事项，并由总统令规定的事项。

2. 投资型商品：

（1）投资型商品的内容；

（2）投资伴随的风险；

（3）对于总统令规定的投资型商品，根据总统令规定的基准由金融商品直接销售业者确定的风险等级；

（4）有关金融商品消费者需要负担的手续费等关于投资型商品的重要事项，并由总统令规定的其他事项。

3. 存款型商品：

（1）存款型商品的内容；

（2）利息率、收益率等存款型商品相关重要事项，并由总统令规定的其他事项。

4. 贷款型商品：

（1）利率及其变动与否、是否征收中途偿还手续费（是指金融消费者在贷款到期日到来之前偿还全部或部分贷款的情况下需要交付的手续费，下同）、期间，以及手续费率等有关贷款型商品的内容；

（2）按偿还方法偿还的金额、利息率、日期；

（3）抵押权等担保权设定相关事项，担保权实施事由及担保权实施的担保目的物所有权丧失等权利变动相关的事项；

（4）贷款本金、手续费等金融消费者在签订贷款合同时应负担的金额总额；

（5）贷款合同解除相关事项等与贷款型商品相关的重要事项，并由总统令规定的其他事项。

（二）与第一项各目金融产品相联系或者有合作关系的金融商品或服务等（以下简称“联系、合作服务等”）时，需要说明下列各目事项：

1. 关于联系、合作服务等的内容；

2. 关于联系、合作服务等的履行责任相关事项；

3. 关于联系、合作服务等的提供期间以及关于联系、合作服务等的提供期间的重要事项，并由总统令规定的其他事项。

（三）依据第四十六条规定的有关撤回要约的期限、行使方法和效果的事项。

（四）总统令规定的为了保护金融消费者的其他事项。

金融商品销售业者等应向一般金融消费者提供第一款所述说明所需的说明书，必须通过签名、签名捺印、录音录像或者总统令规定的其他方式来从一般金融消费者处确认其已经理解说明的内容。但是，如果不存在侵害金融消费者保护及破坏健全交易秩序的情况，并在总统令予以规定的情况下，可以不向一般金融消费者提供说明书。

金融商品销售业者等在根据第一款进行说明时，对于使一般金融消费者的合理判断或者对金融商品价值产生重大影响的且由总统令规定的事项，不能虚假或者歪曲地进行说明，或者遗漏总统令规定的重要事项。

第二款规定之说明书的内容及提供方法、程序等详细内容，由总统令予以规定。

第二十条（禁止不公正的营业行为）

金融产品销售业者等不得利用其优势地位，从事侵犯金融消费者权益的下列任何一种行为（以下称作“不公正营业行为”）：

（一）对于贷款型商品以及总统令规定的其他金融商品相关合同的签订，违反金融消费者的意愿，强迫其签订金融商品合同。

（二）对于贷款型商品以及总统令规定的其他金融商品相关合同的签订，不正当地要求提供担保或保证的行为。

（三）要求金融产品销售业者等或其员工提供与业务相关的便利或者接受提供便利的行为。

（四）对于贷款型商品，还有符合下列各目任意一项的行为：

1. 为自己或者第三人牟取利益，强迫金融消费者接受特定还款方式的行为。

2. 除以下第（1）至第（3）项的情形外，以收取手续费、违约金或者其他任何名义的费用，要求支付中途还款手续费的：

（1）自贷款合同成立之日起三年内归还的；

（2）根据其他法律允许收取中途还款手续费的；

（3）不存在侵害金融消费者保护及健康交易秩序的行为，并由总统令予以规定的行为。

3. 就个人贷款等由总统令规定的贷款型商品合同签订相关，要求第三人承担连带保证的。

（五）存在联系、合作服务等时，有不正当地缩小或者变更联系、合作服务等并由总统令予以规定的行为。但是，即使不可避免地缩小或改变联系、合作服务等时，向金融消费者提供了与此相对应的其他联系、合作服务等以及因金融商品销售等的停业、破产、存在经营上的危机等不可避免的情形除外。

（六）金融商品销售业者等利用优势地位侵害金融消费者权益，并由总统令规定的其他行为。

对于不公正营业行为的具体类型或标准，由总统令予以规定。

第二十一条（禁止不当劝诱行为）

金融商品销售业者等在劝诱签订合同（包括金融商品咨询业者对咨询进行相应的情况，以下同本条）时，不得从事下列各项行为。但是，如果不存在危害金融消费者保护及交易秩序的可能，并由总统令予以规定的行为，不在此限。

（一）对于不确定事项，提供确定性的判断或者告知引人误解的内容之行为。

（二）告知与金融商品内容事实不相符合的行为。

（三）明知对金融商品价值能够产生重大影响的事项，仍不告知金融消费者之行为。

（四）对于金融商品部分内容，未明示比较对象及基准或者没有客观根据，仍与其他金融商品进行比较，以宣称自己金融商品具有优势或有利条件的行为。

（五）对于保障型商品，从事下列各目之一的行为：

1. 妨害金融消费者（包括总统令中规定的利害关系人，以下与此项相同）向金融商品直接销售业者告知签订保障型商品合同中的重要事项，或者劝诱金融消费者不向金融商品直接销售业者告知重要事项；

2. 劝诱金融消费者向金融商品直接销售业者不实告知保障型商品合同签订相关的重要事项。

（六）对于投资型商品，从事下列各目之一的行为：

1. 未从金融消费者处得到签订金融合同劝诱之邀请，而利用访问、电话等实时对话方式的行为；

2. 在合同签订劝诱中，金融消费者已进行了拒绝的意思表示，但仍继续劝诱签订合同之行为。

（七）可能侵害金融消费者保护及健全的交易秩序，并由总统令予以规定的其他行为。

第二十二条（金融商品等相关广告应遵守事项）

非金融商品销售业者等以及有关投资型商品的金融商品销售代理、中介业者等并由总统令规定的金融商品销售业者等，不得从事金融商品销售业者等的业务相关广告或者金融商品相关广告（以下称为“金融商品等的广告”）业务。但有下列情形之一的机构（以下称为“协会等”），以及总统令规定的以金融商品销售业者等为子公司或孙子公司的金融控股公司等非金融商品销售业者，可以从事金融商品等的广告的业务。

（一）根据《关于资本市场和金融投资业的法律》第二百八十三条设立的韩国金融投资协会；

（二）根据《保险业法》第一百七十五条设立的保险协会中以人寿保险公司为会员组成的协会；

（三）根据《保险业法》第一百七十五条设立的保险协会中以损害保险公司

为会员组成的协会；

（四）根据《相互储蓄银行法》第二十五条设立的相互储蓄银行中央会；

（五）根据《信贷专门金融业法》第六十二条设立的信贷专门金融业协会；

（六）与第一项至第五项规定类似的并由总统令规定的机关。

金融商品销售业者等在进行金融商品等的广告时，为避免引起误解，应将金融商品的内容准确、公正地传达给金融消费者。

金融商品销售业者等在进行金融商品等的广告时，其内容应包含下列各项事项，但对于第十七条第五款有关投资型商品的广告，不受此限。

（一）在签订关于金融商品合同之前，劝诱金融消费者阅读金融商品说明书及格式条款的内容。

（二）金融商品销售业者等的名称、金融商品的内容。

（三）根据下列各目的内容：

1. 若为保障型商品：若解除已签订的合同另行签订合同时，有可能会被拒绝签订，或者保险费等由金融消费者应支付的费用（以下在本条中称为“保险费等”）将可能被提高或者保障内容可能被变更的事项。

2. 若为投资型商品，还包括下列各目事项：

（1）投资所伴随的风险；

（2）在广告中包含过去运营业绩等内容时，要告知其过去运营业绩并不保障未来的收益率之事项。

3. 若为存款型商品：例示支付金等内容并进行广告时，要表明该例示的支付金等并不保障未来收益之事项（仅限于到期时支付金等变动的存款型商品并由总统令规定的金融商品的情形）。

4. 若为贷款型商品：借贷条件。

（四）其他为保护金融消费者并由总统令规定的事项。

金融商品销售业者等在进行金融商品等的广告时，不得有下列行为：

（一）保障型商品：

1. 对保障限额、保障限制条件、免责事项、减少保障额等事项进行遗漏，或者未充分告知使人误认为不受限制地得到保障之行为；

2. 只强调保险金额大的特定内容或者介绍高额保障事例等，使人误认为保障内容大的不当行为；

3. 保险费以日为单位进行标示，或者对保险费的计算标准等进行不充分说明等，使人误认为保险费等很低廉的行为；

4. 属于期满时自动续期的保障型商品，对于更新时保险费等可能上涨的事项并未进行充分告知以使得金融消费者知悉的行为；

5. 在随着利率及投资业绩，期满返还金可能会发生变动的保障型商品的情形下，使人误认为期满返还金在保障期满之日一定能予以支付的行为等，在有必要保护金融消费者并由总统令规定的行为。

（二）投资型商品：

1. 使人误认为会补偿损失或者保障利益的行为，但是，并无可能使金融消费者产生误会并由总统令加以的规定除外；

2. 对于总统令规定的投资型商品，应考虑该投资型商品的特性，将总统令规定的事项以外的事项予以广告的行为；

3. 在标示收益率或经营业绩时，仅标示收益率或经营业绩好期间的收益率或经营业绩的行为等，并由总统令规定的为保护金融消费者的行为。

（三）存款型商品：

1. 未明确标示利息率范围及计算方法、利息的支付及支付期间以及附加的优惠及费用等，使得金融消费者产生误会的行为；

2. 标示收益率或者运营实绩的情形下，只标示收益率或者运营实绩高的期间的收益率或者运营实绩的行为，为保护金融消费者并由总统令规定的行为。

（四）贷款型商品：

1. 未明确标示贷款利息的范围、计算方法、利息的支付、支付时间以及附随的优惠、费用，使金融消费者产生误认的行为；

2. 在标示收益率或经营业绩时，仅标示收益率或经营业绩好期间收益率或经营业绩的等由总统令规定的保护金融消费者的行为。

在进行有关金融商品等的广告时，若有《关于标示、广告公正性的法律》第四条第一款中规定的有标志和广告事项的，依照该法该规定执行。

协会等机构可以根据总统令对金融商品销售业者等的金融商品的广告的规定，确认是否遵守从第一款到第四款的广告相关标准，并将确认结果的意见向金融商品销售业者等进行通报。

与第二款至第四款规定相关的具体内容及广告的方法和程序，由总统令予以规定。

第二十三条（合同资料的提供义务）

金融商品直接销售业者和金融商品咨询经营业者在与金融消费者订立金融商品或者金融商品咨询合同时，应按照总统令有关各类金融商品类别合同资料的要求，立即向金融消费者提供相应资料。但是，合同内容等没有损害金融消费者保护并在总统令规定的情形下，可以不提供合同资料。

因依据前述第一款向金融消费者提供合同资料的事实发生争议的，应由金融商品直接销售业者和金融商品咨询业者提供证据予以证明。

第一款规定的提供合同文件的方法及程序，由总统令予以规定。

第三节　各类金融商品销售业者等的营业行为遵守事项

第二十四条（禁止通过未注册者进行金融商品销售代理、中介）

金融商品销售业者不得委托非金融商品销售代理、中介业者，代理或中介金融商品合同签订等营业行为。

第二十五条（金融商品销售代理、中介业者的禁止行为）

金融商品销售代理、中介业者不得从事下列行为：

（一）从金融消费者处收取作为合同履行的投资金、保险费等给付行为。但是，从金融商品直接销售业者处获得托收权限并由总统令确定的行为除外。

（二）金融商品销售代理、中介业者将代理、中介业务让第三人行使，或者对于该种行为支付手续费、报酬及其他对价的行为。但是，在不与金融商品直接销售业者的利益相冲突，也不侵害金融消费者的保护并由总统令规定的行为除外。

（三）有可能侵害金融消费者保护或者交易秩序，并由总统令规定的其他行为。

金融商品销售代理、中介业者在从事金融商品代理、中介业务时，不得要求或者收受金融商品直接销售业者所规定的手续费以外的金钱或者物品，以及其他财产上的利益。

关于第二款规定的手续费范围、财产上利益内容的具体事项，由总统令予以规定。

第二十六条（金融商品销售代理、中介业者的告知义务等）

金融商品销售代理、中介业者在销售金融商品时，应事先告知金融消费者下列各项内容：

（一）金融商品销售代理、中介业者代理或中介的金融商品直接销售业者的名称以及业务内容；

（二）是否仅为一家金融商品直接销售业者代理销售业或者中介销售；

（三）若未从金融商品直接销售业者处获得金融合同签订权仅为金融商品合同销售代理、中介业者时，应当告知自己无权签订金融商品合同的事实；

（四）依照第四十四条、第四十五条规定告知有关损害赔偿责任的事项；

（五）为了金融消费者保护或者维护健全交易秩序，并由总统令规定的其他事项。

金融商品销售代理、中介业者在代理、中介销售金融商品时，应向金融消费者提供自己是金融商品销售代理、中介业者的标识或者出示证明文件。

第二款规定有关告示标识、出示证明文件等的方法以及其他具体事项，由总统令予以规定。

第二十七条（金融商品咨询业者的营业行为准则等）

金融商品咨询业者对金融消费者的咨询，应当尽到善良管理人的注意义务。

为了保护金融消费者的利益，金融商品咨询业者应当忠实地执行金融商品咨询业务。

金融商品咨询企业在执行咨询业务过程中，应向金融消费者告知下列各项事项，并张贴表明自己是金融商品咨询企业的标识或将相关证明文件向金融消费者进行出示：

（一）是否具备第十二条第二款第六项各目规定的条件（以下在本条中称为“独立金融商品咨询业者”）；

（二）从金融商品销售业者处获取与咨询相关财产利益时，其财产利益的种类和规模，但是，作为轻微的财产利益并由总统令规定的情况除外；

（三）兼营金融商品销售业时，与自己签订金融商品合同等业务有委托关系的，该金融商品销售业者的名称及委托内容；

（四）提供咨询业务的金融商品的范围；

（五）提供咨询业务的程序；

（六）为保护金融消费者权益或维护交易秩序，并由总统令规定的其他事项。

非独立金融商品咨询业者不得使用“独立”或具有相同含义的外语文字并由总统令确定的文字（以下称“独立文字”），作为名称或者用于广告。

独立金融商品咨询业者不得从事下列任一行为：

（一）在答复金融消费者的咨询时，从金融商品销售业者（包括其员工）处获得财产利益的行为，但是，总统令规定的可以接受向金融商品销售业者提供咨询而获取报酬的情况除外；

（二）由总统令规定的可能发生与金融消费者的利害冲突的其他行为。

第二十八条（资料的记录以及维护、管理等）

对于总统令规定的与金融商品销售业等业务相关的资料，金融商品销售业者等应当予以记录，并在总统令规定的期间内维护和管理。

金融商品销售业者等根据第一款的记录、维护和管理的资料，应当采取适当措施，以防止该等资料的灭失、伪造或者变造。

金融消费者根据第三十六条规定，出于调解纠纷或诉讼的执行等权利救济的目的，可以要求查阅（包含副本的提供或听取，以下同本条）依据本条第一款记录、维护和管理的资料。

金融商品销售业者等在接到第三款规定的查阅要求时，应根据相关资料的类型，在接到要求之日起十天以内且在总统令规定的期限内，让金融消费者查阅相关资料。在此情况下，如果有正当理由使金融消费者不能在一定期限内查阅该资料，可以在告知金融消费者原因的情形下延期查阅；若该事由消灭的，应立即让金融消费者进行查阅。

对于下列情形，金融商品销售业者等在告知金融消费者该事由后，可以限制或者拒绝查阅：

（一）有法令规定的限制或拒绝查阅的情形；

（二）有可能侵害他人生命、身体或者不正当侵害他人财产和其他利益的情况；

（三）因查阅而明显侵害金融公司的商业秘密（是指《关于防止不正当竞争和保护商业秘密的法律》第二条第二项规定的商业秘密）等不适宜查阅，并由总统令规定的情形。

若金融消费者要求查阅，金融商品销售业者等机构可以按照总统令规定要求支付手续费和邮费（仅限于请求邮寄副本的情形）。

第三款至第五款规定的查阅的要求、限制、通知等的办法及程序的必要事项，由总统令予以规定。

第五章　金融消费者保护

第一节　确立金融消费者保护政策以及金融教育等

第二十九条（保护金融消费者）

为了保护金融消费者权益及发展健全的金融商品销售业，金融委员会应确立金融消费者保护相关政策。

金融委员会应当努力地增进金融消费者权益、维持健全的金融交易以及提高金融消费者的素养。

第三十条（金融教育）

金融委员会应当通过金融教育，努力使金融消费者在高度理解金融知识的基础上作出合理的决策，在此基础上长期提升金融福利进行努力，并在预算范围内对此进行必要的扶持。

金融委员会应当根据金融环境的变化，开发可以提升金融消费者金融素养的教育项目。

金融委员会应当将金融教育与学校教育、继续教育结合，以提高金融教育的效果，并制定和实施相关的政策和措施。

金融委员会每三年要对金融消费者的金融素养进行一次调查，并将调查结果反换到制定金融教育相关政策中。

金融委员会根据第二款至第四款有关金融教育业务的规定，可以按照总统令的规定，将金融教育相关业务委托给金融监督院（指《关于设立金融委员会等的法律》的金融监督院，下同）的负责人（以下称“金融监督院院长”）或者金融教育相关机构和团体行使。

第三十一条（金融教育协议会）

为审议和决议金融教育相关政策，在金融委员会内设立金融教育协议会（以下称“协议会”）。

协议会审议和决议下列事项：

（一）金融教育综合推进相关事项；

（二）金融消费者教育的评估、制度完善和部门协作相关事项；

（三）为强化金融消费者的金融素养而由议长提交讨论的其他事项。

协议会由包括一名议长在内的二十五名以内的委员组成。

协议会议长由金融委员会副委员长担任。

协议会委员由下列人员组成：

（一）金融委员会、公平交易委员会、企划财政部、教育部、行政安全部、雇佣劳动部等与金融教育相关的总统令指定的有关行政机关的高级公务员，并由该机关首长指定的人员担任；

（二）负责金融消费者保护业务的金融监督院副院长。

为了第二款的审议决议，协议会在必要的时候可以要求第五款各项规定的各机关提交相关材料。

除第一款至第六款规定的事项外，协议会的组成及运营必要事项由总统令予以规定。

第三十二条（金融商品的比较公示等）

为了使金融消费者更加容易对比金融商品的主要内容，金融委员会可将第三条规定的各种金融商品按类型对金融商品的主要内容进行比较公示。

金融监督院院长可以对总统令规定的金融商品销售业者等金融消费者的保护状况进行评估，并公布其结果。

总统令规定的金融商品销售业者等，为了通过预防金融消费者的不满、采取迅速的事后救济措施来保护金融消费者，应规定其高管及职员在履行其职责时应遵守的基本程序和基准（以下称为“金融消费者保护基准”）。

根据第一款规定的对比公示的金融商品的范围、内容及程序，根据第二款规定的作为评估及公布对象的金融投诉内容及程序，根据第三款规定的金融消费者保护基准的内容和程序相关的必要事项，由总统令予以规定。

第二节　金融纠纷的调解

第三十三条（纠纷调解机构）

对于《关于设立金融委员会等的法律》第三十八条各项规定的机关（以下称“调解对象机关”）、金融消费者以及其他利害关系人之间发生的金融纠纷的调解相关事项，为了审议、表决，在金融监察院内设置金融纠纷调解委员会。

第三十四条（调解委员会的构成）

本法第三十三条规定的金融纠纷调解委员会（以下称作“调解委员会”），由包括委员长一人在内的三十五人以内的委员构成。

调解委员会委员长由金融监督院院长从所属副院长中指定产生。

调解委员会委员由金融监督院院长从所属的院长助理中指定，并考虑到性别，由金融监督院院长委任。

（一）法官、检察官或者具有律师资格的人员；

（二）《消费者基本法》规定的韩国消费者院，以及依照同一法律注册的消费者团体的高管或曾任的高管，或者有过十五年以上工作经历的人员；

（三）在调解对象机关或金融相关机构、团体中有过十五年以上工作经历的人；

（四）在金融或消费者领域具有相关学识和经验者；

（五）具有医生执业资格的医生；

（六）对于金融纠纷调解，金融监督院院长认为需要由其委任的其他人员。

第三款各项规定的委员的任期为两年。

如果调解委员会委员长由于不得已的原因不能履行职务，由金融监督院院长指定的调解委员会委员代理行使职务。

调解委员会中作为非公务员的委员，在适用《刑法》第一百二十九条至第一百三十二条规定①时，视为公务员。

第三十五条（调解委员会委员的撤销提名与解聘）

调解委员会委员有下列情形之一的，金融监督院院长可以撤回对该委员的提名或解除该委员的委任：

（一）因身心残障不能执行职务的；

（二）有与职务相关的不正当行为的；

（三）因职务怠慢、有失身份或者其他原因不适合担任委员的情况；

（四）有第三十八条第一款所列情形且拒不回避的；

（五）委员本人表示难以胜任的情况。

---

① 韩国《刑法》第一百二十九条至第一百三十二条规定了行贿和受贿方面的犯罪。以下相同。

第三十六条（纠纷的调解）

调解对象机关、金融消费者及其他利害关系人在发生金融相关纠纷时，可以向金融监督院院长申请调解纠纷。

金融监督院院长收到第一款规定的纠纷调解申请时，应将其内容通知相关当事人，并可劝告和解。但调解纠纷申请的内容中有下列情形之一的，可以不劝告和解或者不按照第四款规定交付调解委员会处理：

（一）金融监督院院长认定申请的内容不适宜作为纠纷调解的对象；

（二）对于申请的内容，依据有关法令或者客观证明材料等进行和解劝告程序或者调解没有实益的；

（三）由总统令规定的与第一项或第二项类似的其他事由。

金融监督院院长根据第二款各项中但书相关规定，不提出和解劝告或者不提交调解委员会的，应当书面通知有关当事人。

金融监督院院长应自收到调解纠纷申请之日起三十日内，对第二款各项正文部分文本未达成和解的，应当立即提交调解委员会。

调解委员会依照第四款收到调解申请的，应当在六十日内进行审议并制定调解方案。

金融监督院院长在调解委员会拟定调解方案时，可以向申请人和有关当事人提出，并劝告其接受。

申请人和有关当事人自收到第六款规定的调解方案之日起二十日内未接受调解方案的，视为未接受调解方案。

第三十七条（调解委员会的会议）

调解委员会的会议由调解委员会委员长，以及调解委员会委员长在每个会议中指定的六人以上十人以下的调解委员会委员组成，会议由调解委员会委员长召集。

调解委员会根据第一款规定，经成员过半数出席并由出席委员的过半数赞成，作出决议。

第三十八条（委员的除斥、忌避和回避）

调解委员会委员有下列情形之一的，应当在申请调解纠纷事件（以下称“案件”）的审议、表决中予以排除：

（一）委员或其配偶或者曾经的配偶是本案件的当事人（若当事人是法人、

团体等，包括其高管，以下本项和第二项规定相同），或者与本案当事人是共同权利人或者共同义务人的；

（二）委员为本案件当事人或亲属，或曾为亲属的情况；

（三）委员属于本案当事人的法人或者团体（包括关联公司等，以下在本款中相同），或者在申请调解前近五年以内属于该案件当事人的；

（四）委员或者委员所属的法人、团体或事务所，就该案件提供证言、法律咨询或者造成了损害情况等；

（五）委员或者委员所在的法人、团体或事务所作为当事人的代理人，参与或者参与有关案件的。

当事人认为委员难以公正审议、表决时，可以向调解委员会委员长提出回避申请，调解委员会委员长认为回避申请适当的时候，做出回避的决定。

委员有第一款所列情形之一的，应当自行回避对该案件的审议、表决。

第三十九条（调解的效力）

双方当事人同意第三十六条第五款规定的调解方案时，该调解方案与审判中的和解具有同等效力。

第四十条（时效的中断）

第三十六条第一款规定的申请纠纷调解具有时效中断的效力。但是依照本条第二款但书相关规定，不提出和解劝告或者不提交调解委员会的，不产生此效力。

第一款但书条款所列情形中，在一个月内申请审判、参加破产程序、扣押或者假扣押、假处分的，时效因最初申请纠纷的调解而中断。

依据第一款本文部分被中断的时效，从有下列情形之一时起重新开始计算：

（一）双方当事人同意调解方案的；

（二）纠纷调解不成，调解程序终结的。

第四十一条（与诉讼的关系）

对于申请调解的案件，在申请前或申请后，若提起诉讼并在诉讼中的，受理该案的法院在调解结束前均可中止诉讼程序。

调解委员会未依据第一款规定中止诉讼程序的，应中止对该案件的调解程序。

若与申请调解的案件原因相同、与多数人相关联的同种或类似的案件正在诉讼时，调解委员会可以以裁定的方式中止调解程序。

第四十二条（小额纠纷案件的特别规定）

下列各项纠纷案件（以下称为“小额纠纷案件”）若已进入调解程序时，调解对象机关在收到第三十六条第六款规定的调解方案之前，不得提起诉讼。但是，未依照第三十六条第三款书面通知或者在第三十六条第五款规定的期间内提出调解方案的除外。

（一）属于一般金融消费者申请的案件；

（二）通过调解主张的权利或利益的价款在二千万韩元以内并在总统令规定的金额以下的数额。

第四十三条（调解委员会的运营等）

关于调解委员会的运营及纠纷调解程序等必要事项，由总统令予以规定。

第三节　损害赔偿责任等

第四十四条（金融商品销售业者等的损害赔偿责任）

金融商品销售业者等因故意或者过失违反本法，给金融消费者造成损害的，应承担损害赔偿责任。

金融商品销售业者等违反第十九条规定，给金融消费者造成损害的，负有赔偿损失的责任。但是，如果金融商品销售业者等能够举证证明自己没有故意与过失的除外。

第四十五条（金融商品直接销售业者的损害赔偿责任）

对于金融商品销售代理、中介业者进行签订金融商品合同等业务的金融商品销售代理、中介业者，根据第二十五条第一款第二项但书规定，从事代理，中介的第三人，《保险法》第二条第十一项中的保险中介士除外，或者相当于《保险业法》第八十三条第一款第四项的工作人员或者职工（以下在本条称作“金融商品销售代理、中介业者等”）从事代理、中介业务时，给金融消费者造成损失时，金融商品直接销售业者对于该损失负有赔偿的责任。但是，金融商品直接销售业者对金融商品销售代理、中介业者等的选任及对其业务的监督履行了适当的注意义务，并努力防止损失的情况除外。

第一款正文部分规定的由金融商品直接销售业者承担损害赔偿责任的，金融商品直接销售业者有权向金融商品销售代理、中介业者等进行追偿。

第四十六条（要约的撤回）

向金融商品销售业者等提出关于总统令分别规定的保障型商品、投资型商品、贷款型商品或金融商品咨询相关合同要约的一般金融消费者，可在下列规定的期间（交易当事人之间约定的期间比以下期间更长的，为约定期间）内撤回要约：

（一）保障型商品：一般金融消费者自收到《商法》第六百四十条规定的保险单之日起十五日之内以及发出要约之日起三十日中先到来的日期。

（二）投资型商品、金融商品咨询：出现下列各目事项之一之日起的七日内：

1. 根据本法第二十三条第一款正文收到合同文本之日；

2. 属于本法第二十三条第一款但书条款规定的，为合同订立日期。

（三）贷款型商品：下列各目规定的日期［与下列各目规定的日期相比，合同约定的金钱、货物，劳务（在以下本条中称为“金钱、财物”等）的支付晚于有下列情形之一的日期支付的，自该支付日起］之日起十四日内：

1. 根据第二十三条第一款收到合同文本之日；

2. 第二十三条第一款但书规定情况的合同订立日期。

第一款规定的要约的撤销，按照下列各项规定的时间产生效力：

（一）保障型商品、投资型商品、金融商品咨询：一般金融消费者为作出要约撤回的意思表示，将其以书面形式（其中包括根据总统令规定的方法进行的情况，以下在本节称为“书面等”）发送时。

（二）贷款型商品：

一般金融消费者为了做出撤回要约的意思表示的，发送书面等，并在返还下列各目规定的金钱、财物等（已经提供的劳务除外，但包括利用一定设施的或提供劳务的权利，以下在本款中相同）时：

1. 已经提供的金钱、财物等；

2. 总统令规定的已经提供的金钱、财物等的利息；

3. 与该合同有关的，金融商品销售业者等向第三方支付的手续费等总统令规定的费用。

根据第一款，在撤回要约时，金融商品销售业者等从一般金融消费者处获得的金钱、财物等的返还，应按下列各项中的任何一种方法进行：

（一）保障型商品：金融商品销售业者等从收到要约撤回之日起三个工作日内返还已收到的金钱、财物等；对于应返还的金钱、财物等的迟延支付期间，应按总统令所定数额计算加付的款项。

（二）投资型商品、金融商品咨询：金融商品销售业者等应当自收到要约撤回之日起三个工作日内，退还已收到的金钱、财物等；对于应返还的金钱、财物等的迟延支付期间，应按总统令所定数额计算加付的款项。但如果在总统令规定的金额以内，可以不予返还。

（三）贷款型商品：金融商品销售业者等自收到一般金融消费者依照第二款第二项退还的货币、财物、利息和手续费之日起三个工作日以内，应按照总统令的规定，向一般金融消费者返还包括从一般金融消费者处收取的手续费在内的已收取的金钱、财物等。对于应返还的金钱、财物等的迟延支付期间，应按总统令所定数额计算加付的款项。

根据第一款撤回要约的，金融商品销售业者等不得向一般金融消费者请求支付撤回要约的损害赔偿金或违约金等。

对于保障型商品，若要约撤回时已经发生支付保险金事由的，不再发生撤回要约的效力。但是，一般金融消费者明知发生保险金支付事由仍要撤回要约的除外。

违反第一款至第五款规定的特别约定，若对一般金融消费者不利的，无效。

关于第一款至第三款规定的要约撤回权的行使以及由此产生的效果等重要事项，由总统令予以规定。

第四十七条（违法合同的解除）

如果金融商品销售业者等违反第十七条第三款，第十八条第二款，第十九条第一款、第三款，第二十条第一款或者第二十一条规定，金融消费者与其订立了总统令规定的金融商品相关合同的，金融消费者可在五年内总统令规定的具体期限内，以书面等方式要求解除相关合同。在此情形下，金融商品销售业者等应当自接到要求解除合同之日起十日以内询问金融消费者是否同意；如果拒绝的，应当同时通知拒绝事由。

金融商品销售业者等在无正当理由不按照第一款要求履行的情况下，金融消费者可以解除该合同。

依照第一款和第二款合同被解除的，金融商品销售业者等不得要求支付手续费、违约金等与合同解除相关的费用。

第六章　监督及处罚

第四十八条（对金融商品销售业者等的监督）

为了保护金融消费者、维持健全的交易秩序，金融委员会应当监督金融商品销售业者等是否适当遵守本法或依据本法制定的命令或处罚。

依据第十二条规定注册的金融商品咨询业者，应当自每一事业年度计算开始之日起，编制三个月、六个月、九个月及十二个月的业务报告，在每段规定的时间经过后的四十五日的范围内，按照总统令规定的期间向金融委员会提交业务报告。

具备第十二条规定的条件注册的金融商品销售业者等并由总统令规定的业者，若注册条件发生变动的，应在一个月内向金融委员会报告变动情况。

第二款规定的工作报告的记载事项和第三款规定的变更报告的方法、程序以及其他必要事项，由总统令予以规定。

第四十九条（金融委员会的命令权）

金融委员会认为有必要为保护金融消费者权益、维持健全的交易秩序时，可命令金融商品销售业者等就下列事项采取改正、中止等必要措施：

（一）金融商品销售业者等的经营及业务改善相关事项；

（二）维持营业秩序的相关事项；

（三）营业方法相关事项；

（四）对于金融商品的投资金等由金融消费者负担最小或最大限度的给付设置的相关事项；

（五）有利于保护金融消费者权益、维持健全的交易秩序的并由总统令规定的其他事项。

金融委员会明确认为金融商品可能会对金融消费者的财产造成明显的损失，并在总统令规定的情况下，可以命令销售该金融商品的金融商品销售业者等不得劝诱或者限制或禁止签订该金融商品合同。

第五十条（对金融商品销售业者等的检查）

对于金融商品销售业者等的业务及财产状况，须接受金融监督院的检查。

在第一款规定的检查过程中，金融监督院认为有必要时，可要求金融商品销售业者等报告其业务或财产、提交资料、要求相关人员出席以及陈述意见，或者可让金融监督院的职员出入金融商品销售业者等的办公室或营业场所，检查其业务状况、账簿、文件、设施或其他需要检查的物品。

依据第二款进行检查的人应携带表明其权限的证明文件，并将其出示给相关人员。

金融监督院依照第一款规定进行检查时，应向金融委员会报告其结果。在此情形下，若存在具有违反本法或者依据本法的命令或处罚的情形时，应附带对此处理的意见书。

金融监督院依据《关于株式会社等的外部审计的法律》，可要求金融商品销售业者等选任的外部审计人，提交通过金融商品销售业者等的审计结果所获悉的信息。此外，在使用目的所必需的最低限度范围内，可以书面要求提交与营业行为有关的资料。

关于检查的方法、程序等与检查业务相关的必要事项，由金融委员会予以规定并进行公告。

第五十一条（对金融商品销售业者等的处罚等）

依据第十二条规定注册的金融商品销售业者等，若存在下列各项情形时，金融委员会可以撤销依据第十二条规定授予的金融商品销售业者等的注册。但是，如符合第一项规定的，必须取消其注册。

（一）以虚假或者其他不正当方法骗取第十二条注册规定的情形的；

（二）未维持本法第十二条第二款或第三款规定的要件。但是在总统令规定的期限内暂时未能维持注册要件的情形除外；

（三）在业务停止期间仍然进行营业的情形；

（四）受到金融委员会的责令改正或者停止营业处罚，但仍未按金融委员会规定的期限改正或者停止营业的情形；

（五）有可能侵害金融消费者利益或者被认定很难继续从事金融商品销售业等并由总统令规定的其他情形。

金融委员会认定金融商品销售业者等存在第一款第二项至第五项的任何一种行为，或违反本法或本法所制定的命令有可能不能健全地经营金融商品销售业等的情况并由总统令规定的情形时，按照总统令规定可以采取下列任一措施。但是，第一项措施仅适用于金融商品销售业者等中的依据第十二条注册的金融商品销售业者等。

（一）予以六个月以内的停止全部或者部分营业；

（二）责令改正违法行为；

（三）责令停止违法行为；

（四）公布或告示因违法行为被采取措施的事实；

（五）机构警告；

（六）机构训诫；

（七）由总统令规定的为纠正或者防止违法行为的其他必要措施。

虽有第二款规定，但是属于第二条第六项第一目、第三目、第五目规定，以及同一条第七项的第四目、第五目、第六目的金融商品销售业者等，依照下列各项规定：

（一）金融委员会对于第二条第六项第一目的金融商品销售业者等，根据金融监督院的建议，可以采取第二款第二项、第四项和第七项中的任意一项措施，或者让金融监督院采取相当于第二款第三项、第五项和第六项的措施；

（二）金融委员会根据金融监督院的建议，对第二款第六项中第三目、第五目以及第七项中的第四目、第五目、第六目所列金融商品的销售业者等，可以根据金融监督院的建议采取第二款第二目至第七项中任意一项措施，或者让金融监督院采取第二款第五项或第六项相应的措施。

第五十二条（对金融商品销售业者等的高管职员的措施）

作为法人的金融商品销售业者等的高管职员违反本法或依本法做出的命令，金融委员会认为其很难继续维持健全的金融商品销售业等并属于总统令规定的情形时，可采取下列各项措施：

（一）要求解任；

（二）予以六个月以内的停职处罚；

（三）问责性警告；

（四）注意性警告；

（五）训诫。

金融商品销售业者等的职员违反本法或依本法做出的命令，金融委员会认为其很难继续维持健全的金融商品销售业等并属于总统令规定的情形时，可要求金融商品销售业者等采取下列各项措施：

（一）免职；

（二）予以六个月以内的停职处罚；

（三）减薪；

（四）训诫；

（五）告诫。

虽有第一款规定，但是属于第二条第六项第一目、第三目、第五目，以及第七项中的第四目、第五目、第六目的金融商品销售业者的高管，依照下列各项规定：

（一）金融委员会对属于第二条第六项第一目的金融商品销售业者的高管依据金融监督院院长的建议，可采取第一款第一项或第二项的措施，或者让金融监督院院长采取第一款第三项至第五项的任一措施；

（二）金融委员会对属于第二条第六项第三目以及同一条第七项第四目、第五目、第六目的金融商品销售业者的高管，可依据金融监督院院长的建议采取第一款第一项或第二项措施，或者让金融监督院院长采取第一款第三项至第五项的措施。

虽有第二款规定，但是属于第二条第六项第一目、第三目、第五目，以及第七项中的第四目、第五目、第六目的金融商品销售业者的职员，依照下列各项规定处理：

（一）金融监督院院长对相当于第二条第六项规定的金融商品销售业者的职员，可以要求其采取符合第二款规定的措施之一；

（二）金融委员会对属于第二条第六项第三目以及同一条第七项第四目、第五目、第六目的金融商品销售业者的职员，可以依据金融监督院院长的建议，采取第一款第一项或第二项措施，或者让金融监督院院长采取措施。

金融委员会或者金融监督院依照第一款至第四款规定，对金融商品销售业者等的高管、职员采取措施，或者要求该金融商品销售业者等采取相应措施的，可对该高管和职员负有管理、监督职责的高管、职员一并采取措施或者要求该金融商品销售业者等采取相应措施。但是，负有管理、监督职责的高管、职员已尽合理的管理、监督职责的，可以减免相应的措施。

第五十三条（对退任高管等的措施内容的通报）

金融委员会（第五十二条包括可以要求采取措施或者采取措施的金融监督

院院长）在金融商品销售业者等退任的高管，或退任的职员或者是在职期间，根据第五十二条规定被认定受到了相应措施处理的，则可以将被认定为受到了该措施的内容通报给相关金融商品销售业者等部门的负责人。此种情况下，接到通报的金融商品销售业者等应当将其内容通报给相关高管或者职员。

第五十四条（听证）

金融委员会在作出下列处罚或者采取下列措施时，应当组织听证：

（一）依照第五十一条第一款，拟撤销金融商品销售业者等的注册的；

（二）依据第五十二条第一款至第五款，拟对高管解任或者职员进行免职要求的。

第五十五条（异议的申请）

不服依照第五十一条与第五十二条（撤销注册、解任或者撤职的要求除外）受到处罚或者措施的，可以自收到该处分或者措施的通知之日起三十日以内，在备注理由后提出异议申请。

金融委员会对依照第一款规定提出的异议申请，应当在六十日以内作出决定。但是，因不得已的事由而在该期限内无法作出决定的，可在不超过三十日的期限内延长决定期限。

第五十六条（对处罚的记录等）

金融委员会和金融监督院依照第四十九条、第五十一条或第五十二条规定给予处罚或者采取措施时，应当记录其内容并予以保存、管理。

金融商品销售业者等按照第五十二条金融委员会或者金融监督院院长的要求对有关工作人员采取措施的，以及接到按照第五十三条退休人员等人所采取措施通知的，应当将其内容记录下来，并予以保存和管理。

金融商品销售业者等或者其高管职员（包括曾任高管、职员的人员），可向金融委员会查询自己是否受到第四十九条、第五十一条或第五十三条规定的处罚或者措施，以及所受处罚措施的内容。

金融委员会、金融监督院或者金融销售业者等收到按照第三款规定的查询请求的，除有正当事由外，应当将受到处罚或者措施的情况及其内容向该申请人通报。

第五十七条（过征金）[①]

金融委员会认为金融商品直接销售业者或金融商品咨询业者有下列情形之一的，可以处以违法行为相关合同所获取的收入或与其相类似的金额（以下在本条中称为“收入等”）的百分之五十以内金额的过征金。但是，如果是违法行为的人并未从与违法行为相关合同处获得收入或者难以计算收入等情况的，并在总统令规定的情形下，可以处以不超过十亿韩元的过征金。

（一）违反第十九条第一款不说明重要事项，或者违反第十九条第二款不提供说明书或者未经确认的；

（二）有第二十条第一款各项所定情形之一的；

（三）有符合第二十一条各项任意行为之一的；

（四）违反第二十二条第三款或者第四款对金融商品等进行广告的。

金融委员会认为金融商品直接销售业者让代理或者中介签订金融商品合同等的金融商品销售代理、中介业者（依照本法或者其他金融相关法令，限定为只代理一名金融商品直接销售业者的金融商品销售代理、中介业者）或者其高管有第一款各项所列行为之一的，可以处以违法行为相关的合同获得的收入等的百分之五十以内金额的过征金。但是，如果金融商品直接销售业者为了防止金融商品销售代理、中介业者及其职员的违反行为，对其有关业务并未放松适当的注意和监督，可以减征或者免征。

金融委员会对金融商品销售业者等虽然可以依照第五十一条第二款第一项规定责令停业，但是停业对金融消费者等利害关系人会造成重大影响或者可能损害公共利益的情况下，其根据总统令的规定，可以变更停业处罚，用在业务停止期间可以获得的利益范围内征收一定的过征金以作为代替处罚。

第一款规定的与违法行为相关的合同中规定的收入等计算事项，考虑到金融市场环境变化引起的变动因素、金融商品类型的特性、签订金融商品合同等的方式以及金融商品销售业者等的事业规模等因素，由总统令予以规定。

---

① 在韩国法律中，过征金是指违反行政法规而科处的金钱制裁的总称，类似于我国没收违法所得的行政处罚。种类包括手续费、使用费、特许费、缴纳金等。过征金主要是针对违反经济法上义务，有可能因违法行为获取经济上的利益时而处以的一种制裁。这种制裁的目的是不仅没收其违法所得，而且让违法者承担经济上的不利，从而阻止其违法的企图。因此，过征金是根据违法者所取得的利益金额来决定科处幅度的。

第五十八条（过征金的征收）

金融委员会按照第五十七条征收过征金时，应当按照总统令规定的标准考虑下列事项：

（一）违法行为的内容及程度；

（二）违法行为的期限及次数；

（三）违法所得利益的规模；

（四）业务停止期间。

违反本法的法人合并时，金融委员会对其法人的违法行为可以从合并后存续或者新设合并的法人处以过征金。

除第一款和第二款规定的事项外，征收过征金的必要事项由总统令规定。

第五十九条（异议申请）

不服金融委员会依据第五十七条或第五十八条第二款的过征金征收处罚决定的，可以在接到处分通知之日起三十日内，在备齐不服处分事由后向金融委员会提出异议。

金融委员会对依据第一款提出的异议申请，应当在六十日内作出决定。但如果因不得已的情况不能在此期间作出决定，可以在三十日的范围内予以延长。

第六十条（过征金缴纳期限的延长和分期缴纳）

金融委员会根据第五十七条或第五十八条第二款的规定认定受到追罚款处罚的人员（以下称“过征金缴纳义务人”）因下列事由，一次性缴纳全额过征金确有困难时，可延长缴纳期限或者让其分期缴纳，认为有必要时可要求义务人提供担保：

（一）因灾害或者盗窃等致使财产遭受显著损失的；

（二）因事业条件恶化，事业已处于重大危机的；

（三）若一次性缴纳过征金将有可能导致资金情况发生严重困难的；

（四）类似于第一项至第三项规定的其他事由。

过征金缴纳义务人依照第一款规定需要延长过征金缴纳期限或者分期缴纳过征金的，应当在缴纳期限届满十日以前向金融委员会提出申请。

依照第一款规定，被允许延长缴纳期限或者分期缴纳过征金的义务人，有下列情形之一的，金融委员会可撤销延长缴纳期限或者分期缴纳的决定，并一次性征收过征金：

（一）未在缴纳期限内缴纳被决定分期缴纳的过征金；

（二）未按照金融委员会作出的要求，变更担保或者提供其他担保保全的；

（三）因强制执行、拍卖程序的启动、破产宣告、法人的解散、国税或者地方税的滞纳处分等，金融委员会认为无法征收全部或者剩余的过征金的；

（四）类似于第一项至第三项规定事由的其他情形。

关于第一款至第三款规定的延期缴纳过征金、分期缴纳过征金或者担保等的必要事项，由总统令予以规定。

第六十一条（过征金的征收和滞纳处罚）

过征金缴纳义务人在缴纳期限内未缴纳过征金的，对于自缴纳期限届满之次日起，至全部缴纳完毕的前一日为止的期间内的过征金，金融委员会可征收由总统令规定的滞纳金。在这种情况下，征收滞纳金的期限不得超过六十个月。

过征金缴纳义务人在缴纳期限内，未缴纳追罚款的，金融委员会可指定期限督促其缴纳，在该指定期限以内仍未缴纳追罚款和第一款规定的滞纳金的，可按照国税滞纳处罚的方法进行征收。

金融委员会可将第一款和第二款规定的过征金和滞纳金的征收或者滞纳处罚的相关业务，委托给税务署长进行处理。

第一款至第三款规定以外的有关征收过征金的必要事项，由总统令予以规定。

第六十二条（错误缴纳过征金的返还）

对于过征金缴纳义务人以异议申请的裁决或者法院的判决等理由，请求返还错误缴纳的追罚款时，金融委员会应当立即向其返还。即使未经过征金缴纳义务人的请求，金融委员会也应当返还已确认错误征收的过征金。

金融委员会依照第一款规定返还错误征收的过征金时，如果该被返还者存在应向金融委员会缴纳的其他过征金的，可用返还金来充抵其他过征金。

第六十三条（返还金之滞纳金①）

金融委员会依照第六十二条第一款规定返还过征金时，应当自该过征金缴纳之日起到返还之日为止，按照总统令规定的滞纳金利率计算返还金并支付给缴纳人。

---

① 韩国法律术语叫“加算金”，英文术语为“additional payment”，即追加支付的金额。

第六十四条（亏损处分）

过征金缴纳义务人有下列情形之一的，金融委员会可以作出亏损处分：

（一）滞纳处罚结束，充抵滞纳金的分配金额不能达到滞纳金额时；

（二）有关征收金额等的征收权时效结束时；

（三）滞纳者下落不明或者被认定为没有财产时；

（四）滞纳处罚的标的物总财产的估算金额，在充抵滞纳处罚费用后确认无剩余财产的；

（五）用于滞纳处罚的标的物总财产，在偿还比征收金额等具有优先权的国税、地税、传世权、质权、抵押权及《关于动产、债权等担保的法律》的担保权担保的债权抵偿后，确定无剩余财产的；

（六）由总统令规定的不具有征收可能性的其他情形。

第七章　附　　则

第六十五条（业务的委托）

金融委员会按照总统令规定，可将本法授予其职权的一部分，委托给金融监督院或者协会等执行。

金融监督院院长可将本法授予其职权的一部分，按照总统令的规定，授权给协会等行使。

根据第一款和第二款规定，接受金融委员会或者金融监督院一部分业务的协会等人员，适用《刑法》第一百二十九条至第一百三十二条规定的，视为公务员。

第六十六条（对金融监督院长的指导、监督等）

金融委员会依照本法行使职权的，在必要时可指导、监督金融监督院院长及金融消费者保护院院长，也可采取监督所必需的其他措施。

金融监督院依照本法接受金融委员会的指导、监督，并执行本法赋予的职责以及从金融委员会处受任的职责。

第八章　罚　　则

第六十七条（罚则）

有下列情形之一者，应处五年以下有期徒刑，或者单处二亿韩元以下罚金：

（一）违反第十二条规定，未进行金融商品销售业等注册，从事经营金融商品销售业等业者；

（二）以虚假或其他不正当方法，依照第十二条进行注册者；

（三）违反第二十四条规定，让非金融商品销售代理、中介业者代理或中介从事金融商品合同缔结等行为者。

第六十八条（两罚规定）

法人（包括团体，本条下同）的代表人，或者法人及个人的代理人、雇员或者其他从业人员在从事该法人或者个人的业务时，有违反第六十七条规定行为的，除了对该行为人进行处罚外，还须对该法人或者该个人处以相关条文规定的罚金刑。但是，该法人或者个人为防止该违法行为，对相关业务尽了适当的注意义务和监督职责的，不受此限。

第六十九条（渎职罚款[①]）

有下列情形之一者，处一亿韩元以下的渎职罚款：

（一）违反第十六条第二款，未制定内部控制标准者。

（二）违反第十九条第一款不说明重要事项的，或者违反本条第二款不提供说明或者未经确认者。

（三）有第二十条第一款各项所列情形之一的。

（四）有第二十一条各项所列行为之一的。

（五）违反第二十二条第一款、第三款或者第四款规定，进行金融商品等广告者。

---

① 韩文资本市场法使用了“过怠料”这个法律术语，它和追罚款一样，也属于我国统称为“罚款”的一种类型，它是指国家或者地方政府对行政上的一定违反秩序的行为给予的一种金钱制裁，处罚时按照《非讼案件程序法》进行。该渎职罚款处罚的行为并非直接侵害行政目的的行为，而是懈怠了申报、注册、备置账簿等行为。该处罚是间接地对为达成行政目的产生障碍的行为，即造成行政上秩序紊乱的行为给予的处罚。本译文第四百四十九条中规定的也是关于“过怠料”的处罚问题，为保持术语的一致，第四百四十九条和其他法条中的“过怠料”全部翻译为“渎职罚款”，请读者留意。

（六）金融商品销售代理、中介业者在代理或者中介签订金融商品合同等业务的会融商品销售代理、中介业者有下列行为之一的，对代理或中介其业务的金融商品销售代理、中介业者处以一亿韩元以下的渎职罚款。但是，进行业务代理或中介的金融商品销售代理、中介业者，为防止违法行为，对其业务并未懈怠适当注意义务和监督职责的除外：

1. 违反第十九条第一款不说明重要事项，或者违反本条第二款不提供说明书或者未得到确认的；

2. 有第二十条第一款所列情形之一的；

3. 有第二十一条第一款所列情形之一的；

4. 违反第二十二条第三款或者第四款进行金融商品等广告行为的。

（七）违反第二十三条第一款规定，未向金融消费者提供合同资料的。

（八）金融商品直接销售业者让代理或者中介签订金融商品合同等业务的金融商品销售代理、中介业者有第二十五条第一款第二项行为之一的，对让代理或者中介其业务的金融商品直接销售业者进行处罚。但是，如果让他人业务代理或中介的金融商品直接销售业者，并未怠于适当注意义务和监督职责的除外。

（九）违反第二十七条第三款，有该项所列情形之一，未向金融消费者披露的，未张贴标志或者未显露标志的。

（十）违反第二十七条第四款规定，将独立文字用于名称或者广告的。

（十一）有第二十七条第五款所列行为之一的。

（十二）违反第二十八条第一款，不记录资料或者不按照资料类别进行维护、管理的。

（十三）违反第五十条第一款规定，在检查中无正当理由拒绝、阻碍或者回避的。

有下列情形之一者，处三千万元韩元以下的渎职罚款：

（一）违反第十七条第二款，未掌握或确认信息，或者不维护、管理或者不及时提供被确认的内容的；

（二）违反第十七条第三款规定劝诱订立合同的；

（三）违反第十八条第一款，未掌握信息的；

（四）违反第十八条第二款，未告知该金融商品不合格的事实或者未经确认的；

（五）有第二十五条第一款所列行为之一的；

（六）违反第二十五条第二款规定，要求或者收受手续费以外的财物以及其他财产利益的；

（七）违反第二十六条第一款，未将有下列情形之一的事项事先通知金融消费者的，或者违反本条第二款未张贴标志或者未显露标志的。

违反第四十八条第三款，不报告注册条件变动事项的，处一千万元以下渎职罚款。

第一款至第三款规定的渎职罚款，按照总统令规定由金融委员会予以征收。

附则〈第17112项，2020年3月24日〉

第一条（施行日）

本法自公布后一年后施行。但是，第一项规定中有关金融商品咨询业者的部分和第二项规定，自公布后一年六个月之日起施行。

（一）第十条，第十一条，第十二条第一款、第二款、第四款至第六款，第十三条至第十五条，第十六条第一款，第十七条，第十九条至第二十一条，第二十二条，第二十三条，第二十七条，第三十二条第二款至第四款，第四十四条，第四十六条至第五十六条，第五十七条第一款、第三款、第四款，第五十八条至第六十四条，第六十七条第一项、第二项，第六十八条，第六十九条第一款第一项至第五项、第七项、第九项至第十三项，同一条第二款第一项至第二项和同一条第三款；

（二）第十六条第二款和第二十八条。

第二条（有关资料记录和维护、管理等方面的实例）

第二十八条自本法施行后，劝诱（包括金融商品咨询业者接受咨询的情况）订立金融商品或者金融商品咨询合同的，从签订合同时起适用。

第三条（关于金融消费者对金融素养调查的适用例）

根据第三十条第四款首次实施的有关金融消费者金融素养的调查，应在本法施行后的三年内进行。

第四条（申请调停时效中断效力等的适用例）

第四十条至第四十二条的规定，适用于本法施行后申请调解纠纷的情形。

第五条（关于金融商品销售业者等损害赔偿责任的适用例）

第四十四条第二款适用于本法施行后，金融商品销售业者等违反第十九条给金融消费者造成损害的情形。

第六条（关于金融商品直接销售业者损害赔偿责任的适用例）

第四十五条适用于自本法施行后，金融商品销售代理、中介业者从事代理、中介业务的情况。

第七条（要约撤回的适用例）

在本法施行后订立合同的，第四十六条自合同发起要约时起适用。

第八条（关于解除违法合同的适用例）

在本法施行后订立合同的，第四十七条自合同发起缔结时起适用。

第九条（提交工作报告的适用例）

第四十八条第二款适用于本法施行后的工作年度。

第十条（关于金融纠纷调解委员会设立等的临时措施）

实行该法案时，根据以前的《关于设立金融委员会等的法律》（是指依照附则第十三条第一款修改前的法律，下同）第五十一条，设立在金融监督院的金融纠纷调解委员会可以看作依照该法第三十八条设立的调解委员会。

在本法施行前根据以前的《关于设立金融委员会等的法律》第五十二条第二款指定或委任的金融纠纷调解委员会委员可以视为本法第三十四条指定或委任的调解委员会委员，其任期根据以前的《关于设立金融委员会等的法律》第三十二条第二款规定的受到委任之日起开始计算。

在本法施行前依照以前《关于设立金融委员会等的法律》第五十三条申请调解纠纷的案件，视为依照本法第三十六条申请调解纠纷的案件。但此时不适用第四十条至第四十二条的规定。

《关于设立金融委员会等的法律》规定，在实行该法律之前，金融纠纷调解委员会和金融监督院院长根据《关于设立金融委员会等的法律》做出的调解金融相关纠纷的相关行为被认为是依照该法调解委员会和金融监督院院长做出的行为。

第十一条（关于罚款等的过渡性措施）

本法施行前依照附则第十三条，违反修改前的法律（以下称“先前法律”）的行为，对本法施行前终止或者本法施行后持续的违反行为，施加依照第四十九条的命令，第五十一条对金融商品销售人员等的处分，第五十二条对高管的措施，第五十七条对罚款的征收等行政处分时，依照法律对其违反行为的规定执行。

第十二条（关于罚则等的临时措施）

对本法施行前违反原法律的行为施加罚则及渎职罚款时，依照先前法律对其违反行为的规定执行。

第十三条（其他法律的修订）

对《关于设立金融委员会等的法律》的一部分作出如下修改：

删去第三章第五节（第五十一条至第五十七条）。[①]

---

① 译者注：与此款类似，此条共列举了多部韩国金融法律应根据《金融消费者保护法》条文作相应修改的内容，达十八款之多，约8000汉字。为减少篇幅，本条仅对第一款作例示，省略其他余款项。

学科盘点

2016年1月至2021年6月金融服务法CLSCI期刊论文盘点分析

中央财经大学金融服务法研究中心*

近年来，伴随金融市场各项改革和发展措施稳步推进，金融总量持续增长，市场制度不断完善。在金融行业蓬勃发展的同时，我国金融服务法治研究也在推进之中。为充分反映国内学者在金融服务法领域的研究成果，并剖析当前金融服务法热点问题与研究趋势，有必要对金融服务法研究进行盘点和分析。

一、统计口径说明

本文选取2016年1月至2021年6月中国法学会2010年制定的中国法学核心科研评价来源期刊目录（CLSCI）中的论文，并对CLSCI期刊上的金融服务法论文进行了统计、盘点与分析。囿于执笔人的时间精力，仅选取中国法学会

* 执笔人：王东，中央财经大学法学院博士研究生。本文为中央财经大学金融服务法研究中心学术年度综述系列的成果之一，此前的研究见《金融服务法评论》第九卷、第十卷，《证券法律评论》2019年卷、2020年卷，以及《中财法律评论》第十二卷。本文在选题设计、结构安排、行文表述等方面均受到了本研究中心副主任缪因知教授的指导，在此表示感谢。本报告受到了中央财经大学法学院卓越法律人才培养计划的支持，在此表示感谢。

2010 年制定中国法学核心科研评价来源期刊目录（CLSCI）时即列入的 15 种重要核心法学刊物[①]，而暂不包含后来陆续增减的其他 CLSCI 刊物。这 15 种刊物在 CLSCI 设立时即一直在目录内，也是学界公认最权威的法学刊物。

为了充分显示学科全貌，本文选取论文的统计标准以实质判定为主，兼形式判断作为补充。本文在统计时并非单纯依据标题关键词判断学科属性，而是根据文章内容，以涵盖所有实质性的金融服务法论文；尽管有部门法兼顾金融和非金融属性，但统计时仍秉持了较宽松的标准，例如慈善信托、消费者保险等论文也被视为信托法、保险法类论文而纳入金融服务法论文统计范围之中。

此外，本次统计主要是以数据为基础进行实证分析，以便更加直观地反映我国金融服务法治研究的基本情况，以供金融服务法研究者以及实务人士参考。但是，本报告只是对博大浩瀚的我国金融法学术的一个维度的描述，而且囿于人力物力，可能也存在不完整性、不准确性。学术评价具有多面性，本报告检索的论文只是学者的贡献的一个侧面。很多金融法学者在专著、教材、课题、其他刊物的论文文章、建言献策方面做出的杰出贡献，也是有目共睹的。

二、金融服务法研究的内部板块分析

本文统计范围内的 15 种 CLSCI 期刊合计刊载金融服务法论文 268 篇，其中，2016 年刊载 48 篇，2017 年刊载 62 篇，2018 年刊载 53 篇，2019 年刊载 48 篇，2020 年刊载 37 篇，2021 年上半年刊载 20 篇。从学科内部板块来看，金融服务法基础理论研究共 36 篇（占比 13.43%），金融商品与证券法研究刊载 70 篇（占比 26.12%），银行法刊载 15 篇（占比 5.60%），保险法刊载 37 篇（占比 13.81%），金融资产管理法刊载 5 篇（占比 1.87%），信托法刊载 14 篇（占比 5.22%），票据法刊载 4 篇（占比 1.49%），货币法刊载 7 篇（占比 2.61%），金融监管刊载 26 篇（占比 9.70%），金融科技刊载 11 篇（金融科技 4.10%），互联网金融刊载 21 篇（占比 7.84%），上市公司刊载 15 篇（占比 5.60%），政府投融资刊载 7 篇（占比 2.61%）。（详见表 1）

① 本文选取的 15 种刊物为《中国社会科学》《中国法学》《法学研究》《中外法学》《法学评论》《法商研究》《法学》《法律科学》《法学家》《政法论坛》《法制与社会发展》《现代法学》《比较法研究》《环球法律评论》《清华法学》，不包括之后陆续加入或者被剔除的其他 CLSCI 期刊。

表1　2016年1月至2021年6月金融服务法刊文题域一览

论文题域	论文数量（篇）							比例
	2016年	2017年	2018年	2019年	2020年	2021年上半年	总数	
金融服务法基础理论研究	10	6	5	9	5	1	36	13.43%
金融商品与证券法研究①	14	20	12	11	8	5	70	26.12%
银行法	3	5	1	2	2	2	15	5.60%
保险法	6	10	6	8	6	1	37	13.81%
金融资产管理法	1	0	3	1	0	0	5	1.87%
信托法	3	1	0	5	4	1	14	5.22%
票据法	1	1	1	0	1	0	4	1.49%
货币法	0	0	3	0	1	3	7	2.61%
金融监管	2	7	6	5	2	4	26	9.70%
金融科技	0	2	2	2	4	1	11	4.10%
互联网金融	3	7	8	2	1	0	21	7.84%
上市公司②	2	1	5	3	2	2	15	5.60%
政府投融资	3	2	1	0	1	0	7	2.61%

具体来看，2016年至2021年上半年期间的金融服务法研究论文呈现出以下特征：

（一）金融商品与证券法研究成果遥遥领先

金融商品与证券法学研究板块是金融服务法研究领域内的一片沃土。在本文选取的268篇金融服务法论文中，金融商品与证券法论文数量最多，达70篇，

① 金融商品与证券法研究除了包括证券法学类论文，还将期货法、基金法、金融衍生品法等金融商品法学类论文也涵盖至本类型之中，但不包括证券犯罪/金融犯罪学论文。

② 本文选取的上市公司类论文仅统计上市公司与融资活动相关的金融服务法类论文，主要包括上市公司退市、股份回购、并购重组等，不包含上市公司治理类公司法性质的论文。

占比超过总论文数的四分之一。随着国内资本市场进一步开放，证券市场不断完善，证券法治环境也在不断优化。从2019年开始，科创板正式落地、新三板改革启动，以及2019年12月修订通过的新《证券法》明确我国资本市场推行发行注册制，诸多资本市场改革成就不断显现，其中少不了金融服务法学者的推动与论证。在多层次资本市场制度建设层面，代表论文包括邢会强的《新三板市场的法律适用与“新三板监管法”的制定》[①]《新三板市场的合格投资者制度及相关制度改革》[②]、陈洁的《科创板注册制的实施机制与风险防范》[③]、冷静的《注册制下发行审核监管的分权重整》[④] 等。公开、公平、公正原则是证券法的基本原则，信息披露与破除信息不对称是证券法的主线，因此如何规制证券违法行为是证券法研究中最核心的内容之一，这一领域颇有百家争鸣之势，例如邢会强的《内幕交易惩罚性赔偿制度的构造原理与现实选择》[⑤]、耿利航的《欺诈市场理论反思》[⑥]、缪因知的《内幕交易民事责任制度的知易行难》[⑦] 即为典型。在反虚假陈述、操纵市场等反欺诈领域，代表论文包括樊健的《我国证券市场虚假陈述交易上因果关系的新问题》[⑧]、廖升的《诱空虚假陈述侵权责任之因果关系》[⑨]、缪因知的《信息型操纵市场行为执法标准研究》[⑩]。彭真明的《论会计师事务所不实财务报告的民事责任——兼评上海大智慧公司与曹建荣等证券虚假陈述责任纠纷案》[⑪]、黄辉的《金融机构的投资者适当性义务：实证研

---

① 邢会强：《新三板市场的法律适用与“新三板监管法”的制定》，载《现代法学》2018年第1期。

② 邢会强：《新三板市场的合格投资者制度及相关制度改革》，载《环球法律评论》2018年第6期。

③ 陈洁：《科创板注册制的实施机制与风险防范》，载《法学》2019年第1期。

④ 冷静：《注册制下发行审核监管的分权重整》，载《法学评论》2016年第1期。

⑤ 邢会强：《内幕交易惩罚性赔偿制度的构造原理与现实选择》，载《中国社会科学》2018年第4期。

⑥ 耿利航：《欺诈市场理论反思》，载《法学研究》2020年第6期。

⑦ 缪因知：《内幕交易民事责任制度的知易行难》，载《清华法学》2018年第1期。

⑧ 樊健：《我国证券市场虚假陈述交易上因果关系的新问题》，载《中外法学》2016年第6期。

⑨ 廖升：《诱空虚假陈述侵权责任之因果关系》，载《法学家》2017年第1期。

⑩ 缪因知：《信息型操纵市场行为执法标准研究》，载《清华法学》2019年第6期。

⑪ 彭真明：《论会计师事务所不实财务报告的民事责任——兼评上海大智慧公司与曹建荣等证券虚假陈述责任纠纷案》，载《法学评论》2020年第1期。

究与完善建议》[①]、章武生的《我国证券集团诉讼的模式选择与制度重构》[②] 也与证券反欺诈制度密切关联，这也是证券法板块内颇受关注的新热点问题。2019 年《证券法》修改扩大了证券的范围，其中把存托凭证纳入证券范围，冯果、薛亦飒的《中国存托凭证存托人“自益行为”的规制进路——以〈证券法〉的规制逻辑为基础展开》[③] 便选取了这一新视角。但我国目前证券的定义范围还不够大，此前，邢会强关于证券定义的《我国〈证券法〉上证券概念的扩大及其边界》[④] 一文具有重要学术价值。期货、基金、金融衍生品等金融商品也具有证券性质，故一并纳入本板块进行统计，例如吴越的《现货与期货交易的界分标准与法律规制》[⑤]、洪艳蓉的《论基金托管人的治理功能与独立责任》[⑥]《双层 SPV 资产证券化的法律逻辑与风险规制》[⑦]、沈朝晖的《企业资产证券化法律结构的脆弱性》[⑧]、余涺的《“不完全契约”视角下场外衍生产品的履约机制研究》[⑨] 等。尽管本文把上市公司的文章单独作为一个板块，但广义而言，上市公司退市、股份回购、并购重组等选题实质上亦属于证券法范畴，例如沈朝晖的《上市公司私有化退市的“安全港”制度研究》[⑩]、陈洁的《上市公司协议收购信息披露的逻辑与规范》[⑪] 等论文均离不开《证券法》在程序与实体法意义上的规范。此外，证券交易场外配资、债券违约、证券投资补偿基金制度、证券服务机构自律治理机制、证券市场先行赔付、证券市场禁入制度、证券行政和解制度等选题也得到了金融商品与证券法学者的充分关注。

---

① 黄辉：《金融机构的投资者适当性义务：实证研究与完善建议》，载《法学评论》2021 年第 2 期。

② 章武生：《我国证券集团诉讼的模式选择与制度重构》，载《中国法学》2017 年第 2 期。

③ 冯果、薛亦飒：《中国存托凭证存托人“自益行为”的规制进路——以〈证券法〉的规制逻辑为基础展开》，载《清华法学》2020 年第 6 期。

④ 邢会强：《我国〈证券法〉上证券概念的扩大及其边界》，载《中国法学》2019 年第 1 期。

⑤ 吴越：《现货与期货交易的界分标准与法律规制》，载《中国法学》2020 年第 2 期。

⑥ 洪艳蓉：《论基金托管人的治理功能与独立责任》，载《中国法学》2019 年第 6 期。

⑦ 洪艳蓉：《双层 SPV 资产证券化的法律逻辑与风险规制》，载《法学评论》2019 年第 2 期。

⑧ 沈朝晖：《企业资产证券化法律结构的脆弱性》，载《清华法学》2017 年第 6 期。

⑨ 余涺：《“不完全契约”视角下场外衍生产品的履约机制研究》，载《法学》2019 年第 10 期。

⑩ 沈朝晖：《上市公司私有化退市的“安全港”制度研究》，载《法学家》2018 年第 4 期。

⑪ 陈洁：《上市公司协议收购信息披露的逻辑与规范》，载《法学》2018 年第 3 期。

（二）保险法、信托法、票据法亦是金融服务法研究重心

在本文统计的15种CLSCI刊物上发表的保险法论文37篇，信托法论文14篇，票据法论文4篇，共计55篇。尤为突出的是，保险法以37篇在金融服务法各学科板块中位居第二，仅次于金融商品与证券法类文章。以研究对象分别是保险法基础理论和具体险种为区分，可以将保险法类论文粗略地分为两类。前者重视保险法的法理基础，对保险法的一般适用问题进行深入浅出的论述。例如，于海纯的《保险人撤销权：保险法中的一个制度选择及其合理性追问》一文论证了保险人解除权制度的合理性与正当性，[①] 初北平的《我国保险法因果关系判断路径与规则》[②] 与武亦文的《保险法因果关系判定的规则体系》[③] 均是对保险责任认定中的因果关系判断规则进行阐释，马奇林的《保险人恶意违约制度研究——以美国保险判例为视角》[④] 则廓清了保险人恶意违约的判断标准、行为性质和责任范围。后者涵盖人寿保险与财产保险两个类别。人寿保险类代表性论文包括岳卫的《利他型人寿保险中投保人与受益人的对价关系》[⑤]、李伟群与胡鹏合作的《人寿保险不丧失价值选择制度之构建》[⑥] 等；财产保险类论文则具有更大的涵盖面，包括责任保险、消费者保险、长期护照保险、海外投资恐怖险等。此外，保单贴现、保单现金价值强制执行、保险机构股票投资行为法律规制等选题也得到了学者的深入讨论。

信托法研究的进展较为稳定，且近几年的文章刊载数量有缓增趋势。同保险法类似，信托法既涵盖诸如赵廉慧的《信托财产独立性研究——以对委托人的独立性为分析对象》[⑦]、姜雪莲的《信托受托人的忠实义务》[⑧]、朱圆的《论信

---

① 于海纯：《保险人撤销权：保险法中的一个制度选择及其合理性追问》，载《中国法学》2020年第4期。

② 初北平：《我国保险法因果关系判断路径与规则》，载《中国法学》2020年第5期。

③ 武亦文：《保险法因果关系判定的规则体系》，载《法学研究》2017年第6期。

④ 马奇林：《保险人恶意违约制度研究——以美国保险判例为视角》，载《政法论坛》2017年第3期。

⑤ 岳卫：《利他型人寿保险中投保人与受益人的对价关系》，载《法学研究》2017年第6期。

⑥ 李伟群、胡鹏：《人寿保险不丧失价值选择制度之构建》，载《法律科学》2016年第6期。

⑦ 赵廉慧：《信托财产独立性研究——以对委托人的独立性为分析对象》，载《法学家》2021年第2期。

⑧ 姜雪莲：《信托受托人的忠实义务》，载《中外法学》2016年第1期。

托免责条款的法律效力》[①] 等基础理论文章，也包括具体应用类，例如，任自力与曹文泽合作的《保险金信托的法律构造》[②]、李蕊的《农地信托的法律障碍及其克服》[③]、李喜燕的《慈善信托近似原则在美国立法中的发展及其启示》[④] 等。

票据法文章共4篇，包括中国票据法理念与立法技术、电子票据、票据公示催告、票据直接交付等选题。

（三）银行法、货币法类研究有待跟进

相比于证券法、保险法，银行法的论文数量少了许多，总共只有15篇，其中2018年发表数量仅1篇。银行法文章的选题主要集中在银行业监管与商业银行股东责任方面，前者包括张永亮的《村镇银行市场准入法律制度之检讨与重构》[⑤]、苏洁澈的《后危机时代英美银行监管体系变革》[⑥]、陆海天的《论我国银行业行为监管的执法困境及其现实出路——以银行业"不规范经营"监管执法为中心》[⑦] 等；而杨松、宋怡林合作的《商业银行股东加重责任及其制度建构》[⑧]《民营银行股东自担风险立法模式借鉴与选择》[⑨] 这两篇论文均是以银行股东责任为研究对象。此外，农村合作信用社作为提供金融服务的农村合作金融机构，其参考商业银行法进行管理，因此一并纳入银行法板块进行统计，张德峰对农村合作社的研究颇深，共贡献3篇文章。

货币法文章共有7篇。其中，韩龙的《资本项目制度改革流行模式不适合人民币国际化》[⑩] 以及其与毛术文合作的《人民币国际化条件下清算最终性与破

---

① 朱圆：《论信托免责条款的法律效力》，载《法学》2019年第9期。

② 任自力、曹文泽：《保险金信托的法律构造》，载《法学》2019年第7期。

③ 李蕊：《农地信托的法律障碍及其克服》，载《现代法学》2017年第4期。

④ 李喜燕：《慈善信托近似原则在美国立法中的发展及其启示》，载《比较法研究》2016年第3期。

⑤ 张永亮：《村镇银行市场准入法律制度之检讨与重构》，载《法商研究》2017年第1期。

⑥ 苏洁澈：《后危机时代英美银行监管体系变革》，载《环球法律评论》2016年第1期。

⑦ 陆海天：《论我国银行业行为监管的执法困境及其现实出路——以银行业"不规范经营"监管执法为中心》，载《法律科学》2020年第4期。

⑧ 杨松、宋怡林：《商业银行股东加重责任及其制度建构》，载《中国社会科学》2017年第11期。

⑨ 杨松、宋怡林：《民营银行股东自担风险立法模式借鉴与选择》，载《法律科学》2016年第6期。

⑩ 韩龙：《资本项目制度改革流行模式不适合人民币国际化》，载《法商研究》2018年第1期。

产法的冲突与协调》[①] 这两篇文章均研究人民币国际化，而剩下的5篇则以数字货币为研究对象。自比特币概念的提出，数字货币得到了广泛应用，但除了中国人民银行数字货币（CBDC）作为法定数字货币具有合法性之外，其他以比特币、以太币为代表的虚拟货币在国内均不具有合法性。尽管如此，数字货币的研究价值依旧很大，并逐渐成为热点话题，代表性的文章包括杨延超的《论数字货币的法律属性》[②]、赵磊的《论比特币的法律属性——从 HashFast 管理人诉 Marc Lowe 案谈起》[③]、李敏的《数字货币的属性界定：法律和会计交叉研究的视角》[④]。

总体而言，银行法、货币法仍具有较大的研究空间，目前的研究现状大有可推进之处。

（四）金融服务法基础理论领域具有显著研究价值

在统计范围内，金融服务法基础理论研究的成果是比较可观的，共有36篇，占比13.43%，这也体现出金融服务法基础理论领域仍有显著的研究价值。在金融服务法基础理论领域，学者多聚焦于金融服务法基本原则、金融法律关系、金融消费者认定、金融风险及金融危机、金融安全、民间金融规制、金融公平实现、金融市场建设与改革、普惠金融等选题，典型的文章如袁康的《主体能力视角下金融公平的法律实现路径》，该文提出了构建平衡金融市场主体能力、保障和实现金融公平的法律实现路径；[⑤] 郑彧的《论金融法下功能监管的分业基础》指出应当以直接融资和间接融资为主要区分的分业监管模式来实现有效监管；[⑥] 刘辉的《金融禀赋结构理论下金融法基本理念和基本原则的革新》通过最优金融结构论证了国家干预金融市场应恪守谦抑性精神；[⑦] 冯辉的《金融危

---

① 韩龙、毛术文：《人民币国际化条件下清算最终性与破产法的冲突与协调》，载《清华法学》2020年第4期。

② 杨延超：《论数字货币的法律属性》，载《中国社会科学》2020年第1期。

③ 赵磊：《论比特币的法律属性——从 HashFast 管理人诉 Marc Lowe 案谈起》，载《法学》2018年第4期。

④ 李敏：《数字货币的属性界定：法律和会计交叉研究的视角》，载《法学评论》2021年第2期。

⑤ 袁康：《主体能力视角下金融公平的法律实现路径》，载《现代法学》2018年第3期。

⑥ 郑彧：《论金融法下功能监管的分业基础》，载《清华法学》2020年第2期。

⑦ 刘辉：《金融禀赋结构理论下金融法基本理念和基本原则的革新》，载《法律科学》2018年第5期。

机、国家治理与法治精神》[①] 与王乐兵的《金融创新中的隐性担保——兼论金融危机的私法根源》[②] 均致力于经济国家时代的金融危机治理。

（五）金融监管研究进展稳定

金融监管伴随金融业产生并不断发展，如何实现金融业有效监管始终是金融服务法学者的研究重点。在本文选取的268篇金融服务法论文中，金融监管文章26篇，集中于金融风险治理与金融监管体制改革等问题。例如，鲁篱的《论金融司法与金融监管协同治理机制》一文提出构建司法与监管协同的金融风险治理机制，以实现对金融风险的协同共治；[③] 黄辉的《中国金融监管体制改革的逻辑与路径：国际经验与本土选择》一文则主张金融体制需由分业监管转为混业监管进行改革，并按照行为监管和审慎监管的目标差异划分监管职责和设立监管机构。[④] 影子银行监管近年来备受学者的关注，郭雳的《中国式影子银行的风险溯源与监管创新》[⑤] 是其中的代表性论文之一；《清华法学》于2017年第6期还设置了"中国影子银行：从野蛮生长到有效监管"专题。此外，学者们还坚持从监管沙箱、金融监管竞争、金融监管异变、地方金融监管权归位等视角持续推进金融监管领域的研究进展。

（六）金融科技、互联网金融研究成果丰富

金融科技、互联网金融均是当下金融服务法研究的热点话题，具有较高的关注度。科技驱动的金融创新本身所包含的金融风险使得传统监管体系难以有效应对，因此金融科技监管逐渐受到学者的青睐，杨东的《监管科技：金融科技的监管挑战与维度建构》[⑥] 一文即为典型。智能投顾在金融业中的广泛应用带来诸多法律问题亟待厘清，高丝敏的《智能投资顾问模式中的主体识别和义务

---

① 冯辉：《金融危机、国家治理与法治精神》，载《政法论坛》2017年第6期。

② 王乐兵：《金融创新中的隐性担保——兼论金融危机的私法根源》，载《法学评论》2016年第5期。

③ 鲁篱：《论金融司法与金融监管协同治理机制》，载《中国法学》2021年第2期。

④ 黄辉：《中国金融监管体制改革的逻辑与路径：国际经验与本土选择》，载《法学家》2019年第3期。

⑤ 郭雳：《中国式影子银行的风险溯源与监管创新》，载《中国法学》2018年第3期。

⑥ 杨东：《监管科技：金融科技的监管挑战与维度建构》，载《中国社会科学》2018年第5期。

设定》一文便回答了智能投顾模式下义务主体虚无化和义务体系失灵的问题，[①]郭雳的《智能投顾开展的制度去障与法律助推》[②] 以及李文莉、杨玥捷合作的《智能投顾的法律风险及监管建议》[③] 也同样主张将智能投顾纳入监管体系。区块链金融目前仅有两篇文章，分别是朱娟的《我国区块链金融的法律规制——基于智慧监管的视角》[④] 与李敏的《融资领域区块链数字资产属性争议及监管：美国经验与启示》[⑤]，但随着国际发展 STO 及数字证券的趋势，这一话题必将成为研究趋势。

互联网金融主要聚焦于 P2P 等网络借贷平台治理以及股权众筹，代表性论文包括冯辉的《网络借贷平台法律监管研究》[⑥]、黄辉的《中国股权众筹的规制逻辑和模式选择》[⑦] 等。随着互联网金融不断遭受非议以及监管态度明确，互联网金融整治工作持续落实，自 2018 年、2019 年后，互联网金融的研究热度也逐渐较低。

（七）金融资产管理、政府投融资等领域亦受关注

自 2017 年末中国人民银行等五部委联合发布强化资管业务监管的指导意见，金融资产管理法的研究也得到了较明显的提升，例如黄辉的《资产管理的法理基础与运行模式——美国经验及对中国的启示》[⑧] 与缪因知的《资产管理内部法律关系之定性：回顾与前瞻》[⑨]。政府投融资也有一定关注度，包括李蕊的《论我国地方政府融资平台公司二维治理进路》[⑩]、李安安的《地方债务置换风

---

① 高丝敏：《智能投资顾问模式中的主体识别和义务设定》，载《法学研究》2018 年第 5 期。

② 郭雳：《智能投顾开展的制度去障与法律助推》，载《政法论坛》2019 年第 3 期。

③ 李文莉、杨玥捷：《智能投顾的法律风险及监管建议》，载《法学》2017 年第 8 期。

④ 朱娟：《我国区块链金融的法律规制——基于智慧监管的视角》，载《法学》2018 年第 11 期。

⑤ 李敏：《融资领域区块链数字资产属性争议及监管：美国经验与启示》，载《现代法学》2020 年第 2 期。

⑥ 冯辉：《网络借贷平台法律监管研究》，载《中国法学》2017 年第 6 期。

⑦ 黄辉：《中国股权众筹的规制逻辑和模式选择》，载《现代法学》2018 年第 4 期。

⑧ 黄辉：《资产管理的法理基础与运行模式——美国经验及对中国的启示》，载《环球法律评论》2019 年第 5 期。

⑨ 缪因知：《资产管理内部法律关系之定性：回顾与前瞻》，载《法学家》2018 年第 3 期。

⑩ 李蕊：《论我国地方政府融资平台公司二维治理进路》，载《法商研究》2016 年第 2 期。

险分配的理论检讨与法治化改造》①、张德峰的《我国合作金融中的政府角色悖论及其法律消解》② 等文均涉及对政府开展投融资活动的治理问题。

三、研究队伍与高产作者分析

2016 年至 2021 年上半年期间，共计 203 位作者（对于合作署名论文，本文均纳入统计③）在 15 种 CLSCI 期刊上发表金融服务法研究论文 268 篇。其中，金融服务法研究高产作者共有 21 位（详见表 2）。本文统计的 268 篇金融服务法论文中，包含三大权威期刊论文 29 篇，占金融服务法论文总数（268 篇）的 10.82%，详见表 3。

表 2　2016 年 1 月至 2021 年 6 月金融服务法高产作者统计（3 篇以上）

名次	姓名	所在单位④	发文数（篇）	合作发表数（篇）	三大权威期刊数（篇）	职称
1	邢会强	中央财经大学	7	0	3	教授
2	黄辉	香港中文大学	7	2	0	教授
2	缪因知	中央财经大学	7	0	0	教授
4	冯果	武汉大学	5	4	0	教授
5	郭雳	北京大学	4	1	1	教授
5	洪艳蓉	北京大学	4	0	1	副教授
5	冯辉	对外经济贸易大学	4	0	1	教授
8	武亦文	武汉大学	4	0	0	教授
8	李蕊	中国政法大学、北京农学院	4	0	0	教授
8	张德峰	湖南师范大学	4	0	0	教授
8	张永亮	浙江农林大学	4	1	0	教授
12	杨松	辽宁大学	3	3	1	教授
13	刘燕	北京大学	3	1	0	教授
13	陈洁	中国社会科学院	3	0	0	研究员

① 李安安：《地方债务置换风险分配的理论检讨与法治化改造》，载《法学》2018 年第 5 期。
② 张德峰：《我国合作金融中的政府角色悖论及其法律消解》，载《法学评论》2016 年第 1 期。
③ 即无论第一作者、第二作者以及第三作者，均视为发表 1 篇。
④ 作者署名两个单位及以上的，以署名排序在前的单位为准。

续表

13	沈朝晖	清华大学	3	1	0	副教授
13	黄韬	浙江大学	3	1	0	研究员
13	沈伟	山东大学、上海交通大学	3	1	0	教授
13	黎四奇	湖南大学	3	0	0	教授
13	阳建勋	厦门大学	3	0	0	副教授
13	樊健	上海财经大学	3	0	0	讲师
13	廖升	中南财经政法大学	3	0	0	博士生

表3　2016 年 1 月至 2021 年 6 月金融服务法三大权威期刊作者情况统计

作者	所在单位	刊物名称	期数
杨　松 宋怡林	辽宁大学 辽宁科技大学	中国社会科学	2017 年第 11 期
邢会强	中央财经大学	中国社会科学	2018 年第 4 期
杨东	中国人民大学	中国社会科学	2018 年第 5 期
杨延超	中国社会科学院	中国社会科学	2020 年第 1 期
李文莉	上海对外经贸大学	中国法学	2016 年第 1 期
邢会强	中央财经大学	中国法学	2016 年第 5 期
张春丽	中国政法大学	中国法学	2016 年第 5 期
章武生	复旦大学	中国法学	2017 年第 2 期
张红	北京师范大学	中国法学	2017 年第 6 期
冯辉	对外经济贸易大学	中国法学	2017 年第 6 期
郭雳	北京大学	中国法学	2018 年第 3 期
邢会强	中央财经大学	中国法学	2019 年第 1 期
任自力	北京航空航天大学	中国法学	2019 年第 5 期
洪艳蓉	北京大学	中国法学	2019 年第 6 期
吴越	西南财经大学	中国法学	2020 年第 2 期
于海纯	对外经济贸易大学	中国法学	2020 年第 4 期
初北平	大连海事大学	中国法学	2020 年第 5 期
鲁篱	西南财经大学	中国法学	2021 年第 2 期
李飞	南京师范大学	法学研究	2017 年第 1 期

续表

岳卫	南京大学	法学研究	2017 年第 6 期
武亦文	武汉大学	法学研究	2017 年第 6 期
初北平	大连海事大学	法学研究	2018 年第 3 期
周仲飞 李敬伟	中国浦东干部学院 对外经济贸易大学	法学研究	2018 年第 5 期
许多奇	上海交通大学	法学研究	2018 年第 5 期
高丝敏	清华大学	法学研究	2018 年第 5 期
刘志伟	西南政法大学	法学研究	2019 年第 6 期
耿利航	中国政法大学	法学研究	2020 年第 6 期
郑彧	华东政法大学	法学研究	2021 年第 2 期
叶林	中国人民大学	法学研究	2021 年第 3 期

由上述表 2 和表 3 可知，2016 年至 2021 年上半年金融服务法研究队伍，具体呈现以下几大特点：

（一）金融服务法研究力量分布相对均匀

金融服务法是调整金融服务关系的法律规范，是一部专业性极强的部门法，要做到充分了解金融监管关系与金融交易关系，不仅对学者的理论功底要求较高，还要求具有金融专业知识与金融实践积累，因此，金融服务法研究力量表现出分布均匀的特征。据统计，2016 年至 2021 年上半年，21 位高产作者共发表文章 83 篇（已去除高产作者发文数量统计中重复计算的 1 篇），占总金融服务法总发文数的 31.09%，其中邢会强、黄辉、缪因知均发表 7 篇，邢会强以 3 篇三大权威期刊发文量位居第一，黄辉、缪因知并列第二。从高产作者榜来看，金融服务法学者发表的文章数量没有产生明显的断层。虽然谈不上学科垄断，但也存在研究力量集中的情况，例如关于合作社的论文基本都出自张德峰，而其他学者鲜少关注。囿于金融服务法学科的专业性及其学科分支庞杂，金融服务法学者基本上只是专精于其中一两个领域，例如缪因知主要研习证券法，武亦文主攻保险法，张永亮则聚焦金融科技这一热点话题。

（二）财经类高校对金融服务法研究贡献突出

从学科特色这一方面而言，财经类院校扛起金融服务法研究这一大旗当仁不让，诚然，财经类院校在金融服务法领域内的研究的确做得有声有色。2016年至2021年6月金融服务法高产作者榜中，誉为“两财一贸”的中央财经大学、上海财经大学、对外经济贸易大学均有学者上榜，作为“五院四系”中的中南财经政法大学亦榜上有名。其中，中央财经大学贡献尤为突出，高产作者不仅上榜两名，且均居于第一序列。此外，西南财经大学、上海对外经贸大学也表现不俗，在三大权威期刊上均有发表成果。

（三）京内高校在金融服务法研究领域独占鳌头

从地域上来看，北京高校在金融服务法研究领域作出的贡献尤为突出，根据高产作者与三大权威期刊发表的数量统计，京内高校均几乎占到榜单的一半。由此可见，北京集中了国内金融服务法研究的优势，无论是研究人员数量，还是研究水准，均处于领先地位，起到引领全国金融服务法研究的作用。

四、法学院校比较分析

2016年至2021年上半年期间，发表于15种CLSCI期刊的268篇论文作者来自78家法学科研机构与实务部门。其中，发表3篇以上（含本数）论文的单位共有29家，其中发表5篇以上的有17家。有关这78家法学科研机构的发表论文数、他发数、三大权威期刊论文数等情况，详见表4及后文。

表4　2016年1月至2021年6月金融服务法高产科研单位

排名①	科研单位	论文数（篇）	占总论文数的百分比	他发数（篇）	他发率	三大权威期刊论文数（篇）	占金融服务法学三大权威期刊总论文数百分比
1	北京大学	22	8.21%	20	90.91%	2	6.90%
2	武汉大学	17	6.34%	14	82.35%	1	3.45%

① 排名的标准主要以科研单位发文的总数为参考，发文总数一致的，分别以三大权威期刊论文数、他发率进行排名。

续表

3	中央财经大学	16	5.97%	16	100.00%	3	10.34%
4	中国政法大学	16	5.97%	11	68.75%	2	6.90%
5	西南政法大学	12	4.48%	8	66.67%	1	3.45%
6	华东政法大学	11	4.10%	8	72.73%	1	3.45%
7	上海交通大学	10	3.73%	10	100.00%	1	3.45%
8	厦门大学	10	3.73%	10	100.00%	0	0.00%
9	中国社会科学院①	9	3.36%	8	88.89%	1	3.45%
10	香港中文大学②	9	3.36%	9	100.00%	0	0.00%
11	清华大学	8	2.99%	4	50.00%	1	3.45%
12	中南财经政法大学	8	2.99%	6	75.00%	0	0.00%
13	中国人民大学	7	2.61%	7	100.00%	2	6.90%
14	上海财经大学	7	2.61%	7	100.00%	0	0.00%
14	重庆大学	7	2.61%	7	100.00%	0	0.00%
16	对外经济贸易大学	6	2.24%	6	100.00%	3	10.34%
17	山东大学	6	2.24%	6	100.00%	0	0.00%
18	西南财经大学	4	1.49%	4	100.00%	2	6.90%
18	大连海事大学	4	1.49%	4	100.00%	2	6.90%
20	北京航空航天大学	4	1.49%	4	100.00%	1	3.45%
20	上海对外经贸大学	4	1.49%	4	100.00%	1	3.45%
22	湖南师范大学	4	1.49%	4	100.00%	0	0.00%
23	辽宁大学	3	1.12%	3	100.00%	1	3.45%
23	南京大学	3	1.12%	3	100.00%	1	3.45%
25	吉林大学	3	1.12%	2	66.67%	0	0.00%
25	湖南大学	3	1.12%	3	100.00%	0	0.00%
25	华南理工大学	3	1.12%	3	100.00%	0	0.00%
25	中南大学	3	1.12%	3	100.00%	0	0.00%
25	深圳大学	3	1.12%	3	100.00%	0	0.00%

① 中国社会科学院包括中国社会科学院法学研究所、中国社会科学院国际法研究所、中国社会科学院大学。

② 香港中文大学包括香港中文大学（深圳）在内。

（一）北京大学、武汉大学、中央财经大学位列前三名

北京大学金融服务法研究力量素来强劲，多年蝉联金融服务法论文发表数量榜首。根据表4显示，北京大学共发表金融服务法论文22篇，其中载于三大权威期刊的有2篇。北京大学金融服务法学者主要聚焦于金融商品与证券法以及金融监管两个方面，洪艳蓉与郭雳均以发表4篇论文位列高产作者第五名，恰好是这两个方向的代表学者，相关文章分别包括洪艳蓉的《双层SPV资产证券化的法律逻辑与风险规制》[①]《绿色债券运作机制的国际规则与启示》[②] 以及郭雳的《机构投资者投票顾问的法律规制——美国与欧盟的探索及借鉴》[③]《中国式影子银行的风险溯源与监管创新》[④] 等。具体来看，相关选题还包括红筹企业中国存托凭证制度、融资财务控制权、金融服务增值税课征、智能投顾、信托行为与信托投资产品刚性兑付等。此外，刘燕关于场外配资的《场外配资纠纷处理的司法进路与突破——兼评深圳中院的〈裁判指引〉》[⑤]，以及其与楼建波合作的《企业并购中的资管计划——以SPV为中心的法律分析框架》[⑥] 均具有代表性。另外，北京大学校友资源充裕，金融服务法高产作者中邢会强、缪因知、陈洁、沈朝晖、黄韬均毕业于北京大学法学院。

武汉大学以17篇的发文量位列第二名，主要集中在对证券法与保险法的精细化研究。武汉大学法学院院长冯果在证券法领域笔耕不辍，发表了《商事交易场所的类型化检视及多层次架构——从场内衍生品交易规制边界突破》[⑦]《论

---

① 洪艳蓉：《双层SPV资产证券化的法律逻辑与风险规制》，载《法学评论》2019年第2期。

② 洪艳蓉：《绿色债券运作机制的国际规则与启示》，载《法学》2017年第2期。

③ 郭雳、赵轶君：《机构投资者投票顾问的法律规制——美国与欧盟的探索及借鉴》，载《比较法研究》2019年第1期。

④ 郭雳：《中国式影子银行的风险溯源与监管创新》，载《中国法学》2018年第3期。

⑤ 刘燕：《场外配资纠纷处理的司法进路与突破——兼评深圳中院的〈裁判指引〉》，载《法学》2016年第4期。

⑥ 刘燕、楼建波：《企业并购中的资管计划——以SPV为中心的法律分析框架》，载《清华法学》2016年第6期。

⑦ 冯果、张阳：《商事交易场所的类型化检视及多层次架构——从场内衍生品交易规制边界突破》，载《法学》2018年第8期。

债券限制性条款及其对债券持有人利益之保护》① 等多篇论文，武亦文则针对保险法因果关系、保单贴现、投保欺诈等保险法问题展开研究。此外，武汉大学金融服务法研究团队对股权众筹公司、金融公平、地方债务置换风险分配、金融科技、数据信托等问题也有关注。

中央财经大学是金融服务法学的科研重地，以16篇发文量展示了强劲科研力量。中央财经大学作为唯一一所非“五院四系”院校跻身前三实属不易，同时中央财经大学也是前三名中唯一一所他发率100%的高校，这得益于校内金融服务法学者默默无闻的坚持与努力。值得一提的是，作为中央财经大学金融服务法学科带头人，邢会强以7篇金融服务法文章发文量以及3篇三大权威期刊发文量获得“双料”第一。但邢会强与缪因知均主攻证券法，对金融服务法其他板块鲜少涉及，不过李敏发表的两篇金融科技类文章颇具有代表性，对区块链以及数字证券的关注将会成为未来研究的热点。

（二）中国政法大学、西南政法大学、华东政法大学紧随其后

2016年至2021年上半年，中国政法大学发表16篇金融服务法论文，位列第四名；西南政法大学发文12篇，华东政法大学发文11篇，分别位列榜单第四名、第五名、第六名。中国政法大学研究力量分配比较平均，涵盖了证券法、银行法、保险法、信托法、金融监管等多项金融服务法学板块，研究方向呈现出多元化的特点。其中，耿利航的《欺诈市场理论反思》基于美国欺诈市场理论所支撑的民事集团诉讼补偿投资者的政策目标落空，对我国实践提出建设性意见；② 苏洁澈的《后危机时代英美银行监管体系变革》③ 与薄燕娜的《论我国保险保障基金救助制度的完善——域外经验及其借鉴》④ 均采取了比较法的视角，构思巧妙；赵廉慧的《信托财产独立性研究——以对委托人的独立性为分

① 冯果、阎维博：《论债券限制性条款及其对债券持有人利益之保护》，载《现代法学》2017年第4期。

② 耿利航：《欺诈市场理论反思》，载《法学研究》2020年第6期。

③ 苏洁澈：《后危机时代英美银行监管体系变革》，载《环球法律评论》2016年第1期。

④ 薄燕娜：《论我国保险保障基金救助制度的完善——域外经验及其借鉴》，载《法商研究》2016年第5期。

析对象》[1] 与李东方的《证券监管法的理论基础》[2] 则重视理论构建，自出机杼。

西南政法大学也以金融服务法见长，对金融监管与行业治理的关注颇多。例如，王煜宇与何松龄合作的《金融监管腐败：结构性制度成因与供给侧结构性改革》[3]、刘志伟的《地方金融监管权的理性归位》[4]、王怀勇与钟颖合作的《论互联网金融的软法之治》[5]、侯东德的《证券服务机构自律治理机制研究》[6]等文均涉及监管与治理问题。此外，对于定向增发保底协议效力、资产证券化、投资者保护、金融交易异变等话题也有所关注。

华东政法大学金融服务法科研团队科研实力与科研成绩有目共睹，其主要在证券法学领域深耕研究，同时也积极关注世界银行信贷指标、保险机构股票投资行为法律规制、P2P 金融监管模式、金融市场基础设施自律管理规范等不同领域，其中，郑彧的《上市公司实际控制人法律责任》[7]、窦鹏娟的《新常态下我国公司债券违约问题及其解决的法治逻辑》[8]、罗培新的《世界银行"获得信贷"指标的法理分析及我国修法建议》[9] 颇具代表性。

（三）上海交通大学、厦门大学、中国社会科学院、香港中文大学位列前十

上海交通大学的金融服务法研究力量分布也相对均匀，如徐冬根的《法律

---

① 赵廉慧：《信托财产独立性研究——以对委托人的独立性为分析对象》，载《法学家》2021 年第 2 期。

② 李东方：《证券监管法的理论基础》，载《政法论坛》2019 年第 3 期。

③ 王煜宇、何松龄：《金融监管腐败：结构性制度成因与供给侧结构性改革》，载《现代法学》2018 年第 5 期。

④ 刘志伟：《地方金融监管权的理性归位》，载《法律科学》2016 年第 5 期。

⑤ 王怀勇、钟颖：《论互联网金融的软法之治》，载《现代法学》2017 年第 6 期。

⑥ 侯东德：《证券服务机构自律治理机制研究》，载《法商研究》2020 年第 1 期。

⑦ 郑彧：《上市公司实际控制人法律责任》，载《法学研究》2021 年第 2 期。

⑧ 窦鹏娟：《新常态下我国公司债券违约问题及其解决的法治逻辑》，载《法学评论》2016 年第 2 期。

⑨ 罗培新：《世界银行"获得信贷"指标的法理分析及我国修法建议》，载《环球法律评论》2019 年第 2 期。

社会学语境下新三板市场投资者准入限制制度的社会利益目标分析》[①] 关注多层次资本市场建设问题，李激汉的《英美集团诉讼中的特别司法规制及其借鉴意义》[②]《证券民事赔偿诉讼方式的立法路径探讨》[③] 关注证券诉讼，韩长印的《旅行社责任险的责任范围问题》[④]、许多奇的《互联网金融风险的社会特性与监管创新》[⑤]、沈伟与张焱合作的《普惠金融视阈下的金融科技监管悖论及其克服进路》[⑥] 则分别关注的是保险法、互联网金融与金融科技监管问题。

与其他高校相比，厦门大学的研究重心不在证券法，除了刘志云、史欣媛的《论证券市场中介机构“看门人”角色的理性归位》[⑦] 一文与证券法相关，其他论文均聚焦于金融监管、互联网金融以及金融服务法基础理论方面。其中，王兰的《全球数字金融监管异化的软法治理归正》提出数字金融监管须借法律多元主义支持下的软法治理路径；[⑧] 刘辉的《论互联网金融政府规制的两难困境及其破解进路》指出互联网金融政府规制应坚持谦抑干预理念、市场优先原则与金融基本原则；[⑨] 阳建勋的《我国金融机构惩罚性赔偿责任落空的反思与制度完善》针对责任落空的问题提出要从请求权主体、金融机构告知义务以及金融机构欺诈的证明责任分配等方面加以完善相应制度。[⑩]

中国社会科学院在证券法与金融科技两大块关注较多。其中，陈洁就内幕交易事实认定、上市公司协议收购、科创板注册制实施独立发文 3 篇，赵磊、廖凡、杨延超对数字货币与金融科技等方面的研究具有代表性。

香港中文大学以 9 篇金融服务法论文位列榜单第十名，其中，黄辉占据了 7

---

① 徐冬根：《法律社会学语境下新三板市场投资者准入限制制度的社会利益目标分析》，载《比较法研究》2016 年第 4 期。

② 李激汉：《英美集团诉讼中的特别司法规制及其借鉴意义》，载《法商研究》2017 年第 2 期。

③ 李激汉：《证券民事赔偿诉讼方式的立法路径探讨》，载《法学》2018 年第 3 期。

④ 韩长印：《旅行社责任险的责任范围问题》，载《法学家》2016 年第 1 期。

⑤ 许多奇：《互联网金融风险的社会特性与监管创新》，载《法学研究》2018 年第 5 期。

⑥ 沈伟、张焱：《普惠金融视阈下的金融科技监管悖论及其克服进路》，载《比较法研究》2020 年第 5 期。

⑦ 刘志云、史欣媛：《论证券市场中介机构“看门人”角色的理性归位》，载《现代法学》2017 年第 4 期。

⑧ 王兰：《全球数字金融监管异化的软法治理归正》，载《现代法学》2021 年第 3 期。

⑨ 刘辉：《论互联网金融政府规制的两难困境及其破解进路》，载《法商研究》2018 年第 5 期。

⑩ 阳建勋：《我国金融机构惩罚性赔偿责任落空的反思与制度完善》，载《法律科学》2019 年第 5 期。

篇的发文量，可谓功不可没。黄辉涉猎广泛，对证券法、金融监管、互联网金融、投资者保护、金融资产管理等领域均有科研产出。

（四）清华大学、中南财经政法大学表现不俗；17所科研单位发表5篇以上，发表3篇及以上的科研单位达29所

2016年至2021年上半年，清华大学与中南财经政法大学的金融服务法论文均发表8篇，分别位于榜单第十一名与第十二名，但清华大学自发数量占发文总数的一半，自发率在高产科研单位榜单中最高。清华大学的研究重心也在证券法与上市公司，具体包括短线交易收益归入制度、上市公司私有化退市、企业资产证券化、公开要约收购、公司新股发行制度等问题。此外，清华大学金融服务法研究团队对影子银行、智能投顾、长期照护保险等问题也有所研究。中南财经政法大学对证券法研究的侧重点与清华大学有所不同，前者更多关注于对虚假陈述、操纵市场以及违反信息披露义务等证券违法行为的研究。此外，温世扬与范庆荣的《“保险消费者”概念辨析》①、韩龙的《资本项目制度改革流行模式不适合人民币国际化》②、刘大洪与邱隽思的《我国合作经济组织的发展困境与立法反思》③ 分别聚焦于保险法、货币法与银行法。

金融服务法论文发文5篇以上的科研单位，还有中国人民大学、上海财经大学、重庆大学、对外经济贸易大学与山东大学。中国人民大学对证券法、保险法、票据法、信托法以及金融监管、金融科技均有涉及，代表性的论文包括叶林的《公司债券非公开发行的规范模式》④、杨东的《监管科技：金融科技的监管挑战与维度建构》⑤、邢海宝的《智能汽车对保险的影响：挑战与回应》⑥ 等。

上海财经大学樊健就证券虚假陈述以及期货交易保证金的信托法律构造先后发表了3篇文章，贡献显著。此外，结构化资管计划的私法规制、场外衍生

① 温世扬、范庆荣：《“保险消费者”概念辨析》，载《现代法学》2017年第2期。
② 韩龙：《资本项目制度改革流行模式不适合人民币国际化》，载《法商研究》2018年第1期。
③ 刘大洪、邱隽思：《我国合作经济组织的发展困境与立法反思》，载《现代法学》2019年第3期。
④ 叶林：《公司债券非公开发行的规范模式》，载《法学研究》2021年第3期。
⑤ 杨东：《监管科技：金融科技的监管挑战与维度建构》，载《中国社会科学》2018年第5期。
⑥ 邢海宝：《智能汽车对保险的影响：挑战与回应》，载《法律科学》2019年第6期。

产品履约机制也是该校金融服务法科研团队关注的重点。重庆大学的金融服务法科研实力也不容小觑，发表的 7 篇论文主要集中于金融监管、互联网金融以及数字货币，作为金融服务法研究的新阵地，该校缪若冰的《中国证监会的制度环境及法律影响——组织社会学的分析》①、靳文辉的《金融风险预警的法制逻辑》②、齐爱民与张哲的《论数字货币的概念与法律性质》③ 等文章均有较大理论与实践价值。

对外经济贸易大学有 3 篇文章载于三大权威期刊上，与中央财经大学并列第一。在 CLSCI 论文中，冯辉独立贡献 4 篇，占对外经济贸易大学总发文数的三分之一。该校金融服务法科研团队聚焦于金融科技、互联网金融以及保险法研究，没有证券法文章发表。山东大学金融服务法论文均发表在 2018 年之前，2019 年至今再无新文，实属遗憾。其间，沈伟与柴瑞娟各发表了两篇文章，集中于金融监管与银行法板块，包括沈伟的《金融科技的去中心化和中心化的金融监管——金融创新的规制逻辑及分析维度》④、柴瑞娟的《监管沙箱的域外经验及其启示》⑤。此外，山东大学金融服务法研究团队对金融举报者激励和反报复保护法律制度与股份回购制度也有研究。

另外，西南财经大学、北京航空航天大学、南京大学、吉林大学、辽宁大学等 12 所科研单位发表论文在 3 篇以上。这几所科研单位的研究重点也有不同侧重，例如大连海事大学与北京航空航天大学均集中于保险法研究；这其实也与这几所科研单位的论文发表集中于个别高产作者不无关系，例如湖南师范大学的 4 篇发文均来自张德峰，且基本都为合作社研究，浙江农林大学侧重金融科技研究，原因在于该校的 4 篇文章均为张永亮一人发表。

这 12 所科研单位同样贡献了不少具有高价值的金融服务法论文。如任自力的《保险损失补偿原则适用范围思考》⑥ 对保险法的正确使用具有典型的指导

---

① 缪若冰：《中国证监会的制度环境及法律影响——组织社会学的分析》，载《中外法学》2020 年第 1 期。

② 靳文辉：《金融风险预警的法制逻辑》，载《法学》2020 年第 11 期。

③ 齐爱民、张哲：《论数字货币的概念与法律性质》，载《法律科学》2021 年第 2 期。

④ 沈伟：《金融科技的去中心化和中心化的金融监管——金融创新的规制逻辑及分析维度》，载《现代法学》2018 年第 3 期。

⑤ 柴瑞娟：《监管沙箱的域外经验及其启示》，载《法学》2017 年第 8 期。

⑥ 任自力：《保险损失补偿原则适用范围思考》，载《中国法学》2019 年第 5 期。

性；吕成龙的《谁在偷偷地看牌？——中国证监会内幕交易执法的窘境与规范检讨》对内幕交易查处对象扩张到一种涵盖“任何人”的监管模式进行了检讨；[①] 张永亮的《金融科技监管的原则立场、模式选择与法制革新》指出金融科技监管应坚守适应性、包容性、实验性、协调性的监管原则；[②] 刘盛的《监管沙盒的法理逻辑与制度展开》剖析了监管沙盒中金融市场主体从对抗性的“身份”规制向共治性的“契约”治理转变的法理逻辑。[③] 此外，学者聚焦的保险金信托、保险法因果关系、金融消费者、互联网金融竞争监管、资产证券化中将来债权交易规则等选题均有较大的研究价值。

（五）实务人士共发表金融服务法论文 4 篇

众所周知，本文统计范围内的 15 种 CLSCI 刊物是法学领域最核心的期刊，发表难度非常大，因此实务人士能够在这 15 种 CLSCI 刊物发表论文更是不易。据统计，2016 年至 2021 年上半年，共有 4 名实务人士以独立或合作的方式在这 15 种 CLSCI 刊物上发表文章，例如，和泰人寿保险股份有限公司李玉泉的《信用保险赔偿受益权转让中的法律争议与规范路径》[④]、上海证券交易所赵轶君的《机构投资者投票顾问的法律规制——美国与欧盟的探索及借鉴》[⑤]、中国人民银行上海总部毛术文的《人民币国际化条件下清算最终性与破产法的冲突与协调》[⑥]。以上三位实务人士均为第二作者，不过，对金融业实践现状与难题更为了解的实务人士，通过与学者合作互补长短，更有可能助于将实践难题转化为理论课题，并促进理论服务于实践。

---

① 吕成龙：《谁在偷偷地看牌？——中国证监会内幕交易执法的窘境与规范检讨》，载《清华法学》2017 年第 4 期。

② 张永亮：《金融科技监管的原则立场、模式选择与法制革新》，载《法学评论》2020 年第 5 期。

③ 刘盛：《监管沙盒的法理逻辑与制度展开》，载《现代法学》2021 年第 1 期。

④ 乔石、李玉泉：《信用保险赔偿受益权转让中的法律争议与规范路径》，载《法学评论》2019 年第 3 期。

⑤ 郭雳、赵轶君：《机构投资者投票顾问的法律规制——美国与欧盟的探索及借鉴》，载《比较法研究》2019 年第 1 期。

⑥ 韩龙、毛术文：《人民币国际化条件下清算最终性与破产法的冲突与协调》，载《清华法学》2020 年 第 4 期。

五、结语

通过统计与分析 2016 年至 2021 年上半年 15 种 CLSCI 期刊中的所有金融服务法论文，可以看到近几年的发文数量存在小幅下滑，但从 2021 年上半年的发文量来看，发文趋势向好。在有些许遗憾的同时，笔者亦衷心希望金融服务法学科研究保持欣欣向荣、百花齐放之势。具体而言，金融服务法研究应当全面、多元并做到与时俱进，既能持续关注金融法基础理论构建与银行法、证券法、保险法等传统学科，也能够紧跟当前金融发展趋势，迎战金融科技、金融监管中的新问题，做到全面、多元、与时俱进。

图书在版编目（CIP）数据

金融服务法评论．第十一卷/郭锋主编．—北京：中国法制出版社，2021.11

ISBN 978-7-5216-2280-5

Ⅰ.①金… Ⅱ.①郭… Ⅲ.①金融法-研究-丛刊 Ⅳ.①D912.280.4-55

中国版本图书馆CIP数据核字（2021）第231646号

责任编辑 韩璐玮（hanluwei666@163.com） 封面设计 周黎明

金融服务法评论（第十一卷）

JINRONG FUWU FA PINGLUN（DI-SHIYI JUAN）

主编/郭锋

经销/新华书店

印刷/北京虎彩文化传播有限公司

开本/710毫米×1000毫米 16开 印张/23.25 字数/315千

版次/2021年11月第1版 2021年11月第1次印刷

中国法制出版社出版

书号 ISBN 978-7-5216-2280-5 定价：99.00元

北京市西城区西便门西里甲16号西便门办公区

邮政编码：100053 传真：010-63141852

网址：http：//www.zgfzs.com **编辑部电话：010-63141792**

市场营销部电话：010-63141612 **印务部电话：010-63141606**

（如有印装质量问题，请与本社印务部联系。）